U0123289

卑鄙的聖人

曹操3

王曉磊——著

起兵征討董卓，雄心暗起

目錄

【推薦序】

還原曹操血肉身軀

陳艸

自古以來，即有正史與野史之別，隨著時代演進更漸漸形成：「『正史』記載的才是事實，而『野史』則為道聽塗說之軼聞，並不可信」的認知。

然而，只要是透過文字記載，就必然會有選擇與詮釋的空間，歷史的真實難以全然還原，在種種歷史思維、視角的交錯與碰撞之間，歷史必然會以不同的面貌呈現在每一代的人們面前。

依舊有的分類方式而論，《卑鄙的聖人 曹操》無疑是所謂的「稗官野史」。這並不是說這本書中所描述的故事都是虛構的，而是當代早已不是過去那個由官方力量去認可某些史書成為「正史」的時代，歷史研究的新思維雜然紛呈，歷史解釋自然更複雜。

如書中提到的曹操殺呂伯奢一事，根據所謂的「正史」《三國志．魏書》記載，曹操就不是因為誤解殺了故舊全家，而幾乎可視為對劫徒的正當防衛。但《世說新語》與《雜記》中卻明確記載著曹操錯殺呂伯奢一家之事，名言「寧我負人，毋人負我」更由此記載而來。這不禁讓人懷疑正史《魏書》的立場，是否是站在曹操的角度隱惡揚善。

《三國志》成書於晉，作者陳壽雖為蜀人，但因晉在名義上是受魏之禪讓而來，故其編纂上的政治立場傾向以魏為正統，大致可以理解。曹操在通俗小說《三國演義》的形象就一落千丈，為了渲染曹操之奸惡，曹操殺呂伯奢全家十人，甚至多了一個陳宮，更以此事造成二人之間之裂痕，原本的「寧我負人，毋人負我」更成了千古名句「寧教我負天下人，休教天下人負我」。

除了這些顯而易見的改寫之外，歷史的解讀與史事記載的選擇方向也有著密切的關係。《卑鄙的聖人 曹操》在篩選史事上，渲染的比例遠不如《三國演義》，相對而言乾淨許多，對於某些明顯背離史書記載的情節也多略去不用。

這裡必須釐清的概念是，這樣的操作頂多是更貼近「較早的記載」，並不能說貼近「事實」。事實終究難以論斷，所有的歷史又都和觀看的視角有關，今日重新彙整史料，最重要的價值也不應是不可能完成的「還原史實」或「盡可能還原史實」，而是找到一個新的角度，給予歷史新的詮釋。因著這個新的觀看角度，我們在篩選史料的同時，就有了更多新的選擇。《卑鄙的聖人 曹操》在做的就是這樣的工作，而其選擇的視角，就是將諸多矛盾掙扎與成長，全數還給曹操這個人，這個性格與遭遇都極其值得討論的人。

這是重新講述歷史最有意思之處，改變任何既有的認知，需要的並不是創造新的故事，而是找到新的視角。這些新的視角之所以有意義，除了與過去有別之外，更在於他與新時代即將產生的對話。

過去關於三國故事的記載，除了較為完整的《三國志》與極盡渲染能事的《演義》之外，多數是零散的。正因為其零散，所以留下大量的空白，這些空白予人相當大的想像空間，如何補白，也成了翻玩這段歷史的新樂趣。

然而，除了滿足人們對於歷史的想像外，在這些記載的空隙之間嘗試回歸「個人」去探問歷史，還有一個積極意義。在過去，歷史的詮釋多少會為了政治服務，「褒貶」與「是非」的思維，長期左右了人們的看待史書的眼光。將歷史的波動集中於幾個亮眼的人物身上，強調「英雄造時勢」的運作邏輯，在中國的史書上幾乎可說是一種常態，是所謂「紀傳體」史書的特色。

因著這樣的思維模式，我們也習慣將目光集中在少數人身上，比較少去注意政治、經濟、社會甚至是水文與土壤等地理條件，諸如此類的結構性因素，如何左右一個時代、左右一個時代的人們。也因著這樣的思維模式，我們習慣了論斷功過的方式，因著政治立場的轉面，人物的評價也隨著大起大落。

但人從來就是變動的，人性有太多幽微難測的部分，需要更細膩的思考才能細細體會。《卑鄙的聖人 曹操》即選擇拿掉傳統國劇臉譜式的述說方式，將曹操的一生用放大鏡檢視，去看每個時期的心態與性格如何運作、轉變，又如何環環相扣地影響著他傳奇的一生。

當然，書中也加入了許多有意思的細節，透過淺顯的白話散文表現，有屬於自己的敘事個性，並不會被史書或演義牽制，這一點也值得注意。換個角度來說，過往的史冊受限於文體，留白的部分固有其藝術性可言，但如果要詳盡地刻畫一個人的心理變化，白話文畢竟有其優勢。

《三國演義》正是以當時的白話文寫成，他的通俗價值在今日慢慢失落，這是時代洪流淘洗後的結果，那我們當然也可以期待新的時代，有人以全新的、貼合這個時代的語言、重新思考過的歷史視角，重啟一段歷史。

而這項優勢，對於我們的時代自有其意義與價值。這個時代聖人早已不復存在，或者說，我們更願意看見的，並不是某些完美無缺的人格典範，而是那些與我們無關但相似的掙扎與艱難，屬於人性、人生的血淚歡笑。將歷史上的大人物拉下神壇，還他一個血肉身軀，正貼合了這個時代觀看歷史的方式。

最後，因著篇幅的增廣，如戲志才、臧家兄弟等被傳統三國故事略去的重要人物，也有了更好的舞台。對比後來跟在曹操身邊的文臣武將，更容易讓人去看見這個時代的龐大與複雜。

如《三國演義》這樣的小說，有他特別要凸顯的精采故事與人物形象，當然也犧牲了許多值得書寫的部分。

這些故事中被掠去的細節，很可能是另一段故事的主軸，有著一樣精采的波折，更蘊含許多值得深思的課題。這本書的價值固然不只這些，有些寫作或題材上的選擇，也難以用簡單的評價論斷，這些都留給讀者細細品味，這裡就不多說了。

（本文作者為國文教師）

【推薦序】

曹操的野望

鄭立

曹操和孫文一樣，都是很有既成印象的人，我們所認識的曹操，就是「亂世奸雄」，是《三國演義》裡的大反派：而孫文創立了中華民國，連共產黨都說他是革命的先行者，在公眾眼中，就是富有理想的「革命家」，這是大家對這兩人最傳統的印象。

然後，我們就會開始看到翻案，翻案通常就是由一個極端，走到另一個極端。很多人都聽過有個電腦遊戲叫作「曹操傳」，當大家看厭了那個奸雄曹操之後，大家就會開始說他是一個英雄，《蒼天航路》之類都是這個做法，曹操不再是壞人，而是英雄。至於孫文呢？大家就開始追究辛亥革命時他其實在海外端盤子，是個嘴炮革命家。目前最成功的例子應該是《火鳳燎原》，呂布從一個在只有武力的低能，變成了董卓軍最聰明的軍師。

說起關於曹操的名作，想到的遊戲就是「曹操傳」吧？根據曹操在遊戲過程的選擇，出現三個不同路線，分別是英雄、奸雄和史實路線。

史實路線就是接受了三分天下的結局，奸雄就是曹操當了漢朝版織田信長征服世界，這兩個都沒甚麼問題，最有問題的是英雄路線，竟是諸葛亮被魔王附身，變成了神怪故事！但我能夠理解這樣做的理由。

很明顯的，在KOEI（光榮）的觀點裡，曹操根本就是織田信長的投射，畢竟他們都能力強，性格豪放，有征服天下之志，兩者都沒完成志業，最後搞到連髮型、鬍子都越來越像。所以，既然織田信長是「第六天魔王」，曹操做同樣的事，也是同類，更不要說《三國演義》裡他也是反派。

因為他們就是最強的，永遠是遊戲中的魔王，也就是玩者最後必須打倒的終極大佬，如果要讓他們當主角呢？這就很尷尬了，因為既然他們是當時的霸主，自然敵人都會比他們弱，就像你玩「三國志」遊戲一樣，當你是最強者，遊戲就會變得很沉悶，因為都是打比你弱的掃蕩戰，想到最後魔王是劉禪，或者孫權的那個連名字都很難記住的後代，聽起來很沒勁。

只有挑戰比自己強的敵人，才會有趣吧！但總不能說劉禪比曹操強，所以才會創作出超自然的魔王來，雖然理解，但是這段劇情真的很突兀，跟外星人侵略漢朝有什麼分別？我當時就想，是否真的需要動用妖怪，曹操真的為所欲為，天下最強，到了獨孤求敗的境界嗎？

從這點發想，再翻查歷史，就會發覺這裡頭發展的空間很大，很多未有人碰過，其實曹操要面對的，並不單單是戰場，他最大的挑戰是漢朝的官場。

這是光榮的「三國志」遊戲一直都忽視的部分，甚至，根本從沒有遊戲著重這部分，畢竟「三國志」一開始就是純粹的軍閥帶兵打仗遊戲，坦白說每個勢力都是獨立國家，漢朝根本不存在，但在三國鼎立之前，其實漢朝可不是真的消失了，它還是在運作著。

那些在遊戲裡看到的空白地也不是無政府狀態，軍閥們都是身受官職，體制內的一部分，只是朝廷已無力控制他們私鬥，除了在軍事上打贏，也要爭取名正言順的官位，如果真的像遊戲那樣各地都獨立了，又何須挾天子以令諸侯？

雖說槍桿子出政權，可要把自己人名正言義地扶植起來，得有一套手法，如果你只是靠武力亂來，就只是像董卓、呂布那樣的賊，曹操做法細膩多了。這樣你才理解曹操能當上漢朝丞相，也有一番工夫的。

但能表達這部分的遊戲似乎是沒有，不知道將來有沒有遊戲業者有興趣做出這部分？你問我會不會做？我還是先做「民國無雙」的續集吧。

（本文作者為香港企業家，電腦遊戲「民國無雙」製作者）

【敗部復活】

蹲低再跳高的亂世求生術

世族與豪強的影響力往往能左右地方或朝堂的興衰。官員因家鄉、理念、親朋或師從各方面連結而成的勢力，是世族產生的主因，如隋唐的關隴集團、明朝的東林黨。豪強則是在地方上擁有財力、武力，自霸一方，連官府都不太敢管，甚至要請他們協助安撫地方的勢力，例如孫吳治下的朱、張、顧、陸四大家族。董卓挾天子失敗的原因很多，除了他橫爭暴斂、無法無天的恐怖統治之外，最重要的是，他的出身不受世族的支持。董卓久據涼州，涼州近胡人，且民風剽悍，因讀書風氣不盛而飽受歧視；東漢末年甚至規定涼州人不得內遷，連通行、貿易都遭受許多刁難；因此涼州軍民往往服從當地官員勝過外派來的官員，更別說是遠在天邊的皇帝號令了。董卓入京後，雖然也刻意拉攏士大夫，例如強行逼迫隱居的大賢出來當官，或者將先前罷免或降職的賢士重新起用，其中最著名的就是蔡邕、荀爽等人，但沒有實質上的效用，朝堂眾人還是看不起董卓。相較之下，袁紹不管是募兵討董或者後來雄踞河北得以如此順利，不外乎是四世三公的世族背景，讓諸多能臣猛將願意前來投效。回到曹操身上來看，他雖然不像董卓因一介西涼武夫的出身而被嚴重歧視，但宦官之後的陰影籠罩，加上曹嵩阿諛諂媚、買官收賄的官場作風眾所皆知，曹操只能運用個人的領導魅力、智慧和政治手腕設法彌補，讓自己壯大。

熟讀《三國演義》但較少接觸《三國志》的讀者，翻閱本書的章節安排也許會些許納悶，怎麼家喻戶曉的曹操獻刀、溫酒斬華雄、三英戰呂布、貂蟬施展連環計等橋段都不見了呢？王曉磊顛覆視角，改以《三國志》正史的角度，透過曹操的目光瀏覽全局，因此我們得以看見同樣精采，卻更加複雜的人性交戰。聯軍說好共同討董卻各自心懷鬼胎，結果自私自利導致計畫失敗，滎陽一戰，曹操幾乎失去所有兵馬，差點連命都丟了。在亂世中沒有兵馬，什麼事也完成不了，這時要看的就是曹操如何善用籌碼依附袁紹，伺機壯大自己；又是如何擺脫袁紹，在幾乎無親無靠的兗州闖出一片天。

當父親曹嵩和弟弟曹德死訊襲來，曹操溫良恭儉讓的假面具碎裂了！他身為閹人之後的自卑、短時間奪得一州之地的自滿，以及殺父之仇、不共戴天的憤怒，瞬間爆發出來！這次他聽不進任何忠言，先是將以前欺凌他的桓邵、邊讓、袁忠都殺了，讓兗州世族們人心惶惶；之後又在徐州屠城，讓他先前好不容易攢下的好名聲毀於一旦！且看曹操如何大意失兗州？經歷了幾次慘烈的濮陽爭奪戰失敗後，又是怎樣的痛定思痛，在僅剩三個小縣的全盤劣勢之下，逆轉戰局將兗州再度搶回！然而此時的徐州卻被陶謙讓給了曹操此生最大的敵手劉備；北方袁紹與公孫瓚的關係緊張，南方袁術雖然先前被曹操所敗，然而很快又羽翼豐滿起來；在四戰之地的曹操該如何扭轉不利的局面？王佐之才荀彧又如何讓自己的大謀「逢迎天子令諸侯」實現？走，讓我們跟著曹操到兗州去！

第一章

董卓進京獨霸大權

京師動亂

中平六年（西元一八九年）漢靈帝劉宏駕崩，十七歲的大皇子劉辯繼位，大將軍何進與太傅袁隗輔政。

為了一勞永逸地解決宦官干政的問題，何進在袁紹的協助下調集四方兵馬進京，假造聲勢，借此向十常侍發難。結果張讓等宦官搶先發動政變，殺死何進並劫持皇帝與太后，致使宮廷大亂。

曹操、袁術、袁紹等人興兵攻入宮殿，經過一場屠殺，外戚與宦官兩大勢力雙雙覆滅。

可就在群臣找回皇帝劉辯與陳留王劉協，興高采烈地從邙山回京的時候，董卓率領西涼兵突然趕到，以護駕為名率軍進入洛陽。螳螂捕蟬黃雀在後，誰也不曾料到，赳赳武夫竟成了這場鬥爭的最後贏家。

當天曹操與眾人一道將皇帝護送回宮後，回家蒙頭大睡，直至日上三竿，這才從臥榻上晃晃悠悠爬起來，第一件事就是不斷拍自己的腦門，反覆告誡自己：「那不過是一場噩夢罷了。」

他像平日一樣梳洗更衣，像平日一樣吃光小妾環兒端來的湯餅，像平日一樣親自為大宛馬緊好鞍韉……但邁出府門的那一刻，他不得不承認，任何自我安慰的想法都只是自欺欺人。

大漢的都城洛陽已經天翻地覆。涼州軍和并州軍的旗號公然插在城頭，顯然已經瓜分了京城的防務，他們的牛皮帳竟肆無忌憚地搭設到了平陽大街上，阻塞了御道。更令人氣憤的是，那些被何進一手提拔起來的心腹兵將也趁機進了城，這幫自各地市井從戎來的粗野漢子毫無頭腦，公然和西州軍兵在一處喝酒吃肉吆五喝六。羌人、匈奴人、屠格人、湟中義從還有草莽之徒，把洛陽城搞得烏煙瘴氣，彷彿是一群強盜闖進了富庶人家的宅院。

就在昨天，護送劉辯回宮之後，曹操、馮芳等西園校尉在平陽門外擂鼓聚攏部下。經過一夜的混亂，兵士有的在九龍門外戰死、有的在闖宮時被誤殺、有的被涼州軍踐踏、有的在邙山走散，更有甚者預感天下大亂，順手牽羊帶著軍營的糧食、器械回鄉自顧營生去了。剩下的士卒稀稀拉拉，個個垂頭喪氣宛如鬥敗的公雞，還有不少在反抗中受了傷，各營人數都損失過半，至於戰馬更被并涼二州的兵掠去大半。花了一個多時辰，諸營才勉強恢復建制，但屯兵的都亭驛又被丁原的并州部占據了。那些屠格人和匈奴人鳩占鵲巢，搶了西園軍的營帳和糧草，反把官軍逼得如喪家之犬。

曹操等將領真有心與這幫野人幹一仗，但看看人家強悍的戰馬、明亮的彎刀，再瞅瞅自己手下這幫疲乏的士卒，心知動手就等於是送死。

西園諸校尉輪番找到丁原交涉，他卻趾高氣揚道：「我的兵都是在并州出生入死的漢子，今遠道而來辛苦勤王，朝廷自當有所酬勞。現未有分毫犒賞，不過是分了你們一些軍械糧草，你等何至於如此囉唕？豈不寒士卒之心、傷同僚之義？」

諸人懊惱，又抬出朝廷章法計較再三，丁原不理不睬，僅答應歸還西園軍一半的帳篷糧草，卻不讓出都亭驛，叫大家另尋他處安營。諸校尉辛勞了一天一夜，兵丁還坐在野地裡等著命令，大家再無精力與丁原爭辯，只得委曲求全勉強答應，各自草草紮營讓軍兵休整，期望著來日事情會有轉機，幻想這幫人能儘早離開河南之地。

然而轉機沒有來，事情卻越來越糟糕。僅一日之隔，又有大量涼州軍湧進了都城，個個身披鎧甲坐騎戰馬，到處騷擾百姓，連洛陽的市集都被他們搶奪一空。如今內有董卓的涼州軍，外有丁原的并州軍，何進的親信部隊又成了無人管轄的匪類，任由吳匡、張璋帶著到處惹事滋亂，洛陽內外的治安已經完全失控。

曹操牽著馬似夢遊一般在大街上行走，呆呆看著來往的甲士和胡人，好半天才想起自己已無處可去：何進死了，西園軍失去了統帥，而且都亭大帳都給別人占了，他與馮芳、淳于瓊、趙融、夏牟這五個剩下的校尉已經是一盤散沙了。但他緊接著又立刻意識到，只要兵權在手就有挽回的希望，五指攥在一起就是拳頭，再加上袁紹的司隸兵、袁術的虎賁士，以及殘破的北軍，依然可以力挽狂瀾。

目標一明確，曹操不再猶豫，連忙上馬準備出城聯絡各處散亂的兵士。走出不遠，卻見前面街上一片大亂，不少身披鐵甲的涼州兵正圍在一處喧鬧。

曹操料是這幫匹夫又行劫掠之事，趕忙催馬上前，目光越過諸人頭頂，見人叢中有兩個漢族將官與五個并州武士正打得不可開交，那些瞧熱鬧的涼州兵兩不相幫，全都揣著手有說有笑地看他們玩命。

曹操一眼便認出那兩個漢將正是鮑信、鮑韜兄弟，眼見他們以二敵五就要吃虧，趕忙喝令住手。但人聲鼎沸之際，他又被涼州兵遠遠擋在外面，鮑信他們哪裡聽得到？

「速速讓開，讓我過去！我是典軍校尉！快叫他們住手！」

那些涼州兵除了董卓誰的帳都不買，連皇帝都不放在心上，豈會把一個校尉放在眼裡，只是白了他一眼，繼續推推搡搡叫嚷起鬨。曹操不由惱火起來，靈機一動，將青釭劍抽了出來，喝道：「他媽的！都給我散開！本官乃大漢典軍校尉，董卓那廝見了我還要客氣三分，你們哪個不讓開，休怪我劍下無情，先斬了你們的狗頭，再找董卓理論，叫他滅你們的滿門！」

其實這幾句不過是故意嚇人的大話，以他一介自身難保的校尉，絕無資格和膽量在董卓面前耀武揚威。但這幫涼州兵並不清楚曹操的斤兩，眼見這人武職服色，坐騎高大雄壯，手拿著鋒利的寶傢伙，聽話裡話外的意思，他們的活祖宗董卓都懼他三分，還真以為這個典軍校尉手眼通天，不由自主地就讓開了道路。

鮑家兄弟與那五個并州兵可不管那麼多，幾個人扭打在一處，皆已鼻青臉腫，恍惚間圍觀的人漸漸散開，便更覺有了用武之地，一個個不約而同將刀劍都拔了出來。

「全都給我住手！」

幾個人一愣，這才發覺曹操擠到了近前。

「你們是并州哪一部的人馬？」

一個被打得滿臉是血的兵丁瞪了瞪他，有恃無恐地嚷道：「老子是并州從事張遼張大人的斥候（偵察兵）兵長，今天要殺了這兩個鳥人！」鮑信欲要還嘴對罵，曹操卻抬手打斷，對那兵冷笑道：「哦？大老遠地就聽見你吵吵，我還以為是多麼大的官吶，原來只是個不入流的小吏啊！」

「什麼入流不入流？老子現在奉令把守東門，一干進出的將官必須自報家門，如不然我就格殺勿論！這兩個鳥人不曉事，公然闖門而入，對老子不理不睬，他們就該殺！」

曹操在馬上俯低身子，訕笑著又問道：「我沒聽清楚，對你不理不睬，就該怎樣？你再說一遍。」

「該殺……」

「噗哧」一聲，那斥候長一語未落，曹操已將青釭劍狠狠刺入他的胸膛，鋒利的劍芒自前胸而入後背而出。寶劍一拔，鮮血前後噴出半丈多遠，圍觀起鬨的人頓時鴉雀無聲，紛紛後退。

「你、你……」剩下的四個并州兵嚇得不知如何是好。

「你們不是想知道他們是誰嗎？」曹操指著鮑家兄弟對那四人道：「我告訴你們，他們是奉大將軍之命自泰山郡帶兵而來的騎都尉，是二千石的高官，比你們上司那個張遼大得多！剛才你們那個兵長大言不慚，一口一個『老子』，在朝廷重臣面前挺腰子，我就替你們大人解決這個以下犯上出口不遜的東西。你們哪個不服，也不妨來試試我這把劍！」四個兵面面相覷已有懼色，腳下不住倒退，兀自嘴硬道：「你要是有種……留、留下個名字，我們回去稟告我家大人！」

「行啊！聽好了，我乃典軍校尉曹操，千萬記住了！我手下也有千餘弟兄，不服咱就比劃比劃，滾！」眼見這四個人抬起屍首狼狽而去，曹操暫時鬆了口氣，這才下馬與鮑家兄弟說話。鮑信揉揉下巴，吐了口血唾沫：「他媽的！出門沒看日頭，哪裡來的幾條瘋狗……孟德，我們才離京倆月，這邊就沸反盈天。到底怎麼回事？大將軍呢？」

曹操一陣歎息，便把這些日子發生的變故說了一遍。鮑信甚感驚愕，原來他奉了何進的手札，在泰山募集軍兵假造聲勢，後因何進久不決斷，他們兄弟便帶著千餘部下日夜兼程趕來。行至都亭驛見旌旗大變，不明就裡，便安排四弟鮑忠暫屯兵馬，鮑信與鮑韜兩人入城往大將軍府探聽消息，入東門遇并州斥候盤查，他們見服色不正非是官軍便拳腳闖過，五個兵丁緊追不捨，才惹出這一場風波。

三人正訴說間，又聽鑾鈴悅耳，袁紹手持白旄，帶著十餘騎巡街而來。這一早晨他可是忙得腳不點地，洛陽城裡到處人心惶惶，涼州兵打家劫舍欺壓百姓，袁紹尚有持節之貴，高舉白旄四處彈壓，無奈這些西涼野人根本不把天子之節放在眼中，往往要靠部下兵戎威逼，才勉強將那些作亂之兵趕散。

曹操總算尋到一個「親人」了，趕忙拉住袁紹的轡頭：「本初，這樣下去不行，咱們得趕緊集結各部兵馬，把這些野人趕出去。馮芳、趙融、夏牟呢？快把大家召集起來。」袁紹臉色慘白，眼神有些發愣，開口之前先是一陣搖頭：「你還不知道吧，夏牟死了……」

「什麼？怎麼死的？」

「昨晚吳匡帶著大將軍那幫侍衛跑去找夏牟要軍帳，夏牟不給，那幫粗人就在大帳裡一陣亂刀把他殺了。夏牟的兵一大半都散了，剩下的被吳匡帶著投靠董卓了。」袁紹停頓了一會兒又道：「剛才張璋和董卓的弟弟董旻也帶了一幫人賴在趙融大帳裡，指手畫腳要吃要喝的。畢竟都是大將軍的部下，趙融又不好和他們翻臉，現在恐怕還拖延著呢！還有，我的營司馬劉子璜被涼州部搶了糧食……」

曹操聽著聽著，覺得自脊背升起一陣寒意——董卓這是在有計畫地削弱西園軍啊！他這是何等用心？自己的處境又是何等凶險呢？想至此他即刻翻身上馬：「不行！我得趕緊去我的典軍營，這時候要是失了兵權，那就真的任人宰割了。」

「媽的！我就不信這個邪！」鮑信破口大罵，「他董卓肯定是心懷異志，若不除掉，必生大患。趁著他剛到洛陽人馬疲憊，咱們速速動手，先下手為強。我現在就回去調兵，你們各帶親信兵馬一起幹，咱跟這幫野人拚了！」

袁紹阻攔道：「萬萬不可！北軍與西園軍流散，今早又來了一批涼州軍，現在咱們的人恐怕已經沒他們多了。董卓、丁原的兵都是身經百戰的凶殘之徒，我料現在翻臉，咱們必定不是對手啊！」

「呸！」鮑信一陣光火，冷笑道：「袁本初啊袁本初，你現在知道不是對手了，倆月前你怎麼就料不到呢？你早幹什麼去了？招兵入京恐嚇宦官，你怎麼會想出這麼一個餿主意呢？」

袁紹心中慚愧，可嚴重的過失擺在眼前，他還有什麼可分辯的？只歎息道：「早知如此何必當初，世事難料啊……」

曹操顧不得責備袁紹，他搞不明白的是，董卓明明只帶了三千人來，怎麼一夜之間又有後續部隊進駐呢？雖然洛陽城亂了，但是三輔之地尚有探報，涼州後續部隊怎麼會毫無徵兆從天而降呢？他一愣之間，卻見鮑信一把抓住袁紹的衣帶，喝道：「你說什麼？沒有補給？他媽的！我的隊伍都是新招募的，要是沒有糧草，不出三天準要譁變啊！」

「你聽我說，先放開我……」袁紹掙扎著，「官軍的補給都被涼州部搶了，我到哪兒給你找一千人的口糧去？」鮑信眼睛都快瞪出血來了，手腕一使勁，竟一把將袁紹扯翻在地。那些司隸從騎見狀各拉刀槍就要動手，袁紹抬手阻攔道：「是我該打！你們不要為難鮑家兄弟。」

「袁本初啊袁本初，你好自為之吧！」鮑信聽他這樣說便有些動容，鬆開手歎道：「我現在領兵往濟北一帶準備糧草，還要再多招些兵馬，回來再跟董卓、丁原玩命！你們要是能各自保住兵權與我裡應外合那是最好，要是保不住，趁早逃出洛陽四處募兵，到時候咱們一同來討賊！若老天佑我大漢，此事或許還可挽回……」說罷轉身便去，行了幾步又扭頭對曹操道：「孟德，身處險地，你也要多保重啊！」

「你放寬心吧，若是兵權不保，我自有脫身之計。」曹操捋了捋剛蓄起的鬍鬚，「討賊之事只恐泄漏，快領兵走吧！還有，你剛才與并州兵大打一場，莫要再出東門了。」

「哼！大丈夫直來直往，從東門進來的就要從東門出去，區區幾個小卒又能奈我何？走！」鮑信生性剛強，今天又在氣頭上，哪管危險不危險，領著鮑韜便奔來時的路闖去了。

「這個鮑老二啊，真拿他沒辦法。」曹操哭笑不得，扭頭又見袁紹磕傷了膝蓋，好半天才慢吞吞爬起。他心裡也怪袁紹，但情知他一片好心反辦了壞事，如今又落得這樣狼狽，不禁起了同情之心：「本初，你沒事吧！」袁紹忍著痛，兀自堅持道：「無礙的……你別管我了，快快回營彈壓軍兵，最好是緊閉營門千萬別出來了……」說著話他便要爬上馬，卻因為膝蓋疼痛，又從馬背上栽了下去。因為一番爭執，四下裡早又圍上一群涼州兵，他們見這位衣冠楚楚的大官兩次墜馬，不禁哄然大笑。袁紹氣憤不已，從地上撿起白旄，揮舞著喝道：「你們都給我散去！我有天子之節，再不散去我下令將你們全部處死！」

「哈哈哈……」涼州兵站立不動繼續嘲笑他，在這些武夫眼中，那天子之節不過是根拴著一串毛絨的棍子，哪裡比得上他們肋下的鋼刀！袁紹越發氣惱：「你們再不散開，我就……我就……」

說到這兒，袁紹也意識到自己的無能為力，僅憑身邊這十幾個部下，根本奈何不了這麼多亂軍。

「別笑了！」曹操一瞪眼，又把青釭劍拔了出來，「你們沒看到剛才那個并州兵的下場嗎？快他媽給我滾回營寨！」眾軍兵一陣凜然，方才眼見他捅死一人，又不免揣測他跟上司真有什麼交情，便三三兩兩漸漸散開了。曹操將寶劍還鞘，不禁悵然道：「本初兄，符節印綬管天下的日子算是到頭了，從今以後恐怕要靠手裡的刀劍說話了……」

袁紹看著手中的白旄沉默良久，才由親隨扶著上了馬。

「你受傷了，我保護你回府吧！」

「大可不必，你速往營中理事要緊。」

曹操一陣苦笑：「夏牟、趙融兩處都亂了，我那裡還不知成什麼樣了呢！我送你回府，也好順便回家帶上一干心腹家兵再去。若是情勢不妙，也好有人保著我奪路而逃。」

袁紹低垂二目：「我看咱們還有一線希望。」

「哦？」

「丁原與董卓不是一條心，涼州兵在城內，并州兵在城外，兩夥兵馬也不時喝罵衝突。現在最好的辦法就是設法促成二部火拚，咱們坐收漁人之利。」

曹操苦笑道：「說起來容易做起來難啊！」

想至此，二人皆覺希望渺茫，便低頭不語各自催馬。黑壓壓的烏雲就在頭頂，以後的禍福誰也無法預料，只有走一步算一步了。即便可以應時而動，皇帝和太后的安危又當如何確保呢？眼見走到了袁府門口，猛然聽得有人大呼袁紹的名字。

諸人閃目觀瞧都是一愣——來者是個蓬頭垢面衣衫襤褸的乞丐。

「本初！是本初賢弟嗎？」那乞丐赤足奔來，還沒近前就被從人橫刀攔住了。袁紹頗感驚訝，仔細打量那叫花子良久，支支吾吾道：「你是、是張……張景明？」那人聽袁紹叫出自己名姓，立時如釋重負伏倒在地，頃刻間又痛哭不已。袁紹趕忙下馬，一瘸一拐過去攙扶，奇道：「景明兄，你怎麼了？為何落到這步田地呀？」

曹操一聽到張景明三字，也大吃一驚。他雖未見過此人，但也知道這張景明大名喚作張導，乃河北名士，也是袁氏門生，素以能言善辯著稱。數年前他被袁紹的姐夫蜀郡太守高躬聘為從事，隨著高躬一同往益州赴任去了。可今天怎會突然出現在洛陽，還淪為乞丐呢？

「本初賢弟，」張導淚流滿面，「高郡將死了！」

「姐夫死了？」袁紹顧不得他一身汙垢，緊緊抓住他的手，「究竟怎麼回事？」

「全是那人面獸心的劉焉作的孽！他領了益州牧的官職，帶著一幫烏合之眾入主益州，把治所移到綿竹，大肆招攬那些黃巾餘黨和地方匪徒。跟著他去的趙韙、董扶、孟佗等人都擅自占據要職，還勾結漢中的五斗米道徒，屠殺異己。蜀中王權、李咸等名士都被他們殺了。高郡將蜀中太守的職位竟被他們隨意罷免，大人連氣帶病活活叫他們擠對死了。」張導咬牙切齒，「如今益州已然是他劉焉一人的天下，從上到下大權獨攬，他是明目張膽地造反啊！」

曹操聽得陣陣驚心，萬沒想到那個道貌岸然的宗室賢良，竟包藏如此大的禍心。可如今眼前之危尚不可解，誰還顧得上益州之事呢？

只見張導抹抹眼淚，又道：「我顧及山高路遠，就將大人在蜀地安葬了，可惜令姐已喪多年墳在河北。他們夫妻在地下不得團聚，請恕愚兄之罪。」

「事到臨頭哪裡還顧得了這麼多。」袁紹淒然道：「我等兄弟謝你才是。」

「我又恐怕劉焉部下橫行，禍及小主人，便帶著闔府家丁護送小主人來投奔您。誰想行至三輔之地，又遭涼州兵劫掠，東西被搶，家人都被他們殺了。」

袁紹一陣跺腳：「什麼？我那外甥呢？」

「愚兄拚著性命把小主人救出來了。我二人受盡千辛萬苦，總算是活著爬到洛陽了……」張導伸手指向路旁，原來那裡還蹲著一個衣衫破爛的孩子，看樣子有十多歲，兩隻眼睛瞪得大大的，似乎充滿了恐懼。

「幹兒！過來呀，我是你舅舅啊！幹兒！」袁紹伸手招呼他。

那高幹畢竟還是孩子，分別多年也不記得舅舅了，又經過這些天的遭遇，早就嚇呆了，好半天才明白過來，撲到袁紹懷裡就哭。

「我苦命的孩兒，從小死了娘，現在又沒了爹，以後舅舅疼你。」三個人頓時哭作一團。

曹操也頗感慘然。昔日曾有人預言，劉焉表裡不一，只要身入益州，蜀中不再為大漢之地，現在果然一語成讖了。可憐那張導帶著高幹千里迢迢前來投親，才出虎穴又入狼窩，洛陽又比益州強多少呢？

思慮至此，曹操不敢再怠慢，也不打擾他們舅甥相認，兀自打馬回府做準備。他一進家門便吩咐樓異點三十名精悍家丁，備好佩刀棍棒到院中等候。想要奔後宅囑咐卞氏幾句話，一轉過客堂卻與人撞了個滿懷，抬頭一看——是身居黃門侍郎的族弟曹純。

「你怎麼沒進宮護駕呢？」

曹純苦笑一聲：「護駕？哼，哪裡還輪得到我呀？董卓早派心腹接防了宮中守備，任命李儒為郎中令，帶著一幫死士將皇上、太后、陳留王都軟禁起來了。」

曹操聽此言越發感到不祥：「現在宮裡還有咱們的人嗎？」

「我的哥哥喲，事到如今還有什麼『咱們』、『他們』的？全都各自保命啦！袁術都被趕出皇宮了，現在帶著他那點兒虎賁士（護衛王宮、君主的士兵）躲到馮芳大營去了。」

「皇上怎麼辦？」

「我出來的時候，袁隗、馬日磾正領著一干大臣跟董卓的主簿田儀據理力爭呢！我看他們也是白耽誤工夫。」曹純連連搖頭，「完了，董卓八成是要學王莽，準備當皇帝啦！」

「你別瞎說，」曹操不贊成他的猜測，「董卓好歹也是官場上摸爬滾打過的，豈會甘冒如此大險？皇帝豈是說當就當的，他哪一點兒比得了昔日的王莽？」

「那你說他想幹什麼？」

「我也不知道。」曹操踱了幾步，「咱們走一步看一步吧！一會兒我帶幾個人到營裡去，恐怕事態大定之前不能再回家了。既然你不去供職了，這府裡的事可全託付與你了，千萬要謹慎！」

「放心吧！」曹純還有心思開玩笑，「有小弟在此坐纛，任他千軍萬馬，拚了性命也要保護好嫂子與姪兒。」

見他嘻皮笑臉舉重若輕，曹操倒覺得有些安心，想要再進去與卞氏夫人說兩句話，卻見樓異從院外大呼小叫地跑來：「大人！外面來了一群兵，還有個軍官，請您出去相見。」曹操眼前一黑，情知不好，恐怕是董卓要對自己下手了，強自鎮定，問道：「董卓差來多少兵？」

樓異呵呵一笑，說道：「不是涼州兵，看服色是并州部的人馬，總共十幾個人，說話倒是挺客氣的。」

「哦？」曹操頓感詫異，心想：「莫非是因為我殺死并州士卒一事前來尋仇的？即便如此也不可不防！」略一思索，他吩咐樓異道：「叫那三十名家丁門外列隊，我親自出去迎接。」他計議已定，忙脫去衣冠更換盔甲。

隨著三十名精悍家丁兩旁列開，曹操步履沉穩出了府門，但見有十幾個身披皮鎧的并州士卒，當中還有個相貌堂堂的軍官。

此人看樣子似乎不到二十歲，身高卻有八尺開外，膀闊腰圓鎧甲鮮明，一張焦黃的面目，大寬腦門，鼻直口正，下巴像個鏟子般往外撅著，凸顯出那副毛茸茸的鬍鬚，最惹人注目的是他生著一雙細長的鳳眼，給這個武夫的凶惡長相添了幾分與眾不同的氣質。曹操不敢怠慢，降階相迎，拱手道：「這位大人尋我何事？快裡邊請吧！」

「不敢不敢！」那軍官擺手道：「在下官職卑微，不敢汙了大人的貴地。」

「皆是行伍，又何談貴賤？若當曹某人是兄弟，便往裡請！」曹操深知這些武夫的習氣，越是稱兄道弟不見外，他們便越高興，也就真拿你當個兄弟。果不其然，那軍官作揖笑道：「在下實在是公事繁忙不敢叨擾，就站在這裡與您說兩句話吧！」

「敢問軍爺怎麼稱呼？」

「在下并州從事張遼。」

曹操一愣，原來今天所殺之人就是他的斥候，看來此人真是來尋自己晦氣的。情知此事尷尬，自己也確實有些孟浪，忙拱手道：「張老弟，今天的事情……」

「大人無需多言了。」張遼打斷他的話，回頭朝身後一個兵丁使個眼色，只見那兵丁自馬上摘下個大包袱，用力一抖，霎時間紅光迸現，滾出四顆血淋淋的人頭來，曹操連同身邊的三十個家丁全都驚呆了。

「哈哈哈……大人不必見怪。」張遼卻叉著腰朗聲笑道：「我張某人雖是魯莽之輩，但也知軍令如山的道理！今天我差手下五個人盤查東門，不過是怕有匪類趁亂混進洛陽。不想他們吃了熊心豹子膽，竟敢追到洛陽大街上當眾打人，而且還冒犯了您和兩位上差大人。您殺得好啊，敢犯軍令之人理當誅殺！您宰了一個，剩下的四個我也給您送來了，就此向大人請罪。」說著話，那張遼竟一揖到地。

這倒把曹操弄得措手不及了，趕忙探臂膀去扶，哪知用力扳了他三下，卻見他身子躬著紋絲不動，方悟此人力氣甚大，故意在自己面前顯露本事。張遼見震住了曹操，才直起身來道：「大人寬宏大量果真名不虛傳，卑職還有公務在身，就此別過。」

「軍爺慢走。」

「不敢勞煩大人相送。」張遼翻身上馬，回頭又道：「大人，在下還有一句話要說，今日之事是大人您勉強占住一個理字，可是日後大人若無故再傷我并州部下，那恐怕在下就不能似今日這般禮數周全了。」說著他自部下手中奪過一杆長矛，調轉矛尖用力往地上一戳，竟將一尺多長的矛頭生生插進了地下！曹操又一陣愕然。

「再會了，大人。兵荒馬亂多加珍重……」張遼微微一笑，帶著部下揚長而去。樓異跟隨曹操幾番出生入死，自負膂力過人，眼見這矛擋在了大門口，使盡吃奶的力氣，連拔了四五次，才將它拔出來，累得吁吁直喘。

「此真乃壯士也！」曹操望著張遼遠去的背影不住地讚歎。突然覺得這并州軍中也有一等一的英雄好漢，若是能收服這類人物，何嘗不能為朝廷出力？可是回過身來，又見地上赫然擺著那四顆血淋淋的人頭，殘酷的現實依舊還在眼前。曹操不敢再多想什麼，趕忙上了馬，帶領這武裝好的三十名家丁火速趕奔自己的大營。

在這個時候，兵權就是命根子，丟了兵權就等於丟了一切！

由於皇帝劉辯和太后何氏被軟禁，士人的一切反抗都變得束手束腳。而與之相反，涼州軍倒是可以放手行事了。洛陽的南北軍、西園軍在短短一個月間被瓜分得四分五裂，何進的部下或被殺死、或被收買、或被威逼，大半都投靠了董卓，餘者則人人自危。

而就在曹操、馮芳等人各守營寨以求自保之際，董卓又以高官厚祿收買了丁原的主簿呂布，利用呂布將丁原刺殺。至此，并州軍的呂布、張遼等部也歸附了董卓。不久之後，他借著連月不雨為名，上疏罷免了司空劉弘，自己取而代之。既有三公之貴，又有兵權在握，河南之地再無他人可與董卓抗衡了。

曹操赴宴

不管朝廷的局勢如何，曹操等苟存下來的校尉總算是暫時鬆口氣，可以安安穩穩回家高臥了。并州呂布的反水，使得董卓占據了京師兵力的絕對優勢，加之皇帝攥在他手心裡，名正言順，只要彈出一個小指頭，頃刻間就可以把曹操等人那點兒兵打散。既然不構成威脅，董卓便對他們不作計較了。

一切似乎都已經風平浪靜，但與從前不同的是，朝會之日看不到皇帝和太后升殿，也沒有宦官或外戚理政，只有董卓在御階下耀武揚威獨斷專橫。

這廝雖然粗疏魯莽，背後卻有心腹田儀為之出謀劃策，倒也提拔了一些曾被宦官打擊的名士出來裝點門面。久已逃官在家的蔡邕，不堪董卓差人的煩擾威逼，被迫入朝為官，當天即拜為侍御史，次日遷為尚書，轉天又升任侍中。三日之間，周歷三台，自白丁躍為二千石高官，可謂亙古未有之官場奇聞。除他之外，地方清流周毖、伍孚、韓馥、張邈、孔伷、張諮等人也均辟為屬官。董卓甚至還有更高遠的計畫，打算請隱居民間的大賢鄭玄、荀爽也來為他裝點門面。

既然現狀無法改變，群臣只好任由他這番折騰，好在國之政務並未荒廢太多，仍有太傅袁隗、司徒丁宮等人打理民事，局面勉強還算過得去。卻只苦了洛陽周邊的百姓，動不動就要被并涼兵士欺侮掠奪，司隸校尉袁紹、河南尹王允形同虛設，根本管不了這些粗野武夫。

朝堂上相安無事的日子過了兩個多月，董卓似乎再無削割兵權之意，連曹操都覺得這樣的日子已經習慣了。心中唯一所慮便是鮑信往濟北募兵之事，即便得以舉兵，若是董卓借天子之名義下令平叛，到時候會是怎樣的結局呢？皇帝即天下之權威，對於這一點，曹操的體會算是越來越深了。

這天傍晚，曹操尚未用飯，正在家中閒坐，董卓突然派人邀請赴宴。他的心又不由自主地忐忑起來，明知酒無好酒宴無好宴，但人為刀俎我為魚肉，凶悍的涼州兵就挎著刀在外面等著，敢說一個不字，霎時間家破人亡。無奈之下，他只得更換禮服穿戴整齊，臨走前到卞氏房中將兒子曹丕抱了又抱，真恐此一去就再也沒命回來。

卞氏瞧他如此模樣頗為擔憂，卻強自笑道：「你放心去吧，大不了我一個人把咱丕兒拉扯大，以後叫他給你報仇。」

「唉！有此賢妻何愁丈夫不赴鴻門之宴？」

說笑歸說笑，待曹操出了門，眼見不少西涼武士持刀而立，頭皮還是一陣陣發麻，連登車都感覺踩著棉花一樣。

董卓雖名為司空，但並不在洛陽東南的司空府居住理事，卻把宅邸安在城東的永和里，僅僅一街之隔就是軟禁皇帝、太后的永安宮外牆，其用心昭然可見。有兵有權一切事情都好辦，他將永和里一帶的達官貴人全部趕走，硬是將好幾套宅院打通，修成一座龐大院落，四圍日夜有西涼軍護衛，十步一崗五步一哨，院裡還屯駐著不少心腹死士。

這樣的嚴密布置，莫說大權在握，即便是洛陽城陷落，單這座宅院也夠他死守一陣的了。皆在城東之地，自曹府到董府不過是短短一段路程，曹操甚感緊迫。他冥思苦想，幾乎將這兩個多月來自己做過的所有事都回憶了一遍，反覆確認有沒有得罪董卓，最終也未尋出一個答案。莫非真是鮑信兄弟之事走漏風聲了？

不久即到永和里，曹操生怕因怠慢而招惹禍端，離著老遠就匆忙下車，低頭步行假作恭敬之態。沒走幾步，又見董卓的弟弟奉車都尉董旻衣冠齊整，正笑容可掬地立在大門前。

董旻其人不似其兄長那般粗魯凶悍，但其笑裡藏刀的為人卻更令人厭惡。他先前假意協同袁紹謀誅宦官，惺惺作態迷惑眾人，實際上卻是為其兄長在朝中充當眼線。何進被殺那一晚，董卓之所以能夠不早不晚地趕往邙山「救駕」，皆是董旻暗通消息的功勞。

「孟德老弟，多日不見，愚兄這廂有禮了。」

人在矮簷下，不得不低頭。曹操雖厭惡其人，但見他這般客套，也得滿面堆笑，拱手寒暄，故意拉近乎道：「曹某何德何能，敢勞叔穎兄掛懷？」董旻一把拉住他的手：「孟德，你營中諸事可還安好呀？」

夾槍帶棒的話來了，曹操嚥了一口唾沫，強笑道：「國之安危有董公與大人您昆仲擔待，小弟不過應個卯，得過且過罷了。」

「哈哈哈！」董旻仰面大笑，「孟德忒謙讓了，營中若有所需大可告訴我，一應糧草軍器我兄長自當供給。」

「多謝多謝。」曹操心裡雪亮，他這不過是句場面話，是萬萬不可當真的。

「孟德請。」董旻和藹相讓。

「叔穎兄先請。」

「爾今是客。」

「客不欺主。」

「哈哈哈……既然如此，你我攜手攬腕一同赴宴。」董旻笑著拉起曹操的手款款而入。

曹操仍不敢放鬆，行走之間還是故意落後半步，以示恭謹。

一進府門別有洞天，原來宅院相套內外不同，僅外院便有尋常人家宅邸這般大。除了栗、漆、梓、桐四色樹木，還有不少簡易軍帳，足見其保衛嚴密。董旻大聲吩咐道：「當差的，速速撤去軍帳，少時諸位客人將至，騰出地方也好停滯車馬。」

曹操聞聽此言才算放心：原來今日並非單獨請我，人多些也好壯膽啊！可是過二門到了內院，氣氛立時又緊張起來。

原來早有西涼武夫手持利刃把守，一個個膀大腰圓面貌凶悍。曹操強自鎮定，隨董旻穿過層層刀山劍林，才到了董府的敞亮客堂。又見董越、胡軫、徐榮、楊定等一干西涼悍將皆在堂口逢迎，今日皆是除去戎裝一色深服，冠戴袍履倒也得體，不似平日那般驕縱凌人。他趕忙作了一個羅圈揖。這幫老粗今天也都文謅謅的，爭相還禮逢迎，恭恭敬敬將他讓進堂內。

這間大堂可真了得，已撤去隔斷將左右二室打通，其裝潢可謂雕梁畫棟金漆朱畫，比之何進那座大將軍府不知華貴多少。

曹操一眼瞧見，正座後面的屏風畫的是龍鳳紋，規規矩矩的篆字定是梁鵠的大手筆；階下有一對鑄造精良的青銅犀牛燈，堂中煙霧繚繞的乃是五尺高的鏤花香鼎。曹操立刻斷定這幾樣東西非民間之物，必是董卓自宮中掠奪而來，心下不禁一凜。

此刻堂上並無一人，董旻徑直將他讓到了西邊的首座上，曹操再三推辭才愧然應允。他剛剛落坐不及詳思，又聽外面一陣寒暄，助軍右校尉馮芳也被董越讓了進來，二人四目相對頓覺警惕，卻不好說什麼，只是相對而揖。馮芳被讓到僅次曹操的位置，眼瞧董旻、董越走出去，才小聲嘀咕道：「怎麼回事？董卓要把咱們一鍋燴嗎？」

「難說啊……」曹操歎了口氣，「人為刀俎我為魚肉，既然到此就見機行事吧！」

「你可見到董老賊了？」

「還沒有，這傢伙也真拿大，請客竟不出來相見。」

馮芳面有懼色，輕聲道：「酒無好酒宴無好宴，他出來時該不會帶著刀斧手吧？」

「哼！他手握重兵，殺咱們不過舉手之勞，何至於費這麼多心眼？我猜他可能有什麼事找咱們相商。」

「找咱相商？」馮芳拍了拍腦門，「他今已如此，想幹什麼就幹什麼，哪兒還用與咱商量啊！」

思慮至此，兩人都覺得今天這一宴莫名其妙，便各自低頭不再說話。少時間又聽堂外陣陣喧譁，助軍左校尉趙融、右校尉淳于瓊、中軍司馬劉勳、城門校尉伍孚、北軍中侯劉表以及北軍沮儁、魏傑等校尉接踵而至，個個都是在京畿或多或少握有兵馬之人。每進來一人，曹操的心就重重地蹦一下，待西園與北軍諸校尉到齊，他的心彷彿要跳出來了：難道真是擺下鴻門宴，要將我們一網打盡嗎？

正在驚惶未定之際，最後一個來的卻是剛被董卓提拔起來的尚書周毖，屈身位於末席。他無兵無權也被請來倒是個意外。本來大家都很熟稔，但是當此吉凶未卜之際，誰都沒心情寒暄客套，偌大的廳堂竟鴉雀無聲。

突然間，只聞鐘鳴樂起，自大堂屏風後閃出二十個婀娜女子。她們身著霓裳，濃妝豔麗，長袖飄飄，來至堂中翩翩起舞以示歡迎。樂是好樂舞是好舞，大家緊張的心情似有些放鬆，也漸漸不再正襟危坐了。

就在樂曲悠揚、舞步婆娑之際，忽聞有一個粗重的聲音問道：「在座的大人們，這樂曲可還受用？」誰都沒有注意到，不知什麼時候，董卓已經悄悄從後堂走了出來。

諸人紛紛要起身見禮，董卓卻一擺手：「坐你們的！誰要是起來誰就是罵我祖宗！」諸人都是一驚，還未見過這樣讓客的呢，便不敢再動了。倒不是不好意思罵他祖宗，而是怕罵完他祖宗無有好下場。

董卓已經五十餘歲，雖然身高八尺，但是身體過於肥胖，粗胳臂粗腿，肥頭大耳的，他落坐的時候甚至有一些吃力。錦袍玉帶並未給他帶來多少高貴的氣質，卻更加反襯出他的相貌粗悍。特別是一雙犀利的鷹眼，跟八字似的那張大嘴，還有臉上的橫肉，打著捲的花白鬍鬚，都顯露出他的凶惡可怕，使人覺得坐在正席上的是一頭穿著衣服的猛獸。而就在董卓身後，一左一右侍立著兩個更加扎眼的人物。

右手邊的是一個青年武士，此人身披金甲身高九尺，面龐卻白淨如玉，龍眉鳳目，隆鼻朱唇，黑中透棕的髮髻別著根長大的翡翠玉簪。他的眼睛顧盼神飛頗為俊美，眼珠隱隱泛出些藍色，宛如深邃洶湧的大海。那一身金甲似乎是量體而做，質地絲毫不顯沉重，緊緊貼著他的胸膛和臂膀，將他結實勻稱的身材襯托得恰到好處——真真是一個天下無雙的英俊人物。他的左手握著腰間的劍柄，而右手卻拄著一杆丈餘長的方天畫戟，那鋒利的戟尖冷森森的，泛著刺眼的寒光。

曹操曉得，這人就是刺殺丁原的呂布呂奉先。此人雖相貌俊美，但心機可怖，為了貪圖功名富貴，竟然把一手提拔他起來的上司殺死，致使董卓輕而易舉便掌握了并州軍。事後呂布從一介小吏躋身為騎都尉，令人更不齒的是，董卓之子早喪，呂布竟然甘心為其義子，實是不折不扣的認賊作父。

在董卓的左手邊，還有一個落魄書生般的人物。此人身高尚不及曹操，相貌鄙陋，嘴巴似乎還有點兒歪，面色黝黑，兩腮無肉瘦小枯乾，彷彿一陣風就能把他吹倒。華麗的深服穿在身上頗顯肥大，而且他左肩略高右肩稍低，給人的印象就像是一個偶然混上身好衣服的老農。其實細看才知道，此人的年紀並不大，也就是將將三十歲。曹操深知人不可貌相的道理，這位就是一直在幕後為董卓出謀劃策的主簿田儀。據說這個落魄的讀書人早年被羌部落所虜，當過一陣子奴僕，身心受到極大摧殘。後來因為董卓一戰，他重獲自由，便對其忠心不二，甘願貢獻智謀。董卓入京之前於澠池上疏，引經據典大筆華翰，毫無粗疏之氣，大約就是此人捉刀代筆。

曹操默視此二人良久，頗有感慨：董卓赳赳莽夫，此番得勢雖屬僥倖，但這傢伙善於治軍，確有識人之才用人之膽，單此一長處我便當用心效仿！

舞姬一曲演完，各自款款而退。董卓笑道：「咱們的人在哪兒？大夥還不進來喝酒？」隨著他一聲招呼，只見門外迎客的董旻帶著西涼諸將嘻笑而入，最後竟然還有昔日何進部下的吳匡、張璋、伍宕、許涼四人。這幫傢伙逕自在東邊席上就坐，個個舉止隨便毫無禮數。

早有僕人端上各色菜肴，炙醬羹餅，水陸畢至，而且每人案邊都有一罈酒。如今乃大旱年月，董卓就是借久不降雨、糧食歉收而罷免劉弘，進而自居司空之位的。國家現在嚴令禁止釀酒，而始作俑者的董卓卻在家中大肆飲酒，這可真是一種諷刺。

董卓可不在乎那麼多，自己先滿上一樽，也不顧諸人，仰頭喝乾，擦了擦嘴才道：「今天在座之人皆是手握兵馬的廝殺漢，真稱得上是武夫之會……」他此言未畢，東邊諸將一陣嘲笑，西邊之人無不尷尬。曹操有些臉紅，低頭沉思：有什麼廝殺漢可言呢？除了我和沮儁、魏傑、劉勳幾人上過戰場，其他劉表、趙融等皆乃翩翩儒士，全靠聲望門第任職。現在想來，朝廷以這幫人執掌兵權，難怪會畏縮不前受制於人，叫董卓鑽了空子。這難道不值得反思嗎？

董卓抬手示意他的人不要笑：「不論上沒上過戰場，只要兵馬在握就有說話的本錢！所以我董某人今天要宴請大夥。」說著他又拿起酒樽，「來，大家喝啊！」東邊一陣叫嚷各自牛飲，而曹操等人卻滿懷心事，勉強沾了沾嘴唇。董卓一見似乎大為不悅：「哼！諸位為何不肯盡興？你們不喝可就是瞧不起我董某人。我兒奉先！」

「諾！」呂布響亮地答了一聲。

「你替為父敬敬列位大人，一定要讓大家喝好！」

「明白！」呂布如得軍令，卻不敢取董卓的酒具，踱至董越案前，拿起一只酒樽，快步來到西邊，「我替義父敬列位大人酒，還望列位務必賞光。」說著第一個就來到曹操面前，「曹大人，請飲！」

曹操抬頭仰望，只見呂布二目炯炯瞪著自己，雖然左手執杯，右手依然緊緊攥著那陰氣森森的畫戟。他心中略有懼意，但兀自振作，起身避席道：「有勞奉先敬酒，請！」說著竭力壓抑顫抖的衝動，總算是平平穩穩端起酒樽，略一回敬仰頭喝乾——這樽酒簡直是順著後脊梁下去的！

呂布見狀也隨之飲了。第二個輪到馮芳，他努力模仿著曹操方才的舉動，但是舉起酒樽的時候還是因為顫抖，略微灑了一些。

早有伶俐的僕人抱了酒罈過來，呂布每飲一樽便隨即滿上。他又來至第三席上：「子璜兄，請飲酒！」中軍司馬劉勳是袁紹的心腹幹將，袁紹本為中軍校尉，因為受命誅殺宦官轉為司隸校尉，所以中軍營之事便全部託付於他。劉勳舉起酒樽不飲，卻揶揄道：「在下職位低微，不過是暫代營中之事，算不得什麼有兵有權之人，您這杯酒還請敬給我家袁大人吧！」

呂布不苟言笑，硬生生道：「你休提袁紹，現在是你帶著中軍營。俗話說『現官不及現管』，沒瞧出今日不以官位列坐，只按兵馬多少列席嗎？」曹操在一旁聽得分明，這才明白今天的坐序為何這般古怪。劉勳仍不肯喝，兀自辯道：「在下不甚飲酒。」

「子璜兄既在席上，難道不曉得客隨主便的道理嗎？」呂布冷冷地說。劉子璜還欲再言，卻見呂布白皙的臉上已泛出殺氣，目光如利刃般刺來，而右手的方天畫戟也微微抬起數寸。看這陣勢，似乎再說一句不飲，他便要一戟刺來。

劉勳情知不善，再不敢說什麼，趕緊起身把酒喝了。

後面的趙融本是膽怯之人，更不敢造次，喝酒時戰戰兢兢的，灑了一身。眼見呂布已敬到第五席，曹操等人立時緊張起來。

這第五個便是右校尉淳于瓊。西園軍之人皆有涵養，唯獨此人是個沾火就著的急脾氣，平日裡又酷愛借酒鬧事。他自董卓進京以來，因為掠奪糧草的事情幾次與涼州軍械鬥，可戰力懸殊每每吃虧。即便如此，他卻不思退避一鬥再鬥，弄得兵卒離心紛紛逃散，如今只剩下二三百人，是現在西園諸營中實力最弱的。淳于瓊本是賭著氣來的，他也真有辦法，騰地站起身來，笑道：「你也忒客氣了，咱二人同飲！」說著右手拿起青銅酒樽便往呂布的樽上磕，兩樽相碰酒濺起頗高。

諸人凝神細看，只見二人站立不動，兩樽頂在一起，原來呂布、淳于瓊各自用力推樽，實是比起了氣力。剛開始還勢均力敵，可不多時就見淳于瓊臉色通紅漸漸不支，最後一個趔趄，險些被推倒在地，呂布卻氣不長出面不更色。東邊諸將無不大笑，淳于瓊摸了摸身上的酒漬，高聲嚷道：「他媽的！你們笑什麼，有本事你們跟他比比，還不如我了吧！」說罷也不管有沒有人敬，自己連斟連飲起來。

東邊諸將都是粗人，平日裡髒口慣了，並不把淳于瓊那句罵當回事，只管繼續說笑毫不糾纏。曹操見有驚無險沒鬧起來，後面劉表、沮儁等人紛紛也都喝了，總算是把心放寬，便拿起筷子不緊不慢吃了起來。少時一輪酒讓過來，呂布也飲了一罈子有餘，卻見他面色粉紅更顯俊秀，而步履矯健毫無醉意，回到董卓身邊恭恭敬敬站好。

「怎麼樣？我兒酒量可好？」董卓笑道。

這哪裡是敬酒，簡直是示威！諸人無不連聲稱讚。

董卓擺擺手，咧嘴笑道：「喝酒有酒量，帶兵更要靠氣量！有氣量才有人望，我董某人之所以能幹到今天這步田地，靠的就是幫我的這些兄弟！」他指向東邊的那些將領，那幫人無不拱手而笑。

董卓扭過臉，又挨個打量曹操這邊的人，緩緩道：「可我董某人不光要有自己的這幫兄弟們，從今以後還要與在座的列位大人成為兄弟，朝廷之事還要靠列位鼎力相助，咱們共謀天下之事！也望諸位推心置腹，不要跟我藏什麼心眼。」

曹操有些詫異，不過看此人慷慨激昂，似乎說的是真心話。

董卓話鋒一轉：「但天下大事最要緊的還是要靠明主！似桓靈二帝親信宦官重用小人，此等昏君主政天下就永無寧日！」

諸人嚇得一哆嗦：即便先帝是昏君，也不能當眾指責，更沒有大庭廣眾之下嚷出來的。

「我在涼州打了這麼多年仗，深知其中憂患。朝廷他媽的真是用人不明。」董卓開始口無遮攔了，「大家想想，派到我們涼州的都是些什麼鳥人？孟佗因為給張讓送過一斛葡萄酒便當了刺史，他會打什麼仗？他滾蛋了，又弄來一個梁鵠，成天耍筆桿子不幹活，都說他書法絕妙，我他娘的也看不懂！最後又去了個叫宋梟的刺史，北宮伯玉作亂時，他說什麼朗讀《孝經》退敵。呸！別他媽的扯淡了！」諸人聽他言語粗俗無不皺眉，但句句都是實話。

「我董某人沒讀過什麼《孝經》，但是我有傢伙，歹人就得給我老老實實的。」說著董卓猛然拉出佩劍戳在桌案上，眾人嚇得直縮脖子，「這刀劍就是天下的規矩，就是天下威儀，沒有威儀一切都是他娘的扯淡！先帝就是沒有威儀萎靡不振，才會叫那幫宦官小人得勢。身為帝王必要威嚴無比，才能鎮得住天下。」

話粗理不粗，曹操點點頭，信手端起酒來。

「所以，我董卓要幹一件大事。為了我大漢國祚長遠，也為了諸位的功名富貴，我要換一換當今天子！」

曹操剛剛入口的酒險些噴出來——廢帝？

董卓見眾人驚懼，卻大笑道：「哈哈哈……這有什麼可大驚小怪的？權柄在我手，換掉劉辯那小子不過是小事一樁。」

聽他直呼皇帝名諱，馮芳突然忍不住了，拱手道：「董公，恕在下冒昧直言，當今天子並無過失，豈能無故廢立呢？」

「無故廢立？」董卓橫了他一眼，「哼，懦弱就是他的罪！那日我往邙山迎駕，他像個什麼樣子？哭哭啼啼像個娘們，這樣的皇帝能治理天下嗎？生於深宮之中，長於婦人之手，什麼樣的孩子都他娘的嬌慣壞了。光會讀書有個屁用，到頭來不過是廢人一個！」

他把皇帝說得一無是處，似乎早就該廢掉，諸人敢怒不敢言。

曹操穩了穩心神，問道：「依董公之意何人當為天子呢？」言下之意是問：你是不是想自己當皇帝呀？

董卓一拍大腿：「劉協那小子啊！」似乎不論是否中他的意，皇帝到了他口中全是小子，「莫看陳留王年紀不大，膽子可不小。那日迎駕，與我同乘一騎，那小嘴可會說了。」說著他不禁呵呵直笑，「能不怕我的孩子，將來一定錯不了。我董某人決定立他為天子，將來輔保他重振我大漢之雄風。你們說好不好啊？」

「我等唯將軍馬首是瞻！」東邊諸將異口同聲地嚷道，那嗓門大得震人耳鼓。可笑的是，董卓如今是司空，他們卻口稱「將軍」，而不稱「董公」，足見在這些人眼裡，兵馬要比三公值錢得多。

董卓哈哈大笑，滿臉橫肉直顫，似乎是幹了一件了不起的事，扭頭又問西邊諸人：「列位大人，你們也贊同此事吧？」

曹操趕緊低頭，一句話都不敢說。他斜眼瞅了瞅身邊諸人，馮芳、劉表等皆面如土色，大氣也不敢出；而淳于瓊似乎根本沒聽他說話，耷拉著腦袋兀自牛飲，似乎已有醉意。

突然間，只聽坐在最後面的尚書周毖開了口：「當今天子處事似乎過於陰柔，董公廢其另立也是無奈之舉，實屬良苦用心吶！所幸陳留王天資聰穎，我等臣子皆從董公之意，絕不會違拗。」這簡直是給董卓臉上添彩，諸人無不側目，鄙夷地瞅著周毖。

「知我者周仲遠也！」

「董公過譽了。」周毖諂笑道：「您為國戍邊久有戰功，大小算來足有百戰，如今又親自理政多有建樹，我輩自當竭力助您輔保新君。來，我代諸位大人向您敬酒！」

諸人簡直氣憤到了極點，又不好明言，只瞪著他看。

這個周毖也算小有名氣，當初還是何進的座上客，如今卻恬不知恥諂媚董賊，與這樣的小人同座簡直是恥辱。周毖自在安然全不理會，見董卓喝了，又對東邊的人道：「自古一朝天子一朝臣，我看涼州來的各位將軍日後也當有所重任。你們都是久經沙場的人，在下仰慕得緊，我再敬各位將軍一杯。」東邊諸將聞聽無不受用，興高采烈盡皆飲下。周毖見他們喝了，也端起酒樽來，卻似有心事沾唇則止，高聲歎了口氣。

「你歎什麼氣呀？掃興！」董卓嚷道。

「董公啊！我周毖歎的是大漢的江山。」他放下酒樽，「自先帝以來，多有小人用事，所以天下積危，百姓疾苦，遂有黃巾之兵黑山之叛。董公雖然能換一個好皇帝，但百姓之苦尚不能解啊！」

「哦？」董卓似乎也有些擔心了，「那你說怎麼辦？」

「我說嘛……」周毖故作沉吟，「現今應當沙汰州郡之官，以青年才俊充任。一者可安民保境大興教化，二者重用才俊也可彰顯董公您用人之明。當初大將軍何進廣招賢才，卻因宦官作亂一事大都流散了。不過現在京中尚有何顒、韓馥、孔伷、張諮、劉岱等輩，若將他們放出去，或任刺史，或為郡守，豈不可以理民生計？那樣新君才坐得穩，董公您也能安心。」

曹操見他諂媚作態本甚為反感，但聽著聽著漸覺其中深意。這周毖看似一臉誠懇出謀劃策，實際上是要把董卓往火坑裡推。韓馥等人皆是清流一派，更有甚者是袁楊兩家的門生故吏，這幫人一旦出去管轄州郡之地，只怕要學鮑信一樣，舉兵反戈殺到洛陽來救駕了。想至此，見董卓一臉感激連連稱是，曹操頓覺好笑，趕緊抿了口酒。

「我今天受教匪淺，大家吃好喝好！」董卓覺得周毖的話很受用，抹了抹油嘴，又吩咐道：「奉先，你去叫人把禮物抬來！」

諸人面面相覷，皆現尷尬。酒可以喝，飯可以吃，爛在肚子裡也就罷了；但禮物不能收，因為一旦收下就等於受其收買，贊同了廢立皇帝之舉。可事到如今，誰敢挺身而出，說一個不字呢？

不多時，見呂布帶了一大群僕人進來。他們扛著十多口大箱子，打開一看，金銀財寶光華耀眼。又聞哭聲陣陣，幾個西涼兵驅趕進一群婀娜女子，想必都是劫掠而來。董卓站起身來，笑道：「你們猜猜這些東西是哪裡來的？」胡軫打量著美女壞笑：「莫非都是皇宮之物？」

「不對不對！」董卓搖頭道：「這些都是何苗一家的財物！」

此言一出，滿堂譁然。車騎將軍何苗雖然死了，但畢竟是當今太后的同母弟弟，哪有隨便抄國舅家產的道理。

「我實言相告。就在剛才，我請大家赴宴的時候，已經差派二百精兵抄了何府！這個何苗算個他媽的什麼東西？他哥哥誅殺宦官，他卻吃裡扒外勾結閹人，收受這麼多的賄賂，你們說該不該搶？」

「該搶！」吳匡第一個站了起來，他是宮廷變亂中手刃何苗之人，此刻面色森然道：「我家大將軍若不是被此賊所累，何至於遭宦官刺殺？」

曹操白了他一眼，心道：「真是毫無頭腦的匹夫！你就知道喝酒殺人，都被董卓兄弟當刀使了，竟毫不自知。」董卓示意吳匡坐下：「我不光抄了何苗的家，還扒了他的棺材，還宰了他的老娘！」

「嘩啦」一聲，趙融嚇得失了酒樽：「您……您殺、殺了舞陽君？」

「哼！有什麼大不了的？一個老賊婆罷了。」董卓毫不在意。

「她畢竟是太后之母啊！」趙融今晚不知灑了多少樽酒，似乎衣衫始終就沒乾過。

「趙大人，瞧你那副熊樣兒！」董卓不屑道：「劉辯那小子馬上就要被廢了。他不是皇帝，他娘也就不是太后，何家還算什麼皇親？似何苗這等敗類，就該殺得乾乾淨淨。」

「殺得好！」吳匡又附和道：「這老賊婆是個再嫁的婆娘，與我家大將軍沒有絲毫干係，她兒子何苗原本姓朱，是為了沾光才改姓何的。這對母子沒一個好東西，該殺！」

曹操真想問一句：那當今太后與皇帝也與大將軍沒有絲毫關係嗎？思慮再三，還是沒敢開口。又聽董卓那粗重的聲音道：「今天來者有份，財寶婢女隨便挑吧！」

此言一發，東邊的人似瘋了一般撲過去。有的哄搶財寶，有的就對那些女子動手動腳，而且你爭我奪，簡直是一群禽獸。董卓非但不加阻攔，還哈哈大笑。劉表、趙融之輩皆低下腦袋不忍再看。

吳匡抓了幾把金子塞進懷裡，轉眼瞧見人堆裡一個美貌女子，便上前調戲。那女子左躲右閃，一直護住腹部——原來她還身懷有孕。吳匡屢撲不中，便一把扯住她衣襟。那女子坐倒在地，眼見吳匡臂膀伸來，張口就咬。吳匡疼得蹦了起來，惱羞成怒揮手就給了她一記耳光。

眼見吳匡抬起右足又要踢她，只恐這一腳下去要一屍兩命，曹操再也壓不住火了，猛地躥出去，瞧準吳匡面門就是一拳。

吳匡毫無防備又抬起一腿，這拳挨得結結實實，仰面摔出去，頓時間稀裡嘩啦一片響，桌案也掀翻了，杯盤酒菜滿地都是。

眾人皆是一驚，董卓卻沒有生氣，只道：「孟德，你是我的客人。若中意此女子大可明言，何必動這等肝火？」吳匡也氣沖沖爬了起來，卻沒有還手，壓著火氣道：「呸！不就是一個娘們嘛！」他久隨何進，因此素來也恭敬曹操，換作別人打他，恐怕早就動刀子了。

「你沒看見她大著肚子嗎？你這一腳下去，兩條性命就沒了！」曹操趨身攙扶那女子，這才注意到她年紀甚輕，恐怕還不到二十。那女子淚水漣漣，一把抱住曹操大腿哭道：「大人救命吧！我不是何苗一家，乃是大將軍的兒媳啊……」

「妳說什麼？」吳匡也愣了。

「小女子尹氏，嫁與大將軍之子。我夫身體羸弱，數月前宦官作亂，我夫因驚亡故。小女子無所依靠又身懷有孕，只得依附舞陽君過活啊！嗚嗚……」她說罷便泣不成聲。

曹操對吳匡怒喝道：「你聽見沒有？難道你剛才的所作所為也對得起大將軍嗎？」吳匡悔恨不已，悵然落坐。曹操輕輕推開尹氏手臂，對董卓深深一揖：「董公，此女乃大將軍兒媳，又身懷何進之孫，您如今毀了舞陽君一家，她無所依附。在下懇請董公厚待此女，若能將其送歸娘家，也算是告慰大將軍在天之靈了。」

「你倒是有情有義。」董卓欣賞地點了點頭，「此事好說。」

「還有，這些良家女子不可做賞賜之物，還請……還請您將她們放了吧！」

董卓倏地收住笑容：「哪有這麼多窮講究？你也真是多事……真他媽掃興！算了吧，把她們都帶下去。我看今天這個宴就到這裡，列位大人還有將軍們，都請回吧！」

西邊諸人這半天光景一直提心吊膽，聞此言如逢大赦，趕忙紛紛起身告退。卻有伶俐僕人為每人都裹了一包財貨，或是翡翠珠玉，或是金銀器皿，不要也得要。劉表等勉強接受，雙手高捧，緩緩退出；至於淳于瓊，早就喝得爛醉如泥，是劉勳將他背出去的。

曹操也要告退，董卓卻道：「你不要走！我還有話與你說。」

過了一會兒，東西兩邊的人已走光。僕役也將殘席撤去，掃去地上汙垢，熄滅多盞燈火，退出去時又將大門掩上。偌大的廳堂上，只剩下曹操與董卓、呂布、田儀。

幽暗的燈光下，董卓的臉越發顯得陰森可怖，如野獸一般。他瞪著凶惡的眼睛，打量曹操良久，才道：「你是曹騰的孫子吧？」

曹操聽他直呼祖父的名諱，甚是不喜，但又知他是個粗人口無遮攔，便低聲應了聲：「是。」

「我董卓之所以能出人頭地，靠的是已故張奐老將軍的提拔，這你知道吧？」

曹操連連點頭。

「而張老將軍當年可沒少得你祖父的恩惠啊！」董卓所言不虛，昔日梁冀當政時期，張奐之所以有機會建立軍功，也賴曹操祖父曹騰的美言。「還有，我涼州在孝順帝時，有一位戰功赫赫的刺史种暠，也是你祖父推薦的吧？」

曹操有點害怕了：董卓進京之前，我曾推薦种暠之孫种劭前去阻攔，他是不是要因此事處置我？

哪知董卓面色凝重，語重心長道：「你曹家對我涼州武人有恩呢！」曹操聽不出這是好言還是惡言，只低頭道：「不敢當。」

董卓擺擺手，走到他面前：「你可知道，身為涼州之人，要想出人頭地要受多少苦嗎？朝廷何嘗視我們為子民啊！自光武爺立下規矩，涼州之人不得內遷，把我們當做賤民。故而張奐立下平羌大功，不求升賞，只願籍貫內遷弘農，為的就是子孫不再受欺壓、不再受戰亂之苦。你明白嗎？」

曹操有些動容，但馬上意識到自己在與誰講話，趕緊低頭道：「蒙董公訓教。」

「我涼州子弟為抗外敵，所以世代習武，出了多少能征慣戰之人？可是朝廷不加重用，提拔的卻是那些百無一用的高門子弟，都是他媽的繡花枕頭！」董卓氣憤不已，「帶兵之人沒上過戰場，還算什麼廝殺漢？你倒是個好樣的，當年敢帶三千人出關解圍。」

「那一仗贏得僥倖了。」曹操實話實說。當初平黃巾長社一戰，他領兵趕到之時，皇甫嵩已經縱火突圍。

「宛城之慘烈，難道也是僥倖？」董卓早將曹操的底細摸清了。

「唉……」曹操長歎一聲，「昔日這一仗，死傷無數慘烈至極，我所帶之人幾乎折盡。」

「這就是你跟那些人不一樣的地方，你在戰場上出生入死過！你見過屍橫遍野的景象……」董卓拍拍他肩膀，話鋒一轉，「我也打過黃巾賊，但是我敗了。我一輩子只吃過兩場大敗仗！」

曹操倒也起了好奇心，斗膽問道：「兩場？那另一場呢？」

「那是在榆中，被北宮伯玉的人馬困在河邊。我堅閉營門受困數月，眼見糧草殆盡士卒投敵，就差他媽的來宰我了。」說到這兒董卓閉上了眼睛，似乎對當時的情景還心有餘悸。

「當時我營裡有個小參謀，他想出一個主意，叫我假借捕魚為名攔河修堤。等堤修好後，我們虛插旌旗，渡河而逃。等北宮伯玉的人馬發現，我們把大堤一毀，早就逃遠了！」

曹操連連點頭：「實中有虛，虛中有實。好計策，當賞！」

「那還用你說？獻策之人名喚賈詡，如今已是都尉，正在助我女婿牛輔駐紮陝縣，日後我還要重用此人。那榆中之敗是我以寡敵眾孤軍深入，卻也輸得心服口服。但是在廣宗敗給張角，卻他媽的叫人窩火！」

那是光和六年（西元一八四年）的事情。當時曹操正隨朱儁、皇甫嵩在汝南奮戰，而河北平叛主帥盧植遭宦官誣陷被鎖拿入京，接替者便是董卓。那一仗董卓敗得莫名其妙，致使原本形勢大好的局勢全面惡化，荊州黃巾借機復起，才有那場觸目驚心的宛城血戰。董卓突然歎息道：「孟德，因為我那一仗輸了，給你們添了不少麻煩吧？」

「勝敗乃兵家常事，談何麻煩，為國效力理所應當。」

「你知道我為何會輸嗎？」

曹操聽他這樣問，正好藉機逢迎：「久聞董公用兵如神，但廣宗之敗實不可解。」

「那我告訴你，輸就輸在那幫北軍的司馬上！」董卓一臉氣憤，「那些人都是他媽的貴族子弟，哪裡把我這個西涼粗人放在眼裡？軍隊靠的是令行禁止，可是他們不服我的調遣，各自為戰豈能不敗？要是帶著我自己的兵，十個張角也被我擒殺了。」

曹操愕然。

「而且，輸還輸在先帝那個昏君身上！」董卓嚷得更凶了，「竟然因為一個狗屁閹人的話就臨陣換將！他媽的……所以那時候我就想收拾昏君、收拾那幫百無一用的貴戚子弟！」

至此，曹操總算是搞清楚董卓的心結何在了，他勸慰道：「先帝已死，北軍已在董公之手，現在您該罷手了吧！」

「罷手？」董卓的臉顫動了兩下，「我為什麼要罷手？我還沒有建立威嚴！我要立劉協那小子當皇帝，我親自當家主政，這天下早該好好理一理了。」那一刻，曹操幾乎被打動了：「您要效仿霍光之舉嗎？」

「什麼？什麼火光？」董卓一愣，瞧向階邊的燈火。

就這一個小小的動作間，曹操的仰慕之情瞬間灰飛煙滅：這個人太沒有學識了，恐怕不能成就大事。國家利器所託非人，定會是一場災難，何進不就是最好的例子嗎？但何進不過是軟弱無能，要是董卓這等視人命如草芥的傢伙當政，只怕天下要血流成河！

田儀覺察出董卓出醜了，趕緊解釋道：「主公，曹大人所說的霍光是前輩的名臣，就是您素來仰慕的那位霍去病將軍的弟弟。他受孝昭帝託孤之重，卻廢掉了繼任的昌邑王。當時也有人說他是亂臣賊子居心叵測，而他迎立了孝宣皇帝，輔佐他成為一代明君。曹大人拿您比霍光，是在誇獎您吶！」曹操聽此言毛骨悚然：霍光輔保孝宣帝不假，當時昌邑王卻是他自立自廢的。田儀避重就輕美化霍光，明擺著是慫恿董卓的廢帝之舉，說不定這廢立皇帝的主意就是他出的，此潦倒書生心機實在可怖至極。

「那就謝謝孟德的誇獎嘍！」董卓在他面前踱了幾步，突然攥住曹操手腕，「曹老弟。」

「不敢當。」

「肩膀齊為弟兄！」

曹操強笑道：「只怕我這等身高，站到几案上才能與您肩膀齊。」

「哈哈哈……孟德莫要說笑。我且問你，現在你典軍營中還有多少兵馬？」

「死走逃亡，還剩千餘而已。」曹操不敢逞強，實言相告。

董卓沉默了一會兒，道：「我把西園軍餘下的所有兵馬都交你統領，你看可好？」

「我？」曹操簡直不敢相信自己的耳朵。雖說西園軍已經殘敗，但若把餘下的五營合在一起，仍然可以湊到三千多人，這在京畿之地絕對是一股不可小覷的力量。

「你有什麼可大驚小怪的？」董卓笑道：「咱們之間要講實話。我的將領都是粗人，可管不了這幫西園軍。但若是輕易放手將其遣散，一者太過可惜，二者難免肘腋生變。但若是找到合適的人來統領他們，將來有人造反，這支人馬還可以協助禦敵呢！老夫遍觀朝中文武，唯有你能帶好這支軍隊，至於那些酸溜溜的貴族子弟，叫他們靠邊站吧！怎麼樣？你來帶西園軍，日後與我共謀大業、共享富貴，如何呀？」

他所說的共謀大業究竟是什麼意思呢？難道他最終的目標是要學王莽篡漢嗎？還是僅僅想做霍光？那為什麼要廢掉劉辯改立劉協呢？立一個更聰明的皇帝對他來說不是更危險嗎？董卓實在是腦子混亂，或許他確實有志於復興朝廷，但他卻不知道該怎麼做？曹操沒有回答，低頭陷入了沉思。

董卓又道：「放心吧，老夫日後虧待不了你，保你得公侯之位。咱們好好理一理這個天下。有酒同喝有肉同吃，行不行？」

曹操真不知該如何回答了，為一代賢臣名將固然是他平生的志願，但是寄希望於董卓是否明智呢？他側目瞧了眼旁邊的二人：呂布手握方天畫戟威嚴而立，似乎自己敢說一個不字就要廢命在此；田儀睜著一雙怪眼瞅著自己，看來要想假意應允，立時就會被這個人戳穿。答應不答應，似乎都行不通……他沉吟良久，跪倒在董卓面前：「董公，下官想起一句話。昔日我大漢名將馬援講過『非獨君擇臣也，臣亦擇君矣』。下官現在實不能答覆，容我回去再三思考，若自度能夠勝任，必會擔當。」說到這兒恐話不周全，他又趕緊補充道：「若自度不堪您驅使，在下也必會薦舉他人，總之定不負公之重托。」

董卓有些吃驚，他還沒見過有人這樣與他講話，但隨即笑道：「你倒是坦誠……好吧，你回去想一想，改日咱們再議此事。」

曹操忐忑站起，見董卓氣色如常，呂布、田儀也沒什麼反應，似乎是勉強過關了。荊棘之地不可久留，他馬上躬身道：「既然如此，下官便告退了。」

「去吧，天色也不早了，老夫等著你的答覆。」說著董卓擺擺手，打了一個哈欠。

曹操離開董府，一路上腦子裡亂糟糟的。其實這不單單是緩兵之計，也是他內心深處的矛盾：幫助董卓，自己的才幹似乎便有機會發揮，但是董卓其人真的可以相信嗎？即便可以相信，他就真的能治理好國家嗎？恍恍惚惚回到家中，也未換衣服，一屁股坐到房裡。

卞氏牽掛他安危，抱著丕兒一直沒有休息，趕緊湊過來：「怎麼樣？老賊沒難為你吧？」曹操搖搖頭。

「你怎麼了，跟丟了魂似的？他要奪你的兵權？」

曹操苦笑一陣：「他不是要奪我兵權，是要給我兵權。」

「給你兵權，怎麼回事？」

夫妻說話之間，樓異突然在外面嚷道：「大人，董府差人給您送東西來了……來的差人是、是……」

「是誰？」

另一個似曾相識的聲音答道：「是小的我呀！」

曹操連忙舉燭出門，黑暗中顯露出一張諂媚的面龐——秦宜祿。

「是你？」曹操鄙夷地哼了一聲，「你又跑到董公手下了？」

「嘿嘿，小的倒是有心思跟著您，但是您不要我了。所以，誰給小的飯吃，我就跟著誰吧！」

秦宜祿依舊是那麼滑頭，「大人，您快來看看吧！」燭火照亮院子，只見整整一箱的金銀珠寶，正是席間何苗家產之物。

「我家董公說了，區區幾件小東西，請您務必留下，以後就是一家人了。」秦宜祿深深一揖，又道：「小的出來時，田主簿還囑咐我，說您與我畢竟有故主之情，要我勤往這裡跑跑，關照您的生活，那以後小的短不了來侍奉您。」

曹操暗罵，這分明是要他時常來監視，這會兒再不敢推辭了，強笑道：「你回去告知董公，東西我欣然領受，多謝他老人家的美意。」

「諾。天色不早，小的告退了。」秦宜祿退了幾步，又諂笑道：「外面還有一駕馬車，也是董公相贈，請您收下。」說罷一溜煙跑了。

卞氏這時走了出來，驚奇道：「秦宜祿來送東西，這是怎麼回事呀？」曹操不答，夫妻二人齊出院門去看，果見府門外有一駕新漆的馬車，裝潢甚為華貴，不過對於一個校尉而言似乎有些逾制了。

樓異上去趕車，哪知他一掀簾子，車裡面竟還坐著個哭泣的婀娜女子——正是那個身懷有孕的小寡婦尹氏。卞氏更加詫異，蹙眉對丈夫道：「你給我說說吧，這到底是怎麼回事啊？」

「別問我，我說不明白。」曹操一揮衣袖，回去睡覺了。

第二章 曹操倉皇逃離洛陽

廢立天子

無論曹操與群臣的態度如何，董卓廢掉劉辯的計畫仍在持續進行中。

沒過多久，董卓一紙詔書把在河內督戰黑山義軍的朱儁調回京師，名義上給予光祿大夫的官職，實際上是把這位名將的兵權也解除了。至於敵對的黑山起義方面，朝廷息事寧人，任命其首領張燕為平難中郎將，默許他在黑山一帶劃地自治。緊接著，董卓又徵調豫州刺史黃琬入朝，防止其就近舉兵反抗。

又過了幾天，董卓親自出城，以最隆重的禮儀迎接一位大人物的到來——潁川名士荀爽。他終因逃避不及，被董卓手下圍困在鄉，幾番威逼之下，無可奈何入朝為官。董卓如獲至寶，要利用這個民間大賢來裝點他的新朝廷，以此穩固士人之心。

轉眼間已到了九月，天氣一天天轉涼，肅殺的西風又吹起。那涼風捲著落葉在宮院間吹拂，發出沙沙的聲音，時不時有幾片落在朝會的玉堂殿上。

此刻，大殿裡鴉雀無聲，列坐的文武公卿似泥胎偶像，動也不動。上面御座空空，大家都記不清多久沒見過皇帝了，只有董卓在御階下指手畫腳把持朝堂。

今天的朝會更與往日不同，因為大殿外還有二百個身披鎧甲、殺氣騰騰的西涼武士。所有官員都屏住呼吸低著腦袋，甚至無人敢隨便抬一下眼皮。不過，董卓也同樣一言不發，耐著性子在大殿中央踱來踱去，他在等百官之首的太傅袁隗。

沉默了許久，忽聽殿外傳來一陣急促的腳步聲，隨即趨身走進一個年輕的官員，乃侍御史擾龍宗。侍御史本是伺候皇帝的官，不過現在連皇帝的面都見不著，也就改成伺候董卓了。

擾龍宗快步進殿，戰戰兢兢在董卓面前下拜：「稟報董公，太傅他老人家今天不能來了。」

「為什麼不來？」董卓瞥了他一眼。

擾龍宗擦去涔涔汗水，解釋道：「老太傅偶感風寒。」

「哼！老傢伙不來也罷。」

擾龍宗見他顏色不對，趕緊起身想要歸班。

董卓突然一把抓住他的衣領，怒道：「你這就想退下嗎？」

「董公，下官無罪啊……」

「無罪？你為何上殿不解劍？」董卓說罷鬆手，就勢一推。他胖大力猛，竟把擾龍宗推了一個跟斗，重重撞在殿柱之上。

此一摔一撞著實不輕，擾龍宗好半天才掙扎著爬起來，支支吾吾道：「下官……怕董公焦急，匆匆趕回，一時倉促就忘記了。」

「忘記了？」董卓一陣冷笑，「這朝廷章法豈有忘記的？上殿帶劍暫且不論，列卿以下拜謁三公豈有服劍之理？你分明就是不把老夫這個司空放在眼裡！」

擾龍宗連連磕頭：「下官不敢！下官不敢！望董公饒恕！」

「饒恕？太晚了。來人啊！推出去殺了！」董卓喊完這一聲，故意挑釁般掃視著群臣，「這是朝廷的禮法，將其治罪，我想各位大臣不會有異議吧？」他擅自處死大臣，卻打著維護禮法的名義，誰也不敢出言反對，眼睜睜看著兩名武士把殊死掙扎的擾龍宗拖了出去。那淒厲的求饒聲越來越遠，直到最後化作一片寂靜，聽得人直冒冷汗，生怕下一個就輪到自己。

曹操卻坦然坐在群臣當中，毫無自危之感。他很清楚，董卓想拉攏他來打擊別人，所以自己目前是安全的。不過，董卓小題大做殺死擾龍宗，無異於殺一儆百，瞧今天這等陣勢，恐怕是要公開那驚天之舉了。

果不其然，董卓朗聲道：「我董卓為大漢國祚長遠，願以身維護國之禮法……可是如今，在後宮之中就有人不尊禮法、不守婦道，這個人就是太后何氏！」

此言一出，群臣紛紛抬頭，一雙雙驚怖的眼睛瞅著董卓。

董卓熟視無睹，緩緩道：「永樂太后董氏乃先帝生母，久居宮中。可何后竟連連逼迫，以藩妃之名將其趕出皇宮，致使她憂憤而死。如此行事豈不逆婦姑之禮，有虧孝順之節？」見大家沒什麼強烈反應，他頗為滿意，背著手繼續道：「當今天子，昏庸無能軟弱不君。昔伊尹放太甲，霍光廢昌邑，著在典籍，後世稱善。我看當今太后宜如太甲，當今皇帝宜如昌邑，這對母子應該廢棄流放。陳留王雖年幼，但仁孝聰慧，可以繼承大統……」

文武群臣可謂觸目驚心，從古至今哪有如此跋扈的臣子，堂而皇之大談廢立。皇帝不過是膽小一點兒，除此之外有什麼過錯？自你董卓入京以來，他何曾為政理事，他有犯錯誤的機會嗎？雖然大家都這麼想，但卻不敢打斷他的話。曹操倒是越聽越覺得好笑：那日他連霍光是誰都不知道，今天竟坦言「伊尹放太甲，霍光廢昌邑」，這些引經據典的話，恐怕都是田儀在背後教的，也不知他耐著性子背了多久。

曹操所斷不假，董卓為了這一番言辭可沒少下工夫。他邊想邊說照本宣科，歷數何后與當今天子之失德，好半天才完，暗自出一口大氣，慶幸背誦無誤。但環視群臣，見大家交頭接耳紛紛搖頭，頓時火起，高聲嚷道：「廢當今皇帝，改立陳留王為帝，乃是為了天下大義！有敢阻此事者，以軍法處置！」

擾龍宗血跡未乾，他又把天下大義搬出來了，大家聽他這樣說，立刻靜下來。

董卓見眾人不敢有異議了，微微一笑。哪知就在這個時候，一位老臣出班而拜，朗聲道：「昔太甲既立不明，昌邑罪過千餘，故有廢立之事。今主上鼎盛春秋，行無失德，非前事之比也。況陳留王年僅九歲，豈能處置政務？廢長立幼國之大忌，我等為臣子者若行廢立則罪過更甚，還請董公再……」

諸人一看，說話的乃尚書盧植。董卓聽他出言反對，臉色由晴轉陰，不待他講完便喝道：「住口！阻攔者軍法處置，你沒聽見嗎？來人哪，把他推出去殺了！」

盧植可不比無名小輩擾龍宗，殺字出口，又有一人倉皇出班跪倒：「董公息怒，刀下留人啊！」說話的是侍中蔡邕，「盧尚書雖言辭忤逆有礙大義，但懷至忠之心，疾天下之事。況其征討黃巾於國有功，還望董公法外開恩饒他不死。」言罷連連磕頭。

蔡邕是董卓連邀請帶威逼才來到洛陽的，三日之內歷任三台，董卓也不好駁他的面子。只一閃愣神的工夫，又見議郎彭伯也跪了出來：「盧尚書海內大儒，人之望也。今若害之，只恐天下震怖，無人再敢為朝廷效力。還請董公萬萬寬宥，朝廷之幸，天下之幸啊！」

董卓把牙咬得吱吱響，他萬沒料到，事到如今還有人敢挑戰他的權威。他氣哼哼望著盧植，好半天才道：「也罷，看在兩位大人的面子上且饒你一條老命。但死罪可免活罪難逃，從今以後你的官就免了吧！」

盧植見他不經天子詔命，一句話就把自己罷免了，歎息道：「微臣心意盡到，看來已不可挽回。

就是您不罷我的官，我也無心再在朝堂待下去了。」說罷潸然淚下，摘了冠戴、革囊往坐榻上一放，回頭又對著空空如也的龍位拜了一拜，腳步踉蹌下殿而去。

曹操伸著脖子見他走遠，不禁愴然。這個盧植為國遭了多少罪？討黃巾被宦官陷害過，兩個兒子都被賊人殺了；宦官作亂之夜群臣復仇屠殺，只有他一人忠心耿耿追趕聖駕夜馳河上，今天竟因幾句忠義之言險些喪命，落個丟官罷職的下場。董卓如此行事，豈得長久？

董卓見他去了，扭頭又看了看最靠前的空位子——那是袁隗的。太傅是為上公，地位尚在太尉、司徒、司空三公之上。盧植幾句話給他提了醒，袁家也威望甚高，自己在名義上還是袁隗的故吏，今天不問個心服口服，日後也是麻煩。想至此，他的目光掃向司隸校尉袁紹：「袁本初，你怎麼想？贊同廢立之事嗎？」

袁紹緩緩起身而拜，舉動不卑不亢，朗朗道：「下官贊同董公之議。不過……」

「不過什麼？」

「此等大事，當與太傅商議，畢竟我家叔父有輔政之名。」

董卓有些不耐煩：「你叔父他故意拿大，不肯來赴朝會。」

「叔父年老體弱，最近又受了些驚嚇，一時臥病也是有的，但不會耽誤朝廷大事。」袁紹伸手拿起身旁的白旄，「董公不必著急，我現在就往叔父府中傳您的話，想必他老人家也不會反對。」說罷也不等董卓答覆，便匆匆退了出去。

「天下之事豈不決我？我今為之，誰敢不從？」董卓瞧他退去，嘲諷道：「我看太傅年邁，也不能處置朝政了，不妨讓他安心在家養病吧！現今太尉一職，乃是幽州牧劉虞遙領。他在河北戡亂，遭黑山阻隔不能來赴任。但天下兵事不能無主，從今往後我來當這個太尉！周仲遠，你給我起草詔書吧！」

現在他的話就是口諭，尚書周毖欣然應允，卻道：「董公為太尉，自然無人不服，但下官有一事相請。」

董卓頗感意外，瞟了他一眼：「你今天怎麼也給我找麻煩呢？有話快說有屁快放！」

朝堂之上說出這麼粗俗的話來，群臣甚覺不堪；周毖卻面帶微笑充耳不聞，只道：「劉虞宗室重臣，不可輕易罷免。董公若為太尉，可否改其為大司馬，以示您對宗室之優待？」

「行啊！你看著辦吧。」董卓如今對周毖頗為信賴。可是他不懂史事，太尉一職本源自大司馬，兩者實為一體。周毖不聲不響為他在遙遠的幽州樹了個官職一樣的敵人。

周毖心中一塊石頭落地，舉笏再言：「策董公為太尉之詔，在下勉勵為之。不過廢帝之詔，恐我等尚書難成其辭。」他也不願意當這個千古罪人，所以醜話說在前面。

「這事也不用你們辦，我早就準備好了。」董卓早讓田儀寫成了廢帝詔書，「到時候你只管宣讀，讀好了我加你為侍中。」周毖假裝感激連連再拜，眾臣不明就裡紛紛怒視。曹操心中雪亮：欲要殺人卻先諂侍於人，周仲遠可謂能忍常人之不能忍，我不妨學一學他。抬頭之間，正見董卓微笑地望著自己，趕忙也笑著點了點頭，以示贊同。

董卓得袁紹、周毖、曹操贊同，一時間信心大長，再次逼問群臣：「今大計已定，還有誰敢阻攔？」

諸臣不敢再違拗，參差呼道：「悉聽遵命。」

殺氣騰騰的氛圍終於漸漸散去，董卓宣布來日舉行大典，扶陳留王劉協正位，並要求百官齊至，一場驚心動魄的朝會總算結束了。群臣死裡逃生一般紛紛退下，出了大殿都不敢望那些武士一眼，各自倉皇而去。曹操剛剛邁出殿門，身後董卓就叫道：「孟德！那件事你想好了沒有？」

曹操提了一口氣，轉身假作喜悅，諂笑道：「今日朝會群臣已贊同董公之意，下官甚感欣慰，今後亦願為董公驅馳。」說著倒身便拜。

董卓搶步上前一把攙住：「免禮免禮！你既肯助我，今後便是自家兄弟，不必講這番虛禮。待新君正位之後，我立刻表你總攝西園諸營。好好幹吧！」

「謝董公栽培。」

說話間，突見董旻慌慌張張跑來：「兄長！袁紹跑了！」

「什麼？」連曹操也沒料到。

「方才他離殿而去久久不回，我便派人去袁隗府中相問，哪知他根本就沒去那裡。我心中起疑，又差人往他家中觀看，只見堂上王節高懸，他已馬不停蹄帶著幾個人出北門而去了。」

董卓氣得鬍子都翹起來了：「速速派人給我追！還有，他家眷不就在汝南嗎？派人去把他的妻兒老小都給我殺了！」

「且慢！」周毖不知何時走到近前，想必他一直待在不遠處觀察董卓的動靜。

「仲遠，袁紹賊子已逃，你有何良策？」董卓扭頭道。

周毖沉吟道：「夫廢立大事，非常人之智可及。袁本初不過蒙受祖恩之徒，不識大體，心生恐懼，故而出奔。董公若是捕之急切，勢必生變。想那袁氏一族四世三公，門生故吏遍於天下，袁紹若收豪傑以聚徒眾，英雄因之而起，則關東之地非董公之有也！」

「嗯，也有道理……難道就叫他這樣逃了？」

「非也。」周毖斷然道：「以下官之見，董公不如赦之，擇一個偏僻小地，任他為郡守。袁紹喜於免罪，必定不再生患。」

董卓似乎有些猶豫，又問曹操：「你覺得此計可行嗎？」

曹操趕緊趁熱打鐵：「周仲遠此言，實乃老成謀國之計啊！關東士人最重恩義，若能寬宥則義在於公，士人欽佩；若誅連其家則義失於彼，只恐士人離心，因此生變啊！」

董卓一拍大腿：「好！大人有大量，且放他走，給他個小小郡守。反正他叔父還在我手心裡攥著，我就不信這小子能掀起多大浪來。」

曹操鬆了口氣，心道：「你算是瞎眼了。袁紹之聲望遠勝鮑信，給他一郡之地，你便永無寧日了。」

「孟德、仲遠，你二人替我安撫諸臣，明天的廢立大典不可鬆懈。老夫講義氣，好好替我辦事，日後我虧待不了你們。」

「諾！」二人趨身而應，不約而同側目對視了一眼。雖不用語言，但兩人想法一致：暫且逆來順受，哄著他玩吧！

第二日，即中平六年（西元一八九年）九月甲戌，洛陽皇宮再次舉行朝會，這一次十七歲的皇帝劉辯、九歲的陳留王劉協以及太后何氏盡皆在殿。在董卓的授意下，尚書周毖出班，當眾朗誦策命：

> 孝靈皇帝不究高宗眉壽之祚，早棄臣子。皇帝承紹，海內側望，而帝天姿輕佻，威儀不恪，在喪慢惰，衰如故焉；凶德既彰，淫穢發聞，損辱神器，忝汙宗廟。皇太后教無母儀，統政荒亂。永樂太后暴崩，眾論惑焉。三綱之道，天地之紀，而乃有闕，罪之大者。陳留王協，聖德偉茂，規矩邈然，豐下兌上，有堯圖之表；居喪哀戚，言不及邪，岐嶷之性，有周成之懿。休聲美稱，天下所聞，宜承洪業，為萬世統，可以承宗廟。廢皇帝為弘農王，皇太后還政。

這篇以臣欺主的策命朗讀完畢，郎中令李儒搶步上前，將顫抖不已的劉辯拉下龍位。可憐這位小皇帝，賴舅舅何進竭力相助才得登基，僅僅名不副實地在位五個月，就被廢為弘農王。

耳畔縈繞著何太后的哭聲，群臣多有不忍。可就在大家還未反應過來的時候，董卓早親自將陳留王劉協抱到了龍位上。劉協年紀還小，似乎沒明白發生了什麼，他眨麼著小眼睛環視群臣，還沒意識到日後他的苦痛人生。

群臣不知所措，不曉得這樣策立出來的劉協算不算真正的皇帝。司徒丁宮感覺情況不妙，趕緊對大家朗聲道：「天禍漢室，喪亂弘多。昔日祭仲廢忽立突，《春秋》大其權。今我等臣子量宜為社稷計，誠合天人，請稱萬歲！」說罷當先下拜。文武百官聞聽此言，知道若不下拜將禍事旋踵，趕緊跟著丁宮跪倒，對劉協三呼萬歲。而董卓卻一臉驕縱立於小皇帝身邊，分享著群臣的跪拜。

不過曹操等一些細心的大臣，似乎還從丁宮的話中品味出一些弦外之音。他提到祭仲廢忽立突，此乃春秋鄭國之事。但祭仲卻是在宋人威逼之下才廢公子忽，改立公子突為鄭厲公的。身為鄭國顧命大臣，卻在敵國威逼下更易君主，這實在算不上什麼美談。丁宮學識淵博，絕不會用典用錯，他放著伊尹、霍光兩個光鮮的例子不比，反舉出祭仲的例子，這恐怕也是一種不祥的預兆吧！

曹操九叩已畢，起身望著新任皇帝，不禁生出一片感慨：天下之事似乎冥冥之中早有定數，昔日先帝晏駕，臨終托宦官蹇碩輔保小兒子劉協。何進帶領士人幾番爭鬥才殺死蹇碩，策立大皇子劉辯。誰料萬般辛勞一場空，董卓這一來，龍位終究還是歸了小劉協。

觸目驚心

劉協被扶上皇位之後，一些由董卓炮製的政令紛紛頒布。

首先，削去何氏的太后尊號，將其與廢帝劉辯完全隔絕在永安宮中，交與郎中令李儒看管。然後改易身在幽州的劉虞為大司馬，董卓代他成為三公之首的太尉，並領前將軍事，進而加斧鉞，有生殺之權，並且賜虎賁勇士隨時保衛。接著，改元為永漢，以黃琬為司徒、楊彪為司空，以此二人樹立名望。此外，又賜公卿以下至黃門侍郎每家舉一名子弟為郎，名義上是讓這些高官子弟入宮補以前宦官的缺位，實際上是作為人質被留在宮中。

辦完這兩件事情後，董卓為了籠絡士人，竟還作出兩項莫名其妙的決定：一是為謀誅宦官而被害的前朝大將軍竇武、太傅陳蕃翻案正名，徹底了結黨錮那段公案。那已經是二十一年前的事情了，如今宦官勢力盡皆殄滅，董卓不過是賣個順水人情，為黨錮之禍畫上一個句號。另外，董卓還以永樂董太后族姪的身分自居，公開上疏為其正名。可孝靈帝之母永樂董太后乃河間人，董卓卻是地地道道的隴西人，一在冀州一在涼州，這兩個董家同姓各宗，風馬牛不相及，分明是董卓眼紅那些威風的國舅，也想冒充外戚過過癮。

自從袁紹逃走以後，董卓對京師的控制更為嚴格，在洛陽十二道城門都設了眼線，密切注意群臣的動向。對曹操而言，最為要命的是，田儀幾乎每天都叫秦宜祿來拜望一次，或是送東西，或是閒坐聊天，曹家的種種動向，都逃不出他的眼睛，這讓曹操根本無法與其他人密謀事宜。

這一日大清早，何顒、袁術、馮芳忽來造訪。曹操一皺眉：說不定秦宜祿一會兒就到，那小子精明過人，要是瞧出什麼破綻，以前的努力就白費了。

何顒思索片刻道：「你這裡若不保險，我們幾處就更不要說了。咱們出城說話吧！」

「對，出城打獵總不會有錯吧？」袁術表示贊同。

馮芳不甚放心：「只怕董卓有細作把守城門，即便許咱們出去，到老賊處一說，難免招惹一場災禍。」曹操主意已定，說道：「這樣吧，你們且回去更衣準備。我與老賊周旋日久，頗得幾分信賴，先往他府上閒話幾句，順便告知他要去狩獵，這樣再去便無妨了。」

馮芳連連點頭：「也好，還可以探聽些消息。」

三人各自離去準備，曹操則動身再入董府。這已經是三天兩頭的常事了，如今上自董卓本人，下至董府的僕人，曹操皆混得爛熟，便不覺什麼可怕了。他僅著便衣，騎馬過府，守門的武士毫不阻攔，任由其進了廳堂。

董卓此刻正低頭哄一個四五歲的女童玩耍，抬首見曹操進來了，笑道：「孟德快坐，你瞧我這孫女兒可人不可人？」

曹操趕緊搶步上前，諂笑道：「不愧是您老人家的孫女，果真標致出眾！」這話其實甚假，如此小的女孩哪裡瞧得出標致與否。

不過董卓就吃這一套，比這再阿諛十倍的話他都可以安然受之，曹操料他必定欣喜。哪知董卓歎息了一聲：「唉……可惜只有四歲。若不是年紀小，我就將她嫁與劉協了。」

曹操愕然：董卓竟然想把孫女嫁與皇帝！

「皇帝也該準備大婚了，可惜我這孫女不能配與天子，真是遺憾。」董卓連連搖頭，「前日裡我部下董承言道，不其侯伏完有一女，喚作伏壽，現年十一，容貌出眾，正好侍奉皇帝。等忙過這一陣，我親自為皇帝準備大婚。」

東海伏氏乃經學望門，歷代研修《詩經》與《尚書》，其先祖伏湛更是光武帝時期的開國名臣，族女配與皇帝本不為過。

但伏氏一族自伏湛之後向來恬淡，幾代子孫閉門讀書懶問世事，對朝局一向是事不關己高高掛起，被人喻為「伏不鬥」。尚（娶）孝桓帝之女陽安公主的侍中伏完，更是個有名的老實人，董卓讓他為國丈，根本就無需顧及外戚爭權之事。也虧那個叫董承的眼明心細，竟真能挑出這個血緣、門第、秉性樣樣合適的家族。

「董公事務如此繁忙，竟還心繫皇帝婚事，真忠良也。下官欽佩不已！」曹操趕緊趁機恭維。

董卓拍拍孫女的頭道：「白兒，快給這位曹爺爺施禮。」

那董白兒趕緊下拜：「爺爺好！」

「喲！我是董公晚生呀，叫叔叔便可了。」

「我都說了，同殿同心即為弟兄。」

曹操不敢違拗，忙從腰間摘下一個丁氏做的荷包來，笑道：「此物雖不稀罕，卻是賤內親手所製，頗為精巧，權當見面禮，給孩子拿去玩吧！」說著塞到董白兒手中。

她接過荷包高興得忘了道謝，蹦蹦跳跳去了。

「虧你還這般細心，懂得哄女娃子。」董卓嘿嘿一笑，「白兒皇后是當不成了，我打算給她封君，你看如何？」

曹操差點蹦起來：自古妻以夫榮、母以子貴，男子封侯，女子封君；那些封君的女人們，丈夫、兒子皆立下多大的功勞啊？何苗之母封舞陽君，士人尚且不服，他董卓竟要給一個四歲的孫女封君，這也太過分了吧？心裡這麼想，嘴上可不敢這麼說，只揶揄道：「子孫富貴全憑董公之愛。」

「光給她封君不成，我老娘還在呢，也得封君。哪能夠只想著子孫富貴，不念老娘啊？」董卓又嘀咕道。他這幾句話的工夫，大漢朝就多了一老一少倆女侯。

「董公仁孝，在下敬仰。」曹操還得繼續吹捧，「今日得見令孫女，日後也自當備下厚禮往隴西拜謁您的老娘親。」

「老太太就在後宅呢！」

「哦？」曹操一愣，「什麼時候到的？請董公帶路，我這就去給她老人家磕頭。」

「算了吧！」董卓一擺手，「老太太身子不好，千里迢迢的昨天才到，正在後面歇著呢！」

「您這一家老小全來了吧？」

「是啊！楚霸王曾道富貴還鄉，可我那窮鄉僻壤有什麼好的？乾脆叫他們都遷到洛陽來，我就在此安家落戶啦！以後等我死了，職位傳與我兒就行了。」

曹操心想：「你還想世代把持朝政，也太自負了吧？」卻口是心非道：「董公家事，自當如此。」

「你莫看我威風八面，其實家事煩惱得很。我那嫡子三年前夭亡，只留下白兒這一女娃；去年侍妾為我產下一子，還在懷抱，將來的事情還是一場麻煩呢！奉先不過義子螟蛉，門婿牛輔性子不強，恐皆不能保全我兒……」

曹操暗想：恐是你不修善德，報應子孫吧！又聽董卓笑道：「且不管那麼多了，如今我在涼州的諸部護送家眷皆已趕到，自此以後我可以無憂矣！」

「董公的人馬不早就盡數來到了嗎？」曹操不解其意。

「哈哈哈……」董卓仰面大笑，「你還蒙在鼓裡呢！我來時一共只帶了三千人。」

「那些天，那一隊一隊的人馬……」

董卓湊到他耳邊：「我叫我的人馬夜晚出城，第二天再列隊而入，看著源源不斷，其實只是那三千人。」

此刻，曹操真是腸子都悔青了，真想抽自己一巴掌！當時鮑信曾提議合兵攻賊，自己與袁紹皆顧及董卓兵多未敢動手，原來中了他的圈套，只求自保錯失良機。現在呂布反水、何進舊部投敵、西園軍殘敗，西涼諸部紛紛趕到，就是想舉兵也無能為力了。

曹操歎道：「無中生有故布疑陣，董公用兵果真出人意料！」這倒是進門以來唯一的一句真心話。

「孟德！現在我軍諸部已進駐潁川等地，拱衛洛陽固若金湯；河南諸軍也差不多盡在掌握，再加上你的西園軍，天下誰敢不服？我已經想好了，等整典完畢我就合併西園各營，全部由你率領。我給你起一個響亮的名號，就叫驍騎校尉！」

曹操哭笑不得：自三入洛陽以來，先為典軍校尉，後為驍騎校尉，當的都是不倫不類從未有過的官。曹操隨即又問道：「至於馮芳等人，公欲如何處置？」

「哼！我看西園軍除你之外就不要其他校尉了，淳于瓊跟著袁紹跑了，劉勳也是袁紹的人，我信不過！趙融那點兒膽子還帶什麼兵？你要是看著馮芳順眼，讓他給你當個司馬，照舊給他同樣的俸祿也就罷了。我再撥幾個部曲與你。」

「一切全憑董公安排。」曹操趕忙還禮。他此來是為了出城之事，趕緊回稟道：「董公，在下想出城一趟。」

「幹什麼？」董卓似乎有些不悅。

「我想出去射獵，久在城裡都待廢了。若是身體發福，還怎麼統領大軍啊！」說著他故意歎了口氣。

「哼！你們這些中原武人之所以難有成就，皆是因為不常習武缺少血性，只有時不時靠射獵演武。在我們涼州，天天得與羌人玩命，若不習武連性命都保不住，能不強過你們嗎？」董卓咕噥道：「你願意去就去吧，這等小事不必告訴我。」

他話雖這樣講，曹操卻不敢不奏，私自出去了，萬一被董卓的細作咬一口，那時可就不是小事了。他連忙拱手稱謝，又補充道：「董公放心，下官自當用心習武，日後操練兵馬為您效力。」

「說到練兵確實要急。」董卓挺著龐大的肚子站起來，踱了兩步道：「并州的白波賊越發張狂，最近竟然又鬧到河東，眼瞅著快到洛陽眼皮子底下了，若不剿滅實在有礙。」所謂白波賊，是并州的農民起義軍，由韓暹、李樂、胡才等人領導，因聚義於白波山谷而得名。由於丁原率部入京，又被呂布殺死，并州諸部被董卓收編，并州的防務就變得十分薄弱。白波軍趁此機會攻城略地氣勢大振，進而襲擊到了河東郡，逐漸成為僅次於河北黑山的第二大造反勢力。

曹操聞聽白波軍打到三河之地不禁大喜，覺得這倒是個舉兵反董的好機會，趕忙請命道：「下官不才，願率西園兵馬出征，定將白波賊殲滅，以報董公提攜之恩。」這句話說完，突聞身後有人冷森森道：「以在下之見，此事無需曹大人掛懷。」一回頭，只見田儀不聲不響走了進來。曹操心中一凜：這傢伙一直在偷聽嗎？

田儀對董卓深施一禮道：「西園軍各部凌亂且久不操練，以此部出征恐非有必勝把握，曹大人受命之後當先做修備。至於征討白波賊之事，當調牛輔等部前去征討。」

田儀的話似乎道理充分，實際上還是對曹操不甚放心。而相較而言，牛輔是董卓的女婿，用他領兵在外自然更為穩妥。

董卓點點頭：「就依田主簿之言。」

「主公，軍務大事不當私下言談，您還應該有所謹慎。」

「孟德豈是外人，你也忒多心了。」

田儀趕緊朝曹操一揖，陪笑道：「在下並非信不過曹大人，乃是戰略要事恐怕泄漏。智者千慮亦有一失，若是偶不留神說了出去，叫外敵知道恐於己不利。其實曹大人深知兵法，自然不必在下多言，還請您多多包涵啊！」

「哪裡哪裡，田主簿所言才是正理。」曹操暗自咬牙，又見田儀對董卓欲言又止，料是他們有緊要之言，趕緊謀求脫身，再揖道：「下官不再叨擾董公軍務，就此告退。」

「忙你的吧！」董卓接過田儀帶來的文書，「對啦！今天小婿帳下郭汜也在狩獵，你不妨開開眼界，瞧瞧他們怎麼玩。」說著神祕兮兮地朝曹操一笑。

曹操連聲稱是，待出了董府大門，匆匆打馬回府，早見袁術領了何顒、馮芳前來，各戴皮弁，穿武服，騎著馬，做射獵打扮。他趕忙也進去更衣備箭，牽馬出來，四人同往正陽門而去。

果不其然，西涼部將胡軫正帶著一隊軍兵在此巡查，遠遠望見曹操，笑著嚷道：「孟德，好幾天沒一起喝酒了吧？他媽的，你倒是自在輕閒，這是要去射獵啊……」他猛然看見袁術三人，立刻住了口。

曹操大大咧咧道：「我這驍騎校尉還未正式受封，閒著也是閒著，剛跟司空大人打過招呼了，與幾位大人一同出去玩玩。」袁術三人趕緊抱拳見禮。胡軫聞聽稟過董卓了，便不質疑，還禮道：「老頭子也真偏心，讓你們出去玩，卻叫我在這裡當差，真真彆屈。」

「別忙，我也閒不了幾天，任命下來，我這匹馬就套上籠頭了。現在是得輕閒且輕閒唄！」曹操笑道：「你別叫屈，若有野味，我帶回來與你。」

「那就謝謝啦！」胡軫又瞥了一眼袁術三人，「但我得給這幾位提個醒，今天郭阿多也在外面狩獵，那廝是馬賊出身，玩得野，幾位大人還是小心點兒吧！」

袁術見他言語傲慢，怪聲怪氣道：「那就多謝您提醒啦！」

曹操不願招惹是非，趕緊帶著他們穿門而過。只見城廂之處，稀稀拉拉皆是并涼二州的軍兵，他們橫衝直撞，到處生亂，百姓避之不及。四人不禁皺眉，於是打馬疾奔，直馳出十里多地，到了荒郊野外無人之地，才漸漸慢下講話。

袁術仰著他那瓜條子一般的瘦臉，笑道：「你們還不知道吧，聽周仲遠說，我要升官了。董卓馬上就要表奏我為後將軍了。」

「呵！恭喜恭喜！」曹操玩笑道：「我才混上個驍騎校尉。董卓領前將軍，你當後將軍，平起平坐嘛！」

「恭喜個屁！明著讓我當將軍，實際上連我的虎賁中郎將都免了，以後我啥實權都沒有，被他牢牢攥在手心裡，不知道什麼時候腦袋就要搬家。」袁術回頭張望了一番，小聲道：「我想離開洛陽。」

「想跑？有本事你現在就溜啊！」馮芳接過了話茬。

「要能跑我早就跑了，河南之地到處是牛輔的兵。」袁術說著氣憤地罵了一聲，「本初真不仗義，他一個人走了，我可怎麼辦呢？」

曹操知道袁紹、袁術兄弟有些離析，勸道：「他也是被逼無奈的，身為司隸校尉，又有假節之權，再不走董賊必要拿他開刀。」

「問題是他一走我可怎麼辦呢？」

「我倒是有個辦法。」曹操信口道。

「說說看。」

「不過……」他看看馮芳，「恐怕你得跟公路一同離開了。」

「求之不得啊！」馮芳打馬笑道：「得脫牢籠豈不是好事？」

「過些天董卓就要任命你我二人為西園軍統帥。我為校尉，你是司馬。咱們不是他的嫡系，屯軍要在城外都亭，你身為營司馬，總可以隨便出入洛陽了吧？到時候公路扮作你的親兵，可以尋個機會帶他從軍營逃脫。」

「好辦法，不過公路得委屈一下了，叫你這個後將軍給我這小司馬當親兵。」

三人有說有笑，何顒卻在一旁默不作聲，好半天才插嘴道：「孟德，你也得跑！」

「我？」曹操一愣，「我不走。諸位回鄉招兵買馬，我在洛陽給你們當內應。日後鬧起來，我領著西園軍與你們會合，董賊可除。」

何顒連連搖頭：「你想得太簡單了。西園軍重建，董卓難道不會在其中安排親信嗎？你的家中都時常來眼線，更何況軍營之中？再說打仗靠的是糧食武器，這些東西董卓把持著，你有心反戈一擊，到時候他一斷你的供應，這三千多人可怎麼辦呀？」

曹操默然無語。這些事情不是沒考慮過，只是他一直覺得事到臨頭自有辦法，現在冷靜想來確實不太好辦。

何顒接著說：「如今最該逃的人就是你和周毖。董卓現在對你們信任，可一旦袁紹、鮑信舉兵，到時候董卓必定要處置你們。你趕緊趁著機會跑吧！」

「那周仲遠呢？」

何顒搖搖頭：「他舉薦韓馥、張邈、劉岱都到州郡當官，這些人要是放走了，董卓豈能再容他出去？仲遠心裡最清楚，他恐怕已經做好以身殉國的準備了！」三人聞聽無不淒然。

何顒又道：「現在這個時候，能跑一個算一個，孟德你既然有機會，一定要設法逃脫。時機錯過，悔之晚矣！」

「我再想想吧！」曹操低頭道。

「別想了，當斷不斷，必遭其禍！」

曹操還是沒有拿定主意，問道：「伯求兄，你打算怎麼辦？」

「我離開洛陽又能如何？」何顒苦笑道：「文不能安邦，武不能治國，無家無業又無錢，靠什麼興兵？唯一好在董卓還沒對我起疑心，既然沒有危險，我就老老實實待在洛陽，且看他如何行事。另外我已經同荀攸商量妥當，密切觀察老賊動向，說不定將來還能幫你們點兒忙……你們聽！什麼聲音？」

四人勒馬細聽，自前方傳來一陣嘈雜的聲音，似乎有哭聲和喊叫聲，那聲音越傳越近。四人盡皆詫異，連忙打馬向前，行了會兒，奔上一處較高的土坡，舉目眺望，不禁毛骨悚然——

在半里外的草原上，一大群形如鬼魅的西涼兵正擁著十幾輛平板大車迎面而來，他們邊走邊揮舞著血淋淋的大刀，手舞足蹈狀似瘋癲，歡呼著勝利。而那些車上的戰利品，不是什麼輜重軍械，而是痛苦掙扎的年輕女子。這些女子衣著樸素，一望便知是普通的莊戶人家。她們一個個花容失色，有的被繩索捆綁，有的哭哭啼啼，有的早已嚇得暈厥過去。但恰恰就在載她們的車沿之下，懸著無數血淋淋的人頭！密密麻麻，每輛車上的車沿都掛滿了。一路行來，那些頭顱裡的鮮血不停滴落，眼見他們行過的地方已經是一片血海。

「他們血洗了一個村子……」袁術話未說完，一陣嘔吐感襲來，趕緊轉過臉去。

「這些西涼兵不是人，是禽獸，是畜生！」何顒瞪大了眼睛。

震驚最大的還是曹操。他分明看到一個光著膀子的軍官騎著戰馬得意洋洋，後面有人為他舉著「郭」字大旗。全明白了——他就是出去狩獵的郭汜。

「今天小婿帳下郭汜也在狩獵，你不妨開開眼界，瞧瞧他們怎麼玩。」頃刻間，董卓的話浮現在曹操腦海中。原來一場狩獵就是血洗一個村莊！在董卓那幫人眼中，這只是狩獵，只是玩，人命就跟豬狗牛羊的命一樣，可以隨便宰割，可以隨便獵殺！董卓說那句話的時候在笑，笑得如此驕傲、如此坦然，彷彿殺人是一件多麼快樂的事情。他不僅是禽獸，還是地地道道的魔鬼……

「咱們過去跟這幫禽獸拚了，把那些女子救出來！」一向溫和的馮芳都不禁叫嚷起來。曹操一把拉住他的轡繩，咬著後槽牙道：「算了，死在這裡太不值得。離開洛陽吧，我已經想好了，我隨你們一起離開洛陽！回鄉舉兵，一定要誅殺董賊！」

金蟬脫殼

隨著董卓廢立皇帝正式掌握朝政，他的真實嘴臉開始逐漸暴露。

他不滿足於擔任太尉，將這一職位讓與黃琬，進而威逼荀爽當了司空；自己則請封為相國，晉為郿侯，參拜不名，劍履上殿，已與天子威儀無異。他又加封其母為池陽君、四歲的孫女董白為渭陽君，其餘家族之人給予厚封，自呂布以下將領盡皆升賞。他帶著部下侵犯皇宮，飲酒作樂夜宿宮殿，姦淫先帝綵女、欺凌宮娥。他還將宮中和西園的珍寶掠奪一空，分與部下，甚至將象徵朝廷威儀的銅人、大鐘、吞水獸全部融化，鑄成銅幣歸自己所有。在他的指示下，郎中令李儒將已經被廢的太后何氏用毒酒鴆害……

這些邪惡的舉動引起了群臣不滿。城門校尉伍孚懷揣利刃刺殺董卓，不但沒有成功，反而被他擒殺。

自此之後，他越發對群臣殘暴不仁，動輒斬殺。有時候甚至將違逆他的人當眾開膛破肚剜眼割舌，手段殘忍不堪入目。而他的部下也殺人如麻，在河南和豫州之地到處掠奪百姓財物，血洗了無數的村莊。

不過驕縱情緒也沖昏了他的頭腦，甚至連主簿田儀的勸諫也漸漸不放在心上。尚書周毖等人利用這個機會不斷給他灌迷魂湯，表面上吹捧他為當世的周公，卻將許多有影響的才俊之士放為外任，韓馥擔任了幽州牧、孔伷為豫州刺史、劉岱為兗州刺史、張邈為陳留太守、張諮為南陽太守。

就在他五迷三道之際，又傳來捷報，他的女婿牛輔打敗白波義軍，董卓聞聽再次召集諸將聚酒高會，酒席竟擺到了皇宮德陽後殿裡。

「什麼時辰了？曹孟德這小子怎麼還不來……」董卓喝了不少酒，舌頭都有些短了。他的那些部將有的低頭牛飲，有的已經酒醉，有的正扯著宮女欲行姦淫，這會兒竟無人搭理他的話。

董卓心中惱怒，猛地一拍桌案，碗碟蹦起老高，所有人都靜了下來。徐榮見他著急，勸道：「您別著急，一個時辰前曹操還到我們幾個營裡去過呢！後來馮芳追著找他回去，說是營裡因為分糧食打起來了，恐怕這會兒還未處置完呢！」

董旻見兄長還未釋懷，馬上又為他滿上酒，笑道：「哥，您何必動這麼大的肝火？不來就不來唄，他又不是咱們涼州部的人。」

「你知道個屁！」董卓一口氣把酒灌下，竭力保持清醒，鄭重道：「洛陽諸將表面恭順心裡不服，得要一個曹操這樣的人才能穩住他們，要不然這幫人全得鬧起來。」

「鬧就鬧唄，大不了把他們全殺了。」胡軫插口道。

「你他媽的以為我不想殺嗎？」董卓終於支撐不住伏在案上，「都宰了留一個空朝廷還有什麼用？誰……誰替咱們處置國政，哪來的錢糧財寶？都他媽宰了，你會治國嗎？」

「我可不會，我會殺人。」胡軫轉臉又問楊定，「你會治國嗎？」

「治你個頭，我他媽也只會殺人。」

董越此刻正扯著一個宮女動手動腳，接過話茬道：「我不光會殺人，還會喝酒，還會搞娘們！」

「誰問你這個，你會不會治國？」楊定推了他一把。

「別他媽扯淡了，天下那麼大，想搶誰就搶誰，老子有吃有喝有娘們搞，治國有個鳥用啊！」

諸將一片哄笑，董卓則趴在桌案上咕噥道：「就會他媽的胡說八道……」漸漸地起了鼾聲。大家見老頭子睡著了，更加肆無忌憚地欺侮宮娥，大吃大喝。

這時候，田儀與呂布急匆匆走進殿來。見裡面這般凌亂景象，田儀大喝道：「別鬧了！都給我安靜點兒！」

諸人毫不理會，呂布見狀，抽出佩劍，「唦嚓」一聲，將一張几案斬為兩段。胡鬧的諸將嚇了一跳，趕緊安靜下來不敢動了。田儀看見董卓兀自醉臥，趕緊抓住他的臂膀使勁搖晃。

董卓覺得有人攪他好夢，胳臂往外一扒拉，竟將田儀推了個跟頭。呂布見此更為焦急，一把拉起董卓叫道：「義父，曹操跑啦！」

「你說什麼！」董卓猛地驚醒。

「曹孟德他跑了！」呂布又說了一遍。

「不會吧？」董卓打了個酒嗝，晃了晃腦袋，竭力使自己清醒。

「孩兒去都亭請他赴宴，找遍諸營都尋不見他的蹤影，而且連馮芳都沒看見，咱安插的人也不知道他們去哪兒了。孩兒又派秦宜祿往曹府尋找，曹操也不在家中，家裡人還以為他在營裡呢！」

「會不會射獵去了？」

「大晚上射的什麼獵啊？」田儀這會兒才爬起來：「主公啊，您醒醒吧！曹操那廝跑了，他一直在您面前做戲呀！」

董卓似乎明白過來了：「豎子安敢如此！老夫誠心誠意待他，又給他送禮，又給他加官，他怎麼……」一語未畢，又見吳匡慌裡慌張跑了進來：「相國！袁術那廝不見了！」

董卓越發惱怒，一氣之下把案桌掀翻，喝道：「速速派人，將袁家、曹家、馮家在洛陽的家眷都給我宰了！」

「且慢！」田儀攔住他，「您現在動手可就真把他們逼反了，還沒到時候呢！」

「依你之見呢？」

「暫且傳檄州郡，捉拿他們三個。若是他們不反倒也罷了，真的反了就抓他們家眷做人質。相國無需惱怒，即便他們反了，咱們手中還有一件要他們命的東西。」

「什麼東西？」董卓眼睛一亮。

「就是那弘農王劉辯。」

「區區廢帝，能有何用？」

「非也！非也！主公又沒有篡奪皇位，這些中原士人就是舉兵，也不外乎打著恢復廢帝劉辯的名義。到時候咱們將劉辯一殺，他們馬上就不知所措了。」田儀瞇著眼冷笑道：「到時候他們就會有分歧，就會窩裡鬥，進而自相殘殺！天下攘攘，無非為名利奔波。這些衣冠禽獸的偽君子，我就不信他們真能那麼大公無私。」

董卓點了點頭，又吩咐道：「奉先，速速傳檄州郡，捉拿這三個在逃之人，尤其是那個曹孟德！」

「諾！」呂布應聲而去。

第三章
九死一生的亡命之路

中牟遭擒

曹操三人之所以能夠逃出洛陽，是早就經過周密計劃的。

牛輔捷報傳來那一刻，曹操就料到董卓會召集諸將痛飲，這正是金蟬脫殼的大好時機。袁術也在馮芳進城之際，剃去鬍鬚扮作親兵隨之混出，守門官兵絕料不到堂堂後將軍會做此打扮，也沒有發現。

最難逃過的其實是營中的眼線。對於這些人，曹操三人耍了點兒手腕。傍晚時分，曹操與部下軍官聊天，偶然說起晚上可能會有酒宴，便以此為藉口前往各營找諸將相問。開始時還有人尾隨觀察，只見他往徐榮、胡軫、楊定等各處聊天，沒完沒了皆是閒話，也就掉以輕心不再跟著。曹操就這樣信馬由韁各營探望，卻是越走越遠，漸漸混到了洛陽城廂駐軍的周邊。

曹操走後半個時辰，馮芳也帶著扮作親兵的袁術出發了，他倆逢人就問曹操在哪兒，而且聲稱營裡幾個小校因為分糧不均的事情吵鬧，要叫他回去處置。他倆說說笑笑一路找著曹操，冠冕堂皇也摸到了外面。這時正是十一月，天黑得甚早，三人會合之際太陽已經落山，他們立刻就消失在黑暗之中。

離開洛陽並不意味著安全，因為涼州李傕、郭汜等部四處劫掠，只要不逃出河南之地，隨時可能碰到這幫禽獸。而就在身後，董卓或許已經察覺，追兵說不定已經出發。

唯一的辦法就是壯著膽子往前跑，不停地跑！就這樣，三人趁著朦朧的夜色，馬不停蹄向東逃去，整整一夜的工夫，誰都沒開口說一句話。也不知行了多久，說不清跑了有多遠，直覺薄霧退盡天將破曉，曹操匆匆把馬勒住：「停下！停下！」

「怎麼了？」馮芳趕緊拉韁繩，問道：「有什麼動靜嗎？」袁術的坐騎比不上他二人的，在後面緩緩停下，連人帶馬都是吁吁直喘。

「眼看天快亮了，咱得把衣服換了。」曹操跳下馬來便摘盔卸甲，「這麼跑下去不行，乾糧有限，又沒有草料，累死也走不脫。咱們索性換上便服，揀小道慢慢走，若遇莊戶人家也好打饑荒。」馮芳也隨之解甲：「好是好，不過要是董卓傳檄州郡，這一路上也未必容易混過。」

「我可不怕，我現在就是個普普通通的逃兵。」袁術扮作親兵的樣子，根本沒有鎧甲，也未帶其他裝束，「現在我連鬍子都沒了，即便畫影圖形都不一樣，誰能想得到是我。」說著自馬背下來，活動了幾下腿腳，面向正東方道：「你們趕緊換吧，天快亮了，農人起得早，要是瞧你們這副模樣豈不扎眼？」

曹操也望了東面一眼：真美啊！前方的天空已經泛起了魚肚白，還未升起的太陽給大地勾上了一道金邊，新的一天總算來到了，充滿生機和希望，那茫茫夜色中的恐懼似乎可以結束了……他猛然意識到，自己還在逃亡的路上，絕不能掉以輕心，趕緊把鎧甲往地上一丟，換上包袱裡的普通衣服。

「咱倆的鎧甲怎麼辦？」馮芳也已經換完了。

「捨了吧，留在身邊礙手礙腳的。」

「可惜了……」馮芳似有不忍，但帶在身邊被人瞧見也是麻煩，只得隨著曹操將它們扔到了荒草叢中。曹操一回頭，瞅見自己的大宛馬，不禁打了個寒戰：「咱們的馬也得裝扮裝扮。」

戰馬裝飾頗多，尤其是武官的坐騎更為講究。曹操忙將鑾鈴摘去，又拆掉赤金單鐙，在地上抓了幾把土均勻地塗在馬身上。於是棕紅的大宛馬，變成了灰色，只是高大雄壯的身軀改變不了。

三人收拾完畢，趕緊離了驛道馳入鄉間小路。

約莫又行了一個多時辰，已是天光大亮。費了好一陣光景，才在荒僻之處尋了一個莊戶，坐在人家井邊喝水飲馬，細一打聽，再往前不遠，就是中牟縣界了。

曹操不禁大喜，見農人遠去，笑道：「咱們這一夜瘋魔般地趕路，不想已到此地。只要出了河南，董卓便抓不到咱們了。」

「你可不能高興得太早。」馮芳面色凝重道：「咱們繞小路而行，恐怕西涼快馬已經把檄文送到中牟了。」

「沒關係，他們豈能在全縣各處安排伏兵？咱們繼續穿村莊過小路，繞城而過。」曹操說著掏出塊餅咬了一口，「現在的問題是，咱們去哪兒？」馮芳一愣，這個問題他還沒有細想。袁術卻道：「我當然要回汝南，回去招兵買馬聚草屯糧，好跟老賊拚命。」

「你可別抱太大希望。」曹操邊嚼邊說：「自本初逃走，你們鄉里已被董卓的人盯上了。說不定你的族人都已經出外逃難了，回去可能是一場空。」

馮芳拍拍袁術肩膀：「沒關係，汝南無人你就隨我回南陽吧！如今張諮在我們那裡當太守，都是自己人，到那兒你跟回家一樣。」

曹操頗知馮芳的底細。他乃南陽人士，出身本不甚高，卻因為娶了同鄉大宦官曹節的養女，進而仕途順利一路高升，細想起來也是個「宦豎遺醜」，沒有袁術的聲望相助，他絕掀不起什麼風浪。

「孟德，你回沛國譙縣嗎？」

「嗯。」

「也真巧了，先到沛國，再經汝南，下南陽。咱們這一路還真是順腳啊！」袁術連連點頭。

曹操搖頭道：「不過譙縣離河南太近了，當務之急是回去報信，我計劃舉族遷移，先逃到兗州再說。」

馮芳笑道：「還去什麼兗州？索性帶著家人一起來南陽吧。跟公路一樣，給我當親兵。」

曹操不置可否，揶揄道：「等到了沛國再說吧！」

其實他心裡也有個小算盤，袁家的聲望太盛，自己跟著他們走，日後必定得成人家的附庸。寧充雞頭不當鳳尾，袁公路也不是一個十分地道的人，與其跟著他一路南下，倒不如回鄉自己拉一支隊伍，或往兗州或留豫州，也可保護鄉人。想到這兒，他又記起側妻卞氏、兒子曹丕還有兄弟曹純還在洛陽，他們的生死還未可知，不禁歎了口氣。

袁術腦子倒也好使，看他歎氣，立刻明白了他的心思：「孟德莫非為家小擔心？」

「正是。」

「大丈夫何患無妻呀？兒女情長便要英雄氣短。莫說他們未必遇害，即便遇害你家鄉不是還有正妻嫡子嗎？」

真是站著說話不腰疼，敢情不是你的妻兒。這時候曹操又不好與他爭辯，只道：「但願他們安然無恙吧！」

「我之妻小皆在家鄉，可謂大幸。」馮芳鬆了口氣，「公路，本初脫險你又逃了，太傅可就危險了。」

袁術頃刻間便心情黯然：「叔父跟我說了，能跑只管跑，他一把年紀也豁出去了。董卓是他的故吏，應該不會下毒手吧！」

曹操掃了他一眼：事到如今你還這麼天真。當初袁隗就是因為董卓是故吏才默許召他進京的，可是進京之後董卓的所作所為哪裡把老上司放在眼裡？現在董卓是相國，豈能再縱容朝中有個太傅？恐怕袁隗已料到不會有善終，子姪人等能跑一個算一個吧。逃不脫的豈止是他，還有周毖、何顒、楊彪、黃琬、朱儁、王允、袁基、荀攸……這些人將來會怎樣呢？

曹操不敢再想下去，連忙起身道：「咱們趕路要緊，快走吧！」

三個人離開農戶，繼續前行，且尋村莊小道而過。這一路卻見到處是斷垣殘壁，有的村莊竟然連個人影都沒有。中牟並無戰事，皆西涼兵掠奪所致，財物洗劫一空，有的人家乾脆背井離鄉逃難而去。

好好的村莊毀於一旦，中原之地竟逼出了難民，這等事情比之當年的黃巾之亂更讓人氣憤。堪堪行來十餘里，一戶正經人家都沒有，田地都荒著無人耕種，嚴冬時節樹木枯萎，到處是破敗的景象。

曹操等人自軍營而出，只帶著少量乾糧，方才早已吃光，但疾奔一夜還是覺得腹內饑饉。即便如此，他們仍不敢往縣城方向去，說不定到那裡立時會被捕獲，只有忍著饑餓奮力趕路。行過一村又一莊，已到了正午，終於望見前面的村莊有了炊煙。

「哎呀！都快出中牟縣界了，總算遇見有人的村子啦！」袁術長出一口氣，「尋個人家要口吃的才好。」

三人都下了馬，各自牽著馬進村莊，哪知村裡行人看見他們都繞著走。曹操心下起疑：「我看這裡風俗不佳，咱們還是速速離去的好。」

馮芳咧著嘴抱怨道：「出了中牟縣，不知還要走多少里荒野，奔陽翟還遠著呢！這月份連野果子都尋不到，要是再不見人煙，找不到吃的，咱們就得活活餓死！」

「我去尋個人家，討點兒吃的來。」袁術說罷就要走。

曹操料袁術乃豪門子弟，說話難免驕嗔，趕緊拉住道：「公路且留下，你一個逃兵的樣子不好辦事，還是我去吧！」

「也好，速去速回，千萬小心。」

曹操牽著馬離開土路，走上一片土坡。見四下裡皆是柴房籬笆院，而當中卻有幾間較體面的瓦房，一望可知是這村裡的富貴人家，便三兩步來到近前，高呼：「有人嗎？」

連呼了三聲，裡面才傳來一個男子的聲音：「何人扣我柴扉？」

曹操覺這聲音酸溜溜的，耐心答道：「行路的，懇請賜些吃食。」

少時間，那男子自屋中走了出來。他一張娃娃臉，小眼睛短鬍鬚，五短的身材，穿著青布衣，雖然不是什麼好料子，卻分外潔淨，顯得很精神。

「這位兄台，我是行路之人，乾糧沒有了，懇請您賞些吃食。在下當有重謝。」說著，曹操從懷裡摸出一支金簪來。這是他原先戴的，因為改裝扮，便拿樹枝替去了。

那矮個漢子接過金簪看了看，又上下打量了曹操一番笑道：「這位兄台何必如此之客套乎？不過一餐爾，忒意地多禮也。急人所急是為君子也，我不要這酬勞也，爾只管吃也。」

曹操差點笑出聲來，這個人學問一知半解，卻滿口的之乎者也酸文假醋，忙忍俊道：「多謝兄台，不過這簪子您收下吧！那邊還有我兩位同伴呢，能不能多分一些吃的？」

「嗚呼呀！已欲立而立人，已欲達而達人。兄真丈夫也！弟便愛財矣！」說著將金簪子揣了起來，「然荒村之地，魚不可得也，熊掌亦不可得也，魚與熊掌皆不可得也。兄台莫要心焦，且在此稍候片刻，待小弟回去取食，歸去來兮，去去便來……」明明是三言兩語就能說明白的話，他偏要亂引典故。

曹操見他晃晃悠悠進屋，再也忍不住捧腹大笑。

突然一陣哐哐山響，只見那漢子敲鑼奔出，高呼：「抓賊也！」隨著他一聲喊，從各個屋裡竄出七八條漢子，每人掌中一條大棍。

鑼聲響，人聲喊，曹操頓時就慌了，他心裡有鬼不敢動手，趕緊轉身欲逃。他哪知道這鑼是村裡捉賊的信號，聽見鑼聲，所有的人家都要回應。曹操舉目觀看，只見所有的柴房院落都有人奔出，都是村裡的精壯漢子，密密麻麻一片。有拿棍子的，有拿鋤頭的，有拿耙子的，還有的抱著頂門杠就衝出來了。

此刻無法抵抗，曹操連忙上馬。可是為了避免人注意，單鐙已經摘了，好不容易爬上馬，後背上就重重挨了一棍。沒有工夫護疼，他趕緊縱馬下土坡，哪知前面的村民已經截斷道路，有人一頂門杠絆在馬腿上，曹操連人帶馬翻倒在地。

馮芳與袁術在遠處早望見了，都把劍拔了出來。

可是這幫村民有幾十口子，而且氣勢洶洶毫不退讓，他們不但衝不過去，眼看就要被村民包圍。曹操摔倒在土坡上，直覺天旋地轉，高聲喊嚷：「別管我啦，你們快逃啊！」還不待他喊完，三五個漢子已經壓到他身上。

「孟德！」馮芳急得眼淚都快出來了。袁術亂揮佩劍抵擋棍棒：「走吧！再不走全完啦！」二人無可奈何，鞭鞭打馬奪路而逃。

曾經統領兵馬大戰黃巾的曹孟德，就這樣糊裡糊塗落到這群村民手裡，不一會兒的工夫就被捆了個結結實實。

巧舌如簧

「說！你是不是涼州兵？」

「你們大兵何時開到此處？」

「少跟他廢話，宰了他！」

「你同伴去哪兒報信了？」

這群村民你一言我一語不住喝問，曹操聽了個一知半解：似乎這幫人把我當成涼州部的軍官了，趕緊張口辯解，可大家不住喊嚷，根本不聽他解釋。

「休要聒噪！一條人命關乎於天，且聽他分辯，再作定奪。」這時那個之乎者也的人從後面鑽了過來，這些村民還真聽他的，馬上靜了下來。曹操連忙解釋道：「我不是當兵的，只是過路客。」

那人笑道：「你休要蒙哄吾等，明明你與那兵在一處，以為我等目眇乎？」曹操想他說的是袁術，趕緊掰揄道：「他是洛陽出來的逃兵，我在路上結識的，不過同路而已。」

「此言謬矣！現在之逃兵，逢人就搶，見錢就抓。」說著他掏出金簪晃了晃，「你與吾一簪，其質金，其色佳，其樣美，若遇逃兵自當擄去。何獨其不劫汝乎？必是你與他相厚耳！」

然後他又從地上拾起曹操的包裹，說道：「汝之馬有鐙有鈴，然盡皆隱去，必是軍官改扮也！吾言確之否？」

曹操這會兒真是欲哭無淚了，這傢伙語無倫次但腦子卻好使得很，真怕他們把自己當做西涼軍的人，只得實話實說是從洛陽逃出，卻不敢吐露自己的身分和名姓。那人聽他說完，忽然細細打量曹操面龐，突然嚷道：「爾乃驍騎校尉曹孟德乎？」

「不是不是！」

「休覆言！本官今晨曾到寺（衙門），功曹言洛陽逃官三人，將為大害。余曾觀其圖形，汝乃罪官之首曹孟德也！」

曹操的心當時就涼了，苦笑道：「厲害厲害……敢問您是什麼官啊？何以出入縣衙？」

那人驕傲地拍拍胸口：「吾乃此地亭長矣！」

漢家之制，郡下設縣，縣下有鄉，鄉中十里為一亭，推忠厚威望之民為亭長。其實只管十里地的治安，也無俸祿可言，根本就是不入流的小角色，曹操這條大船竟翻倒在小河溝裡。

那亭長招呼村民散開，挑了五個精壯的棒小夥子，押著曹操，牽著他的馬，將其扭送官府。曹操歎息不已，眼瞅著就逃出河南之地了，竟被這樣一個酸溜溜的小官抓起來，回顧往日那等欺瞞董卓，送回洛陽必定要開膛摘心碎屍萬段。難道就沒有辦法了嗎？

曹操被捆得結結實實，還有五個漢子押著，推推搡搡的，幾步一個跟頭，弄得披頭散髮，逃是必定不成了。他見那個亭長在前面領路，一步三搖故作風雅，越發的有氣，便高呼道：「少歇！少歇！天路維艱，艱不可行，吾走不動矣！」

他本意是譏諷，哪知這樣胡說八道反倒合了那亭長的心思，他扭頭道：「吾聽爾一言，知爾長途跋涉至此，少時去至寺中，難免桎錮之苦，且容爾再歇一時。」

料是這亭長在鄉里有些威望，那些漢子聽話，立刻摁他坐倒，幾人也跟著席地而坐，取水袋喝水。

曹操心中生出一陣希望：這亭長也是通情達理之人，我若對之曉以利害，未嘗不能脫身。於是慨歎道：「亭長大人，貴村也曾受涼州禽獸之害嗎？」那亭長不理他，一旁的漢子卻道：「那還用說嗎？鄰近幾個村子都被那幫禽獸搶了，村民沒活路皆逃奔他鄉。我們村還算命大，亭長把全村的牛羊都貢獻出去，又拿了許多錢出來才躲過一劫，可是不知道什麼時候他們還會來。」

「唉！亭長大人，您可知我曹操為何從京師逃出？」那亭長依舊不理他，把臉轉了過去。曹操見狀又問身邊漢子：「你們知道嗎？」幾人面面相覷。

「自董卓進京以來，廢立皇帝，幽殺太后，屠戮百官，姦淫宮女。忠良之士無不被害，洛陽百姓逃無可逃。我告訴你們，劫掠你們這一帶的西涼兵就是他董卓帶來的！我之所以逃離京師，不單單是自己逃命，我要回鄉舉兵，來日殺奔洛陽勤王，解百姓倒懸之苦！」曹操語重心長道：「不想走至此處被你們拿住，這也是我命中註定大限將至。可是董賊不除，又要有多少人要無辜喪命，又要有多少村莊被毀百姓被害啊！」幾個漢子聽了不禁神傷，那亭長卻依然不肯回頭看他。

曹操又道：「董卓部下有一郭阿多，以殺人為樂，每每血洗村莊，必要將女子盡皆擄去，男子則斬盡殺絕懸頭車轅。我真怕他殺到中牟一帶，到時候你們可怎麼辦呢？」

諸人嚇得臉都綠了：「這可如何是好！」

「你們能否放了我？我一定舉兵而來，救你們出水火！」曹操懇切地環顧他們，「這不光是為了救你們，也是為了救天下所有的窮苦人。若能剷除董賊，便能重整朝綱，今朝中已無宦官，我等臣子輔佐天下再修德政，大家就不用愁亂兵，不用愁勞役，不用愁災荒了！你們不恨董卓嗎？我可是董卓最想殺的人，我不會騙你們的！」

幾個漢子交頭接耳議論紛紛，最後有一人對亭長道：「他說的也有道理，咱們是不是……」那亭長終於忍不住了：「嘟！他大言欺人也！今縱此人，衙役聞之想必追問，吾等何以答覆！休聽此人胡言。」

曹操仰面大笑。

「汝笑什麼？」

曹操不答，兀自大笑。

「吾問汝笑什麼？」那亭長生氣了。

「我笑你不識時務，讀書不通，學問不高，自作聰明！」

「你胡說八道！」亭長終於被擠對得說了一句大白話。

「我沒胡說，你就是個大老粗，你什麼都不懂！」曹操繼續激他。

亭長氣得巴掌舉起老高，又放下來，嘀咕道：「君子動口不動手，君子動口不動手……」

「你算什麼君子？你根本沒念過書！」

「我人窮志不窮，自幼熟讀詩書，若不是家境貧寒身分低微，我早就當上大官啦！」亭長氣得踱來踱去。

「你當不了大官，你連現在這個亭長小吏都不配！」

「你、你、你……胡說八道，信口雌黃，滿口噴糞，臭不可聞！」亭長氣得跺腳大罵，眼淚都快下來了。

曹操見他惱怒至極，轉而和顏悅色道：「大人請坐，聽我一言，我說兩個亭長小吏讓你聽聽，看看你是否可比。」

「說！看你能說出什麼花樣來！」他一屁股坐下。

曹操清清喉嚨道：「昔日秦時有一劉季，生於沛豐之地，也是個亭長。秦王嬴政暴虐無端，北築長城西造阿房，徵天下之民夫服徭役，十死七八慘不可言。劉季監押民夫，半路將人盡數遣散。到後來芒碭山斬白蛇起義，他入關滅秦，九里山十面埋伏誅項羽，最後一統天下。」

「你說的乃是我高祖皇帝，下官區區凡人怎可及？」那亭長連連搖頭，可是卻已不似剛才那般氣憤。

「好吧，高祖爺且不提，再說一個小吏與你聽。」曹操又道：「昔日我光武皇帝潛龍之時，在昆陽大破王莽百萬之兵。無奈偽帝更始嫉賢妒能，有功不賞僅命他經略河北，實有加害之心。那時候，河北出了一家反賊，名喚王昌，勢力遍及幽冀之地。王昌傳檄郡縣，能擒我光武皇帝者，封邑十萬戶。我光武爺只得一逃再逃，後來被困薊中，當時城內南門有一小吏，明知十萬戶的封邑近在眼前，卻道：『天下詎可知，而閉長者乎？』打開南門，放走光武爺。後來光武爺滅王昌、定赤眉、誅隗囂、收蜀地而一統天下。亭長大人，我且問你，若不是那區區小吏開門放縱，哪有你我現在所處這後漢天下呢？這區區小吏，你可能及？」

曹孟德三寸不爛舌說得行雲流水一般，聽得那亭長汗流浹背，如坐針氈無言以對，半晌才起身一揖道：「愧煞人也！愧煞人也！今世方亂，不宜拘天下雄俊！得罪了。」言罷親自為曹操解開綁繩。

曹操連連稱謝，言說定會舉兵而回。亭長又將大宛馬、青釭劍還給他，指引他南歸之路。曹操自度以一番說辭打動此人，恐不能長久，不敢逗留片刻，連忙打馬而去，直奔出去十餘里，離了中牟縣界，才長出一口氣。

血洗呂家

曹操雖僥倖逃脫，心中卻也忐忑不已，如此耽誤了半日，不知袁術與馮芳逃到何處去了，恐已奔出甚遠無可追趕。又想到豫州之地也在董卓掌握，官府檄文傳遞如飛，雖然孔伷為豫州刺史，不會加害族人家小，但終究也是一場麻煩。

想到這兒他鞭鞭打馬不肯鬆懈。可是行出去不久，肚子又咕嚕作響了。中午因為求食險些喪命，被縛緊張被縱興奮，也就一時忘卻，到了這會兒餓餓感襲來，實在是忍受不住了。

他微微勒馬，直覺腹部絞痛，虛汗直出，連後脊梁也直不起來了，便緊了緊腰帶，一摸之下才想起，裝著馬鐙、鑾鈴以及盤纏的包袱失落在那個村子了。抬頭又見日頭轉西，再過兩個時辰就將日落，現在身邊連個伴都沒有，無糧無水又無錢，這一夜可怎麼熬過呢？他越想越發愁，越發愁就越餓，漸漸覺得渾身都沒了力氣。

渾渾噩噩之間，曹操腦海裡突然浮現出少年時的景象，他與弟弟曹德在後花園裡玩，玩著玩著突然餓了，從桑樹上隨手摘一把桑葚吃。酸酸的，甜甜的，吃到肚子裡馬上就有精神了。

可是現在沒有桑樹，嚴酷的西北風早就把一切吹拂得荒蕪可怖。兒時的桑葚多誘人呢！印象中吃桑葚吃得最甜的一次是在父親的友人呂伯父家，呂伯父叫什麼名字來著……

呂伯奢！

一個名字突然從記憶深處浮上來。他猛地勒住轡繩，大宛馬在疾馳間不知所措，一聲長嘶，前蹄高高抬起，險些將他掀下去。曹操忽然想起，他父親確有一位友人叫呂伯奢，是個普普通通的莊戶，而他就住在中牟縣南的呂家村。頃刻間，雞鴨、胡餅、酒肉還有桑葚彷彿在他眼前飛過——快快找到呂家填飽肚子！

可是會不會有些冒昧呢？曹操倏然想起，父親上一次帶自己去呂家做客時，自己才七歲。準確點兒說，自從父親升任京官以後就再沒有登過呂家的大門。現在想來，父親或許是勢利眼一點兒，怎麼能富貴忘本呢？但是……當年的老交情總該還在吧？我見面叫他一聲伯父，他總得給我口飯吃吧？

想到這兒，他又打起了退堂鼓：我現在都三十多歲了，當初只有七歲，隔了這麼多年他還能認出我來嗎？也怪我自己沒情意，從家鄉到洛陽往來這麼多趟，怎麼就沒一次想起去看看老伯父呢？

曹操心中頗為矛盾，騎在馬上自己同自己較勁。但最終，饑餓感還是戰勝了廉恥心！

時辰已經容不得猶豫，雖然能確定呂家村在附近，可是具體的位置早就記不清了，只知道他家房後有一棵大桑樹。既然如此，曹操便放開膽，儘量尋找有人煙的地方。就這樣逡巡中，突見幾間稀稀拉拉的房舍——又是被洗劫過的村莊。到這個時候，就只能碰碰運氣了。他打馬奔到近前，在殘垣斷壁之間尋找著生命的跡象。

沒有……又沒有……

就在他即將放棄的時候，突然看到一堵倒塌的牆壁間，正有一團黑漆漆的東西，似乎是個人。他走到近前，原來是個披頭散髮骨瘦如柴的老人，他背靠著斷牆坐在地上，只穿了一件襤褸的破衣，腰上連條麻繩子都沒有。

「老丈。」曹操喊了一聲，見沒有動靜，「老丈，你沒事吧？」

「啊？」老頭抬了一下眼皮，證明他還活著。

「您知道呂家村在哪兒嗎？」

老頭眨麼幾下眼睛，乾澀的聲音回答道：「從這往東還有五里。」

「多謝老丈指引。」曹操趕緊道謝，又閒話道：「這村裡就剩您一個人了嗎？」

「嗯。」

「其他人都逃難去了？」

「嗯。」

「呂家村還在嗎？」

「在，好好的，沒遭難。」老頭的聲音裡有一絲怨怒。

「多謝老丈。」曹操再次拱手道謝，但覺得他的樣子不太對勁，問道：「您怎麼不逃難呢？」

老頭的眼睛一亮，突然抬起手指了指背後的斷壁，嗚咽道：「我無兒無女，老婆子砸死在這牆底下……」

眼前這等情景使曹操一陣悚然，覺得寒毛都立起來了。他二話不說打馬便走，直奔到村圈子以外才把氣喘勻。回頭望去，老頭還在那裡臥著，已經是遠遠的一個小黑點。那不是鬼，那是人，他在等死……曹操又想回去幫他一把，但自己也是亡命之人，怎麼有餘力救他人呢？離呂家村還有五里地，到那裡還要尋找呂伯奢家，而看天色已近酉時，別無選擇，趕緊走吧！

為了天下大義，為了結束戰亂，一定要剷除董卓！他一邊在心中默想著給自己提氣，一邊駁馬奔東而去。

等真正到了呂家村，曹操發現自己根本不用向人打聽，兒時的記憶歷歷在目。這個小村莊雖頹敗了一些，人煙也略為稀少，但條條路徑卻沒有改變，普通老百姓的日子周而復始，似乎始終是一樣的。

他憑著孩提時候的記憶緩緩前行，過了片刻，一座獨特的院落出現在他眼前——那院子裡有一棵光禿禿的大桑樹。

開門的是一個年輕人，穿著粗布衣裳，講話頗為客氣。曹操瞧他相貌與記憶中的呂伯父頗為相似，想必是子姪一類，卻也不好冒認，只說要拜見呂伯父。

前院本就不大，呂伯奢似乎聽見了，從屋中走了出來：「何人口稱伯父啊？」曹操細細打量，見呂伯奢六十多歲年紀，慈眉善目，鬚髮皆白，額頭略有幾道皺紋，瘦瘦的有點兒駝背，穿著一襲青色的粗布衣，蹬著草鞋——是一名極其普通的莊稼老漢。

「伯父大人，您還認得小姪嗎？」曹操趕緊跪倒。

呂伯奢打量半晌：「你是……」

「我是曹阿瞞！」

「曹阿瞞？」呂伯奢凝眉苦想，已經不記得。

「我是曹巨高的大小子，阿瞞啊！」

「哦！」呂伯奢瞪大了眼睛，跺腳道：「哎呀！巨高老弟的兒子，你都……你都這麼大啦！」

曹操連忙磕了頭，呂伯奢趕忙攙他起來，招呼家人都出來。曹操記得他有五個兒子，但這會兒親眼見到的只有三個兒子，一個兒媳。大家把他讓到呂伯奢住的正房裡，屋裡陳設簡陋，似乎還不如昔年所見。

「阿瞞，你父親如何啊？」呂伯奢招呼他坐下。

「父親他老人家安好，勞您掛念。」

「二十多年沒見了。」呂伯奢歎了一口氣，似乎在感慨中透著點兒幽怨，「他現在還在京裡嗎？」

「告老還鄉了。」

「告老了？他竟然也有服老的時候，呵呵呵……」呂伯奢抿嘴一笑，「多要強的一個人啊！是啊！父親這大半輩子都在設法往上爬，哪怕用逢迎賄賂的手段，也要問鼎三公。曹操還在胡思亂想，忽聽呂伯奢又問：「聽說你也當官了，還領兵打過仗？」

「是。」曹操不敢多提自己的事。

「出息啦！仕途上還算順心嗎？」

「倒也罷了。」曹操趕緊轉移話題，「您老人家身體可好呀？」

「大病不犯，小病不斷，倒也將就了。」

「我記得昔日我來時，見過四個兄弟，後來聽爹爹言講，您又得一子。今日怎麼就遇見三位兄弟呢？」

這句話斷不該問，一問便觸了老頭的傷心事。呂伯奢黯然道：「先帝爺修西園，老大被徵去做工，走了十年沒回來，不知道埋在哪塊磚下了。鬧黃巾的時候，老二投軍，死在河北了。剩下老三這兩口子當家，可至今也沒養下個孩子。老五還小也罷了，就是老四叫我操心，家裡窮，娶不上媳婦。」

「家中煩惱不少呀！」曹操也歎了口氣，「我今日不便，回去對父親說說，幫幫您老人家的生計。」

「不必啦！像我們這等種地的，現在誰家不這樣呢？」呂伯奢擺擺手，「咱就算不錯了，西面五六里的倆村，前些日子都叫西涼來的土匪給燒了。要不是咱這地方偏僻，也早就完了。」

曹操連連搖頭：「這地方恐也不安全，等過幾天我派人來接您。幹脆一家子遷到我們那裡去，我弟弟在家料理有方，如今有錢有地，照顧老伯一家算不得什麼。」

「不必啦！我在這兒住一輩子了，還捨不得離開呢。」

「這兵荒馬亂的，不為您自己想，也需為兒孫想。」

他這麼一說，呂伯奢倒是有些動心，躊躇片刻道：「什麼搬不搬的，賢姪能有這片心，老朽就感恩戴德了。」

「這不算什麼，您去了，還能給我爹添個伴呢！到時候老兄老弟敘敘往事，也是一樂……」曹操還想再說幾句，但覺腹內絞痛，已餓得無法忍受，只得紅著臉道：「伯父大人，此刻家中可有什麼吃食？」

「啊？」

「小姪自洛陽跋涉至此，到現在粒米未沾，實在是饑渴難當。」

「哎呀！為何不早說？」呂伯奢連忙招呼兒子媳婦做飯。

曹操也顧不得這許多了，跟著摸到灶房，先討了半碗粗麥的剩粥、兩塊乾胡餅，一股腦兒全塞了下去。

「瞧你竟餓成這樣！且到屋裡歇歇吧，等晚飯做好叫你起來吃……小五，把驢牽過來，我去張大戶那裡沽些酒來。」

「爹，還是我去吧！」呂小五勸道。

「曉得什麼？如今是荒年，你去他豈肯給？我一把年紀面子大，他不好不給的。」

曹操插言道：「老伯不要麻煩，酒便算了吧！」

「不行，今天高興，你不喝我還喝呢！」他接過兒子牽來的小驢，又笑道：「歇著吧，我去去就來。」說罷他騎上驢走了。

見呂家昆仲忙準備吃食，曹操便要也拿起菜刀幫著切菜。呂三忙搶過去，笑道：「曹大哥且去歇歇吧，我看你氣色不好，眼圈都黑了。」

是啊，連續趕路一天一夜了。曹操道了聲謝，便回到房裡和衣而臥，閉上眼睛：呂伯父一家可真好啊！天下世事難料，我家富貴他們貧，反倒是貧的幫了富的。人皆道人窮志短，其實不然，從古至今都一樣，還是平民百姓比當官的有人味啊！等我回到譙縣，一定得把這家人接走，以後好好報答他們的恩德……正在似睡似醒之間，一陣霍霍的細微聲音傳入了他耳輪中。

什麼聲音？如此奇怪……霍霍……霍霍……磨刀聲！

曹操猛然坐了起來，他感到情形不對：無緣無故磨刀幹什麼？我剛才切菜了，菜刀鋒利得很，根本用不著磨啊！莫非……是要殺我？

他趕忙起身，躡手躡腳來到門邊，輕輕推開道縫。只見呂四與呂小五正蹲在院子裡磨一把鋒利的尖刀，那可絕對不是切菜用的。磨著磨著，呂小五抬頭，高聲問道：「四哥，你看夠快嗎？」

呂四狠狠地拍了弟弟的頭一下：「你小點聲，別把人吵醒了。」

呂小五微微一笑，壓低了聲音：「我看不必捆上殺了，咱們哥仨一起上，還制伏不了嗎？」

「你想得也真簡單，一刀殺不死，等鬧起來你就傻了。」

曹孟德在屋內越聽越惱怒：現在的人是外表忠厚內藏奸詐，原來要害我的性命！難怪那老兒不細問我的去向，原來他知道我被朝廷緝拿，想必這會兒定是尋亭長鄉勇去了。不就是我們升官發財忘了你們嗎？竟然要下死手，真是一窩子狼！好啊，先下手為強，後下手遭殃，既然你不仁，休怪我不義啦！

他不聲不響輕輕將青釭劍拉了出來，深吸口氣，猛地一腳把門踹開。呂家兄弟吃了一驚。房門口到他們蹲的地方不足丈遠，曹操一個箭步躥過去，狠狠將劍刺入了呂小五的胸口，隨即一拔，鮮血似箭打的一般竄了出來。呂小五白眼上翻，一聲未出就趴下了。

「弟弟！」呂四抄起地上的刀，像瘋子一樣朝曹操猛刺。曹操左躲右閃，腳下猛然一踢，正蹬在他迎面骨上。呂四就勢前撲，把刀往前捅。曹操何等伶俐，往右一閃身，左手抓住他的後領，右手青釭劍架住他脖子，使勁一勒——又一條人命當時結果。

呂三媳婦聽見響動，從灶房出來，瞧了個真切：「殺人啦！殺人啦！」曹操一驚，搶步上前一劍劈去，竟削去那婦人半個腦袋。

還有一個！曹操屋裡屋外找尋不見，忽聽東面有響動，立刻奔去。繞過堂屋，只見呂三攀住牆頭正欲翻牆逃命。曹操並不說話，攥住他後腰，使勁一翻，呂三立時摔了下來。他腦袋磕在地上，疼得打了個滾：「殺我們作甚？」曹操哪肯理他，一腳踩定，雙手抱劍，劍尖朝下，狠狠戳了下去——呂三腿一蹬，也完了。

四口人殺完了，曹操累得氣喘吁吁，擦了擦頭上的冷汗，忽聽後院還有異聲，馬上警覺起來，趕緊拔起劍再奔後面。耳聽聲音越來越近，曹操舉起劍準備刺，轉過堂屋，卻見大桑樹下捆著一口豬！

曹操鬆了口氣，自言自語道：「什麼時候了，他們還有心殺豬……」等等！

殺豬？難道……曹操猛省：「我殺錯了！我殺錯了！他們是捆豬殺豬，不是對我下手！」他快步跑到呂三身邊，只見血流遍地，哪還救得活？再跑到前院，見呂四喉嚨仍兀自噴血。他推著呂小五的身子：「小五！小五！小五！」一點兒反應都沒有。抬頭又見灶房前，滿地都是呂三媳婦的腦漿……完了，全完了……

殺人的時候不覺什麼，可是面對四具慘不忍睹的屍體，恐懼隨著懊悔接踵而至，彷彿這幾個死人隨時都會起身撲過來！

管不了這麼多了，跑吧！曹操寶劍還鞘，解下大宛馬，匆匆忙忙出了院門。好在呂伯奢家四下無鄰，天色又已漸漸轉黑，他想要快走，卻因為忐忑，連爬了三次才跨上馬，哆哆嗦嗦抖開轡繩往村外逃去，慌慌張張跑出甚遠才發現自己走錯方向，匆忙掉頭向南而行，本該穿村而過，卻再不敢進去，從外面兜了個圈子。

如此一耽誤，太陽已落山了。他按捺著忐忑的心情疾馳了二里路。忽然間，見前方有一騎在鄉村小道上顫顫巍巍而來——呂伯奢沽酒而回。他心中一陣不安，但立刻鎮定下來，意欲趁天暗縱馬而過，卻聽對面道：「是阿瞞賢姪嗎？」曹操差點從馬上掉下去，眼見呂伯奢橫驢攔住，真不知該如何是好。

「賢姪啊，莫看天色晚了，但我一猜就是你。我們整個村子都沒這麼一匹高頭大馬。哈哈哈……」呂伯奢大老遠認出曹操，頗為得意，從腰間掏出酒葫蘆又道：「你這孩子不對，怎麼這就走了，難道嫌我打酒慢了？回去吧！我叫小五他們殺豬了，你要是不吃就走了，豈不白費我這番美意？」

避無可避，曹操只好引馬到了他面前，穩住心神道：「還是不叨擾老伯了。」

「談不到叨擾，吃罷飯你早早睡下，明天也好繼續趕路。」說到這兒，呂伯奢歎道：「唉……你這孩子心太重，不就是在我這兒吃頓飯嗎？雖說咱們多年沒往來了，但昔日的情義總是有的。你從這村口過能夠想起伯父我來，我就知足……」

曹操開始還緊張，可越聽越覺悔恨：我這是怎麼了？人家殺豬款待我，我怎會這樣髒心？老頭子回去一看，家破人亡，一把年紀他可怎麼活呀！會不會……霎時間，問路時那個狀若死人的老丈出現在腦海裡，那老頭別無親人，倚在老婆子的死屍前面等死……他越想越覺得淒慘。

「賢姪，怎麼了？」

「與其讓他再受一頓驚嚇和悲苦，以後行屍走肉般遭受折磨，倒不如把他也……」曹操思索著。

「為何不說話？你有心事？」

「伯父，阿瞞對不起您和您的一家啦！」

「何必又說這等話呢。」呂伯奢搖搖頭。

「哎喲！伯父，您看那邊來的是誰？」曹操順手向他身後指去。

「誰啊？」

一瞬間……

呂伯奢猝不及防，一聲都沒出。隨著青釭劍從他腹部拔出，他緩緩地伏在了驢背上。那匹小驢似乎對發生的事情渾然不知，感覺轠繩拉得不緊了，便放開蹄子馱著主人的屍體，顛顛而去。

天已經黑了，曹操駐馬矗立在那裡，眼睜睜瞧著那騎小驢漸漸走遠，消失在夜幕之中。寶劍再次還鞘，悲涼感隨之而來。一家子就這樣毀了。怪誰呢？身逢這樣的險惡世道，只好寧教我負他人，莫教他人負我了！

他駁回馬來，乘著夜色奔南而去，所有的疲勞感、饑餓感、恐懼感都不見了，腦子裡一片茫茫然，只有不停地趕路，玩命地催馬奔馳。初冬的涼風呼嘯在他耳邊，他聽起來就像是鬼哭狼嚎。

天黑了……

天亮了……

天又快黑了……

當曹操來到譙縣西鄉的時候，臉上已經絲毫沒有血色了。但是沒有選擇，他必須儘快帶著全家人遷徙，不知道什麼時候，董卓的人就會到此，禽獸就會到此……禽獸？曹操不由咕噥道：「濫殺無辜，我自己又與禽獸何異！」

終於到家了，眼前卻是一大片空屋。

曹操渾身的血頓時湧到了頭頂：人呢？

「爹爹！弟弟！吾妻吾兒！你們都在哪裡呀？不要與我玩笑啊！」他縱馬在莊園裡馳騁，四下裡空無一人，連家丁僕僮都不見了，「出來啊！你們都出來啊！不要嚇唬我了……難道這就是報應嗎！」

他的精神崩潰了，撕心裂肺縱馬狂奔，瘋癲地大喊大叫，可連一個人影都未呼喚出來。身心的雙重煎熬終於將他徹底壓垮，霎時間感覺天昏地暗，手底下一鬆，信馬由轠而走。

迷迷糊糊的，只見孤零零山間一個籬笆院，外面站著一個五大三粗的漢子，似乎在呼喚他的名字。曹操眼前一黑，從馬上摔了下去……

舍命全交

兩碗熱粥灌下去，曹操的臉上有了血色，一股柔和的暖意自胃腹升上來，似乎打通了身上所有的血脈。秦邵見他醒來總算鬆了口氣：「你可真嚇死我了，怎麼折騰成這副模樣？」

「亡命之徒活著就不錯了。」曹操嘴唇乾裂，喉嚨生疼。

「你也真夠硬的，這一路奔回來還真有命。」秦邵笑了，「大難不死必有後福啊！」

「我家的人都哪兒去了？」曹操突然想起。

「都搬走啦！」

「搬走了？」

「你別急，躺下躺下……前些日子西涼土匪鬧得厲害，潁川郡遭了難，你爹覺得咱沛國也不安全，就率領你家的人遷往陳留去了。」

「陳留？」曹操狠狠捶著自己的腿。早知如此，直接東奔陳留好了，何必回來走這麼一遭，幾經劫難且不提，還錯殺了呂家人。

「我就不明白了，中原之地哪兒來這麼多西涼土匪？聽說還接連換了倆新皇上，這麼多地方遭難，你們這些當官的都是幹什麼吃的呀？」秦邵抱怨道。

「哼！罵得好，我們就是欠罵，吃飽了撐的引狼入室。」曹操越想越有氣，便把何進招引董卓進京，廢立皇帝等事都跟秦邵講了。

「他媽的，像這樣鬧下去，豫州不就快完了嗎？」秦邵一拳打在臥榻上。

「豈止是豫州，天下都快要完了。我這次逃出來，就是要招兵舉義，殺到洛陽誅滅董賊。」曹操說到這兒，眼神忽然黯淡下來，「我們族裡的人都走了嗎？」

「走了。剛開始你們家先走的，帶著金銀之物，當年那些鄉勇算是派上用場了，刀槍棍棒護衛著，你放心吧！」秦邵歎了口氣，「你爹一走，其他各房的人都逃了。分家的分家，爭東西的爭東西，最後一哄而散，往哪兒去的都有。」

「樹倒猢猻散啊！」曹操冷笑一聲，「看來我是空走一遭，指望我那幫自私自利的親戚是不成了。」

「孟德，你也別嗔怨他們，兵荒馬亂的誰不怕？夏侯廉也帶著一家子也走了。」

「什麼？夏侯家也走了。」曹操聞聽夏侯氏也走了，心徹底涼了，「我舉義之事恐怕難矣！」

「莫急，此間丁家兄弟還在，他們定會幫你。我已叫兒子到他家莊上尋人去了。說不定一會兒丁斐就來接你，我這裡太過簡陋，你住著也不舒服。」秦邵說著環顧他這間矮小的茅屋，又道：「跟丁家兄弟說說，咱們一道奔陳留和你家裡人會合，就手鬧起來了。我也跟著去，跟姓董的那個老王八蛋拚了！」

「多謝伯南兄。」

「謝啥？你幫了我多少年，也該我出點力啦！」秦邵說的倒也不假。當初曹操族裡四叔曹鼎搶占窮人田地，秦伯南一條大棍打到曹家，被擒之後多虧曹操相保才沒遭曹鼎毒手。後來不僅還了地，曹操兄弟還時常周濟，秦邵這才有錢娶妻生子。「我沒別的本事，就是有膀子力氣，上戰場好好跟西涼賊幹幾仗，倒也痛快！」

他話剛說完，柴門一開，秦邵的妻子左右手抱著倆孩子進來，對丈夫嗔怪道：「你嚷啥啊？丫頭都嚇醒了，離著八里地都聽得見。就這樣還惦記舉兵，啥都沒幹就全讓人知道啦！」

「我嚷兩嗓子，痛快痛快還不行？」

「跟個驢似的吵不吵？孟德兄弟身子還弱著呢。」

「撂不倒的漢子還怕吵，妳以為都跟妳老娘們似的？」

曹操躺在那裡，瞧他們夫妻鬥嘴倒也有趣。秦邵抱過一個孩子轉身道：「孟德，這是我們老二秦彬，四歲了，你還沒見過吧？」

「沒有，這幾年沒回來，秦大哥已經是子孫滿堂啊，大嫂抱的那小子呢？」

秦邵哈哈大笑：「那是個丫頭，去年剛養的，我這家裡沒個像樣衣服罷了。」

「你家老大真兒呢？六歲了吧！」

「到丁家叫人去了。」

秦大嫂又插口道：「你這人也真是的，真兒那麼小，大晚上的叫他一個人出去。」

「妳一個女人家懂什麼？年少多歷練，長大了才能成個漢子！」

「你這大嗓門，別嚷啦！說點兒正經事吧。」秦大嫂正容道：「昨天正午來了一夥人，到孟德兄弟家去過，騎著馬帶著刀，恐怕來者不善。轉了兩圈，瞧沒有人，又都走了。」

「這必是董卓的檄文到了，看來這裡也不安全了。」曹操歎口氣，「現在譙縣縣令是誰？」秦邵眼瞼一垂：「桓邵。」

「啊？」曹操皺起眉來。當年他為救還是歌姬的卞氏，打死桓邵家人，得夏侯淵替罪得脫，曹洪每每尋故到桓家滋事，仇越結越深，「桓邵與我家有怨，他一定要借這個機會置我於死地。」

「別怕，少時丁家兄弟就到。你往他家莊子裡一待，姓桓的雖是縣令也不能將你如何。」秦邵邊說邊拍著懷裡的兒子，「孟德你趕緊再睡一會兒，等他們來了好趕路。」

曹操點點頭，也想休息休息了，但是剛一閉眼，呂家五口屍體的慘狀便浮現出來。可是一睜眼，卻見秦邵夫妻兒女其樂融融，而自己卻形單影隻，卞氏與曹丕留於洛陽虎口，丁氏與曹昂遠在陳留。他怎麼待著都不舒服，心裡挺彆扭的。

就在這個時候，外面突然聲音嘈雜，馬嘶人喊，曹操頗感振奮，料是丁家昆仲到了。哪知細細聽，卻有人大呼：「奉令搜查，裡面的人出來！」卻是桓邵手下的衙役到了。

「孟德，你躺下，我出去應付應付。」秦邵說著披上衣服，小心翼翼推開房門去了。秦大嫂緊緊抱住倆孩子，哄道：「別出聲，爹爹一會兒就回來。」曹操料情勢不好，坐起身來左摸右摸，找到了他的青釭劍，側耳傾聽外面的動靜。

只聽一個粗重的聲音道：「奉縣令大人之命，搜查本鄉。」

秦邵故意大聲打了個哈欠：「這大晚上的，搜什麼呀？」

「現有朝廷反官曹操脫逃。小的們，給我進去搜！」

「別闖別闖！」秦邵喝住他們，「我女人還沒穿好衣服呢。這大黑天的，你們在院裡搜搜也就罷了，攪得我們睡覺都不安生。」

「叫你女人快點穿。」

「我說這位老爺，您別嚷！我孩子還小，一會兒嚇哭了不好哄。」

「少說這些沒用的。」

「有用的我也會說啊……這有幾吊錢，您老幾位打幾碗酒喝，且讓我孩子睡個好覺吧！」秦邵本是個急脾氣的，今天卻也耐著性子與他們周旋。沉默了一會兒，只聽那個粗重的聲音又道：「好吧，你這窮鬼倒也不吝嗇。我帶人走，你抱著婆娘崽子安心睡覺吧！」

「謝老爺您恩典。」

曹操鬆了口氣，剛要躺下，又聽一個聲音道：「屋後有一匹高頭大馬！」——大宛馬暴露了！

果不其然，那個首領起疑了：「你這窮耕夫哪來這麼一匹好馬？家中還有別人嗎？」

「沒有，沒有，您快走吧！」

「你閃開，我要進去看看。」

「大晚上的，您就回去歇歇吧，屋裡沒別人，我婆娘還沒穿衣服呢！」秦邵還是設法阻攔。

「他媽的！就是光著屁股今天我也得進去。少跟我遮遮掩掩，老子今天搜的就是曹操，再攔著我一刀劈了你！」

「我就是曹操！」秦邵出人意料地喊了這麼一嗓子，緊接著外面稀里嘩啦打了起來。曹操恐怕秦邵吃虧，趕緊挺劍衝了出去。只見三個衙役模樣的人圍著秦邵打鬥，而院外還有六個當兵的，幾個人都舉著火把挎著刀，當中有個人插手而立，似乎是個頭目。

先下手為強，曹操冷不防躥到一個衙役身後，一劍將他捅死，嚷道：「我才是曹操，來呀！」那六個當兵的當時就慌了，各自抽刀跳過籬笆，奔曹操而來，頓時打作一團。

秦邵是個笨把式，又赤手空拳，但他人高馬大力氣十足，今天為了掩護曹操被這幫衙役罵急了，可就起了拚命的心。他怒氣沖沖，一手揪住個衙役，使勁一提扔起足有半人多高！那衙役大叫一聲，仰臉摔出去，把籬笆牆砸倒一大片。緊接著秦邵一拽，又將撲過來的另一個衙役摁倒在地，隨即狠狠一腳，正中他襠下，那人疼得連姥姥都叫出來了。頃刻間兩人被打得爬不起來，那個頭目瞧得真真的，心裡甚是害怕，又見秦邵奔自己而來，趕忙抽刀在手，還未舉起，就被秦邵一腳踢飛了。秦邵怪叫一聲將他撲倒在地，一雙大粗手使勁掐住他脖子：「他媽的！你敢罵我，我掐死你！」

曹操這邊卻頗為吃力，六個兵都拿著刀，自己只有躲閃無法還手，虛架著劍左躲右閃。一會兒面前受敵，一會兒腦後生風，刀刀都貼著脖子過去，他害怕四面受敵，趕緊揮劍退到了牆邊。六個兵立時圍上，正要猛攻，忽聽後面的頭領喊著「救命！」兩個人立時竄過去，照著秦邵後背便砍，霎時間一陣血光。

秦邵連中兩刀，兀自不肯鬆手，直聽掌中咯咯作響，那頭目已被活活掐死。但他自己也已經站不起來了，兩個兵不敢鬆懈，對著他繼續砍。曹操瞧得心急如焚，但是四個對手依舊猛攻，自救不及哪裡管得了？就在這個時候，又一陣馬蹄奔忙，自西面趕來十多騎，打著火把也手持鋼刀。為首兩騎，前面是丁沖丁幼陽，後面是丁斐丁文侯。

曹操精神大振，高叫：「快救秦大哥！」

丁氏兄弟毫不怠慢，帶著手下人縱馬而上，瞬間將那兩個兵剁為肉醬。敵對曹操的四個人再不敢交手，紛紛奪路欲逃，可兩條腿怎比得了馬？皆被丁家的人砍殺，兩個在地上翻滾的衙役也被補了一刀。

「秦大哥！」曹操跑到近前觀看——秦邵早已經沒氣了。

秦大嫂抱著倆孩子衝到丈夫屍體邊：「當家的！你不能死啊……我的天啊……」她這一哭，自丁家馬隊裡躥出一個男孩，也伏在屍前哭著叫爹——正是秦邵的長子秦真。

曹操揮手給自己一巴掌：我真是不祥之人，呂伯奢一家被我誤殺，現在又連累死一個好兄弟。秦大嫂帶著這三個未成丁的孩子，這以後的日子可怎麼過呀！

丁斐凝視秦邵屍體良久，歎息道：「大嫂，現在不是哭的時候，得趕緊把這兒收拾一下，屍體都掩埋了。若官府發現還要有一場風波。」說罷，吩咐手下到院子後面挖坑，準備掩埋屍首，特別囑咐挖兩個，一個小的單獨給秦邵，另一個大的打發那幫死鬼。

他兄弟丁沖是個酒鬼，哪怕到這等淒慘的時刻，還是掏出酒葫蘆狂飲，半天才道：「孟德，你要去陳留舉兵嗎？」

曹操沉重地點點頭，眼睛始終望著秦邵的屍體。

「大哥，咱們散了家產，同孟德一道去吧？」

丁斐聽他兄弟這麼說，不禁皺起了眉頭。

他們丁家這份家產著實不薄，莊園劃得廣遠，而且高壘院牆，裡面耕種、紡織、釀造俱全，可謂是閉門成莊的豪強地主。丁斐不似他兄弟那般開通，生性吝嗇好財，平日裡銅錢恨不得綁在肋條上，讓他捨棄這麼大的一份產業，他哪裡肯依。

丁沖知道兄長的脾氣，勸道：「文侯，這豫州乃是四戰之地，不宜久留。雖然咱有院牆有家兵，但若是刀兵四起，此間就是戰場，這份家業你早晚也得捨棄啊！」丁斐不置可否，支吾道：「此事回去再議。」

秦大嫂哭了許久，只得摟著三個孩子，眼睜睜瞧人家把丈夫的屍體拖走。曹操勸道：「大嫂，伯南兄因我而死，以後我照顧您跟孩子。你們在此無依無靠，我看暫且搬到丁家莊。日後我帶人接您到陳留，跟我那媳婦待在一處，也還方便。」

秦大嫂擦擦淚水，看一眼身邊的秦真，瞧瞧坐在地上的秦彬，又瞅瞅懷裡抱的丫頭，淒然道：「兵荒馬亂的，你們又要幹大事。我一個女流之輩，豈能再給你們添麻煩？你們若是可憐我，便把這三個孩子帶走，給他們口飯吃也就罷了。」

「您別這麼說，孩子我們自然要拉扯大，將來還要讓他們出人頭地。」丁沖走了過來，「但您也得保重，跟我們走吧！」

「好……好……」秦大嫂理了理髮髻，將懷裡的丫頭交到丁沖手裡道：「你且幫我抱孩子，我進去收拾些東西。」

「娘，我幫妳。」秦真嚷道。

「不了，你在這兒看好了弟弟。乖乖聽曹叔叔的話，一定記著！」說罷顫巍巍繞過籬笆牆，進屋去了。曹操與丁斐來到院後面，幫助手下人把那十個當差的埋了，將土踩平，又隨意撒上一些枯草。待到葬秦邵時，曹操實不忍看了，低頭走開。哪知來到前面，卻見丁沖一手抱著丫頭，一手舉著葫蘆正往秦真嘴裡灌酒。

「你幹什麼呢？」曹操一把推開。

丁沖把葫蘆一揣，笑道：「這小子也大了，該學著喝酒了。」

「別胡來，秦大嫂呢？」

「還沒出來呢。」丁沖說完這話方悟事情不對，忙跑進屋看——她已用菜刀自刎。秦邵尚未埋好，又將秦大嫂抬出來與他同穴而眠。孩子們哭得昏天黑地，曹操摟著秦真勸道：「別哭了，以後我拿你們當我的親生的一般待，走吧！」一行人歎息著各自上馬，回頭望了一眼那黑漆漆的茅屋。半個時辰前還其樂融融，轉眼間就煙消雲散了。

小秦彬伸手指著敞開的屋門哼唧道：「門……門還沒關呢。」

在曹操身前的秦真道：「弟弟，家都沒有了，還管門做什麼？」

「家裡還有許多東西呢。」秦彬又哭了。

不知秦真是不是被剛才的酒灌暈了，竟大聲道：「錢財家什不過身外之物，你我兄弟能活著便好。將來若能做一番事業，什麼好東西弄不來？」這話哪裡像一個六歲孩子說的。曹操暗暗稱奇：此子聰穎過人，何不將其認作螟蛉義子，改叫曹真，交與丁氏撫養呢？忽然又見丁斐仰天大笑：「哈哈哈，我還不如一個六歲的娃娃呢！也罷，秦大哥既學左伯桃捨命全交，我就學一學孟嘗君散家為友。孟德，這裡的田產地業我不要了，回去挑選精壯之人與你同往陳留招兵舉義！」

「這就對啦！」丁沖高興，又喝了口酒，「不過，我不同你們去。叔父尚在洛陽，我要入京照顧他老人家。」丁氏兄弟的族叔乃是任過司徒的丁宮。

「人皆東逃，唯你西進，是不是喝多了？」

「哼！我到京師若能救出叔父最好。若不能便留在洛陽逆來順受，且喝一喝他董卓的酒，說不定日後還能幫孟德的忙呢！」他說罷將酒仰面喝乾，又慨歎道：「把家散了真可惜。」

丁斐嗔怪道：「我都捨了，你卻又道可惜。」

「金銀財寶不算什麼，我那幾十罈好酒啊！」說著他竟流下淚來。

「快走吧！」曹操一抖轠繩，「我若日後富貴，一定讓你喝個夠，喝得你活活醉死！」一行人鞭鞭打馬，直奔丁家莊去……

第四章

招兵買馬征討董卓

散資之議

有人相助，從豫州到兗州的行程便一路平安。

數日後，曹操帶著丁斐等從人到達了陳留郡。令他始料未及的是，在離著陳留縣還有十里的鳴雁亭，就受到了隆重的迎接。

曹操騎在馬上，遠遠就見旗幟招展，兵丁整齊，郡縣全體官員列立驛道兩旁。正當中有一位中年官員，頭戴委貌冠，身穿深服，肩披青綬，腰橫玉帶，相貌憨厚，笑容可掬——正是東郡太守張邈。

張邈字孟卓，是曹操多年的朋友。長期以來，在解除黨禁、打擊宦官的鬥爭中，他始終與曹操站在同一戰線上，特別是在何進當政的那段日子，兩人的交往更是親密。董卓進京後，張邈也以假意逢迎的策略取得其信任，被外放為陳留太守。

曹操見他以這樣隆重的隊伍迎接自己，受寵若驚，趕緊下馬跑了過去：「孟卓兄，別來無恙啊！」

張邈笑呵呵走到近前：「可把你給盼來了。老伯父愛子心切，日日都在向我打聽你的消息啊！」

「小弟家人承蒙你照料。」

「見外了。」張邈拱手相讓。

曹操環視著兩旁的官員：「小弟何德何能受此隆重之禮。」

「你今到此，愚兄添一膀臂，舉義之事可就矣！」張邈招呼著眾官員，「這位就是當年威震黃巾的曹孟德！」他這一聲喊罷，兩旁的官員紛紛一揖到地，頗為恭敬。

曹操趕緊作了個羅圈揖，抬頭又見弟弟曹德也來了，兄弟相見甚為喜悅。曹操又將丁斐引薦諸人，大家也不上馬，與張邈說說笑笑往縣城而去。

「董卓倒也慷慨，竟給了我這麼一個太守之職。」張邈說這話的時候帶著笑，似是嘲諷又似是感激。

「要說董卓一心敗壞大漢之天下我不信，他確有帶兵之才、用人之膽，而且還有心思重振朝綱。」曹操鄭重道。

「哦？」這種說法倒教張邈十分意外。

「但是董卓不通天下之勢。」曹操搖頭歎道：「自我孝桓皇帝以來，天下黎庶窮苦民不聊生，先帝更是恣意享樂不思國政。黃巾之亂民生凋零，朝廷既剷除小人，就應當興寬柔之道，與民休養生息。在百廢待舉之際，董卓卻橫行剛愎私自廢立，這豈不是殺雞取卵？」

張邈理解了曹操的意思，也點頭道：「沉屙之人難受猛藥，饑饉之徒不堪硬食，這就是武夫當國的害處啊！」

「豈止是如此？最可惡的乃是他視人命如草芥，濫殺無辜，河南、潁川之民深受其害。」曹操語重心長道：「孟卓兄，我從洛陽逃出的這一路上，到處是殘垣斷壁，百姓死走逃亡。泱泱中原之地，竟然被董卓的兵馬糟蹋成一片廢墟。長此以往社稷將危，為了我大漢江山之國祚，必須剷除此賊！」

「你還不知道吧，袁紹在渤海、橋瑁在東郡、袁遺在山陽招兵買馬準備舉兵，還有我弟張超也在廣陵籌劃軍事，眾人同心協力便可以聲勢大振，咱們也得儘快行動了。但是……」張邈停下了腳步，「不怕賢弟你笑話，愚兄實在不是治軍之才，行伍之事還要多多偏勞你了。」

「小弟自當盡力，不過義旗高舉之時，你可要出來做統帥。」

「我？為政教化撫慰百姓愚兄還行，領兵打仗嘛……」張邈苦笑道：「只怕我有那個心，卻沒那個力。」

曹操瞧他一臉無奈，忍俊道：「孟卓兄誤會了，小弟並不是讓你衝鋒陷陣。我如今乃負罪之人，洛陽朝廷嚴令緝拿的要犯。由我做一郡兵馬統帥，無名無分豈不成了土匪頭了？名不正則言不順，言不順則事難成……」

「那好吧，愚兄便勉為其難。」張邈欣然允諾，但是臉上的笑容卻漸漸褪去，「可是招兵的事情卻不好辦。雖然到任以來我已經調集郡兵，但是畢竟捉襟見肘。現在莫說去打董卓，只怕董卓來攻咱都難以自保。陳留雖為兗州首郡，卻也不是富庶之地，特別是當年黃巾之亂，皇甫嵩與張角部曲幾番作戰於此，民生凋敝，戶籍減半。」

「可招潁川流民至此。」

「這我也想過，」張邈說著停下不走了，轉臉瞧著曹操，「但如今是荒年，錢糧不足就招不到人。流民一旦大量湧入反而會滋生事端，進而危害我郡。」

「難道不能尋此間豪強富戶募集錢糧嗎？」曹操沒覺得這有何難，「莫說別人的財產，就是我父親的財貨也夠武裝個兩三千人的。孟卓兄謙謙君子太過客套，其實不必待我前來，大可以與他老人家先議此事，想必我父定會……」

這話未說完，就感覺身旁的曹德拉他的衣袖並故意咳嗽了兩聲。

曹操頗感詫異，便住了口。曹德卻趁機接過話茬道：「張郡將事務繁忙，兄長不要多延誤。以小弟之見，咱們還是上馬而行，速速回城，待我們父子相聚詳加敘談之後，再往郡府商議大事。」

曹操何等聰明，一見弟弟把話收回去就知道必有內情，趕緊打圓場道：「子疾說得有理，咱們別在這裡耽誤工夫了。我先到父親跟前盡孝，然後再尋兄長談為國盡忠之事。」

這句話說得詼諧，張邈一陣莞爾，眾人便各自上馬齊奔縣城而去。曹操悄悄靠到弟弟馬邊，低聲問道：「怎麼了？」

曹德苦笑道：「募集財貨之事，張孟卓已經跟咱爹提過了。老爺子如今犯財迷，不肯掏錢吶！」

曹操剛才把大話說到天上，老爹卻早已駁了張邈的面子，不禁一陣臉紅，又跟弟弟嘀咕道：「咱爹那麼疼你，你就不會勸勸他嗎？」

「我勸不動呀！你去試試就知道了。」

曹操進城後來到家人臨時棲身之所，一看之下更覺驚詫。張邈可謂款而待人，早將他一家子安置在陳留縣城裡最好的房舍，這套宅院雖不甚精細，但大小已遠勝曹家在京師的那套；因為曹操是出逃之人，為了以防萬一，張邈又派郡府的差役來保護他家眷的安全，甚至還分了一些家丁僕婦過來伺候他們起居飲食。

眼瞅著丁氏、曹昂、曹安民圍在眼前，夫君、爹爹、伯伯地叫著，曹操卻絲毫高興不起來。人家張邈這麼周到地照顧自己家小，可老爹竟一毛不拔，這太讓人無地自容了。曹操與親人們閒話了幾句，便拉過小管家呂昭：「我父住在哪裡？快帶我去！」

曹嵩這段日子蒼老了不少，頭髮差不多全白了。西涼兵橫行劫掠打到潁川，他怕那些禽獸再前行一步殺到沛國，趕緊收拾金銀財寶，撇下族人遷往陳留避難。這一路上的顛簸倒也罷了，只是精神上的緊張承受不起。一怕涼州兵突然出現危及性命，二怕護衛的家兵鄉勇謀財害命，三又怕張邈乘人之危侵占財貨。好在一切稱心如意，他才鬆口氣。

「爹爹，孩兒不孝，讓您受顛簸之苦了。」曹操見了父親，慌忙跪倒磕頭。

「逃出來就好，逃出來就好！」曹嵩很激動，「只要你來了，我就徹底踏實了。」

「您老在這裡住得可還安心？」

「吃的喝的都好，倒也罷了。」曹嵩雖這麼說，但臉上的表情卻顯得不甚安心。

「董卓占據朝堂私自廢立，西涼兵到處為虐侵害黎民。孩兒這次逃出洛陽，所經潁川之地滿目瘡痍，真是國之不幸啊！」

「別想那麼多了，你來了就好。咱們平平安安比什麼都強。」

曹操感覺到父親是在故意轉移話題，才明白這張弓確實不好拉，幹脆挑明話題：「爹爹，您今後有何打算呢？」

「這個嘛……陳留這地方畢竟離河南不遠，河北之地袁紹備戰，濟北鮑信也在招兵，萬一打起來這地方也不安全。咱們應該東去青徐沿海，或者南下荊襄渡江避難。那時候咱們尋一處妥當的地方，購置田宅高壘院牆，雇當地鄉民耕種紡織，可待亂世清明。」

「若是董卓得勝，東至兗青，南下揚州，大肆興兵禍連四海，到時候咱們還往哪裡躲呢？莫忘了兒子是出逃之人，禍及九族啊！」

「這個……」曹嵩皺了皺眉頭，「先顧眼前吧！」

曹操邊聽邊搖頭：「父親大人，若是人人皆是這般想法，縱容董賊肆虐橫行，天下何時可以清明？」

曹嵩被噎得無話可說，好半天才道：「那依你之見呢？」

「興義軍討凶逆。」

「你好大的口氣！」曹嵩瞪了兒子一眼，「憑你一己之力，何以能成此大事？」

「豈是兒子一己之力？你剛才說了，現在關東諸州都在整備軍械、招兵買馬，眾人齊心協力，我料董卓也不能抗拒。咱家世受國恩，就應當散家財招兵馬，披堅執銳……」還不待他講完，曹嵩便急道：「原來你跟張邈一條心，說到底還是算計我這點家財呀！少說那些大話。」

曹操見蘇秦那一套是不行了，乾脆以歪就歪，換了一張笑臉，拿出小時候要糖吃的勁頭，軟磨硬泡道：「老爺子，孩兒不是算計家財，是想做出一番事業，功成名就有封侯之位啊！拋開大義且不論，您能成全我這點志向嗎？」

「這次可不行。」曹嵩斷然拒絕。

曹操涎著臉道：「您這是說話不算數。當初在洛陽，您不是說過我今後可以隨意行事，您都會支援嘛，為何今日出爾反爾？」

「我可沒說過你可以敗壞家產。」

「這怎麼能說是敗壞呢？這是義舉啊！」

「怎麼說都一樣，還不是要花錢嗎？你好好想想吧，這份家業乃是你爺爺和我辛辛苦苦掙下的，怎麼能說散就散呢？既然到處興兵也不缺你這一處，何必蹚這渾水，這不把錢白扔到水裡去了嗎？」曹嵩拿起手杖連連頓地。

白扔到水裡去了？你花一億錢買了個太尉，才當了七個月，那才真叫扔到水裡呢！曹操敢怒不敢言，要是這時候頂嘴，就更沒有說動他的希望了，平復了一下情緒才道：「父親大人，請您捫心自問，咱們家的錢財是從何而來？」

曹嵩想都不想就答道：「就算是貪贓受賄而得，那也是錢。這年頭不要與我講大道理，活下去才是好樣的。」

「兒子這也是求活之道，而且是為天下人求活，為我大漢江山求活。」曹操又換說辭，希望以感情觸動父親，「您替我想想吧，兒子眼看就要三十六了，現在成了白丁之身，難道蹉跎半生不思進取了嗎？我自洛陽逃出，若不舉義豈不被天下人恥笑？而且曹氏仕路就此中斷，我對得起祖父大人起家興業之恩嗎？」

不論如何爭辯，曹嵩在道義上總是有虧的，他起身攙起兒子，以懇求的語氣道：「你讓我替你想，你也替爹想想行嗎？我都這把年紀了，豈能再受離亂之苦，還指望這份家產養老善終呢！《尚書》五福以『考終命』最難，離亂人不及太平犬，你想讓我這一把老骨頭還受苦受窮嗎？爹原指望你保著我，現在你要幹大事，若幫張孟卓出兵我不反對，這散財招兵之事就免了吧！」

「不是都散了，總得留一部分。」

「一分一毫也是錢。」

「您帶著這麼大一份家產流落在外，乃是招禍之道。身處亂世，這錢多了不安心呢！」

「沒錢更不讓人省心。」

「爹爹，丁文侯也跟著我來了。他如此吝嗇之人如今都甘願追隨大義，您就不能嗎？」曹操真想把小秦真抱過來，讓他把那晚說的話再說一遍。

「他年輕不曉事，我要是學他豈不成了老糊塗了。」

你可不就是老糊塗嗎？曹操見自己的感情觸動不了父親，想想又道：「張孟卓如今厚待咱家，您就不能慷慨一點兒以示報答嗎？」

「傻小子，欲先取之必先予之，這是張邈的心眼啊！」曹嵩拍著他肩頭，「算了吧！我看你也別跟著他了，你保我尋個安穩去處，且由著別人去打去殺吧！」

曹操都快哭出來了，這一路千辛萬苦闖過來，沒想到自己老爹卻搞不定，還想再試試，但實在是想不出其他的說詞了。

就在這個時候，只聽門外有人大呼：「親家爹，你好狠的心。」回頭一看，小舅子卞秉怒氣沖沖闖了進來。

曹操看見卞秉來了，心中便覺有愧。他從洛陽脫逃，但是卞氏卻沒帶出，到如今生死不明，這可怎麼跟卞秉交代呢？只得強笑道：「阿秉，你來了。」

卞秉理都不理他，又對曹嵩嚷道：「國仇家恨你都不顧了嗎？」

「什麼國仇家恨的！我們家的事情不用你管。」

「呸！」卞秉微微冷笑，隨即指著曹嵩的鼻子，「不識好歹的老傢伙！董卓占據朝堂虐待百姓，這是不是國仇？我姐姐還有你孫子被困洛陽，是不是家恨？你好狠的心啊，國家的事你不管也就不管吧，反正你當官的時候抱著宦官大腿，也不是什麼好官；媳婦是外人也罷了，算我姐姐倒霉，上輩子沒修德錯嫁到你們家了。可是那曹丕不是你們曹家的骨肉？孫子你都不管了嗎？在洛陽抱孫子的時候那股愛勁都他媽哪兒去了？你算個什麼東西呀！等將來你落一個六親不認子孫離散，到時候抱著你那些不義之財哭去吧！」說罷扭頭便走。

曹嵩被他罵得又羞又怒，卻一句話都說不出，眼睜睜看著卞秉揚長而去。曹操這會兒左右為難，按理說卞秉罵他爹，他絕不能看著不管，但人家句句在理，而且他還對卞氏姊弟愧著心，不好意思說什麼，見卞秉出去，只好安慰道：「父親息怒，孩兒去與這臭小子理論。」但剛追出門去，卻見卞秉氣哼哼等著他：「姐夫，咱哥倆也得算算帳了吧？」

曹操一陣臉紅：「你說吧。」

「這頭一件，我喜歡那環兒妹子你不是不知道，可你故意將她帶入洛陽據為己有，這是不是你不對？」

環兒乃昔日郭景圖收養的孤女，臨終托於曹操，在卞氏身邊明為丫鬟，實際待若義妹。卞秉與其可謂兩小無猜，曹操卻橫刀奪愛帶入京中強納為妾，如今一併撇在洛陽了。此乃他一大過錯無可爭辯，只道：「環兒的事情是我不對。」

「好。這第二件，你帶我姐姐與環兒到洛陽，卻把她們撇在虎口自己逃出，大丈夫不能保護妻妾，這是不是你的不義？」

「這實是無奈之舉……」眼見卞秉的拳頭已經舉起來，曹操一閉眼，「你打吧，我該打。」卞秉攥緊的拳頭又放下了，只惡狠狠道：「我姊弟自小賣唱無依無靠，是蒙你帶大的，吃著曹家的飯喝著曹家的水，我今天打了你就是我不義了。哼！舉兵之日也算我一個，倒要看你如何調遣，能否救我姐姐！」說罷扭頭奔前面去了。

曹操啐了口唾沫，轉身再進屋勸慰父親。曹嵩一臉的晦氣：「算啦算啦，你不就是要錢嘛，給你分一些，願意做什麼做什麼吧！省得有人再來罵我，我這一把年紀了還要受這等氣，真是……」

曹操聽著他嘮叨，心裡卻頗感有趣：這小子罵人還真有效，說不定日後能有大用處。

英雄匯集

儘管曹操兄弟費盡九牛二虎之力，但曹嵩還是只願拿出一小半財物絹帛。曹操見多說無益，便用這些錢買糧購鐵，勉強在縣城外立下一座營寨，豎起招兵旗，並請來刀師工匠打造武器。

但是陳留之地久經災荒戶口減半，將近一個月過去了，應招之人還不到兩千，憑這點兒兵力莫說殺入京師誅殺董卓，就是想打到河南之地都困難。無奈之下，張邈召集陳留士人募集他們的家兵。

無奈這些土豪鄉紳只有自保之心，並無誅賊之志，家兵鄉勇倒是有，皆護了自己的宅院，沒有一個願意貢獻出來讓曹操調遣。張邈也是謙謙君子，並不強人所難，客客氣氣把他們送走，改日再換請另一撥人。但是請來請去，終是收穫甚少。

這一日，曹操正在火爐邊與工匠打造兵器，張邈又親自帶著一群豪紳來到大營。這樣的事情見多了，曹操便覺有些不耐煩，乾脆掄起大鎚低頭打鐵，連看都不看他們一眼。

張邈招呼了諸鄉紳幾句，讓他們隨便走走看看，便蹭到曹操近前小聲道：「孟德，你也去與他們客套幾句，請他們幫幫咱們。」

曹操兀自掄著大鎚：「說了也是白說，費的口舌還少嗎？」

「今天來的不一樣，這些豪紳都是其他縣的，濟陽、封丘、襄邑，還有幾位客居於此間，都是我親自下書找來的。咱們再試試，哪怕有一個人幫忙也好啊！」

「哪兒來的都一樣，我算明白了，善財難捨啊！」

果不其然，這些豪紳見兵士稀少軍械缺乏，都連連搖頭，看意思又是白費工夫了。張邈不放棄，還想盡力說服他們，拉了幾位衣著華貴的來到火爐邊，介紹道：「這位賢弟就是曹孟德，曾任騎都尉、典軍校尉，久掌朝廷之兵，此番舉義我陳留之兵將交與此公調遣。」哪知一人尖聲說道：「罷了！就衝孟卓兄以此人掌兵，這仗就不易打贏。」

曹操聽了有氣，回頭瞥了一眼說話之人，問道：「先生是誰，敢在這裡妄加推斷？」張邈頓覺尷尬，強笑道：「孟德，此公乃北海孫賓碩，客居此間，是我特意登門造訪請來的貴客。」

孫氏是北海望族，這位孫賓碩更在東州小有名氣，不但是一位豪強地主，傳言還是個仗義疏財的人，號稱一方俠士。

曹操管他什麼人物，扭頭繼續掄錘，信口道：「先生說以我掌兵不易打贏，不知您從何推斷？」

孫賓碩嘲諷道：「虧你領兵之人，豈不聞『兵者，國之大事，死生之地，存亡之道』？為將者統籌大勢，你卻與工師在這裡做刀，這戰事你又豈能處置得好？」

曹操哼了一聲不再理睬他，兀自揮動大鎚打鐵。那些鄉紳見狀紛紛向張邈表態：「若是郡將大人保護鄉里我等自當效勞，但勞師西進我等便不敢相助了。況軍旅之事並無完勝之把握，一旦兵敗，兗州之地亦不保也。我等打算合族遷往冀州暫避鋒芒，望郡將大人見諒。」話已經說到這個份上，張邈便不好相求了，只得彬彬有禮將他們送出大營。曹操卻任他們來去，只管打造手裡的那把刀。哪知身後突有一個憨厚的聲音問道：「曹兄，剛才孫賓碩強詞奪理非難與君，君為何不答？」

曹操略一回頭，見還有個鄉紳模樣的中年人未走，氣哼哼道：「明知是強詞奪理還答什麼？美其名曰北海俠士，其實也不過是庸庸碌碌之輩。莫看打造兵器是小事，豈不知能小復能大，何苦！」說罷繼續幹手頭的活。那人好像沒有要走的意思，又問：「久聞曹兄大名，您為何逃出洛陽單至陳留，難道僅僅是因為您與張孟卓相厚嗎？」

「非也。陳留靠近河南，以此舉兵西進，可正指敵鋒，大事一戰可定矣。」

「曹兄有必勝之把握？」

曹操聽他如此發問，這才放下大鎚，語氣柔和了不少，娓娓道來：「兵無常勢，自然沒有必勝之理。然我等有三勝，董賊有三患，此戰大有成算。」

「哦？」那人深深一揖，「願聞其詳。」

曹操擺了擺手，隨即正色道：「董卓入京未久立足不穩，我等舉兵者皆是他信任外放之人，必能出其意料，攻其不備，此乃一勝也。今東州諸地大興兵馬，北至幽州南至荊襄，可發之士不下十萬，而董卓之兵尚少，不足以禦我等大兵，此乃二勝也。河南之地頗受董賊暴虐，民不聊生，百姓聞關東舉兵，必蹈足相迎處處回應，到時候聲勢遠播，普天之下盡為董賊之讎仇，敵未動而先喪膽，此乃三勝也。」

「那董賊之三患呢？」那人又問。

「并州白波諸部侵擾河東，雖一時被董卓擊敗，然危及肘腋，終是洛陽之大患，董卓出兵與我等相抗，亦要羈絆白波之眾，此乃一患也。今皇甫嵩坐鎮涼州，乃董卓兵馬之源，若皇甫公斷絕關中，涼州部立時人心惶惶不戰而潰，此乃董卓二患也。再者，洛陽尚有志士在朝，若董卓出兵，還需牽掛朝中之變故，此乃三患也。」

「知己知彼，百戰不殆。」那人微笑道：「若曹兄不棄，在下願助一臂之力。」曹操仔細打量這個人，施禮道：「敢問先生高姓大名？」

「在下襄邑衛茲是也。」

曹操略有耳聞：「您莫非就是當年拒絕何苗征辟的衛子許？」

「正是在下。那何苗忝居車騎將軍之位，然不過是貪財納賄之小人，絕非可安社稷者。日後可平天下之難者，必曹兄矣。我願貢獻家丁並散財招兵，與曹兄和郡將共舉大事。」

「哎呀！多謝衛兄。」曹操要行大禮，衛茲一把攙住：「曹兄不必多禮，在下還有一個建議。陳留之地恐難招兵，倒不如移至我家鄉襄邑，那裡豫州流民頗多，再有我財力相助，數千人馬唾手可得也。」

就這樣，陳留之事全權託付張邈，曹操隨衛茲一同往襄邑徵兵。那衛茲家資殷實又頗具聲望，十日工夫便得了三千壯士，曹操帶領他們打造兵器操練列隊，倒也像模像樣。哪知更有意外之事，曹純竟帶著卞氏、環兒等人逃出洛陽來至此處。原來曹操走後，董卓欲殺他家小，賴周毖、何顒等人周全；曹純趁機利用董卓昔日所贈珍寶財物上下打點，買通了秦宜祿，又進而賄賂諸將。那些西涼部將貪財好貨，又有幾人與曹操喝酒喝出些交情，便睜一眼閉一眼，背著田儀放他們逃出了洛陽。

夫妻團聚，兄弟相逢，自是一場歡喜。

不幾日，又有東郡太守橋瑁傳來三公討董的密信，張邈之弟廣陵太守張超亦率部下趕到陳留，曹操、衛茲便率兵馬同往陳留會合。方至鳴雁亭，又見旌旗林立義旗高舉，兩騎快馬迎面而來，都是鄉勇模樣。前面一騎正是虯髯虎目的夏侯淵；後面那人個子不高，細眉長鬚，黝黑的面皮透著殷紅，顯得格外精幹，正是曹操的親堂弟夏侯惇。

曹操見夏侯兄弟來到算是有了主心骨了，卻嗔怪道：「你們棄鄉而走哪裡去了，用人之際險些急煞我也！」

夏侯淵笑道：「我哥哥早料到你要舉兵，見伯父走得太急恐無準備，便尋地方安置好家小，一路招募鄉勇流民匆匆趕來。如今得了一千餘人，都已進駐陳留，就等你一聲令下跟董賊拚命，不想你還挑起我們的理來了。」

曹操莞爾，見夏侯惇不言不語微微含笑，心下好生感激：夏侯元讓全然明瞭我所思所想，真乃我之心腹股肱也！

諸人各道衷腸，一同進城往郡府面見張邈。張邈又引薦自己的兄弟張超與其功曹臧洪。這二人曹操早年曾在洛陽見過，還一同游獵射鹿。那時張超、臧洪還在弱冠，如今都已英氣勃勃，儼然青年才俊了。

張邈取出東郡太守橋瑁傳來的三公密信給諸人觀看，但見言辭懇切企望義兵，張超看罷遞給曹操，笑道：「今滿朝文武盡被董卓監視，橋元偉此必偽信也！」

「信雖然是假的，情理卻是真的。有了這封信，咱們起兵更加名正言順了。」曹操看都不看便把信交還給張邈，「今糧秣乃是大事，不知何人可供軍需。」

「冀州戶口殷實，田產頗豐。今韓文節為州牧，未肯舉兵，但坐鎮鄴城，專供我等軍糧。」張邈說這話的口氣意味深長。

曹操不禁皺眉，心想：「素聞韓馥是膽小怕事之人，果真不假。冀州如今為河北最為富庶之地，明明有兵可差，卻只供軍糧。」

張超卻不似他二人這般涵養，笑道：「莫看韓文節身為使君坐擁冀州之地，實是怯懦之徒不足以成大事，此番舉兵還是要推袁本初為盟主，四世三公舍他其誰？咱們只要任其調遣便好。」

哪知此言一出，忽有個生疏的聲音道：「非也非也，舉兵勤王臣子責分，不當有尊卑高下。」

眾人紛紛找尋，原來說話的是一個衣裝樸素的小個子，相貌鄙陋，鬍鬚稀疏，眨麼著一雙黑豆般的小眼睛，垂首站在衛茲身後。張超白了他一眼，鄙夷地問：「子許兄，這位說話的兄台是誰？」

「他是潁川商賈，常到我家走動。如今豫州遭難客居我處，聞聽咱們舉兵，也曾貢獻糧秣。」說到這兒，衛茲回頭看了他一眼，難為情地問道：「戲兄，您叫何名？」原來他也不知這人叫什麼。

「在下潁川戲志才。」那人恭恭敬敬作了個揖。

張超聞聽不過是個小買賣人，越發不把他放在眼裡，似笑非笑道：「商賈之徒為大義奔走，我聞所未聞。」

哪知戲志才張口便道：「昔日陶朱公輔佐越王勾踐臥薪嘗膽，有滅吳之功；呂不韋助嬴政成就帝業，受封文信侯；商人杜吳手刃王莽有功於漢室中興。郡將何言聞所未聞？」張超被他問得無法答對。

曹操見這戲志才已非一日，只當他是衛茲的僕從，全未理會。這會兒見張超竟被他噎住，甚覺驚詫，正色道：「戲兄，這商賈一道也有治理天下的學問嗎？」

「有的。」這戲志才毫不拘束，信步走到廳堂中央，笑呵呵道：「莫說是經濟理財之道，就是市井貨賣之聲，皆有學問。」

「敢問戲兄，若是發賣刀筆，該如何喝賣呢？」張邈好奇地問。

戲志才脫口便出：「毫毛茂茂，陷水可脫，陷文不活！」這兩句話看似是吆喝賣筆，實際上卻飽含深意，勸人正行修身，不可為奸佞，汙穢青史。諸人無不大奇，張邈肅然起敬，起身作揖道：「敢問先生，如果賣的是石硯呢？」

「張郡將真是彬彬文士，開口便是筆硯。」戲志才連忙還禮，「硯台嘛……石墨相著而黑，邪心讒言，無得汙白。」這兩句明是賣硯，暗喻提防小人進讒。

張超也問道：「若是販履呢？」

「履乃行走之物，今大兵未動先提此物恐非吉兆……」戲志才說著話，見張超神色不悅趕緊住了口，轉而吆喝道：「販履販履！行必履正，無懷僥倖。」這話照舊一語雙關。

「履不吉利，若是販杖呢？」曹操接過了話茬。

戲志才大異，轉身端詳曹操良久，笑道：「杖者，可為手杖，可為兵杖，能輔人走路，亦能害人性命。要是讓我喝賣嘛……輔人無苟，扶人無咎！」曹操起身一揖：「先生不但才學過人，而且心地良善，失敬失敬！」

「在下哪有什麼才學，不過一些市井俚語罷了。」說著話，戲志才從懷裡掏出一卷竹簡，「此乃文信侯所著《呂覽》。呂不韋是我等商賈之人的老祖宗，在下閒來讀讀，也頗感受教。」

「志才兄，此書中可曾言及兵事？」曹操最關心的便是這個。

戲志才朗聲道：「《呂覽》有云：『萬人操弓共射一招，招無不中；萬物章章以害一生，生無不傷』，如今董賊便是天下讎仇，諸位共舉義軍征討國賊必可有所成就。」

曹操大喜道：「不想子許兄家中還有您這等賢才，若先生不棄，可否屈居我營，權當參謀之人，我以國士之禮待您。」

「不敢不敢。」戲志才笑道：「在下逃難之人，能得曹兄錄用已是萬幸，您莫要謙讓。」曹操聽這話是答應了，趕緊再揖道謝，戲志才卻走過來抓緊他的手道：「《呂覽》還有一言：『天無私覆，地無私載，日月無私燭，四時無私行，行其德而萬物得遂長焉』，所以舉兵大義還要靠諸家大人一心為公。但若是大家攘攘為私各存心術，曹兄您即便是一片赤誠之心，也只能盡盡人事，卻不能逆天意耳。」

「承教。」曹操聽他這麼說，心頭似乎又蒙上一層灰。

這時，一個親兵捂著臉慌裡慌張跑了進來：「外面來了個人，自稱是個縣令，一身大紅跟塊炭似的，著急忙慌要見曹孟德。我瞧他不是本地的官，想問幾句話，哪知他張手就打人。跟著他來的還有好幾十口子，身帶利刃看樣子皆非善類，眼瞅著就要闖進來了，諸位大人快去看看吧！」

「莫非是西涼哪部追殺孟德到此？」張邈心下疑惑，趕緊帶著滿堂的人奔出府門。遠遠就瞧外面一群人拿刀動棒不似良善，為首之人坐騎一匹雄壯的白馬，身穿大紅錦袍，頭戴武弁冠，鬚髮殷紅相貌凶惡。大家緊忙抻刀拔劍就要動手，曹操卻不禁大笑：「慢來慢來！這是我兄弟蘄春縣令曹子廉啊！」

來的正是曹洪，他哈哈笑道：「孟德，我聽說你要舉兵，連官都不做了，帶著手下弟兄們至此，夠不夠兄弟交情？」

曹操看了看他帶來的人，搖頭道：「我久聞你這個縣令當得不講理，連土匪巨寇都招到府裡，今天一見果真不假。」

「他娘了個蛋的！」莫看當了幾年官，曹洪的口頭語卻變不了，「這不是個講理的世道，如今要舉兵，這幫人算是有用武之地了吧？不是小弟我說大話，一千多人的隊伍小弟招之即來，若不是因為從江夏來的路遠，我他娘的把人馬都帶來！」

「不來最好，中原之地有董卓就夠瞧的了，莫要再鬧土匪。」曹操玩笑道。

「土匪怎麼了？」曹洪悻悻道：「荊州就是個豪強地主的窩子，有三五百人就敢劃地鬧事，當初跟您打仗的蘇代、貝羽如今還不是當了土匪？我們江夏太守黃祖就是個大土匪！」

曹操深恐他說出什麼不中聽的話讓張邈兄弟笑話，趕緊為他引薦諸人，又喚夏侯兄弟過來相敘。曹洪只道：「閒話回頭再說吧，我走了一路著實不易，可有酒喝？今天喝夠了酒，來日好跟董卓玩命！」

張邈是憨厚好交之人：「自然有好酒，子廉兄弟一身大紅到此，給咱陳留郡添了個好彩頭，大家一同飲酒去！」

一場熱熱鬧鬧的酒宴直喝到天黑，諸人約定三日後出兵。散席已畢曹操微微帶醉回到家中，一猛子就鑽到了卞氏房裡，摟過來便要親。

卞氏推道：「死鬼！丕兒還睡著呢，你小點聲音。當初撇下就走，這會兒才想起我們母子來了。」

「我走的時候不是與妳打過招呼了嗎？我就知道妳母子命大！」曹操使勁將卞氏抱入懷中，卻見她淚水簌簌流下，酒醒了一半，溫聲問道：「妳怎麼了？」卞氏擦擦眼淚道：「你哪裡知道那些天是怎麼熬過的。袁術派親信到洛陽給我送過信，說你半路上叫人擒拿，恐怕遇害了。當時那幫家丁就要散夥，多虧我彈壓著才沒出亂子，你真是個負心漢！」說罷攥粉拳便搥。

「夫人饒命！別打別打。」曹操抓住她的手，「你們姐弟都是一個樣，妳弟弟那天就差點打我一頓。」

「該打！你去隔壁看看環兒，她見著阿秉那份難過勁，還在屋裡哭著呢！」

曹操歎了口氣：「讓她自己靜一靜吧，日子長久也就忘了。」

卞氏這會兒不再哭了：「你怎麼不去大姐房裡，她那個黃連人為你在家操持多年，拉扯昂兒長大，如今秦邵的三個兒女又托給她了，你就不能多體貼體貼她嗎？」

曹操也知道丁氏為他吃了許多苦，但就是受不了她嘮嘮叨叨的性格，總覺得與卞氏在一起的時候最為安然，只憨笑道：「明天我進營理事，後天正式出征，今晚我去她房裡，你捨得嗎？」

「誰稀罕你呀，要去就去。別說去姐姐那裡，去環兒那裡，就是回洛陽找你那個尹氏我都不管。」

提到尹氏，曹操有些臉紅，避重就輕道：「她是何進的兒媳，孀居寡婦一個，還懷著孩子，我不過是發了惻隱之心救她一命。不是已經送她回家了嘛？」

「送回家就不能偷著想啦？我可不信你的話。」卞氏小嘴一翹。

「妳愛信不信吧。」曹操戳了她腦門一下，「等哪天我也死了，讓妳也當回寡婦，你就信了。」

「別瞎說。」卞氏推了他一把，「說正經的吧，老爺子不高興了，要帶德兒兄弟一家遷往徐州避難去呢，可能明天就走。」

「叫他們去吧！」曹操黯然神傷，多少年來老曹嵩還是偏愛曹德，不喜歡他這個愛招惹是非的老大，「老爺子會想明白的……且叫他在徐州安安心，等我建功立業再把他接過來。」可是曹操怎麼都不會想到，此一去竟是他與父親、弟弟的生死訣別。

第五章
滎陽之戰，曹操人生第一場敗仗

群雄會盟

初平元年（西元一九〇年）正月，關東諸州發起了浩浩蕩蕩的討董大軍，一時間聲勢震天如排山倒海而來。

渤海太守袁紹憑藉四世三公之貴自稱車騎將軍，又領司隸校尉，帶領軍隊進駐河內郡，與河內太守王匡合兵一處，逼近孟津渡口，兵鋒直指洛陽；兗州刺史劉岱、東郡太守橋瑁、山陽太守袁遺、濟北相鮑信、廣陵太守張超，以及得到曹操幫助的陳留太守張邈，共同進駐酸棗縣，逼近旋門關；豫州刺史孔伷在潁川舉兵，封鎖轅關東南，牽制董卓兵力；後將軍袁術集兵魯陽，作為南路戰線，準備進討武關。各路兵馬多少不等，總計十萬有餘，對河南之地形成包圍之勢。

與此同時，白波義軍也在河東一帶游擊作戰，對董卓構成威脅；而就在三輔以西，左將軍皇甫嵩坐鎮涼州對抗西涼叛軍，也掌握著董卓的大後方。另有冀州牧韓馥坐鎮鄴縣供給糧草，長沙太守孫堅、南陽太守張諮、青州刺史焦和也紛紛秣馬厲兵，準備加入聯軍。董卓真是陷入了無比孤立的境地！

且說兗州一路諸軍，在到達酸棗縣後，於城東搭起一丈有餘的高臺。臺上設置祭壇，供奉青牛白馬，遍插各路旌旗，起草討賊檄文，準備約誓定盟。兗州刺史劉岱、東郡太守橋瑁、陳留太守張邈、山陽太守袁遺、濟北相鮑信、廣陵太守張超，以及曹操、臧洪、戲志才等人紛紛臨臺列坐。臺下則是浩浩蕩蕩的六路大軍，部將士卒馬上步下列隊整齊，呈雁翼式排開，旌旗相連兵戈林立，一眼望不到邊。

東郡太守橋瑁可以說是此次討董之役的發起者，是他偽造了三公的密信傳檄各州，建議進行會盟。按說他理所應當成為兗州諸軍的統帥，可是事到臨頭眼見各路兵馬皆不在少數，他的信心便不那麼足了。只見他穩坐杌凳拱手道：「列公，如今為了討董大計咱們在此會盟，首要之事就是推舉出一位才德兼備的盟主，作為咱們這一路的統帥。不知哪位大人可以勝任呢？」說罷他笑著垂下眼瞼，靜候在場之人立刻叫出他的名字。

「我看這盟主不用選了，我等泛泛之輩，只需遵車騎將軍袁本初之令便可。」說話的是兗州刺史劉岱，他一張窄窄的瘦臉，眼珠四下裡亂轉，顯得格外精明。

橋瑁跟吃了蒼蠅一般難受，強笑道：「公山兄，話不能這麼說。即便我等皆聽車騎將軍號令，但此間地處要衝也需有一個帶頭人，好統籌諸軍應對萬一啊！以橋某之見，公山兄您就很合適。這裡坐的都是郡將之位，唯有您是一州之使君，再說您乃先朝劉老太尉之姪，雖說是董卓任命的官，但論及身分我們誰能比您尊貴啊？」

曹操聽了暗自冷笑，心道：「果真是見面不如聞名，虧他橋元偉還是橋玄的姪子，講話竟這般陰損。表面上是誇獎劉岱，實際上挑明他的官是董卓給的，含沙射影說他沒有資格為盟主。你推舉了他，又夾槍帶棒說他沒資格，其實不就是要他反過來推你嗎？」

哪知劉岱偏偏不讓橋瑁的小聰明得逞，連連擺手道：「在下可不敢領受此任。在下雖是兗州刺史，但這裡坐的哪一位不是德才兼備之士？還有，張超老弟就不是我兗州治下的人，況且還有孟德帶來的兵呢！我這個刺史算不得什麼。不過橋郡將既然論起出身，咱們誰比得了伯業兄啊！」

袁遺是個翩翩儒士，坐在那裡比張邈更顯文弱，聽劉岱推舉他，趕緊搖頭擺手：「愚兄才少德薄，不堪此任，慚愧啊慚愧。」

「伯業兄何必謙遜呢？」明知他當不了這個位子，劉岱越發誇獎，「昔日張子並稱您有冠世之懿，幹時之量，登高能賦，睹物知名，您的才學我們都知道啊！更何況您是袁本初之從兄，弟既在河內為車騎將軍，兄又豈能在此屈居我等之下？」

袁遺才學過人不假，卻是個舞文弄墨的白面書生，不善治軍，豈能當這個重任，連忙推辭道：「不可不可，愚兄實在是不通軍務。諸君誰當此任皆可，我聽命而行便是。」

「既然如此，孟卓兄來做盟主如何？」劉岱又把這塊砸腳的石頭扔給了張邈。張邈也搖頭推辭，劉岱安慰兩句，轉而又讓張超，偏偏就是不理睬橋瑁。

張超是有心拔這個頭籌的，打仗他也頗有些自信，但這幫人裡論年齡他最小，論兵力他最少，掂了掂分量，實在是拿不起來，笑道：「我哪兒擔當得了？推一個最合適的人吧，鮑老二，你來！」

若說領兵打仗，這裡的人全要讓過曹操與鮑信。如今曹操沒有名分，鮑信實是最佳的人選，但他冷眼瞧了這幫人半天，甚覺虛偽厭惡，冷笑一聲：「算了吧，在下可管不了你們！我看元偉兄一直躍躍欲試，還是您來當這個盟主吧！」

他這樣生硬地把話扔出來，橋瑁顧及臉面，就是再想當也不能答應了，低頭道：「不敢不敢，還是鮑郡將當仁不讓。」

「哼！我可不敢。」鮑信賭上氣了。

曹操越聽越覺不耐煩，尚未交鋒便各自藏了這麼多心眼，這場仗要是遷延日久拖下去，將來還不一定打成個什麼局面呢！他真想登壇歃血主這個盟，但如今自己是毫無官職的白丁一個，充其量不過是張邈的部將，名不正言不順，怎麼好出這個頭？再說這半天他們論的都是門第家世，自己這等宦官後裔如何拿得出手？

張邈也覺這番相互推讓實在是不合時宜，況且叫數萬軍兵在臺下乾等著也不是辦法，便道：「列公且聽我一言。如今乃是為國鋤奸，切不可互相推讓延誤大事。滅董勤王之計，我等當從車騎將軍調遣，這一點毫無異議，現在不過是在這裡立一個臨時統帥處置機變罷了。我看這樣吧，請列公自度，誰自信有能力可以排兵布陣指揮軍隊，便主動登壇主盟，其他人甘聽調遣，這麼辦如何呀？」

他這麼一說，原本熱鬧的場面頓時冷了下來。劉岱旁視不語似乎心事重重，橋瑁正襟危坐無動於衷，袁遺不住地捋著鬍鬚念念叨叨，張超滿面微笑似乎還在瞧熱鬧，看來沒人願意主動承擔這個責任了。鮑信見沒人再攬擾了就要起身上前，鮑韜一把拉住兄長，耳語道：「河內已經冒出個車騎將軍，在此間主這個盟，搞不好是要觸袁本初忌諱的。」鮑信一皺眉，便歎息一聲沒有再動。張邈見無人搭他的話茬，回頭瞧了瞧曹操，示意他趕緊登壇主盟。曹操一陣欣喜，方要開言，就覺有人身後一緊，側目觀瞧，戲志才低著腦袋死死抓住他的袍襟。

「我來！」一個高亢的聲音打破了沉默。

眾人閃目觀瞧，自張超身後走出一個高大的青年漢子，正是廣陵郡功曹臧洪。他乃戡亂名將臧旻之子，自幼習武性格直率，哪裡看得慣這幫人虛情假意地玩心眼，氣哼哼道：「討賊勤王之事不可群龍無首。既然列公推三阻四不願主盟，那麼朱砂不足紅土為貴，我臧洪一介功曹願意擔這個責任！」橋瑁一愣，隨即對左右笑道：「好！臧子源乃將門虎子，以他為盟主，我是心服口服，列公怎麼看？」

劉岱見橋瑁充君子，讓別人做小人，便不上他的當，趕緊附和道：「子源老弟忒謙！昔日韓信登臺拜帥之前不過是項羽帳下一個執戟郎，如今咱們為國討賊，即便是普通兵卒，有才有德也當拜為盟主，更何況你是堂堂廣陵功曹呢！」袁遺也連連點頭：「子源當仁不讓。」

張邈、張超兄弟本是不大願意的，但是瞧他們三人這般表態，便不好說反對的話了。鮑信始終面沉似水，也沒好意思阻攔。眾人面面相覷了片刻，一齊起身，對著臧洪深深一揖，畢恭畢敬請他登臺主盟。

臧洪也不推辭，安然領受，步履矯健登上高壇，對著台下的三軍將士一揖，展開祭臺上的誓約，高聲誦讀：

漢室不幸，皇綱失統，賊臣董卓，乘釁縱害，禍加至尊，毒流百姓。大懼淪喪社稷，翦覆四海。兗州刺史岱、豫州刺史伷、陳留太守邈、東郡太守瑁、廣陵太守超等，糾合義兵，並赴國難。凡我同盟，齊心一力，以致臣節，隕首喪元，必無二志。有渝此盟，俾墜其命，無克遺育。皇天后土，祖宗明靈，實皆鑒之！

他嗓音高亢有力，將一卷誓約誦讀得抑揚頓挫，渾厚的聲音傳出甚廣，連遠處列隊的軍兵都聽得清清楚楚。少時間通篇念罷，臧洪將竹簡一撂，隨手抄起祭臺上的牛耳刀，往左手中指上一割——鮮紅的血色立時在清澈的酒盆中散開。

即便各家牧守都自懷心事，但見他如此決然都不禁動容，而臺下的軍兵見狀更是大受鼓舞。「討滅董賊，復興漢室！」臧洪高舉拳頭仰天大呼。隨著他一聲喊，頃刻間戰鼓齊鳴勢若奔馬，一陣陣軍兵的吶喊聲撼人肺腑。劉岱、橋瑁、袁遺、張邈、鮑信、張超依次登臺歃血高呼口號、分飲血酒。臺下的軍兵見到各自的統帥登壇，呼喊聲又一波跟著一波接連不絕。

曹操也被這壯盛的氣氛感染了，隨著高呼了幾聲，但看到臧洪巍然屹立在祭壇中央，突然又覺得酸溜溜的，回頭瞅了一眼戲志才：「先生不願讓我主盟，讓與別家牧守也就是了，卻叫臧子源占了這個先。」

戲志才冷笑道：「臧洪區區一個功曹，無兵無權年少德薄，誰肯甘心聽他調遣呢？令不能行，禁不能止，當此盟主，徒然受辱，您何苦爭這個遭罪的差事呢？」

曹操聽他這樣說，苦笑道：「我記得《呂覽》有『人之意苟善，雖不知可以為長』這句話吧，您這會兒怎麼不提了？」戲志才見他以己之矛攻己之盾，也一時間語塞。

這會兒鮑信已經下了祭壇，低頭來到曹操跟前：「孟德，你也上去歃血為盟啊！」

「我如今無名無分，哪裡有什麼資格登壇歃血？」

「哼！以你之才莫說當這小小的盟主，就是與袁本初換一換又有何不可？」鮑信抱怨道。曹操不想和他一起發牢騷，卻情不自禁仰頭吟起了項羽的《垓下歌》：「力拔山兮氣蓋世，時不利兮騅不逝。騅不逝兮可奈何，虞兮虞兮奈若何？」

「別大言不慚了，這裡哪有你的虞姬夫人。」鮑信戲謔地推了他一把，「莫看袁本初與這幫人風光一時，可是誓約裡說得明明白白，『有渝此盟，俾墜其命』，你不去歃血也好，省得將來擔心應誓。」

「仗還沒開始打，你就一口一個應誓，這恐怕不妥吧？」

鮑信冷笑一陣：「不妥？這幫人哪個不是心口不一？我料翻臉是早晚的事情，人說董卓放他們為牧守是失算，我看卻是大大的妙計，他們各懷異心遲早要分崩離析。」

聽你的話，豈不是已經與他們分崩離析？曹操雖這樣想，卻道：「但願速戰速決，早些了結這一亂，朝廷威嚴尚可挽回。」

鮑信瞧著他嚴肅的神情，感歎：「夫略不世出，能總英雄以撥亂反正者，唯孟德也！苟非其人，雖強必斃。」說罷他意味深長地看了看祭壇上的人，自言自語道：「難道是老天叫這幫人來為你開路的嗎？」

正在這熱鬧的時候，突然有一騎斥候奔至高臺邊：「啟稟列位大人，車騎將軍有使者到。」橋瑁、劉岱等揮手示意，軍鼓停敲，軍兵也漸漸安靜下來。曹操走至臺邊眺望，只見十幾個兵丁簇擁著一個趾高氣揚的人縱馬穿過行伍——來者竟是許攸。他心中頗感親切，真想遠遠喊一聲子遠，哪知許攸漠視眾家牧守，也只對他一瞥而過，曹操心中一陣發涼。

「今有大將軍手板至此！」許攸說罷下馬，快步登臺。

橋瑁等人面面相覷良久，還是退後幾步紛紛下拜，曹操也隨之跪下。許攸來到祭壇中央，掏出袁紹的手板，高聲宣讀：「車騎將軍有命，西涼兵馬強橫，各家大人需緊守酸棗縣，籌措已定再行出戰。若無必勝之策，可待車騎將軍與河內太守王匡攻破孟津，各軍再作接應。有渝此令，即為敗盟！」

袁紹這一令雖然含含糊糊，但眾人都已揣摩到了精髓，袁紹是想奪取孟津爭立頭功。劉岱等人本就沒打算出什麼力，只願自己遙做聲勢就好，便齊聲應道：「願聽車騎將軍號令！」

「諸君快快請起，方才是依命行事，多有得罪。」許攸收起手板連連作揖，立刻變得和顏悅色，抬頭又找曹操，「阿瞞兄，辛苦逃出別來無恙啊！」曹操聽他在這樣莊重的場合還要叫出自己小名，頗覺尷尬，但是見他這會兒笑容可掬面帶親切，便也笑道：「愚兄還好。」

「本初兄聽說你來了格外高興，他已經修表，叫你暫領奮武將軍之職。」所謂修表，自然是要上交皇帝，但不知此時此刻袁紹的表能交與何處。但無論如何，曹操總算有了一個名號，而且將軍在名義上足可以與各家牧守平起平坐了。

許攸說著話已經走到他跟前：「本初兄說了，酸棗縣已有六路軍士屯駐，若是這裡兵馬齊整夠用，阿瞞兄不妨到河內去，咱們合兵一處，共議奪取孟津之計。」橋瑁等人聽他一來就要拉攏曹操過去，皆面露不悅。曹操看了一眼張邈，只見他默默無語低著頭——我如今是張孟卓的主心骨，怎好帶著親隨歸屬袁紹？想至此笑著回覆道：「子遠，你先替我謝謝本初兄美意。只是我等初到酸棗軍務繁忙，待過幾日安排妥當，若無有他事，愚兄自當前往河內，再聽車騎將軍調遣。」

許攸何等聰明，察言觀色便知他走不開，忙拱手道：「兵無常勢，自當如此。」又看了看其他人，「諸君若是沒有異議，在下這就回轉河內，向車騎將軍覆命了。」說罷又朝曹操微微一笑。

眾家牧守見狀，不親假親不近假近將他送下臺，目視他帶著親兵縱馬而去。橋瑁第一個打破沉默：「既然車騎將軍有令，咱們就各自屯軍先做守備吧！酸棗東面尚且空虛，我就領兵到那邊紮營，下官就先行一步了，有什麼事只管派人到我營裡計議。」說著回去招呼自己的兵馬。

劉岱見他走遠，不禁冷笑：「西邊離敵近，東邊離敵遠，他倒是不傻。莫叫他偷奸耍滑，我也去了。」說罷頭也不回地奔自己隊伍而走。袁遺見狀連連拱手，寒暄數句也帶兵去了。

鮑信卻根本沒理會他們，兀自憤憤不平：「袁本初也忒張狂，這頭一功由不得他搶去！」回頭看了看弟弟鮑忠，「老四，你平素與王匡相厚。我且分你八千軍兵，追趕許攸同至河內，跟他們一起拿下孟津直搗洛陽，這功勞也得有咱們哥們一份。」

「小弟明白！」鮑忠抱拳領命，即刻張羅點兵。

張邈見曹操始終望著祭壇出神，拉了他一把道：「別人都在東面紮營以避敵鋒，我看咱們不要學他們，就在這裡把住西路拱衛酸棗城。為國舉義豈能退後，咱們就擔一擔沉重吧！不過軍旅之事愚兄不通，還要偏勞孟德布置營寨。」

張超也道：「我的兵少，與你們紮營在一處便好。可是子源如今當了盟主，要不要為他另立一個中軍大帳呢？」

曹操無可奈何地歎息道：「唉……立不立的還有什麼意義呢？」張邈兄弟順著他的眼光望去，只見臧洪正呆站在祭壇上發愣，他眼睜睜看著幾路兵馬各行其是——哪裡還有人把他這個盟主放在眼裡呢？

滎陽之戰

由於在酸棗縣屯駐的各路兵馬各懷戒備心思不一，自正月始便與董卓保持將兵不鬥的狀態。臧洪無力調遣這些牧守，橋瑁、劉岱每日討論軍情卻始終拿不出進軍的方案，實際上誰心裡都明白，大家皆不願意出頭，都在靜候河內方面袁紹、王匡的兵馬攻取孟津。

但董卓方面卻沒有絲毫停歇。他終於明白自己中了扮豬吃虎的暗算，陷入極度憤怒之中，立刻將尚書周毖處死洩恨，罷免了太尉黃琬、司徒楊彪，之後授意郎中令李儒將廢帝劉辯鴆殺，就此斷絕聯軍復尊史侯為帝的希望。

初平元年（西元一九〇年）二月丁亥，董卓作出一項恐怖的決定：命令西涼兵脅迫皇帝劉協、洛陽文武官員乃至京師百姓遷都長安。

頓時間，大漢都城變作人間地獄，西涼兵似強盜般掠奪皇宮瑰寶和民間財物。皇帝與百官皆被脅迫在車駕之上不敢動彈，而百姓則與西涼鐵騎一隊一隊穿插而行，就這樣互相拖押，死於戰馬鐵蹄下者不可勝數。西涼部將治軍不嚴，又縱放軍士淫人妻女，奪人糧食，百姓啼哭之聲震天動地。待京城清空後，董卓領兵轉屯靈畢苑指揮作戰，臨行前竟在洛陽城四處縱火。就這樣，自光武帝中興以來的大漢都城洛陽，在傳承一百六十五年之後，被逆臣董卓焚毀。雄偉壯麗的南北二宮、巍峨矗立的白虎闕、滿藏歷代典籍圖書的東觀、繁華熱鬧的金市以及漢靈帝勞民傷財修建的那座西園，都化為了焦土瓦礫。

然而隨著這把大火燒盡的不僅僅是洛陽城，而且是天下百姓的期望，以及士大夫殘存的那一點點忠義救國之心。

洛陽的大火連續燒了幾天幾夜，那白日升起的濃煙、夜晚沖天的紅光，就是在酸棗縣也依稀可見。但即便如此，也沒有一家牧守願意率先出擊救民於劫難。這不是約束於袁紹的軍令，而是恐懼心理在作怪，害怕進軍路上受到敵人伏擊，更害怕身後發生難以預料的變故。

就在這種相互提防的氣氛中，大家等待著來自河內的消息。等啊等，等來的不是捷報，而是數百殘兵和一具屍體。

原來董卓在遷都之時，派遣部將暗地裡偷渡小平津，到達黃河以北，不聲不響繞到了孟津的大後方，以迅雷不及掩耳之勢突襲河內太守王匡的大營。義軍方面毫無準備，被西涼軍殺得四散奔逃，王匡混進亂軍之中勉強逃命，鮑忠卻死於激戰之中。

尚未攻敵先損兵折將，鮑信、鮑韜伏在弟弟屍前放聲痛哭。

曹操這些天一直窩著火，到了這個時候實在是矜持不住了，轉身看了看橋瑁、劉岱他們，惡狠狠道：「諸位大人，董卓劫皇帝、遷公卿、焚洛陽、屠百姓，如今又殺我軍。事到如今你們還是坐視不理，任由他恣意而為嗎？」諸人見曹操神色不正趕緊紛紛低頭，木然良久，橋瑁才緩緩道：「今河內之兵雖敗，而車騎將軍號令未至，且不聞董賊虛實，不可冒然而進，不如……不如暫且觀望一時。」

「觀望一時？難道要觀望到董卓弒君滅漢嗎？洛陽大火現在還燒著，你們這些……」曹操尚未罵出口就覺自己失態，要想剷除董卓還需倚靠這些人的兵馬。他竭力壓抑住怒氣，咽了口唾沫又道：「諸君聽我一言，舉義兵以誅暴亂，大眾已合，諸君何疑？向使董卓聞山東兵起，倚王室之重，據二周之險，東向以臨天下；雖以無道行之，猶足為患！今焚燒宮室，劫遷天子，海內震動，不知所歸，此天亡之時也。我等正當趁此良機攻其不備，一戰而天下定矣，不可失也。」

諸人還是一片默然，橋瑁思索良久，又道：「孟德，河內之敗足見董卓遷都已有防備，我等領兵輕進恐怕要受其暗算。」

「我為諸君解之。」曹操耐著性子分析道：「董卓入京之時領兵不過三千，收并州丁原之眾尚不足三千，其他西涼諸部合計也不過三五萬眾。這區區五六萬人，要把守河南各個關隘，要據守孟津對抗河內之眾，要擊退白波賊眾，還要押送洛陽官員百姓去往長安。你們算一算，在洛陽坐鎮的能有多少兵馬？而咱們酸棗一地的駐軍就近十萬之眾，寡眾可分高下立判啊！這樣的仗難道還不能去打嗎？」

橋瑁等人紛紛對視了幾眼，心中的想法一樣：縱然出兵能夠獲勝，可要是自己一部死傷嚴重，到時候這幫人會不會合夥吃了我呢？見他們如此猶豫不決，曹操算是徹底對這幫人死了心：「既然諸位大人不肯出兵，我獨自領兵西進。」一說這話的時候他眼睛始終盯著張邈兄弟。張邈心中頗為矛盾，他既想幫助曹操一戰，但又顧及橋瑁等人肘腋生變，思索片刻道：「孟德若是執意前往，我讓子許領兵與你同往。」張超卻根本不作理會。

「多謝孟卓兄了。」曹操深深一揖，轉身便要回營。

「我同你一起去！」鮑信發瘋般嚷道：「現在我同董賊不僅是國仇，還有家恨，我要手刃老賊給四弟報仇！」

有了鮑信的幫助，曹操懸著的心總算落了地：「好，你我速速回營點兵，半個時辰後在這裡集結出戰。」

曹操回到自己的營寨，傳下出兵之令，夏侯兄弟、曹洪、丁斐、樓異、卞秉無不興奮，大夥早就憋著這一天了，頂盔貫甲罩袍束帶各做準備。戲志才見狀，趕緊阻攔：「且慢！《呂覽》有云：『利雖倍於今，而不便於後，弗為也』，將軍兵馬忒少，即便可過敖倉、滎陽之地，何以敵董卓大兵？」

「現在各路兵馬不過懾於董卓之危，倘若我軍能至成皋，各路兵馬聞之，必然催軍相助，那時河南之地可定矣。」曹操邊披甲邊說。

「非也！《呂覽》曰：『存亡安危，勿求於外』，將軍不可指望他人相助。」

曹操不耐煩道：「若是討賊不利，甘願與鮑信兄弟共死國難！」

「非也！《呂覽》曰：『達乎生死之分，則利害存亡弗能惑矣』，將軍怎能輕言死生之……」

「好了，戲先生不要再說了！」曹操打斷他的話，「我意已決，先生且留營中，待我等得勝而歸，再聆聽《呂覽》之教誨。」說罷邁步出了大帳。很快，曹操與鮑信、衛茲合兵一處，共湊兵馬一萬四千餘人，離開酸棗縣火速向河南之地進發。鮑信在前，曹操居中，衛茲在後，三路人馬行進有序，不過半日之工便到達了敖倉。

敖倉地處黃河與濟水的交匯處，乃秦始皇於敖山之上所置糧倉，貯備天下之粟以漕運輸送關中之處。楚漢交鋒之際，劉邦用兵明明不敵項羽，卻能在滎陽與之相持兩年之久，便是靠敖倉之糧補給方能周旋。如今物是人非，桓靈二帝以來天下災禍民不聊生，敖倉之糧已空。由此地再往西南十五里，渡過汴水前行就是滎陽縣了。

眼見時過正午，曹操傳令休息用飯。畢竟兵力太少，眾軍兵也不敢起火，只將酸棗帶出的乾糧分食，又汲濟水止渴。夏侯惇站在山坡上眺望良久，突然對曹操道：「孟德，這裡便是咱們祖上夏侯嬰以兵車力阻項羽之地吧？」

「不錯，此乃兵家必爭之地啊！」曹操歎息道：「昔日高祖在西，項羽在東，如今咱們在東，董卓在西，世間之事果真難料。」

這時鮑信置妥軍兵，走了過來：「我觀孟德在此休整，莫非要在日落之前進取成皋？」

「正有此意。成皋乃河南之門戶，此處不取終為大患。方才我與元讓還在論及往事，高祖拒項羽於此，多賴地勢之險。滎陽縣臨汴水而築，西南有嵩山為阻，正西有廣武山脈為屏，西北即是成皋，古人謂之虎牢，足見險要。項羽之勇古今無二，然被拒此間，皆因西高東低仰攻之故。所以今日之事，咱們必須先據成皋之險，河南門戶洞開才可用兵。」說到這兒曹操似乎意識到此次出兵有些冒失，成皋之險董卓豈能不以強兵鎮守？這塊骨頭恐怕不好啃。

鮑信漸漸擺脫了喪弟之痛，也理智起來，踱了幾步道：「成皋之險恐非我等這些兵力可下，縱然奪取傷亡必大。倒不如先取滎陽，把住關東門戶，再思進取。」曹操與他對視了一眼，點了點頭。雖沒有說破，但彼此間的意思已不言而喻：咱們兵太少，只得占據滎陽再擊成皋，但願楔進這把尖刀後，能激勵眾家牧守前來接應。

用罷戰飯，又休息了一會兒，軍隊轉向西南進發，不過十五里的路程，轉眼便至汴水沿岸。鮑韜的隊伍在最前面，他一馬當先尋了片淺灘，率領兵卒涉過汴水。時值早春河流尚淺，蹚水而行不過齊腰，騎馬之人更不在話下，鮑信、曹操等見狀也各領兵馬過河。只要再往前行一陣，繞過幾道山梁，滎陽城便依稀可見了。

蜿蜒的隊伍緩緩涉過汴水漸漸在對面河灘上集結。兵法有云：「渡半而擊之」，鮑信見大部分軍隊已經過來，總算鬆了口氣，又見曹操趕到近前，忙問：「還有誰沒過來？」

「我的兵都已經過來，就剩下子許兒了。」曹操仔細環顧了一番地形，「北有廣武山脈，南有滎澤，後有汴水，我看此地不宜久留。前隊不可停歇，趕緊前進，倘遇董卓游擊也當速速突破，行至開闊之地再集結人馬！」鮑信點頭稱是，便下令前隊開拔。哪知剛行了半里地，突然一陣「嗖嗖」聲，大夥還沒反應過來，衝在最前面的十幾個濟北兵已經中箭倒地。

「大家小心，有人放冷……」鮑信還未喊罷，就「啊」的一聲伏在馬上——原來一支透甲錐已射入他的右側肩骨。他也真夠狠的，伸手攥住箭支，咬緊牙關一使勁，竟將血糊糊的長箭拔了出來，捂著汩汩流血的傷口嚷道：「此山平緩不便伏兵，敵必不能眾。老三，給我衝上去拿下山頭！」

「諾！」鮑韜隔著老遠就聽到了兄長的命令，當即挺槍便往山坡上奔，他帶的軍兵見將軍衝鋒，緊隨其後皆衝了上去。

就在這個時候，致命漏洞出現了！

鮑信之兵是從濟北徵來的，曹操所率的是夏侯兄弟招募的譙縣鄉勇，而衛茲所帶的是陳留軍。三者本互不統馭，只是出兵前指定曹操為帥。此刻軍兵涉水尚未集結，處於散亂狀態，後面的人見濟北兵紛紛衝鋒上山，倒是滿懷鬥志，糊裡糊塗地也跟著往山上衝。

眼見衛茲的軍隊竟也衝到了前面，各部人馬有的跟上有的未跟上，萬餘人的隊伍斜拉成一條長蛇，曹操暗叫不好：山上之敵是小，若是此刻大敵自正面來攻，這豈不是個挨打的陣勢？

「聽我將領，不要再衝啦！」曹操拔出佩劍，「全部向我靠攏！」

但是已經晚了，此時傳來一陣震耳欲聾的馬蹄聲，道路正前方塵土飛揚，轉出一大片黑壓壓的西涼騎兵，個個手持長槍肩背長弓。曹操赫然望見馬隊叢中的「徐」字大旗，心頭一緊——徐榮來了！

來者果是徐榮，他奉董卓之令駐防成皋，每日領兵在關隘以東活動巡查，阻止盟軍西進。今日恰行至滎陽縣東，突聞駐防汴水的山頭殺聲大作，忙一面派人回關調兵，一面親率精銳來救。當徐榮領兵繞過山岡面臨對手的時候，猝然之間連他都驚呆了，絕沒想到盟軍會有這樣的失誤！他忍著興奮之情高聲傳令：「放箭！」

關東諸軍以步兵為主，而西涼兵作戰的主力卻是騎兵加弓箭。步兵對抗騎兵靠的是刀槍成排、人馬緊湊，加之盾牌的保護配合。可現在盟軍稀稀拉拉明顯是一個挨打的架勢，那些在山麓間擁擠的兵卒更成了任人射殺的活靶子。可憐衛茲與身邊緊隨的二百親兵，不高不低上下兩難，在如蝗蟲驟雨般的飛箭之下，逃無可逃避無可避，盡數死在山坡上。

雖然隊形不利已有傷亡，但這會兒也管不了這麼多。

「殺啊！」曹操一聲令下，大軍便投入了戰鬥。西涼兵先聲奪人，又以快馬鐵蹄迅速楔入盟軍隊中，頃刻間短兵相接，盟軍的長蛇陣被切割成了數段。戰馬嘶鳴衝撞而來，步兵挺槍奮勇直刺，彼此刀槍相併，時而擦出火花。砍落的頭顱被踢踏得滾來滾去，被刺倒的馬匹無力地掙扎直到被踏成一攤肉泥。這場廝殺著實慘烈，遠遠望去，汩汩的鮮血汪成一個一個血潭，進而漸漸凝固、發紫、變黑。

此番出兵曹操本沒有親自接戰的準備，但是事到臨頭，身邊三百親兵都已經殺亂了陣，他也只得揮舞青釭劍護身。喘息間他急速張望了一圈，左右只有曹洪與樓異各帶一簇人馬奮戰；隔著一片西涼兵，鮑信帶傷，以左手持槍指揮對戰；又隔了大片敵人，夏侯兄弟背對背兀自掄刀亂砍；鮑韜早就殺盡了山上伏兵，憑險而居，正與兵士一起舉著大石頭往下砸；卞秉、丁斐的隊伍被阻隔在最後面，還在往前衝……諸將各自為戰，全都殺亂了！

這場惡戰自未時打到申末，雙方仍舊殺得難解難分，但成皋來的援軍已經陸續趕到戰場，盟軍將士雖奮勇接戰毫不退後，但畢竟已現疲態。徐榮早就盯上了曹操，指揮兵士專向他這邊殺。

曹操低頭揮劍越感緊迫，漸漸才覺身邊只有樓異等二十餘人，連曹洪都殺丟了。眼見敵人紛紛湧來，這樣硬頂下去早晚要喪命，連忙駁轉馬頭讓樓異斷後，自己且尋夏侯惇會合。

哪知西涼軍欲要擒賊擒王，不斷貼近騎著大宛馬的曹操。他眼望著夏侯惇等人就在北邊，可隔著敵人偏是突不過去，只得帶著七八個親兵且戰且撤，漸漸脫離戰陣而去。

「莫教走了曹操！」後面敵人一陣吶喊，箭雨接踵而至，尾隨他殺出的親兵皆被射成了刺蝟！大宛馬屁股連中兩箭，頓時四蹄亂蹬，疼得狂奔起來。此刻身邊再無一人，馬又驚了，曹操只得緊緊抓住韁繩伏在馬背上，儘量讓它往東而奔。

堪堪已近汴水灘頭，忽然從草叢間竄出個西涼小校。眼瞅著一杆寒光凜凜的長槍刺來，曹操使勁全身力氣勒馬欲停，無奈大宛馬不聽使喚直往前闖，速度又太疾，槍尖生生扎進馬脖子。噗通一陣，他連人帶馬翻倒在地，周身一麻無法爬起。眼見那名小校拔出佩刀就要砍來，曹操把眼一閉——完了！

忽然，橫地裡一柄長刀掃來，那可真叫俐落，生生將那小校人頭斬飛，噴血的腔子倒在一邊兀自手刨腳蹬。

「孟德，你沒事吧？」來者乃是曹洪。

曹操忍痛爬起：「我的大宛……」

曹洪跳下馬來道：「騎我的，快快上馬，我步行保你！」

「不行！現在沒馬就是沒命，你怎麼辦？」

「滾他娘個蛋吧！」曹洪挾起他來就往馬上抱，「天下可以沒有我曹洪，但不能沒有你曹孟德！」

此刻後面殺聲陣陣，追兵馬上就要趕來，曹操不容多想，打馬踏進汴水。這裡不是淺灘，河水頃刻間沒到了馬脖子，不知前面還有多深，可是耳聽喊殺聲已經越來越近，他只有奮力催馬，頭也不敢回地在水裡掙命。一般的馬到了這麼深的水裡便不敢走了，曹洪的這匹大白馬卻也了得，在河裡打著滑邊鳧邊行，竟將他拖泥帶水馱到了對岸。

天已經黑下來，曹操回頭尋找曹洪，卻無蹤影。追兵已經殺到河邊，隔著汴水往這邊狠命射箭。霎時間，只見水花翻滾，一個大腦袋從水裡冒出——原來曹洪見追兵趕來，恐盔重甲沉不得過，便撇了大刀摘盔卸甲，一猛子扎到河裡鳧了過來。

曹操跳下馬來，一手舞動青釭劍撥打飛來的翎箭，一手拉曹洪爬上岸來。眼見敵人中已有幾個會水的跳下河，曹操不敢逗留，趕緊躲著箭支丟盔棄甲，與曹洪一馬雙跨落荒而逃。直奔出三四里，天色已然大黑，後面的追殺聲才漸漸消失。可是二人慌不擇路，逕往東南逃命，漸漸才覺道路生疏。

「這是什麼地方？」曹洪摩挲著濕漉漉的頭髮，已覺寒冷。

「我也不清楚，可能是往中牟以北去的，咱們迷路了。」曹操不敢停歇，邊催馬邊伸著脖子辨認道路，「顧不得是哪裡了，反正向東逃就是，待到天明咱們再尋酸棗之路。」

「他娘了個蛋的，這幫人怎麼專衝你來。」

「徐榮認得我。」曹操突然勒住馬，顫聲道：「我這一走，大家可怎麼辦？」

「這會兒你還有心管別人，天都黑了仗還怎麼打，恐怕西涼人也得收兵了。」曹洪正說話間，又見火光閃亮，自前面林間竄出十幾個人影，手中都拿著刀槍弓箭。曹操激靈打了一個寒戰——還有伏兵！他趕忙揮鞭，欲要縱馬突圍，卻聽對面的人扯著脖子喊道：「來的是哪一路兵馬，若不回答，我們可要放箭了！」

曹操隱約瞧見他們皆是絹帕包頭非軍兵打扮，連忙勒馬，忐忐忑忑回答：「我二人是盟軍將校，討董戰敗流落至此！」

那些人聽了，趕緊舉著火把跑過來，見他二人共乘一騎，渾身帶水狼狽不堪，也不再懷疑。「軍爺且隨我來。」一個兵頭模樣的人主動拉過馬轡繩，又有人脫下外衣披給曹洪，帶著他們進了密林之地。

曹操起初懷疑他們是此地土匪，瞧他們恭恭敬敬毫無惡意，倒也放心。少時間穿過密林，突見小山包上有一片營寨，火光點點有民兵戒備。兄弟下馬逕隨這幫人上山入營，又見其中帳篷簡陋，還有許多婦孺穿行，當中一座稍寬些的就是中軍大帳了。

曹操兄弟邁步進帳，瞧當中坐著一人，卻是文生打扮，二十多歲相貌俊秀，正在燈旁捧著一卷書觀看。

「落敗之人多謝……相救。」曹操不知如何稱呼他好，難道要叫山大王？那人放下書卷道：「我乃中牟縣主簿任峻是也。」聽他這樣一說是友非敵，曹操趕緊表明身分，並將出兵落敗的始末詳細說了一番。「原來是曹將軍到此，在下怠慢了。」任峻聽罷深施一禮。曹操臉臊得通紅，自己哪兒還像個將軍呢？苦笑道：「落敗之人，何敢擔當。」

「我又何嘗不是落敗之人？」任峻長歎一聲，「西涼兵侵擾河南，百姓逃亡，討逆軍又遲遲不進。我家縣令楊原便自稱河南尹，聯合了好幾個縣的鄉勇衙役湊了這支隊伍，一面保護家小宗族，一面在這附近與敵人游鬥。實指望能夠盼來援軍，哪知望眼欲穿救兵不到，我等戰力懸殊被殺得大敗，大人戰死，鄉勇死傷過半。實不相瞞，在下的妻兒都被他們殺了，只得帶領剩下的人在這山林間苟延殘喘。若將軍不棄，在下願意帶這幾百人投奔。」

曹操有些犯難，方才一戰死傷太重，即便殺個平手，恐怕也已剩不下什麼本錢了，按說現在倒是用人之際，可任峻雖有心相隨，糧草卻從何而出？沒有糧，便不能帶著這些人回到酸棗縣，更何況這營裡還有婦孺老弱。任峻瞧出了他的心思：「將軍莫非愁糧？我等舉義之時，唯恐資糧與盜，已將中牟、廣武諸城的府庫餘糧盡數轉運至此，就藏在這山後密林之間。將軍即便有三五千人，也可勉強支撐半載，我等兵敗而不逃，全是為了保住糧食以供義軍。」

「哎呀！」曹操吃驚非小，一把攥住他的手，「君真乃智略廣遠之士啊！」

「智謀廣遠談不上，只不過這裡還有不少百姓，必須尋個託身之處。我等在此翹首企盼，盟軍卻不思進取，若焚糧而走未免可惜了。將軍雖然敗了，但畢竟有志救民水火，敢於衝鋒持銳。就憑這一點，在下就甘願效犬馬之勞。」說著任峻跪倒在地。

曹操愈覺此人見識非凡，趕忙將他攙起。待他召集民兵計議已定，曹操兄弟顧不得疲憊，親自打著火把帶人趕往汴水岸邊接應。卻見兩方早已退去，只救了十幾個重傷在地的未死之人。河灘上屍體成片，有的橫七豎八倒在岸邊，有的成堆成垛擠在山坡下，盟軍被砸得稀爛的糧車陷在水裡，西涼軍還未死僵的戰馬無力地踹著腿。

聽那些傷兵說了才明白。原來徐榮殺至天黑，見盟軍雖然受挫卻兀自奮勇，便傳令收兵，回去固守成皋。鮑信等人找尋不見曹操，也不敢逗留，率領殘兵敗將星夜逃回酸棗縣去了。滎陽這一戰，是曹操人生中第一次敗仗。他眼看著成片的屍體，其間還斜插著一杆折斷的「曹」字大旗，心裡越發難受，而再向西看去，洛陽城日夜燃燒的火焰已經熄滅了，不知皇帝是否已經被劫持到了長安……

曹洪與任峻拉著曹操的手加以安慰，而他放眼一片黑暗，不由自主地吟誦道：

惟漢廿二世，所任誠不良。
沐猴而冠戴，知小而謀強。
猶豫不敢斷，因狩執君王。
白虹為貫日，己已先受殃。

賊臣持國柄，殺主滅宇京。
蕩覆帝王業，宗廟以燔喪。
播越西遷移，號泣而且行。
瞻彼洛城郭，微子為哀傷。

第六章

與討董盟友撕破臉

何去何從

曹操做夢都不會想到，自己歷經劫難回到酸棗縣，見到的卻是諸家牧守在此聚酒高會侃侃而談，說的還是戰國時合縱失敗那樣的喪氣話。大家的臉上喜笑顏開，哪裡有一點兒憂國憂民的樣子。

他悄悄走進大帳，竟沒有一個人發覺。

東郡太守橋瑁親自為劉岱、袁遺、張超都滿上酒，又挾起一筷子菜填進嘴裡，一邊嚼一邊道：「咱們接著剛才的話說。那公孫衍擔任魏相，驅逐張儀，促成五國合縱，尊楚懷王為縱長，魏、趙、韓、燕、楚聯合攻秦，可還是被秦國擊敗……」他說到半截無意中一抬頭，這才看見滿臉征塵的曹操。眾人見橋瑁臉色大變，順著他眼光望去，也都看見了曹操——他們以為這個人已經戰死汴水之畔了呢！

曹操眼瞅著這一張張道貌岸然的臉孔，厭惡和激憤早湧到了嗓子眼，冷笑一陣道：「元偉兄知道合縱為何會敗嗎？就因為五國各懷異心不思進取，才會讓暴秦鑽了空子！」

橋瑁臉上一陣紅一陣白，良久才笑道：「孟德，你總算是回來了。大難不死能夠全身而退，實乃萬幸，也不枉我等日夜牽掛。來！愚兄敬你一盞。」說著舉起自己的酒送到他眼前。

曹操恨不得給他一個耳光，但覺五臟翻攪，趕緊接過了酒仰面喝乾，壓了壓滿腔怒火，森然道：「衛子許戰死在汴水，我與鮑信的人馬死傷殆盡，若非半路遇到任峻任伯達相救，恐怕我都回不來了，還談什麼全身而退？諸君的日夜牽掛更是不敢領受！」

劉岱聽話中有刺，怕他發脾氣，趕忙揶揄道：「勝敗乃兵家常事，孟德又何苦不肯釋懷？且休息幾天，來日我等出兵相助，咱們再與董賊決一死戰。」

「敢問劉使君，你說的來日是哪一日？」

劉岱無言以對，其他人也不敢再說什麼了，各自低頭飲酒。

「就在諸君飲酒的時候，恐怕董卓已經逼迫聖駕到達長安了。關中有山川之險，更難攻克，你們如此明哲保身，難道待天雷擊死董卓嗎？」曹操又掃視了他們一番，說道：「諸君要還自認是我大漢的官員，且聽我一言，馬上致書袁本初，請他引河內之眾兵臨孟津，諸位即刻起兵攻取成皋，據敖倉，封鎖轘轅、太谷兩關，全據河南之險；讓袁公路率領南陽之軍過丹水、析縣，入武關，以震三輔。我曹某也不敢勞煩各位身先士卒，危險的事情我去辦。到時候你們深溝高壘，不與敵戰，只需在河南至關中的要道上廣設疑兵，顯示天下洶洶之勢，董卓烏合之眾必然軍心渙散，待其生變，咱們再以順誅逆，立時可定也。如今各位打著大義的旗號，卻遲疑而不進，在此聚酒高會，失天下之望，竊為諸君恥之！」橋瑁等人的頭壓得越發低了，悶不吭聲只是喝酒。

「怎麼樣？諸君能否按此計行事？」曹操見他們沒有反應，又問了一聲。

橋瑁忽然昂頭將酒喝乾，換了一種輕蔑的口氣：「孟德，你自負能用兵，結果未到旋門即被擊潰。以你之大才尚且如此，我哪裡有本事奪取成皋啊？諸位說是不是啊？」

這一次劉岱卻是頗為合作，接過話茬笑道：「孟德，你此番出兵之先我就勸阻過你，但是你不領我的情，領軍冒進終致大敗。損兵折將何人之過，我們不說也就罷了。你就不要再談進軍之事了，暫且回營休整，等候車騎將軍之令。」

「然也然也。」袁遺也道：「如今軍糧時有不濟，進軍之事還需從長計議啊！」

「從長計議，從長計議，你們光說就能把董卓說死嗎？」曹操再也不想搭理這幫人了，指著他們的鼻子冷笑道：「豎子不足與謀！」丟下那幾張被罵得鐵青的臉，轉身出了大帳。

中軍帳前，鮑信正伏在平板馬車前，一根一根拔去弟弟屍體上的箭支。那一晚曹操走散後，諸人繼續奮戰，鮑韜和他的親兵被圍困在山頭上，憑高據險以石塊痛擊西涼兵，殺敵無數。徐榮見無法攻克，氣得暴跳如雷，命士卒不惜代價一齊圍山放箭，勇猛無畏的鮑三郎就這樣萬箭攢身而死。

此刻鮑韜像個刺蝟一樣倒在那裡，因為渾身是箭甚至無法躺平，從他身上拔下來的箭頭已經足有一斗；而就在不遠處，還停著前幾天戰死的鮑忠。兄弟三人並肩而來，如今卻只剩下鮑信孤零零一人了。

「你也不要太難過了。」曹操低聲勸慰道。

鮑信拔下一支箭，回過頭看看他，眼睛早已哭得紅腫：「大哥被蹇碩害死，如今弟弟們也沒了，所幸兄弟三人都為國殞命，我鮑家對得起大漢的江山社稷啦！我兄弟誰也不欠啦！我看這天下就要亂了，大廈將傾獨木難支，我也沒必要跟著蹚渾水了。明天……不，一會兒，一會兒我就帶著弟弟們走，回鄉將他們好好安葬了。從今以後我就守著我的濟北，保我那一方百姓，天下的事由著這幫不成器的東西鬧去吧！」

見他灰心了，曹操想勸慰幾句，可兩具血肉模糊的屍體就擺在眼前，還能說些什麼呢？只得拍了拍他的肩頭道：「你多多保重吧！若是大事不成，愚兄便無處可往，到時候還要到濟北找你。」

鮑信凝視著屍體點點頭。

曹操垂頭喪氣回營，又見張邈帶著幾個人也正在擦拭衛茲的屍體，心緒越發惆悵，邁步進了自己帳篷，夏侯惇與任峻正默默無語地坐著，也是愁容滿面。如今自己只剩下幾百兵卒，任峻帶來的人又挑不出幾個能打仗的，卞秉、丁斐、樓異各自帶傷，這樣的局面實在是撐不下去了。他一抬頭，看見戲志才正捧著《呂氏春秋》坐在案邊，趕忙施禮道：「操實在不肖，未聽先生之言，以至此敗，慚愧慚愧。」

戲志才因他不納良言憋了一肚子氣，但這會兒瞧他滿臉慚愧，只得安慰道：「《呂覽》有云：『禍兮福之所倚，福兮禍之所伏，聖人所獨見，眾人焉知其極』，將軍蒙受這次教訓，未必就是壞事，但今後希望您謹慎行事。」

「知道了。」曹操頹然而坐，腦子裡已經空空如也，「可現在應該怎麼辦呢？難道就任由董卓恣意而為嗎？」

戲志才冷笑一聲：「將軍真是忠厚之人，您自己尚不可保，還一心牽掛朝廷之事嗎？您如今無兵無馬，又已經跟橋瑁等人撕破臉。此處已然成了龍潭虎穴，您就不怕人家搶你的糧，把你給吃了嗎？」

「這我知道，」曹操垂著眼，「可是離了這裡，我又有何處可去呢？無名無分，無立錐之地。」

「將軍如今有三條路可走。」

「願聞其詳。」

「這頭一條路，遣散人馬速速往徐州尋您的老爺子，父子團聚保守田宅以待天時。」

「我有志報國，豈能如此碌碌無為？」曹操斜視了他一眼。

「好，那麼第二條路。率領殘兵回歸陳留，踏踏實實當張孟卓的部將，您甘心嗎？」戲志才笑著問道。

曹操搖了搖頭。

沉睡一千八百年的曹操終於破土而出

豪傑拚場，機智交鋒，
一部男人版的
「後宮甄嬛傳」！

卑鄙的聖人
曹操

王曉磊◎著

「我之所以保您，就是明瞭您不肯走這兩條路，那麼就只剩下一條路可行了。」

「先生請講！」曹操來了興趣。

「領兵去投袁紹。」

「哼！還不是去當人下人？」曹操把頭轉了過去。

「非也非也！請問將軍，您現在的根基在哪兒？」

曹操想了想，家鄉譙縣已經殘破，陳留不過是暫時客居之地，搖頭道：「無本之木，無水之源，沒有根基。」

戲志才又笑道：「《呂覽》有云：『或謂菟絲無根。菟絲非無根也，其根不屬也，茯苓是也』，您現在就好比是那菟絲草，看似無根，其實是有的，那就是袁紹。」

「何以見得？」

「無論有沒有策命，袁本初如今也是車騎將軍，是名義上的討董主帥，四世三公人望所歸。您雖然自己有些兵馬，但也是人家的部屬，這一點您必須承認。」

戲志才這幾句話說得曹操心裡酸溜溜的，但他還是點頭道：「好吧，我承認。」

「您初到酸棗縣之時，袁紹曾派許攸拉攏你，還給了您奮武將軍的名號。他之所以給您這個職位，就是想把您和張邈區分開，希望您能靠到他那一邊，可是您偏偏沒有過去。」

曹操點點頭：「張孟卓收留我家小滿門，我怎好棄他而去。」

「您現在去投也不晚。」

「我去給袁紹當部下，與回陳留給張邈當部下豈不是一樣？」

「錯！」戲志才斷然道：「大不一樣。您投的不是袁紹，投的是大漢的車騎將軍。投奔他表示您不屬於任何一方勢力，只屬於大漢朝廷，從情理上講，不過是因為戰事不利回到主帥身邊罷了。」

聽他這樣一分析，曹操心裡豁亮了不少：「投奔他之後呢？」

「之後？您之後還想怎樣？」戲志才壞笑地看著他。

曹操愕然，有些話是不能說出口的。戲志才站起身，微微咳嗽一聲，含含糊糊道：「陳力就列，不能者止。君若不君，臣還可以不臣呢！何況一個沒有正式策命的車騎將軍呢？」

合則留不合則去！曹操揣摩到戲志才的意思了，他的思緒馬上隨之延展：我暫時棲身於袁紹麾下又有何不可？且看他按兵不動搞什麼圖謀。若是真的有利可圖，不妨就效效力，與他分一杯羹。日後若是能占有一城之地，再勵精圖治自謀前程未為晚也……想到這兒曹操覺得看到點兒希望，但還是故意歎了口氣，眼望著一旁的任峻試探道：「唉，天不遂人願，看來從今以後咱們都是袁本初的人了。」

「什麼袁本初的人？」任峻立刻反駁，「我可沒看見他袁紹在汴水奮戰，我投的是你曹孟德。」

曹操簡直有一種想把妹妹嫁給他的衝動，強忍著興奮感歎道：「也真難為你們了，到現在還對我寄予厚望。」

夏侯惇一直低頭擺弄著佩劍，這會兒才插話：「孟德，除了張邈與鮑信，你在其他州郡還有什麼交好的人嗎？咱們既然去投袁紹，就不能光扛著腦袋。好歹你也是個奮武將軍，絕不能叫他瞧扁了！咱得找地方再徵點兒兵。」

「高！」戲志才連伸大拇指，「元讓此言一語中的。如果有了兵，咱們就成了袁本初帳下的生力軍，他便不敢小覷咱們。」

曹操低頭回想自己的仕途經歷，眼前忽然一亮：「陳溫陳元悌現在揚州任刺史，我與他同為議郎相交深厚，何不找他要兵？只是需南下一趟，似乎遠了點兒。」

「誰說要南下啊？」曹洪忽然一步踏進帳來，「我也想南下，在江夏還有我一千多弟兄呢！」

「我竟忘了你還有一支人馬。」曹操心頭的陰霾一掃而光，「好！咱們明日離開酸棗一同南下，我與元讓到揚州募兵，子廉往蘄春召他的舊部。」

「這裡還有幾百殘兵呢，應該怎麼辦？」任峻問。

曹操微然一笑：「伯達，你不妨帶著這幾百人，還有百姓、糧草，先至河內幫我打個前站。」

「那豈不是白便宜給袁紹了。」

曹操拍拍他肩頭：「你不瞭解袁本初。他這個人眼睛長在頭頂上，可不那麼好打交道。我本人未到，先給他送糧草，他能不高興嗎？再說他素來好面子，你帶著一群河南百姓攜家帶口跑去投奔，他這個車騎將軍臉上多光彩呀！先給他個名利雙收，等我到的時候，他就得遠接高迎待我以上賓之禮。」

任峻連連點頭：「妙啊！」

「我現在只擔心一件事，」曹操扭頭看著戲志才，「此去揚州至少要三四個月，在咱南下的這段時間，袁紹會不會調動各家兵馬西進，一舉消滅董卓呢？」

「您也太高看這幫人了。」戲志才冷笑道：「莫說三四個月，三四年都別想！」

曹操一陣寬心，隨即又是一陣不安：我不是一直想救民於水火嗎？怎麼又怕別人趕在我前面勤王滅賊呢？算了吧，別難為自己了，有些事情還是不要往深處想，走一步算一步的好。

揚州之行

昔日唐堯之際天下遭遇洪災，全賴大禹治水救民。為了規劃地域考察田頃，大禹將天下按土壤之別劃為九州，並加以評定。而在這九州之中，揚州因為卑濕水熱、土壤泥濘被定為下下等，是為九州中最差的一個。因此前漢之時，淮南王劉安討伐南海王，尚未遭遇敵軍，病死者已經過半，至於百姓耕種鋤刨更是所出無幾。

但到了王莽篡漢之際，中原之民為避戰亂，紛紛避難揚州，墾田開荒。至孝景皇帝時，廬江太守王景修復芍陂，灌田萬頃；孝順皇帝時，會稽太守馬臻始利鏡湖，又闢良田九千餘頃。此後揚州日漸富庶，土地也愈加肥沃，加之漁獵採集、果蔬豐茂，民生實已與中土無異。

揚州刺史治所在曆陽，此縣屬九江郡之地，恰在長江北岸。陳溫見到曹操分外高興，共憶昔年同在朝中為議郎之往事，還特意偷得半日空閒，親自騎馬帶著他一行人到江邊遊覽。曹操活了三十六歲，這是第一遭來到揚州。他自酸棗縣出發，經豫州之地，目睹的皆是中原的破敗景象。但入了江淮便大感不同，現在又面臨長江，眼望對岸山川錦繡土地豐腴，他竟產生了一種錯覺，恍惚間覺得董卓暴虐害民僅僅是一場虛幻的噩夢。

「孟德，你覺這大江之景如何啊？」陳溫樂呵呵地問道。

「愚兄實有些不敢看啊！」

「為什麼？」

「我怕看了流連忘返，忘卻家國之大義。」曹操轉過臉來又眼望北方，「江南雖好，但當今天子尚處危難，中原之地還在水火，這豈能不讓人心焦？」

陳溫的好心情也被他這幾句話給攪擾了，不禁歎息一陣：「豈止是中原之地，就是你我腳下都已經不安穩了。」

「元悌此言從何而發？」

「你還不知道吧，咱們那位後將軍自從到了南陽，氣魄可大著呢！」陳溫說的是袁術，「他打著討賊的旗號擁兵自重，還向荊揚江北諸郡索要資財糧草，光是我這裡他就催了兩次糧啦！」

「袁公路這個人是驕縱了一些，比之袁本初，氣量、才學都差了一點兒。」

「但是野心卻不差。」陳溫猛然打斷他，「你來此不就是為了求兵嗎？實不相瞞，我早有徵兵之意。」

「元悌也願舉兵勤王？」曹操興奮起來。

陳溫白皙的臉上露出一陣無奈：「我是為了自保。他袁公路萬一打到揚州，我得有兵馬保護這大江南北的百姓啊！」曹操微微一笑，說道：「你這話說得沒道理，他袁術有什麼權力攻伐州郡？領兵討逆是為大義，可要是同室操戈豈不與造釁一樣？我想他還是不敢的。」

「他已經敢了！」陳溫見曹操一臉懵懂，「你這兩個月在路上奔波還不知曉，長沙太守孫堅已經起兵，渡江北上與袁術在魯陽會合。他這一路上將荊州刺史王叡、南陽太守張諮都給殺了。」

「什麼！」曹操感覺半截身子一麻，「孫文台為何無故殺人？荊州刺史王通耀有平叛之功甚得民望啊！」

「昔日長沙區星、零陵郭石作亂，孫堅與王叡受命領兵平叛，雖然盡皆得勝，但他二人爭功不睦相互怠慢，荊州士僚無不知曉。孫堅恐怕早動了殺機，這次正好趁機發洩私怨。」

「那張諮呢？張子議同韓馥、劉岱他們一樣，是周毖不計生死才保出外任的，他在南陽秣馬厲兵協助袁公路討董，這樣的義士孫堅怎能說殺就殺呢？」

「這可是一筆糊塗帳。」陳溫冷笑道：「袁術南下舉兵討董，駐紮之地在魯陽，所賴糧草皆是南陽郡供給。張諮開始時還是全心全意幫他，可是後來見他兵勢漸大，唯恐他回頭吃了自己，就暗地減扣軍糧加以牽制。袁術假孫堅之手除掉張諮，那麼南陽之地再無人能掣肘他，荊州江北已盡在其掌握了。」

「劃地擁兵？」曹操瞇著眼睛道：「他袁公路還真是雞鳴狗盜有才華，北邊眾家牧守不管怎麼勾心鬥角卻未造事端，想不到他在這邊借刀殺人已經害了兩個。」

「還有你想不到的呢！孫堅殺死張諮之後，袁術任命他為破虜將軍，兼領豫州刺史。」

「好啊，他這個後將軍絲毫不亞於北邊那個車騎將軍。」曹操挖苦了一句，隨即感到不對，「豫州刺史？豫州刺史不是孔伷嗎？」

「袁術說孔伷是董卓任命出來的官，不能算數。」

「屁話！」曹操朝江中啐了一口，「孔公緒是董卓任命出來的官，難道他袁術這個後將軍就不是嗎？」

「你看看他袁公路心機可不可怕。他許給孫堅的是個空頭人情，豫州又不在他手，這是攛掇孫堅速速北上。而且孔伷、張諮既可以不作數，那麼凡是董卓外任出來的官員都可以不作數，也就是說……」

「天底下的地盤他可以隨便搶隨便殺。」曹操一語道破。

「所以你看看，我這揚州豈是太平之地？說不定哪天這股惡浪就要順江襲來。」陳溫眼望著滾滾東逝的長江，「孟德，你口口聲聲要討滅賊臣復興漢室，可如今全天下到處都是董卓，而且他們的用心比之那個西涼武夫更加險惡歹毒。就似袁公路這般心懷異志，孫文台那麼驍勇跋扈，兩個人聯合起來，恐怕更能興風作浪。你千里迢迢來要兵，那我就給你兵。但是我希望你回去想一想，即便掃滅董賊，天下還能回到過去嗎？回不到過去，那我們又應該怎麼辦？」

曹操默然良久，突然自牙縫裡擠出一句話：「怎麼辦……哼！掃滅狼煙，把所有的董卓都殺乾淨！」

返回縣城的路上，陳溫不願再提及煩心事，便與曹操並肩騎馬緩緩而行，聊起昔日舊事。夏侯惇在旁側耳傾聽不插言也就罷了，那夏侯淵與樓異卻頗感無趣，兩個人縱馬前行先進城了。

入曆陽城東門轉過兩條街就是州寺，夏侯淵與樓異覺得近就始終沒有下馬，欲要一直馳回州寺。

哪知轉過一條街，忽從西面來了一隊人，為首的是位六十歲左右的長者，鬚髮灰白有些駝背，騎著高頭大馬，衣著華貴相貌和藹，看打扮似乎是個鄉紳，身邊步行相隨的有十幾個僕從。城裡街道豈是跑馬的地方？夏侯淵卻不在乎，一邊打馬一邊回頭與樓異玩笑，等看到西邊來的這幫人，想要勒馬已經來不及了。他魯莽之性上來，索性猛抽馬屁股，徑直自人群中間突了過去。

這下可熱鬧了，兩個僕從躲閃不及不說，還與那位長者撞了個正著。夏侯淵所騎是戰馬，自非尋常可比，竟將那位老人家的坐騎撞了個趔趄，那人猝不及防，身子一晃從馬上跌了下去。夏侯淵連瞥都沒瞥一眼，使勁催馬，頭也不回地去了。他走了，街上可立時亂了。那幫僕從有的搶過去扶人，有的拉住驚馬，餘下四五個可就將後面的樓異給攔住了。

樓異這會兒氣大了，夏侯淵惹完禍跑了，卻把他拋在這裡擦屁股。但這件事是非分明抵賴不得，他趕緊跳下來拱手道歉：「失禮失禮，我那位朋友有要事在身，無意中撞了你們主人，還望各位見諒。」

「光一句失禮就完了？你知道我們老爺是誰嗎？」一個小廝扯著脖子嚷道：「大家上，狠狠揍他一頓，交送官府治罪！」

這幫家奴聞令捋胳膊挽袖子就上，你一拳我一腳對樓異猛招呼。

樓異是老行伍，自不把他們這等三腳貓的拳腳放在眼裡，但卻情知理虧，不肯還手只是躲閃。哪知這幫家奴得寸進尺，見四五人竟料理不動他一個，越發不肯罷手，一邊打一邊罵，說的都是揚州土話。

樓異的火冒上來了，躲閃之際左手已經攥起一個小廝的胳膊，右手拉住腰帶一使勁，將他舉過頭頂狠命朝人堆裡拋去，哎喲噗通一陣亂，四五個家奴連摔帶砸全都趴下了。樓異拍拍手笑道：「敬酒不吃吃罰酒，太不拿我這北方漢子當回事了。」

一個小廝倒在地上疼得嗷嗷直叫，猛抬頭看見他們管家正張羅人將主子抬走，便嚷道：「王大哥，你看看呀！兄弟們挨打了，這小子還發狂言，欺我南方無人。你也不管，太他媽沒義氣了！」

他這麼一搓火，那個管家頓時怒不可遏，把外衣一扒，猛地躥到樓異面前：「大個子，你也忒目中無人了，以為我們南方就沒有響噹噹的漢子嗎？我與你一對一地打！」

樓異仔細打量他一番。只見這個管家模樣的漢子大概三十歲左右，膀闊腰圓，粗胳膊大腿，面白短鬚，一雙大眼睛惡狠狠瞪著，個子卻比自己矮了多半頭，便笑道：「你這南蠻子，好大的口氣。」

「你這北傖子，留神吧！」說著斗大的拳頭帶著風聲襲來。樓異一驚，沒想到他出手這般快，趕忙仰頭躲過，緊跟著迎面又蹬來一腿，樓異向後急退了四五步，一個踉蹌才閃開。這他可就不讓了，一個箭步躥過去就打，那漢子不急不緩，招招應對得當。兩個人就這樣你來我往鬥得不可開交。

這時曹操也到了，大老遠就見樓異和一個白面漢子動手，他知道樓異不會輕易與人動手，便不加喝止，卻回頭對陳溫笑道：「元悌，看來我的人要給你添麻煩了。你快看呀，樓異的臂力我曉得，跟著我上了不少次戰場，那個管家模樣的人竟能與他打個平分秋色，本事倒也了得。」陳溫見他不問是非光看熱鬧，抿嘴一笑，抬頭再看打鬥之人，不禁愕然，趕緊喝道：「王必！樓異！你們不要打了！」

原來那白面漢子叫王必，聽陳溫喝止，忙退開一步高喊道：「我家大人來尋您，被這個狂徒的朋友縱馬撞了，請陳使君做主。」

「你認得這個人？」曹操頗感意外。陳溫也不理他，急忙問王必：「你家大人受傷了沒有，他現在在哪裡呢？」

「我叫手底下人抬到您府裡歇著去了。」

陳溫回頭埋怨曹操：「你可給我惹禍了，把九江太守老劉邈給撞了，趕緊看看去吧！」

曹操一聽就傻了：這位九江太守劉邈，乃是光武帝嫡派後裔，當今琅琊王劉容的親弟弟，可謂宗室重臣。想到這兒腦子頓時就暈了，趕緊與陳溫策馬往州府趕。兩邊的隨從、家奴一大幫人也都跟著，王必與樓異兀自不依不饒，倆人互扯著脖領子在最後面隨著。

陳溫帶著曹操入了府門，趕緊轉後院入廳堂，但見老劉邈正倚在榻上瞇著眼睛。

「劉老郡將，實在失禮，剛才撞您的是我朋友的屬下，我這兒先替他向您陪禮了。」陳溫說著一揖到地，「您這等身分竟遭此事……死罪啊死罪！您傷著沒有？」

「無礙的，就是受了點兒驚嚇。」劉邈長出了一口氣，說起話來倒是慈眉善目客客氣氣，「年輕人驕縱一些總是有的。」

「在下曹操，對屬下管教不嚴，衝撞了您老人家，罪該萬死。」

劉邈眼睛忽然一亮：「你是曹孟德？」

「正是在下。」

劉邈強自坐了起來：「老朽曾聞諸家牧守兵臨河南，唯有曹孟德敢領兵西進，雖敗猶榮，不想就是你。」

「您誇獎了。」曹操頭一遭聽到宗室大臣的讚譽，心裡美滋滋的，方欲再客套兩句，就聽外面一陣大亂，樓異與王必拳打腳踢地滾了進來。

「都住手！」陳溫嚷道：「到了這裡還敢打鬥，你們也太不把本刺史放在眼裡了。究竟是怎麼回事，說！」

兩個人跪在地上各執一詞，好半天才把這點兒事說明白。劉邈仰面大笑：「你們這兩個人啊，行事也太過魯莽了，本來這事與你二人無干，何至於動起手來。王必，跪到一旁，少時聽我發落。」

「諾！」王必規規矩矩跪到了外面。曹操見劉邈懲罰手下，也趕緊喬模喬樣發作自己人：「樓異！你也到一邊跪著去。」

見王必與樓異肩並肩跪在一旁不敢動了，陳溫這才鬆了口氣落坐道：「老大人，您今日輕騎便服來找我，不知有何賜教？」

劉邈捋了捋花白的髫鬚：「我是特意來向使君辭行的。」

「辭行？」陳溫很意外，「您要去哪兒？」

「我打算入長安覲見當今萬歲。」

他這話一出口，在場之人無不驚駭。

「當今天子雖是董卓所立，但畢竟還是先帝血脈。如今大軍洶洶卻不能進，各家牧守躊躇不前已萌異志，久而久之必生禍患。」說到這兒他眼露恐懼之色，彷彿看到了什麼可怕的東西，「恕老夫說句嚴重點的話，不知九州之地將來會有幾人稱帝幾人稱王啊！」

這樣不詳的預言已經觸目驚心，而又出自一個劉家宗室之口，越發使人覺得不安，陳溫與曹操誰都沒敢插一句話。

「所以老夫想親自去一趟長安。一者看看當今天子是否安好，二者嘛……」劉邈盯著曹操道：「希望能見見董卓，看看與這個人是否有理可講。若是可能的話，我想勸他還政天子，赦免其原先的弒君罪過。」

「難道就任由董卓這個逆臣作虐？」

「孟德，不是所有的人都似你這般忠於朝廷。」說著劉邈壓低了腦袋，忽然一滴老淚流了下來，灰白的鬍鬚顫抖著，「討董賊……討董賊……討到今日我看賊人是越討越多。皇權失柄，政令不行，至少董卓所在的地方尚有臣僚聽命於朝廷，可是關東之地呢？現今誰還把皇帝放在眼裡呢？」

曹操、陳溫盡皆默然。

「我始終就不明白，這些牧守哪一個不是世家子弟？哪一個沒受過大漢朝的幾代皇恩？怎麼時至今日都忘記了自己所受的皇恩呢？」劉邈擦了擦眼淚，「想那袁公路四世三公富貴無邊，我們劉家哪一點對不起他？他到南陽明為討逆，實是擁兵自重，前幾日竟向陳王劉寵索要糧資，他這是要幹什麼呀！」

曹操冷笑道：「袁公路也忒癡心妄想。在下有幸與陳王曾有一面之識，大王生性耿直驍勇，定不會畏懼袁術這等人物。」陳王寵驍勇善射仁愛百姓，又得陳國相駱俊輔佐，在平定黃巾之時甚有功勞，是諸侯王中實力最強的。討董義軍結盟後，劉寵自稱輔漢大將軍坐鎮夏陽以助聲勢，也可算是討董一部，加之陳國地處豫州西南，因而陳王寵對袁術的做大也頗有抑制。

「陳王雖然驍勇可保封國，但是我已經這把年紀了，」說著劉邈托起鬍鬚，「實在不能再保守九江之地了。我打算上表朝廷，請會稽周昂接替我為九江太守。周氏乃會稽望族，周昂之兄周昕現為九江太守，其弟周喁現在河內軍前效力，希望憑他們兄弟三人之力可以阻止袁公路胡作非為。」

「老大人請放心，」陳溫毅然道：「我也當保境安民，絕不可讓他跋扈此間。至於老大人您還是不要去了，西京之險非同等閒啊！」

劉邈苦笑了兩聲：「我意已決，何懼險阻。無論如何我也要見到皇上，現在這個時候，宗室得有人敢站出來才行。我要試著勸一勸董卓，說句冠冕堂皇的話，為了天下蒼生免於塗炭；要是說句自私點兒的話嘛……為了我劉家的皇權大統不至於流落外姓人之手。」

曹操低下頭暗自思量，心道：「老爺子，您想得也太簡單了，萌志容易罷手難。你叫董卓還政回涼州現實嗎？叫那些已經手握重兵的人都遣散兵馬回去治民還可能嗎？天下之亂似乎是避無可避的事了……」他想勸劉邈兩句，但是瞧老人家鬚髮灰白面容憔悴，背都有些駝了。如此年紀的人了，前往西京身赴險地，這是為漢室江山盡最後一點兒力氣了。想至此，倒覺一股敬佩之情油然而生。

劉邈沉默了一陣，又道：「孟德，想必你來此是為了求兵吧？」

曹操點點頭，慚愧道：「滎陽一戰兵士死傷殆盡，小可無奈，至此求元悌幫助。」

「能滅董卓固然是好，可若是不能滅董……當設法保土安民以待西京之變。周亞夫力挽狂瀾固然是忠，然則竇融保河西也一樣是忠。」劉邈直勾勾看著曹操，「諸家兵馬洶洶，卻只有你敢出兵一戰，由此足見你之忠義遠勝他人，若是老朽能僥倖不死到達京師，當在天子面前多多保薦你。」

「在下受寵若驚。」曹操連忙行禮。

「過來。」劉邈忽然點手喚王必，「你為何動手打人？」

王必跪爬到他面前：「在下見咱五個兄弟被這小子打倒，就……」

樓異突然插口道：「我連連避讓，他們五個還糾纏不休，挨打是他們自找的。」

「你閉嘴！」曹操趕忙斥責。

劉邈抬手示意曹操不要生氣，又道：「王必，你應該親眼看到了才對，是不是他們五個以多欺少糾纏不休呢？」

「小的是看到了，」王必點點頭：「但是兄弟們說我不出手就是沒義氣。」

「義氣？」劉邈笑了，「你自己說說往事，為何在我家裡為僕？」

「小的當年為朋友出氣，打死人命逃亡在外，蒙老大人收留。」

「你看看，今天的事情與你當年之罪有何不同？沒長進啊……」劉邈一本正經道：「義氣能大過是非嗎？王必啊王必，我是怎麼教導你的？交朋友講義氣也要長眼睛啊！有人得朋友之助，有人受朋友所累，還有人因為誤交了朋友而喪命，你千萬要看準了人再講義氣啊！」

曹操不禁暗笑這老頭危言聳聽。王必哪裡敢還嘴，只道：「小的謹領您老人家的教誨。」

劉邈手撚鬚髯道：「你跟了我多少年了？」

王必道：「我侍奉老大人五年了。」

「五年，真快啊……」劉邈點點頭，「你一身武藝，卻在我手下當了五年奴僕，也真為難你了。」

「大人對小的恩同再造。」

劉邈指了指曹操：「你給這位曹將軍磕個頭，以後隨他去吧！」

「您不要我了？」王必大吃了一驚。

「我是不能要你了。」劉邈拍拍他肩膀，「你是個廝殺漢，豈能守著我這個老棺材瓤子？大丈夫當建功立業，你就隨曹將軍從戎去吧！快磕頭。」王必領命，重重給曹操磕了一個頭。曹操不知如何是好，忙伸手相攙：「老大人，這……」

「我就要去長安了，何必白占著有用之人呢？王必頗有些武藝，還通點文墨，孟德你收在帳中，權且充個親兵，也好隨身保護，千萬不要推辭。」

「那……多謝老大人恩賜。」曹操作揖道謝，又仔細瞅了瞅王必，見他相貌憨厚，膀闊腰圓，倒能跟樓異湊成一對護衛。

陳溫笑道：「恭喜孟德兄得一膀臂，我已經想好了，撥你三千兵馬。另外還要借老大人面子，請您修書一封給丹陽太守周昕，讓他也分些人馬給孟德。」

劉邈搖頭道：「信我可以寫，不過只怕孟德來此求兵非是良策。」

「大人何出此言？」

「今揚州尚安，北方喪亂，恐南人不願北上。如果他們不願意去，還請孟德不要強人所難。」

劉邈歎了口氣，「士大夫爭權，與百姓又有何干呢？昔日楚王問鼎，在德不在戰。百姓只是想過安定的日子，誰能讓他們安安穩穩過日子，誰才是真正的王者，窮兵黷武之人算不得高明。」曹操情不自禁地暗自思量：「征戰仍要繼續下去嗎？還是得一方立足之地，繼而保境安民好呢？我要走的路究竟在哪裡……」

第七章
走投無路，依附袁紹

河內密謀

曹操本想用三四個月的時間完成募兵，但回到北方時已經是深秋了。揚州刺史陳溫給了他三千兵，丹陽太守周昕也撥給他一千兵，可是這些兵都是南方人，根本不想背井離鄉到北方打仗。果如劉邈所預料，士卒一路走一路逃，剛行至龍亢縣就爆發了兵變，那些兵甚至火焚了中軍大帳。曹操與夏侯兄弟等親信手刃亂軍數十人才穩住局面，經過一番交涉，最後只有王必帶隊的五百多人留下，其他人就地遣散。

千里跋涉的成果付之東流，反倒是曹洪順利拉來一支千餘人的隊伍，皆是他往昔的家奴以及在蘄春結交的豪客。

曹操就帶著這些人緩緩北上，一邊走一邊招募逃難流民中的男子，勉勉強強湊了三千兵進駐河內。

曹操紮下營寨，立刻趕往懷縣面見袁紹。他滿心以為袁紹會給他一個天大的面子，哪知人家根本沒有出來迎接，只有許攸陪同先到的任峻、卞秉急急忙忙將他接進懷縣城中。

許攸說話倒是很客氣：「阿瞞兄，車騎將軍有喪在身，不方便出來相見，在縣府請列位將軍為您接風。」

「有喪？」

「唉……」許攸未說話先歎氣，「董賊將在朝的太傅袁隗、太僕袁基等袁家二十餘口連同親眷家僕全都殺了。」

曹操雖然料到會有這麼一天，但還是不禁皺眉。官場素來講究門生故吏之間的尊卑相讓，董卓曾為袁隗征辟的掾屬，如今竟血洗師長滿門。此惡例一開，今後以下誅上之風恐怕會越演越烈。

「既然如此，又何必準備什麼酒宴？」

許攸道：「他既有此吩咐，我們照辦就是。阿瞞兄一路旅途勞頓，也當放鬆一些才是。」

曹操點點頭，示意任峻、卞秉回營，自己只帶樓異、王必這兩個隨身保護之人前往。

「子遠，這幾個月戰事可有進展？」

許攸搖搖頭表情很無奈，邊走邊道：「阿瞞兄，戰事未有進展，此事等見了車騎將軍再說吧！」

曹操聽他稱呼自己小名，卻一口一個車騎將軍的尊稱袁紹，心中實在不暢快：「董卓既然屠戮太傅與袁基兄滿門，本初為何不理國仇不思家恨，到現在還按兵不動呢？」

許攸聽他扔出「不理國仇不思家恨」這麼大一個罪名，趕緊擺手道：「阿瞞兄莫要聲張，此事頗有隱情，待見了車騎將軍，他自會親言相告。」說罷他想了想，又囑咐道：「如今多有微詞，少時酒席之上，兄莫要當眾提起戰事。」

曹操瞧他一副懇求的樣子，便強笑道：「好吧，這件事見了本初兄我親自跟他說。」

轉眼間已來到縣寺，這裡已經改為將軍行轅。大門口二十個親兵校尉列立兩旁，盔甲閃亮大戟在手，斜背弓矢精神十足，最難得的是這些人的個子皆是一般高。方進大門，就聞鐘鼓絲竹之聲悅耳，原來為了迎客院中還專有兩隊樂工伺候——袁紹這自稱自號的車騎將軍倒是當得有模有樣。還未至廳堂，就見一大群人迎了出來。

有逢紀、張導、陳琳一干謀士，淳于瓊、劉勳、崔鈞一干帶兵之將，最中間是兩個年輕人，看樣子都不到二十歲——乃是袁紹長子袁譚與外甥高幹。所有人見到曹操都格外親切，袁譚更是帶著高幹跪倒見禮：「小姪拜見曹叔父，家嚴有重孝在身不宜設酒相陪，特命我兄弟在此逢迎。」

曹操趕緊笑呵呵攙起，大家紛紛相讓，他便與眾人攜手而入，被請到上賓之位，袁譚甚至還張羅著為曹操營中將士送些酒肉，殷勤之意溢於言表。一場酒宴雖不豐盛，卻是鐘鳴鼎食氛圍十足。眾人彬彬有禮客氣至極，就連一向不拘小節的淳于瓊都很矜持，但大家議論的皆是昔年往事，對討董的戰事絕口不提。

一直到酒席撤下，諸人再三見禮紛紛散去，始終沒有說什麼切入正題的話。曹操自覺無趣也要走，袁譚卻湊到跟前道：「家父在後院恭候，請您一敘。」

曹操微微一笑，留下樓異、王必等候，自己欣然前往。隨袁譚繞過後院，拐了兩個彎，來到一處偏僻的院落，但見袁紹身披重孝，頭戴麻冠正跪在一間小屋裡，對著密密麻麻的一堆靈牌漠然出神。袁譚說了聲請，自己轉身去了，只留他二人在此說話。

「本初兄，我來了。」

袁紹沒有起身，卻回頭道：「愚兄有孝在身不能置酒宴相迎，叫大家代我逢迎，簡慢你了。」

「兄長何必如此多禮，咱們多年至交哪兒用得著那一套？」從何進之時到現在，經歷了這麼多變故，曹操實在不敢再輕易相信別人了。但是現在身無立錐之地，今後還要蒙袁紹照應，他說話當然要親熱。

袁紹起身還禮，請他坐。曹操卻先向袁隗等人靈位磕頭拜祭，然後才畢恭畢敬輕輕落坐。二人面目相對之間，曹操發覺袁紹比之在京之時清瘦了不少，面容蒼白雙目凹陷，似乎真的是悲傷過度——這也難怪，叔父一家子全叫人殺了，這是何等的悲憤仇怨。

「孟德，你終於來了，真是想煞愚兄了。」袁紹憔悴的臉上露出一絲笑紋，「當初起兵之日我第一個就想到你，咱們若是早在一處合兵而進，何至於鬧到今天這個地步？」

這句話曹操沒敢接，他揣摩不清袁紹的意思是什麼。是抱怨他當時不肯來？是真心實意歡迎他現在來到？還是僅對戰事不利發發牢騷？揣摩不定就不要輕易答覆，所以曹操僅僅點頭稱是。與袁紹這等人講話規矩甚大，雖然他對你和氣親切，你卻不能得意忘形，始終有一種看不見的隔閡。

「孟德，愚兄興此義兵本為誅逆救國，但到今日實在是大失所望。」袁紹歎息了一聲，「王匡其人驕縱傲慢，屯兵又疏於防患，終至孟津之敗。這也是我用人不明所致，卻連累你與鮑信有滎陽之失，愚兄慚愧。」

曹操聽他主動切入正題，覺得火候差不多了，道：「近日之事小弟誠不可解。酸棗諸君互生猜疑躊躇不前也就罷了，可是本初兄此間尚有精兵數萬，各路勤王之師又越聚越多，何至於王匡之敗撼動全域？現在出兵搶占孟津，趁勢西進未為晚也，兄長為何按兵不動坐失良機呢？」

袁紹苦笑一陣：「兄實有難言之隱。」

「但說無妨，小弟為兄解之。」

袁紹猶豫了片刻，湊到他耳邊說了兩個字：「韓馥！」

曹操頓時大悟：袁紹雖自號車騎將軍統領群雄，但其舉兵的根基不過是小小的渤海郡，以他四世三公的家世聲望而言，兵馬是招之即來，但糧草卻是大問題。河內諸軍之糧草全賴冀州供給，而冀州牧韓馥本人卻坐鎮鄴城按兵不動。所謂兵馬未動糧草先行，袁紹之眾的生死實際上握於韓馥手中。河南糧秣盡被董卓掠奪，洛陽城都一把火焚了，就地徵糧根本不可行。在這種情況下，萬一袁紹揮師西進打過孟津，韓馥在背後給他玩個「兵糧不濟」，那就全完了。

「你明白了吧？」袁紹頹然落坐，「莫看外面眾將紛紛來投，可是每來一部我的憂慮就多一層。糧草不能自給，久之必然生變！」

「可有剋扣之事？」明知沒有別人，曹操還是把聲音壓得很低。

袁紹搖搖頭：「沒有，但是冀州治中劉子惠與我帳中之人頗有書信往來，說韓馥對供給糧秣之事頗為不滿。實際上，這些日子三軍之存糧從來未過五日之用，每隔五日他便供一次，就憑這樣的補給我怎能放手西進？」

「哼！自己沒膽子用兵，還要扣著別人糧草，這等人怎成大事？」曹操忍不住抱怨了一句。

「前幾日，并州部張楊與匈奴於夫羅修書於此，想要歸附我軍共討國賊，但是他們部下不少，糧草所需更要增加，實在搞得我不知如何才好。」張楊也是何進掾屬，與吳匡等本是一流人物，當初為了恐嚇宦官往并州二度徵兵，不想遭遇白波起義道路斷絕，他只得率領招募的人馬與白波軍游擊作戰，只顧與反賊玩命，結果耽誤了許多大事，董卓事起後他無法回歸洛陽，成了何進餘部流動在外的一支孤軍；匈奴單于於夫羅處境也差不多，昔年他因部落叛亂流亡至洛陽搬兵，何進忙於誅殺宦官未予理會，後來西涼兵進京，於夫羅懾於董卓、丁原之威再次流亡，也成了無本之木。這兩支隊伍投到河內明擺著是來吃糧的。

「糧草不能自給，討逆之事終是虛話。」袁紹說到這裡，突然眼望窗外，似乎自言自語地歎息道：「若冀州不在韓文節之手，那該有多好啊！」

對於這樣意味深長的話曹操是絕對不敢表態的，趕緊轉移話題：「太傅一死，董卓不諳政務，不知西京何人理事呢？」

「王允為司徒，政務皆委與他。」

「王子師……」那個人一絲不苟的形象立刻出現在曹操腦海裡，「他這個人……怎麼說呢……

剛有餘而柔不足吧！」

「他不過是個應時之選，其實朝廷大權還不是董卓一人之手。皇帝太小不能剷除逆臣，實在是可惜。」袁紹正色道：「我看我大漢之所以屢有奸人擅權作惡，根源就是皇帝即位時太小，以至於宦官亂政、外戚專權等事一步步惡化，才有今日之變。」

「不錯。」這一點曹操倒是很贊同。

「如今弘農王已死，當今天子不過是董卓所立的傀儡，他算不得真正的天下之主，咱們還需另立一個皇帝。」

這話可把曹操嚇壞了：「不行不行！名不正則言不順，這樣等於另立一個朝廷。天無二日，民無二主，天下百姓不知所歸，如此行事必定生亂。」

袁紹擺擺手道：「孟德不要固執。西京董卓暴虐百姓不得人心，他擁立的皇帝自不能得民心。我已經想好了，咱們輔保大司馬劉虞為帝。劉伯安年高有德，為政仁愛，念利民物，幽燕之民無不感恩戴德，博愛之名播於鮮卑烏丸。扶立他為皇帝，百姓自然歸心。」

曹操連連搖頭，說道：「劉伯安雖有德，但其與時主血脈疏遠，不能為宗廟所承認。我恐以其為帝，天下好亂之士紛起，各挾宗室諸王侯為尊，爭強鬥勢，到時候就一發不可收拾了。」

「孟德莫怕，我已與外間諸將乃至各家牧守商議了，大家都沒有什麼異議，我看此事可保無礙。」袁紹笑呵呵道：「若立此主則朝廷之制再創，令可行禁可止，明詔下行權責可明，便不能再有人掣肘咱們討賊之事。」

「討賊何為？一救黎民出水火，一救皇帝脫牢籠。倘另立一帝還談何勤王誅逆，豈不是另扶他人奪取天下？此殺雞取卵也！」

「你不要這樣頑固，要懂得變通。」袁紹還是很客氣，「現在這不是我個人的意思，大家都這樣想。」

不是大家都這樣想，而是大家都這樣說，現在信誓旦旦都說得好聽，日後什麼樣子簡直不可想像！曹操竭力控制情緒，但還是把話說得很硬：「董卓之罪暴於四海，吾等合大眾、興義兵而遠近莫不回應，此以義動故也。今幼主微弱，受制於奸臣，未有昌邑亡國之釁，而一旦改易，天下孰安之？諸君北面，我自西向。」

袁紹大吃一驚，「諸君北面，我自西向」這樣的話一語雙關，一棍子掃倒一大片，實在是有駭視聽。看他這樣決然，也不好再說什麼，只道：「好吧，此事日後再作定奪。你回去也再想想，好不好？」

此事豈需再想？曹操隨口答應袁紹一聲，便把這件事扔到夜郎國去了。袁紹起身踱至門口，隨口道：「這些日子我有時會想，萬一討賊之事不成，群雄紛起……我是說萬一有那麼一天的話，該怎樣用兵安定天下呢？」

「本初你怎麼想？」曹操又把這個難題拋了回去。

袁紹不再避諱了，走到他面前道：「當南據河，北阻燕代，兼戎狄之眾，南向以爭天下！」

曹操微然點點頭，這是當年光武爺平定天下的策略。

「孟德又有何高見？」

「吾任天下之智力，以道禦之，無所不可。」此話一出，曹操有些後悔，這樣的話是不能輕易談起的。

「無論如何，你能到此就是給愚兄添了一條膀臂，」袁紹拉住他的手，「你之用兵勝於愚兄，現既不能進，且助我在此操練人馬以備大事之需。」

曹操對袁紹此時此刻所言的「大事」深表懷疑，但還是態度謙恭地拱手道：「小弟自當效力。」

「前幾日西京差派大鴻臚韓融、少府陰修、執金吾胡母班、將作大匠吳修、越騎校尉王瓌到此，傳來董卓矯詔，想讓咱們遣散義兵，各自還任。」袁紹邊說邊擺弄著衣襟，「焚洛陽弒主君，犯下這麼大的罪過，還想叫咱們不管不問嗎？」

「不錯，這兵當然不能撤！」曹操這話是半公半私，一旦解散義軍之眾，人家都是州郡之職有個地盤，他可往哪裡去？所以他是這些人中最為反對解散軍隊的，「這兵固然不能撤，那韓融、胡母班五人今又何在呢？」

袁紹眨眨眼，含含糊糊道：「我沒有領這份矯詔，恐怕他們又到各處傳去了……哼！白費心機，沒人會聽董卓那等鬼話的。」他覺得這是個好說詞，又補充道：「你看看，現在他的鬼話都托以王命，咱能不考慮另立一君嗎？」

曹操笑而不答，沉默一會兒見無話可言，便起身告辭。

袁紹卻又拉住他的手腕，緩緩道：「還有一事，河內太守王匡自領兵馬以來，驕縱跋扈，對諸家牧守又多有微詞，我恐其有過激之事，孟德你要多加照應他才對……」

「諾。」曹操低頭應允。

「若是事有過激，一定多多照應王匡……你明白嗎？」

曹操聽他一再重複，又覺手臂被他攥得很緊，便抬頭相視。只見袁紹面含微笑，目光深邃，似有殺機，馬上明白其意。頃刻間曹操內心起了一絲掙扎，但畢竟自己現在是人家的附庸，還得看袁紹眼色，便故作正色道：「大義當前，壯士斷腕在所不惜。」

袁紹滿意地點點頭，送他至院中，深深作了個揖。

回到自己營寨時天色已晚，夏侯惇、戲志才馬上迎了過來：「怎麼樣，袁本初待你如何？」

「還不錯，設宴款待禮數有加。他也不是沒有進軍之意，只是糧草不濟，不能前行。」曹操邊走邊說。

戲志才蹭了蹭鼻子，笑道：「《呂覽》有云：『物固莫不有長，莫不有短』，袁本初豈是尋常之輩？昔日蹇碩欲害何進，遣其出兵戡亂，是他代替何進出兵擋難，此番大興勤王之師又是他首謀戰事，這個人還是有不少長處的。」

「可我總覺得心緒不寧。」曹操略顯傷感，「昔日我與本初交往，談笑風生毫無避諱，如今卻不能再似年少之時了。」

「當年您與他是平等之交，現在您與他已是上支下派。將軍未曾在人下，故感不適耳。」戲志才又道：「《呂覽》有云：『故善學者，假人之長以補其短』，將軍多多領會其道，也是多有裨益的。」

曹操點點頭道：「胸有城府之深，心有山川之險，我是得向袁本初好好學學。不過和他在一處讓我不太舒服，他還想另立一個皇帝。」

「此事萬萬不可允！」戲志才也嚇了一跳。

「我知道。」曹操忽然停下腳步，「我曹某人一向以天下為重朝廷為重，這就是我比別人的長處，要是隨隨便便跟著他走，哪裡還顯得出我的不同？我曹操就是要救民於水火！」

戲志才聽他如此表態，雖然連連點頭，卻覺得他這樣停下腳步大喊出來，明顯是想讓營中兵士都聽到他有多無私，此舉甚是做作，卻不動聲色地道：「請將軍回帳，任伯達帶來一人有祕事相商。」

祕事相商？曹操一愣，趕緊快步進了大帳。果見任峻與一個青衣武弁之人正在促膝而談，那人一看到曹操回來，立即跪倒磕頭。

「放下帳簾，樓異、王必出去守著，莫叫人打擾。」曹操吩咐完才落坐，「何必行此大禮。快快請起，君乃何人？」

那人似乎剛剛哭過一場，嘶啞著聲音道：「在下路昭，乃王匡帳下之部將。」

「哦？」曹操心中生疑，袁紹叫我殺王匡，現在就冒出個王匡的人來，「路將軍既是王郡將部下，何故夜入我營？」

路昭還是沒有起來，掏出一封書通道：「此信先請將軍過目！」

曹操越發詫異，打開便看：

自古以來，未有下土諸侯舉兵向京師者。《劉向傳》曰「擲鼠忌器」，器猶忌之，況卓今處宮闕之內，以天子為藩屏，幼主在宮，如何可討？僕與太傅馬公、太僕趙岐、少府陰修俱受詔命。關東諸郡，雖實嫉卓，猶以銜奉王命，不敢玷辱。而足下囚僕於獄，欲以釁鼓，此悖暴無道之甚者也。僕與董卓有何親戚，義豈同惡？而足下張虎狼之口，吐長蛇之毒，恚卓遷怒，何甚酷哉！死，人之所難，然恥為狂夫所害。若亡者有靈，當訴足下於皇天。夫婚姻者禍福之機，今日著矣。曩為一體，今為血讎。亡人子二人，則君之甥，身沒之後，慎勿令臨僕尸骸也。

「這是何人所寫？」曹操眼睛都瞪圓了。

路昭眼淚又下來了：「乃是執金吾胡母大人臨終遺王匡之書，在下抄錄耳。」

「胡母班竟叫王匡殺了？」曹操不禁驚異。胡母班乃一代良士，名在八廚之列，昔日也是何進征辟之人，雖然此番是來傳詔解散義軍的，但也罪不至死。更何況胡母班為此間多人之友，更乃王匡妹夫，王匡怎麼如此狠心，竟殺害自己妹夫！

路昭歎息道：「豈止是胡母大人，將作大匠吳修、越騎校尉王瓌，全讓王匡殺了。」曹操不想讓他瞧出自己的驚詫，穩了穩心神正色道：「三位大人被殺，君來此何意？」

「請將軍為胡母大人報仇，除掉王匡！」

「哼！」曹操面帶不悅，「你身為王公節的部下，竟然說出此等話來，豈不有悖上下之理？」

「非是在下不忠。我本是胡母大人掾屬，因王匡舉兵河內，我才率領家兵前往相助，所為是討逆勤王。可是那王匡驕縱傲慢，不恤部下，以致有孟津之敗、鮑忠之死。如今他又殺我恩人與吳、王兩位大人，天日昭昭豈能容這等狂徒胡為？」路昭連連磕頭，「久聞將軍高義，當殺此狂徒為胡母大人報仇，以告慰西京遺臣！」

天賜良機！這個念頭在曹操腦中一晃而過，隨即拍案道：「把這個不忠之徒給我綁了！來日送回王匡營中，任其處置。」

這一聲喊罷，不待樓異、王必進來，夏侯惇與任峻就已合力將他按倒在地。「曹操！我錯翻了眼皮，你也不是一個好東西！」任由路昭呼喊嚎哭，曹操把臉一轉就是不理。

待路昭被推出去之後，曹操看看一直默不作聲的戲志才：「先生以為如何？」戲志才搖頭晃腦：「《呂覽》有云……」

「莫要引經據典，且說這件事我該不該辦？」

「那要看袁紹的意思。」戲志才直言不諱，「縱然王匡私害大臣，但誅殺同盟是為不義，這個罪不能咱們擔。」

曹操笑道：「今日袁紹已暗示我誅殺王匡。」

「哦？」戲志才眼睛一亮，「那他就知道王匡已經把人殺了，八成還是他袁本初讓王匡殺的呢！」

曹操仔細想了想：袁紹欲立劉虞為帝，故有意殺西京之臣以示決絕，但又怕落一個殺名士的罪名，故意把這個罪名扔給王匡這個匹夫。他既要殺人又不願意手沾鮮血壞了名聲，真真面善心狠外寬內忌。想至此便問道：「且不論袁紹，咱們究竟該不該下這個手呢？」

戲志才也是個滑頭，不作回答，卻問：「將軍究竟想不想在袁紹帳下暫棲一時呢？」

曹操歎息道：「我的意思嘛……為了誅滅董賊復興漢室，那就暫且……暫且幹點讓袁本初中意的事情吧！」

戲志才拱手道：「將軍力拒另立皇帝乃是大義，而剷除凶徒卻無干大義。」他說完這句話低頭暗思——我可是把話說到位了，你就別裝著玩了。果然，曹操伸了一個懶腰，看似心不在焉道：「好吧，為了讓袁紹放心，也為了給胡母班報仇，此事我就勉強為之。」

「諾。」

「有勞先生親自去跟路昭說清楚。」

「諾。」

「但人還得綁著，好掩人耳目。」

「諾。」戲志才向前一步提醒道：「王匡手握五千兵馬，比咱們人多，袁紹沽名釣譽又不肯出手，所以將軍只可智取不可強攻。」

「我明白，此事我已有成算。」曹操打了個哈欠，「我即刻修書張孟卓，請他速速領兵到河內來，一者多些兵力，二來嘛……這等毀譽參半的事情，得再拉一個人與我分謗。」

戲志才嘖嘖連聲，心中暗想：「若拋去忠義之心與用兵之道不論，論奸詐，你與袁本初恐怕也在伯仲之間哪！」

奪營之變

王匡字公節，泰山郡人士，因為任俠好勇，昔年也曾被大將軍何進辟為掾屬。何進謀誅宦官時，他受命回泰山拉了一支五百人的隊伍前往洛陽以助聲勢，但走到半路上，京師就發生了變亂，董卓趁機而入。王匡不敢回京棄官歸家，後來周毖為部署義兵討董卓，特意保舉他為河內太守。

王匡到任後立刻封鎖黃河渡口，請袁紹領兵進駐，可謂對此次會盟勤王頗有貢獻。袁紹初到河內之時對他頗為看重，特意為其增補兵馬，讓他進討孟津首開戰事，鮑信也派鮑忠領兵相助。但隨著手中兵馬的增加，王匡沒能擔負起期望，反而日漸驕縱輕敵，致使董卓的兵馬暗渡小平津，繞到背後突襲，將他殺得大敗。

此戰之後王匡收攏餘眾，又回到泰山再次徵兵，集合了大約五千兵士重歸前線。不過他回到河內戰場後，再不敢在大河沿岸駐軍，退得遠遠的，堅守不出，每日裡虛耗兵糧不思進取。袁紹深感所託非人，但同為盟友又拿他沒辦法，即便除掉又無替換之人，只得任其所為。哪知王匡變本加厲進而再次要求增兵駐防，這讓袁紹十分惱火，不得不考慮將其除掉。

適逢皇帝被挾至西京，差派大鴻臚韓融、少府陰修、執金吾胡母班、將作大匠吳修、越騎校尉王瓌遣散義軍，其中胡母班、吳修、王瓌三人抵達河內面見袁紹。此時袁紹已有扶立劉虞之心，便敷衍一番恭敬打發，暗地命王匡擒拿處死，欲以加害名士之罪冠之，成一石二鳥之計。王匡自以為能，絲毫不加懷疑，遂將三人拿住囚禁，雖然妹夫胡母班給他寫了一封感人肺腑的信，他還是將他們全部殺害。此事過後，他的部下，也是胡母班的掾屬路昭突然失蹤，他自覺不安，防備之心日漸加強，輕易不肯出營，也不敢往懷縣面見袁紹。

這一日清早，王匡點卯已畢正在帳中悶坐，忽有中軍來報，奮武將軍曹操遣人到此下書，隨即帶進一個二十多歲的年輕小校。

王匡頗為警覺地打量著這個人：「你是曹孟德的部下？」

「在下叫卞秉，現在我家將軍帳下充中軍小校。」他說著衝王匡微微一笑，「不瞞您說，我還是我家將軍的小舅子，富貴不忘娘家人嘛……」

王匡聽他說話粗俗諂媚，便放鬆了戒備，嘲諷道：「你家將軍差你這個舅爺來做什麼？」

「我家將軍新近投奔車騎將軍，受命領兵至此共謀孟津。」卞秉將一封書信遞到王匡手中，又道，「我家將軍為難得很吶！」

「為難什麼？」王匡一邊看信，一邊有一搭無一搭地問道。

卞秉站起身來，使出了三寸不爛之舌：「往日滎陽之敗殺得我姐夫好苦啊！董卓那個老王八蛋差出個叫徐榮的小王八蛋來對陣。他領的那些小小王八蛋哪裡是人，真真是一幫畜生，騎著馬直衝我陣，鮑韜、衛茲立時戰死，我姐夫嚇得屁滾尿流連汴河都逃不過，是小舅子我背著他回來的。後來我又幫著他到揚州徵兵，我又保著他投袁紹，我又……」

王匡聽他把所有露臉的事都攬到自己頭上，忍不住笑了：「你這個小舅子本事還真不小啊！什麼事兒都是你辦的。」

「是啊！」卞秉信口開河，大大咧咧道：「這舅爺就得有點兒舅爺的樣子，舅爺要是謀害姐夫妹夫，豈不是把自己姐妹外甥都給坑了嗎？那就是豬狗不如！」

王匡聽這話分外扎心，總覺得這話是故意罵他，卻瞧卞秉一臉懵懂，又不像是有意的。他仔細把信看完，但覺曹操言辭恭敬謙遜，頗覺詫異：「你家將軍這是何意啊？」

卞秉往前湊了幾步，諂笑道：「我姐夫自滎陽之敗肝膽俱裂，再不敢輕易領兵而進。無奈人家皆有立錐之地，唯有我姐夫是個空銜將軍，沒有根基，所以只能投到袁本初帳下。但是既到袁紹處就當聽其調遣，他差派我姐夫進討孟津。您想想，我姐夫有前番的教訓豈敢再戰？所以致書張孟卓，請他到河內助戰，不日便可開到。」

「原來如此。」王匡昨日得張邈修書，言稱將要領兵到此，原本狐疑，此次方知原來是幫曹操打仗。

「想那張孟卓翩翩文士，不通戰陣，是我……」卞秉拍拍胸口，「是我對我姐夫說，張孟卓靠不住，王郡將您久有任俠之名，在泰山數千兵馬招之即來，您是神兵天降，您是戰無不勝，您是攻無不克，您是盛名遠播，您是……」

王匡不耐煩地擺擺手：「少說這麼多廢話，你什麼意思吧？」

「我勸我姐夫寫下這封信，希望您能出兵協助我姐夫與張孟卓兵進，三路人馬齊向孟津。」

王匡嘿嘿一笑：「你以為說兩句好話就能讓我幫忙嗎？沒有車騎將軍之令，本官絕不領兵而進。」

「若是有車騎將軍之令呢？」卞秉反問道。

王匡略一遲疑，揶揄道：「即便有令，那也要視我軍情況而定。」

「說到底，您還是不願意幫這個忙呀！」

「本官愛莫能助。」王匡冷笑著把手一揣。

「哎呀……我在姐夫面前誇下海口，說一定能勸動您。這可叫我回去怎麼交差啊……」卞秉故作愁眉。

「哼！你這小舅子的事情，我可管不著。」

「那在下就告辭了。」說罷卞秉深施一禮，扭頭便走，走到大帳口突然大聲感歎道：「路昭說的一點兒都不假，王公節還真是徒負虛名見死不救。」

「回來！」王匡騰地站了起來。

「我還沒走呢。」卞秉回頭嘿嘿一笑。

「你剛才說什麼？」

「沒說什麼，前幾天有個叫路昭的人跑到我姐夫營裡去了，在我們那裡胡說八道信口開河，我姐夫不信。」卞秉抱著肩膀看著他，「真的，我姐夫一個字都不信，當場就把這個姓路的抓起來了。」

「好啊！」王匡壓著怒氣道：「這個人是我叛逃的部下，是不是應該交與我處置啊？」

卞秉笑道：「那王郡將您是不是也應該出兵協助我家將軍啊？」

「此二事不可混為一談。」王匡冷笑道：「路昭不過一介匹夫，要還便還，不還便罷！看在我與你姐夫同朝為官的面子上，我不為難你，你滾吧！」

「別別別！」卞秉又換了一張笑臉，「你要是這麼說，就是信不過我姐夫了。我看此事……這樣吧，我讓我姐夫親自押著人送到您營裡，順便再詳細聊一聊出兵之事，您看好不好？」

王匡低頭略一思量：只要將路昭這一心腹之患交回我營，出不出兵豈不是任憑於我？在我營中他曹孟德還敢造次不成？想至此他也連忙陪笑：「也好，路昭之事倒也罷了。我與你姐夫自大將軍府一別也有一年多未見了，我二人敘敘舊也是應當的。」

「那就一言為定！」卞秉深深作揖，「王郡將，我姐夫誠心誠意將叛將送回，您可不要駁了他的面子呀！」

「行啊，看在你這個舅爺面上我也得客客氣氣的。」王匡見他走遠暗自好笑，「呸！癡心妄想。」

王匡越想越覺得可笑，曹操差這麼一個自以為是的小舅子來辦事，還要將路昭綁回，這個隱患竟會輕鬆得解。雖然他無意出兵，但鑒於同僚之情、同盟之義也不可簡慢曹操，趕緊派人布置營帳，準備酒宴款待。這時又有人來報，張邈率部至此不遠紮營，他也全不在意，只歪在帳裡思考搪塞曹操的措辭。

午時未到即有人來報，曹操來拜。王匡大喜，忙攜滿營將官出營迎接。但見曹孟德坐騎白馬、身穿便服、頭戴武弁，僅有十餘名部下相隨，並無一人身穿鎧甲。隨從之中有匹馬上綁縛一人，披頭散髮，形容憔悴，正是路昭。

「哈哈哈！孟德賢弟，勞你前來，愚兄愧不敢當啊！」王匡抱拳拱手連忙施禮。

曹操離鞍下馬，客氣道：「俗話說禮下於人必有所求，出兵的事還請王兄……」

「此事不忙於一時，」王匡連忙打斷，「我已備下酒宴，咱們邊飲邊談。」

「客隨主便。」曹操微笑一揖，便隨他進了營，後面隨同的夏侯兄弟、戲志才、卞秉等隨之魚貫而入，最後面樓異、王必兩條大漢押著繩捆索綁的路昭也進去了。

待至中軍帳，曹操被讓至上位，王匡反坐下位，請曹營諸人西側列坐，與他的部將相對。酒宴雖不甚豐盛，但早陳列已畢，王匡端起酒樽，哂笑道：「孟德老弟，咱們同被大將軍器重，卻始終未得機會深交。來，愚兄先敬你一樽酒。」

曹操緩緩拿起酒樽，歎息道：「大將軍死於宦官之手，小弟想起此事，未嘗不歎息。然而若不是他遇事不斷機事不密，何至於落此下場？還累及朝廷受難，董卓作亂。」

王匡一心以為他是來求兵的，也就橫攔豎擋：「董卓之事今日不提，以免壞了酒興。」曹操厭惡地掃了他一眼，似笑不笑道：「董卓率部夜渡小平津，致使您戰敗，這事豈能不提？」

「勝敗乃兵家常事，孟德你不也戰敗了嗎？」王匡回敬道。

「小弟有一事不明要在公節兄面前請教。」曹操拱手道：「前日有一人跑到我營中言講，您殺了胡母季皮等三名天使，可有此事？」

王匡舉箸而停，笑道：「不錯，人是我殺的。」

「我記得那胡母季皮是您的妹夫吧？」

「不錯。我王匡大義滅親！」

「哦？」

王匡把酒灌下肚，咧著嘴道：「想那西京之主不過是董卓扶立之小兒，有何威信可言？我等當另立一主再討西京，殺了胡母班、王瓌、吳修算什麼？袁術在魯陽也把陰修殺了，可惜他沽名釣譽，把韓融老兒放走了。其實名氣算什麼？換作我，這五個人一個也別想逃！」

「那些西京遺臣又當如何？」

「當死。」王匡拿起案子上的刀切著肉。

曹操壓著火又問：「難道馬日磾、王允、朱儁、趙謙、楊彪、蔡邕、何顒、劉邈這些幹國之臣也都該殺嗎？」

王匡露出不屑的神情，把手裡的切肉刀一扔，大言不慚道：「自古一朝天子一朝臣，這些人都當死，以後你我之輩才是新朝幹國之臣。大丈夫當慕高遠，我說的對不對？」

「對！對！太對啦！」曹操仰面大笑——這就是何進當初征辟的所謂名士，就是這等無情無義的奸邪之人！笑罷多時，他拿起酒樽喊道：「把那個路昭帶進來！今天一定要誅殺奸邪小人！」

隨著他這一聲喊，樓異與王必把捆綁著的路昭推了進來，一直走到帥案近前，摁他跪下。王匡兩眼都紅了：「把這個叛徒給我……」

「報！」突然一個小校面帶驚恐跑了進來，「大事不好！張邈率兵包圍我營。」

王匡一驚：「怎麼回事？」

就在這剎那間，樓異、王必鬆開路昭，原來繩索已開，他手中赫然多了一把明亮的匕首。「無義小人受死吧！」路昭猛然躍過帥案，一刀刺進王匡的咽喉。刀子拔出，鮮血噴了一臉，路昭仍不肯甘休，將其撲倒在地，連起連落對準王匡胸腹又是三刀。

大帳裡頓時就亂了，東邊河內諸將各掀案桌，拔刀就要動手。西邊夏侯兄弟、卞秉、曹洪等人也各拉刀劍，王必、樓異上前護住曹操，就連戲志才也拿著切肉刀站了起來。

曹操卻毫不慌張，坐在那兒將杯中酒仰面喝乾，朗聲道：「河內諸將聽好，王匡屠戮西京天使，我奉車騎將軍之命將其處死，首罪已誅餘者不問。今張邈與本將軍的兵馬已將此圍困，你們速速棄刃，違者與王匡一樣下場。」

諸將也知當前形勢不利，但王匡畢竟是他們的頭領，豈能任人誅殺？想要動手不敢，不動手又覺得窩囊，他們面面相覷不知如何是好。

「狗賊早就該殺！」渾身是血的路昭從王匡屍身上爬起來，「兄弟們！我與你們都是一起的。大家拍著胸口想想吧，這王匡人面獸心，用兵無能，待人傲慢，不恤士卒。他屠戮西京舊臣，胡母大人是他妹夫他都不放過，還想殺我！留在這樣的人帳下豈能有你們好處？今日我手刃此惡賊，也是為滿營將士著想，你們還不明白嗎？」

隨著河內將校兵刃嘩啦啦落地，一場奪營之變就此結束，除王匡之外並無他人傷亡，做得乾乾淨淨。路昭跪在曹操面前：「將軍果真智勇過人，末將願意帶領人馬歸屬將軍。」

曹操擺擺手道：「咱們皆是義軍，統統歸車騎將軍調遣。王匡既死，你就當率眾歸附車騎將軍，聽他的調遣。」

「將軍真無私之人，若有差遣，在下萬死不辭。」

「是有一件事要麻煩你。」曹操笑容可掬道：「你要真想報答我，就分一些兵馬給張孟卓，前番戰敗衛茲一部死傷殆盡，你且替我還了這個人情吧！」

「遵命！」路昭高聲答應。

「好了，你們趕緊收拾收拾，開赴懷縣面見車騎將軍吧！」說罷，曹操領著從人出帳而去。走出去老遠，卞秉還不住地咋舌：「姐夫，一場辛苦咱們什麼都沒得著呀！不值不值。」

戲志才卻道：「昔日馮諼焚券市義，孟嘗君開始也道不值，哪知日後高枕無憂？這一舉可謂四得。一者除王匡得路昭此營之心，二與兵以人得張邈之心，三報胡母班仇得西涼遺臣之心，這第四嘛……」

「第四就是得袁本初之信任。」曹操森然道：「辦成這件事，他應該對我放心了吧？」

「既然如此，咱是不是把我姐姐還有環兒她們都接過來？」卞秉問道：「我姐姐如今還身懷有孕呢！」

「讓她們住在陳留吧！」曹操意味深長地搖著頭，「張孟卓乃謙謙君子，必不能以家眷要脅與人，要是接到河內，恐怕袁紹就沒那麼好心了……」

夏侯惇歎息道：「即便沒有家眷為質，我料袁紹也不會懷疑了。經此一事，您剷除王匡，又讓路昭歸屬袁紹，白送了他這些兵馬，他必視你為心腹股肱！」

難道我曹孟德平生的志願僅僅是當別人的心腹股肱嗎？曹操突然感到一陣淒涼，回頭望瞭望王匡的大營：無論是非對錯，王公節是死在我手裡了，義軍之人自相戕伐，我手上也沾了洗不掉的血跡，這是個什麼世道呢？

第八章

以退為進，邊忍邊等

魏之張良

初平元年冬（西元一九〇年），為了能統一調遣各路人馬，車騎將軍袁紹不顧曹操的反對，終於以「朝廷幼沖，逼於董卓，遠隔關塞，不知存否」為辭，炮製出一份勸進表，遣使送至幽州，請大司馬、領幽州牧劉虞自立為帝。

哪知劉虞一見表文頓時震怒，斥責道：「今天下崩亂，主上蒙塵。吾被重恩，未能清雪國恥，諸君各據州郡，宜共戮力，盡心王室，而反造逆謀，以相垢誤邪！」拒不接受勸進。

冀州刺史韓馥又改變提議，請他領尚書事，承制封拜，調遣群雄，劉虞這次非但不接受，索性把派去的使者都給殺了。就在袁紹謀劃第三次勸進的時候，後將軍、領南陽太守袁術一封書信打到了河內：

聖主聰叡，有周成之質。賊卓因危亂之際，威服百寮，此乃漢家小厄之會。亂尚未厭，復欲興之。乃云今主『無血脈之屬』，豈不誣乎！先人以來，奕世相承，忠義為先。太傅公仁慈惻隱，雖知賊卓必為禍害，以信徇義，不忍去也。門戶滅絕，死亡流漫，幸蒙遠近來相赴助，不因此時上討國賊，下刷家恥，而圖於此，非所聞也。又曰『室家見戮，可復北面』，此卓所為，豈國家哉？君命，天也，天不可讎，況非君命乎！慺慺赤心，志在滅卓，不識其他。

如今袁術坐擁南陽之地，聲勢浩大，他不承認新皇帝，便有一堆人將要隨之表示反對。既然劉虞起不到調遣群雄暫代朝廷的作用，立其為帝的計畫只好就此作罷。袁紹、袁術兄弟嫌隙卻由此而生。

勸進劉虞失敗後，韓馥越發恐懼袁紹做大，公然剋扣糧草，使得義軍補給紛紛告急。獨自坐鎮潁川的豫州刺史孔伷，在孤立無助又被人奪去名號的痛苦中病逝。董卓聞訊再次侵犯豫州，虜獲潁川太守李旻、豫州從事李延，竟將二人烹殺；所俘義軍兵馬皆以布匹纏縛，上塗豬油，盡數點了「人燈」。

就在這個時刻，一支討逆軍異軍突起。長沙太守孫堅在袁術的支持下率部北上，在陽人邑大破西涼胡軫一部，陣斬其都督華雄，進而攻克太谷關，距離董卓坐守之地僅九十里。

董卓見河南之險已破，命兵士掘開歷代帝王陵寢，帶著這些盜墓所得的寶物撤往西京長安，並以其部下董越屯澠池、段煨屯華陰、牛輔屯安邑，形成對關中的保護。孫堅率部來到洛陽，尋不到董卓軍的蹤影，只見洛陽廢墟一片，數百里內竟無煙火人家，糧道綿長難再西進，只得平塞董卓所挖陵寢，撤兵而去。董卓到長安後自稱為太師，矯詔坐鎮涼州的左將軍皇甫嵩速速回朝，愚忠的皇甫嵩不想擔抗詔的惡名，到長安後立即被改任城門校尉、解除兵權；另一方面白波兵在河東掠奪一番，也轉向東部活動。

不久，屯駐酸棗縣的兗州刺史劉岱與東郡太守橋瑁因為爭糧起了衝突，劉岱率兵突襲，竟將橋瑁殺死，搶奪糧草輜重之後，私自任命親信王肱為東郡太守。酸棗諸軍就此一哄而散，各回各的地盤。袁紹也不得不因糧草危急轉屯延津就糧。至此，初平二年（西元一九一年）四月，虎頭蛇尾的討董之戰徹底宣告失敗。

昔日董卓初入洛陽之時，東州之地大興義兵，豪傑之士風雲際會，各家牧守萬里相赴。可會盟一場的結果卻是各懷異心，不思進取。權力這種東西果然能移人心志，一覺醒來各家牧守發現事情不像想像的那麼糟，自己的手中有地、有兵、有糧，卻沒有皇帝的束縛、沒有上級的政令約束，這樣的日子又有什麼不好呢？

天下亂了就亂了吧，聯盟散了就散了吧，朝廷也就隨它去吧！所有人都卸下了道義的包袱，去割據地方城池，去相互兼併傾軋，去尋找各自的生存和夢想吧！

曹操既已名義上歸屬袁紹，一旦敗盟自然也該隨袁紹行動。無奈之下他也只得隨渤海軍向東撤退，暫在黃河沿岸立寨。這一路上韓馥愈加剋扣糧草，眼瞅著袁紹之眾也陷入了危機。

袁紹只好召集滿營將士會議，商量下一步的走向。

「請將軍奪取冀州以安軍心！」逢紀揮舞著拳頭當先發言，顯得格外憤慨，「今韓馥斷我軍糧草，長此以往士卒恐將離散。眼前之際，當取冀州以自保，再圖他策。」

袁紹始終保持著微笑，緩緩道：「元圖所言未免過激。」

「將軍舉兵為何？」逢紀自問自答，「為了平定戰亂復興漢室天下。而韓文節懷妒斷糧就是阻礙大義！」

袁紹掃視帳內諸人，搖頭歎息道：「吾與韓文節一同舉兵，共討董賊，今何忍因糧草之事而奪其地？」

「將軍所言差矣。冀州非韓馥之地，乃是我大漢之地。」逢紀誇張地施禮道：「將軍寬宏仁慈固然是我等之幸、天下之幸，然舉大事而仰人資給，不據一州，無以自全！」曹操冷眼觀望他們一問一答，心中感慨良多：現在無論做什麼事都要搬出大義來做幌子，顛來倒去表演一番。袁本初明明早就想奪取冀州，想奪人之地就去奪好了，幹什麼要搞得這麼虛偽做作呢？逢元圖也真能投其所好，有話就快說唄……曹操想著想著，覺得眼前有點暈。他昨天收到陳留來信，卞氏又給他生了個兒子，高興得一夜未睡，與夏侯兄弟暢飲一番，此刻實在是睏得厲害，強打精神睜著眼，竭力忍著不要打哈欠。

「孟德……孟德……」袁紹連叫了兩聲。

「哦？」曹操一激靈，趕緊眨眨眼打發睡意，「將軍有何吩咐？」

「孟德以為冀州之事應當如何？」

曹操心裡膩味透了，但還得裝出誠惶誠恐的樣子，道：「末將以為元圖之言極是，占據冀州實乃無奈之舉，合情合理無損大義，將軍不必多慮。」袁紹滿意地點點頭，又問：「景明，你說呢？」

張導忙拱手道：「在下也贊同此議，因討賊而取地，不為不義。」

「子遠，你贊同奪取冀州嗎？」

許攸也隨之作出了肯定的答覆。

袁紹就是這個樣子，每行一件事都要讓親信部下紛紛表態，務求冠冕堂皇名正言順。說好聽的這叫集思廣益謙遜納諫，說不好聽的這就是虛偽。曹操頗不喜歡他這樣的作風，但有時還是禁不住佩服袁紹的老謀深算，而且每逢袁紹搞這一套的時候他總是積極配合，畢竟現在是寄人籬下。

連問了五六個人，都表示贊成，袁紹終於露出了真實嘴臉，問逢紀：「雖然取冀州不是不可，然冀州兵士強悍，而我軍饑乏，若戰不能勝，就算渤海也不能保，將無容立之地。元圖可有妙計？」

「我有一計，可保將軍不費一兵一卒坐收冀州。」

「快快請講。」袁紹眼睛一亮，盡力矜持著不要露出笑容。

逢紀起身踱了兩步，撚著翹起的小鬍子道：「韓馥羊質虎皮懦弱之人，坐擁冀州之地實在不堪其位。今有冀州部將麴義謀叛，韓馥赴安平討之未勝，此乃內憂。咱們只需再給他製造一個外患，韓馥必然肝膽俱裂，到時候再派人以言辭說之，必能使其將冀州拱手相讓。」

「那這個外患應該怎樣製造出來呢？」

「引公孫瓚出兵。」

曹操聽逢紀道出公孫瓚這個名字，心中頗感厭惡。

公孫瓚字伯珪，遼西令支人，本小吏出身，曾從盧植遊學，舉孝廉為遼東長史。幽州之地多鮮卑、烏丸侵擾，公孫瓚勇猛過人，騎一匹白馬，手持雙頭長矛與胡人多次交鋒，殺得鮮卑、烏丸聞風喪膽，因此升任涿縣縣令。後來漁陽張純、張舉造反，禍連烏丸之眾，公孫瓚戡亂有功，晉升至中郎將，封都亭侯，但此後他與幽州牧劉虞逐漸意見相左。劉虞對於鮮卑、烏丸主張懷柔安撫，而公孫瓚主張殺戮威懾，一個不停招降，一個不停攻打，雙方因為公事險些鬧得互不相容，公孫瓚帶著一萬多兵屯駐北平自行其是，不尊劉虞調遣。後來董卓進京，為了占據太尉之職，遙尊劉虞為大司馬，公孫瓚也隨之水漲船高晉升奮武將軍，封薊侯。曹操是袁紹私自表奏的奮武將軍，而公孫瓚是董卓打著朝廷旗號冊封的奮武將軍，每當想到有一個人與自己官位一樣還更名正言順，曹操的心裡便不是滋味。

逢紀笑呵呵繼續講：「將軍宜使人馳書公孫瓚，誘其南來奪冀州。公孫瓚素有慣戰之名，只要他一到，韓馥內憂外患必然恐懼，到時候咱們再派人說之以利害，為陳禍福，我料韓馥必然遜讓。於此之際，可據其位。」

「此計看似絕妙，卻有後患。」劉勳站了起來。他乃袁紹為西園中軍校尉時的司馬，後來率殘兵逃出洛陽投奔袁紹，被任命為虎牙都尉，可謂袁紹的心腹老部下，「公孫瓚驍勇善戰，胡人尚且不敵，喻為『白馬將軍』，所帶精銳之騎號為『白馬義從』，若招引此人至此，雖得冀州亦不能安，是除狼而招虎也！」

「冀州不得，則糧草難濟寸步難行，唯有此計可速取冀州以定軍心。」逢紀說著揣起手譏諷道：「身為戰將自當披堅執銳奮勇擋敵，你卻長他人氣勢滅我軍的威風，也忒短志了！」

「你……」

「好啦好啦！」袁紹趕緊打斷劉勳的話，「子璜莫急，元圖的話頗為有理。目前局面，只可見機行事，為求補給先取冀州再說吧！」

他這麼一講，劉勳只得忍氣落坐。逢紀得意洋洋道：「為保妥當，將軍還可拉攏麴義歸為部下，共謀韓馥。」

「甚好。」袁紹連連點頭，臉上始終矜持著，又環視諸人，「公孫瓚起兵之後，何人願意遊說韓馥，使其出讓冀州？」

「屬下願往。」西邊站起一人，乃是新近投靠來的潁川荀諶。

袁紹頗為重視潁川荀氏之名，見是他主動請纓，特意起身拱了拱手道：「友若賢弟，那就有勞你了。」

曹操坐在對面瞧得分明，只見許攸微微瞥了荀諶一眼，又補充道：「此事一人恐不能及，在下保薦張景明共往。」

張導還未表態，又有一個清脆的聲音道：「我也願與二位先生同去。」說話的竟是袁紹的外甥高幹。

「好好好，」袁紹見外甥也站出來了，十分高興，「那麼荀諶、張導、高幹，你三人同去遊說韓馥，我就不信韓馥還能坐得穩冀州！」

「諾。」三人齊聲應道。

睏意還在折磨曹操，反正奪不奪冀州無干自己的大事，現在最好快些散帳，回去好好睡一覺。哪知袁紹沉默了片刻又道：「子璜，漳河屯軍之事如何？」張楊與於夫羅正式表態投靠袁紹，但還沒移來共同駐紮，現在袁紹缺糧，兩個人的立場似乎又開始動搖了。

劉勳拱手道：「那張楊一部倒也罷了，於夫羅頗不安分，將軍應當速速將其遷來延津共屯。」袁紹捋捋鬚髯，顯得很為難：「我軍尚且糧草不濟，若留此二軍在畔，我恐將有紛爭，肘腋生患。」「將軍，昔日光武爺單騎入降營，推心置腹換得銅馬義軍效死。今何故疑惑此二人？」劉勳起身下拜，「將軍若能入彼營與之相見，詳談匡扶天下之志，我料張楊、於夫羅必會誠心歸附，不再生疑。」

曹操暗笑：劉子璜見人差矣！袁紹乃四世三公之後，自驕自負，豈肯輕易就下，去匈奴人的營帳？

果不其然，袁紹臉上閃過一絲慍色，隨即又收斂起來。逢紀始終瞪著大小眼瞧著袁紹的顏色，見他不喜，趕緊插嘴道：「將軍不可從此拙計。匈奴素無信義，張楊未有深交，此二人居心叵測。輕騎過營恐受其挾持，倘有一差二錯，天下大事賴誰？」

有理有據有馬屁，曹操差點笑出來，但覺腦袋一陣眩暈，眼前金星直冒——日夜未曾休息，又頂盔貫甲支持著，再加上延津大帳立在黃河邊，涼風直往裡吹，再這樣下去準得感染風寒。

「這樣吧，子璜。」袁紹抬手示意他起來，「你既有此提議，那就由你代我前去漳河營寨，與於夫羅會晤，傳達我意，讓他靜候糧資莫生異志。」劉勳一皺眉：「這恐怕不妥吧……引替代日終非長久，再者於夫羅恐會疑我刺探軍情。」

「不會的，誰不知你在洛陽時就是我的老部下，你前去最能代表我意。莫要自輕自賤，如此重任舍你其誰？」袁紹不容他有絲毫推脫。

劉勳很為難，猶豫片刻道：「有句話本不應在這裡說，末將老母現染沉屙，已不能救治。我此去漳河若是日久，恐不能再見老母一面了。請將軍准我離開數日，待探望老母之後再奔赴漳河。」

「子璜是孝子啊……」袁紹歎了口氣，「好吧！給你半月之期，待盡孝之後再往漳河。」

「謝將軍成全。」劉勳再拜致謝。

「噹！」曹操突然仰面朝天倒在地上，甲葉子摔得直響。

「孟德！你怎麼了？」袁紹慌忙離位來扶，其他親近的人也一股腦圍了過來。

曹操揉了揉飛滿金花的眼睛，深吸一口氣道：「無礙的……只是昨日練兵偶感風寒，似是此間水土不服。方才一陣頭暈，不知不覺就倒下了。」這是睜眼說瞎話，明明是因為得兒子高興，一夜未睡與夏侯兄弟喝酒鬧的。

如今曹操對袁紹唯命是從，再加上他倆是十多年的老朋友，感情自非尋常可比。袁紹聽他說是因為練兵得病，頗為感動：「哎呀孟德，軍務雖然要緊，你也要多多保重啊！你先不要忙著回營了，先到我的臥帳裡休息休息吧！」

「這怎麼好……」曹操擺手推辭。

「你我兄弟有何不可？」袁紹拍拍胸脯，「你營中之事暫叫夏侯元讓代勞。現在營中無醫，你且舒舒服服睡一覺，待我尋到醫官立即為你醫治。」

「無礙的。」曹操臉一紅，「我的病我知道，休息休息就好了。」根本就沒什麼大病。

「快去吧，冀州之事你就不要操心了。」袁紹關切地囑咐道。

「那就打擾了。」曹操說著向眾人拱了拱手，任兩個小卒攙著出了大帳，耳聽後面大家還在議論。有的說軍中不能無醫官，有人說醫官、糧草都很重要……

曹操其實是故意自己摔了一跤，他因為一夜未睡實在是疲勞了，就想借這一跤遁去休息。雖然出了大帳，但在袁紹親兵眼前也不能露出破綻，一邊慢慢蹭，一邊哼哼唧唧以示痛苦。

「孟德公，你沒什麼大礙吧？在下略通醫道，為你瞧瞧吧！」一個優雅的聲音自腦後傳來。

曹操回頭一看，從大帳跟出個年輕人來。莫看此人還不到三十多歲，卻身高七尺步履莊重，細眉修目淨面長鬚，氣質甚是高雅悠然。方才在大帳中曹操就瞅見他一直站在荀諶身後，但並不相識，又不好唐突相問。這會兒見他關心自己，忙客氣道：「不敢勞煩閣下，在下休息一下就好了。」

那人點點頭，似乎有話要說，招呼兩個親兵道：「我來攙扶曹將軍吧，你們回去守衛大帳。」

「諾。」兩個人去了。

那人親自扶他往臥帳去，邊走邊道：「將軍敢為天下先，在下一直仰慕，今日才得相見，果真操勞不歇令人敬仰。」

曹操臉上發燒，忙謙讓道：「見笑見笑……敢問閣下尊姓大名。」

「在下潁川荀彧。」

「哦？」難怪他與荀諶在一處，原來也是潁川荀氏之人，曹操又問：「閣下與荀友若是何關係啊？」

「友若乃是在下四哥。」

曹操點點頭，忽又想起當年何進征辟的荀攸：「昔年我在大將軍幕府曾與荀公達相識，他也是閣下族兄吧？」

哪知荀彧莞爾一笑：「公達乃是我姪。」

「得罪得罪。」

「這也難怪您錯認，我雖是公達族叔，卻還比他小兩歲呢！」

荀氏乃潁川大族，士林領袖，族人支系繁多。荀彧祖父荀淑廣有賢德之名，共有八個兒子：荀儉、荀緄、荀靖、荀燾、荀詵、荀爽、荀肅、荀敷，皆有賢名人稱「八龍」。荀彧乃荀緄幼子，故而輩分大年齡小，這在大家族裡並不算什麼新鮮事。

「潁川荀氏乃一方望族，賢名遠播，果然名不虛傳。」曹操不住讚歎。荀彧擺手道：「過譽了，如今我們皆成了無家可歸之人。」

「董賊抄掠潁川，毀了多少人家啊！」

「昔日董卓為收人望，也曾徵在下任守宮令。我唯恐受害，求外任之官回到潁川，勸家人遷徙河北。我七叔名氣甚大不肯走，最終還是被董卓挾持而去。」荀彧的七叔就是大名鼎鼎的荀爽，「最近風聞，老人家已然仙逝，靈寢不得還鄉，甚是可憐。」

曹操也覺惋惜，卻敷衍道：「閣下與兄長能得袁本初重用，他日打破關中再遷靈寢也就是了。」

荀彧連連搖頭，似乎意味深長，卻什麼都沒說。

「對啦，」曹操忽然想起，「何伯求似在我面前提起過閣下。」

「哦？孟德公也識得何顒嗎？」荀彧頗喜，「伯求兄乃我兄弟至交啊！」兩人的關係一下子拉近了不少，說話間二人已經進了袁紹的臥帳。但見帳中擺置典雅，器具華貴，錦緞臥榻，後有屏風，一旁還有古玩玉璧、圖書典籍，幾案上正敞著一卷司馬相如的《子虛賦》。

曹操不禁搖頭：「領兵在外，還要帶這些亂七八糟東西，真是……」說著一半突覺失口，趕緊閉了嘴。

荀彧卻不在意，附和道：「子虛者……烏有耳！華而不實終是空。袁本初做作浮華，既非治世之才，也無戡亂之能。可惜我兄弟所託非人耳……」

曹操的心噗噗亂跳：這小子真敢說話啊！他既不喜袁紹，將來是否能為我所用呢？

「將軍，您怎麼了？」

「沒什麼。」曹操緩過神來，「這錦緞臥榻真好。」說著摘盔卸甲，躺了下去，但一雙腳卻很客氣地伸在了外面。

荀彧撫摸著臥榻感歎道：「黎民可知這錦緞之柔啊！」

這話頗合曹操的胃口：「昔日我在濟南為相，百姓之苦實不堪言，如今戰亂糾結，恐怕更苦了。」荀彧一愣：「您任過濟南相？」

「是啊。」曹操躺在那裡答道：「我因黃巾之功受任濟南相。」

「家父也曾任濟南相啊！」

「巧了。」曹操覺得荀彧很親近，「還有，我營中有一位戲志才，也是你們潁川人，君是否識得？」

「戲志才？」荀彧笑了，突然搖頭晃腦，「《呂覽》有云……」

「對！對！就是他，還真像。」曹操大笑不止。

「將軍真乃高人也。那戲志才乃我潁川一智士，不恥官場以商賈自汙，實是待價而沽。此人可堪謀主，竟也叫您得去了。」荀彧感慨良多。兩個人初見之時尚還客氣，但聊著聊著巧合頗多，先是提到荀攸，進而說到何顒，又是濟南為官，又說到戲志才的關係。

兩人越說越覺近親，漸漸直呼表字，暢談天下大勢。不知不覺過了半個時辰了，荀彧倉皇起身：「哎呀！耽誤您休息了，我得趕緊回大帳，恐大家已散去了。」

曹操笑道：「散不了，無論何事本初都要挨個相問，再過半個時辰也散不了。」

「孟德公詼諧，小弟且去，改日過營拜望您與戲志才。」說著，荀彧笑著去了。

曹操躺在臥榻上出神，跟荀彧聊了一陣竟然不睏了。這個荀文若確有些魅力，暢談國事也頗具見解，且有潁川人望，能不能將此人籠絡到自己身邊呢？

他一伸手，拿過案上的《子虛賦》，瞧了兩眼又放回去：司馬相如未得志之時寫下《子虛賦》雖說是虛虛實實，倒還有些見解，可是見到孝武帝劉徹之後，卻只能寫《上林賦》那等彰顯武帝功德的馬屁文章……嗯？彰顯功德……我兒就起名叫曹彰吧……

「曹叔父在裡面嗎？聽說他病了，我來看看。」突然一個稚嫩的聲音傳入耳中——原來是袁紹的幼子袁尚在門口與親兵說話。曹操趕緊把眼閉上裝睡，寄人籬下時即便是孩子也得防備！

嫌隙漸成

鄴縣乃河北第一堅固城池，牆高三丈，溝塹深掘；加之城池內外戶口殷實，商賈雲集，糧秣充沛，實不亞於昔日之洛陽。而韓馥竟輕而易舉把這座河北大城，連同整個冀州拱手讓給了袁紹。

逢紀之計果然奏效，一封書信發到北平，公孫瓚大喜過望，連忙藉口討董起兵直奔冀州。韓馥頓時方寸大亂，袁紹差出的三位說客應運而至。荀諶巧舌如簧反覆陳說利害，把袁紹捧成天降的救世英雄；高幹少年英豪，危言聳聽幾番恐嚇；張導拉著他歃血為誓，力保袁紹無意加害。三個人各展才能說了個天花亂墜，把韓馥灌得暈頭轉向，糊裡糊塗地就答應退位讓賢，還把三人奉為上賓。

袁紹進駐時，雖然受到了冀州長史耿武、別駕[①]閔純、治中李厲等人的阻礙，但還是有驚無險度過難關。

初平二年（西元一九一年）七月，袁紹正式入主冀州，自領州牧。入城伊始，袁紹馬上剪除耿武等人，架空韓馥權力，鞏固自己的部下，進而辟用賢才。鉅鹿田豐、廣平沮授紛紛而至；冀州第一豪強審配，坐擁千頃，主動來拜；潁川望族辛評兄弟，遠道而來；著名賢吏郭圖，率領鄉眾投奔；

連冀州叛將麴義也率眾歸降。一時間，袁紹手握數萬精兵，糧秣充足，聲勢震懾河北之地。可憐公孫瓚被人利用空勞一場，又一時尋不到挑釁袁紹的名義，只得牢記此恨鎩羽而歸。

對於曹操而言，除了加深袁紹對他的信任，卻沒撈到什麼好處，仍舊是日日為別人的凌雲壯志而忙，在練兵與會晤中謹慎度日。

「將軍弱冠登朝，則播名海內。值廢立之際，則忠義奮發！」說話的是沮授，他意氣勃發聲音洪亮。鄴城的郡府可跟延津營帳天壤之別，敞亮的廳堂，開闊的大門，高曠的天井，讓沮授的話顯得氣勢恢弘餘音繞耳。「將軍單騎出奔，則董卓懷怖；濟河而北，則勃海稽首。振一郡之卒，撮冀州之眾，威震河朔，名重天下。雖黃巾猾亂，黑山跋扈，舉軍東向，則青州可定；還討黑山，則張燕可滅；回眾北首，則公孫必喪；震脅戎狄，則匈奴必從。橫大河之北，合四州之地，收英雄之才，擁百萬之眾，迎大駕於西京，復宗廟於洛邑，號令天下，以討未復，以此爭鋒，誰能敵之？比及數年，此功不難！」

「說得好啊！」在場之人無不交頭接耳，連聲讚揚。

「沮先生所言正乃紹平生所願。」袁紹微微頷首，思索片刻又道：「我現在就任命你為奮威將軍、監涉冀州各路兵馬！」

這句話一出口，堂內就不似剛才那麼熱鬧了。田豐、審配等人點頭贊同，逢紀、辛評等人卻低下腦袋略顯不快。沮授受寵若驚：「在下方至此間就受此重任，實在慚愧。」

「沮將軍所說乃是齊桓晉文之道，」不待別人意見，袁紹已經改口稱他為將軍了，「紹久有此

①別駕，官職名，全稱為別駕從事史，也叫別駕從事。漢代設置，為州刺史的佐吏，別駕因其地位較高，刺史出巡轄境時，別乘驛車隨行，故名。

意，當然要予以重用。請將軍不必推讓。」

曹操此刻位坐將領之中，且居於首位，頗得袁紹器重。但是他心裡對袁紹的隔閡卻越來越深：隨口就是一個將軍，真不知道你修的表能遞到何處去！

忽然，一個蒼勁的聲音突然道：「主公，在下有一策稟奏。」

真可謂一鳥入林百鳥壓音，郭圖站了起來。郭公則其人本是潁川計吏出身，雖然幹練有能，卻近乎酷吏。他年齡其實不甚大，但是腦門上的皺紋像刀刻般明顯，乾瘦的臉龐，炯炯有神的眼睛，鷹隼一般的鼻子，加之修長的鬍鬚，給人一種陰森莫測的感覺。曹操也不喜此人，總覺得郭圖苛刻沉鬱，彷彿心中藏著可怖的魔鬼。

「今雖得冀州，然立足未穩，有一件大事卻刻不容緩。」他緩步走到廳堂中央，「青州刺史焦和好立虛名，唯善清談，前番諸家兵馬會盟，他未及得行，黃巾餘寇已屠城邑。焦和不理戎警，但坐列巫史，崇禱神靈，足見其無能！主公當取青州以固今日之勢，可保冀州不受東面之危。」

袁紹尚未表態，田豐又起身施禮道：「公則所言甚是，青州黃巾餘眾流入我境實是可畏。不過……」他話鋒一轉，「青州既有焦和部曲，又有黃巾之眾。以在下之見，不如西越山嶺進取并州，一者可尋張楊一部為呼應，二者白波賊烏合之眾遜於黑山。倘得并州之地，可由北通向關中，取董卓可更進一步。」

曹操特意看了看袁紹，只見他臉龐微微抽動了一下，就明白他的所思所想：現在袁紹如日中天，怎會去管董卓。一旦拿下關中就要尊奉皇帝，到時候便沒機會做大了。趁著現在山高皇帝遠，坐斷河北之地，擁兵自重才是要緊的，郭圖之策確比田豐的想法實際。

曹操既然看得出來，逢紀那等最善察言觀色之輩當然瞅得更明白，馬上插言道：「東進西進之事皆不忙，以在下之見穩固冀州才是要緊之事。前番公孫瓚無獲而返，我恐其終不甘心，主公當以重兵北固，以防幽州之變，然後再徐圖青州。」

曹操差點樂出聲來：逄紀這個諂媚之徒，如此八面玲瓏的措辭虧他想得出來！前面說東進西進皆不忙，講了一番大道理，最後卻落到徐圖青州，這還是默認郭圖之計啊，真夠圓滑的！

袁紹矜持道：「一說東取、一說西進、一說北固，我看此事咱們不忙商議，先將冀州諸事完畢再說。」

「諾。」三個人各自歸座。

袁紹扭頭看了看曹操：「孟德，公孫瓚若來，當以何法敵之？」

曹操收住笑容，神色凝重道：「公孫瓚之眾以遊騎為主，突襲有力而陣戰不足。將軍當造強弩、繕修備，以逸待勞以整破散，如此交鋒，我料公孫之眾必敗。」

「好！」袁紹似乎感慨頗深，「前番孫文台攻入關中挫敗董卓，天下皆以為能，我看孟德實不亞於孫堅。」

明知他的褒獎有些誇張，曹操還是故意顯出沾沾自喜的表情。

「主公，您知道孫堅為何攻至洛陽馬上回軍嗎？」逄紀又主動接過了話茬。

「關中險阻，進不能取，當然要退了。」袁紹心裡也酸溜溜的，自己這個直至敵鋒的義軍主帥沒能得勝，卻叫一個遠在南邊的長沙太守出盡了風頭。

「我聽人言，孫堅在宗廟廢墟的一口井中打撈出了傳國玉璽！」逄紀此言一出語驚四座，這可是個駭人的祕聞。

傳國玉璽乃歷代帝王之寶。相傳本是春秋時出自楚國荊山的玉璞，因卞和獻玉號曰「和氏璧」，秦始皇一統天下，將其造成傳國玉璽。上有李斯所撰「受命於天，既壽永昌」八個篆字，由良匠孫壽雕刻。

秦滅之際，子嬰將玉璽獻於高祖劉邦，自此歸於漢室，傳至哀平之際，王莽篡位，太后王政君拋印砸逆臣，崩去一角，後以黃金補之，因此民家又號「金鑲玉」。更始帝滅王莽，赤眉王劉盆子又滅更始，幾經輾轉終歸光武帝劉秀。光武中興以來，此印與皇位一併傳承，直到何進謀誅宦官失敗被十常侍所殺，宮廷發生大亂，傳國玉璽便不翼而飛。今天聞逢紀之言，才知此印落於孫堅之手。

袁紹眼睛一亮，又黯然道：「孫文台一去，此印八成又要轉到公路之手了。」如今的袁家兄弟已經鬧到決裂的地步了，袁紹計畫立劉虞為帝，袁術便公開反對；後來趁著袁紹糧草不濟，袁術派孫堅直入關中。近日還有傳聞，袁術與公孫瓚書信往來密切，公然稱袁紹是婢女所生，非袁氏正宗，同姓兄弟已毫無手足之情。

逢紀素來察言觀色說話小心，但這次卻很直白：「非是在下離間將軍骨肉，我觀袁公路有王莽之心。前番說什麼『志在滅卓，不識其他』，我看他是想自己當皇帝。」

大家此時都不敢出聲，生怕亂說話會引發忌諱。哪知逢紀真真把袁紹的脾氣摸了個透，袁紹果真毫不否認：「為了漢室江山社稷，我也不能拘殘守缺顧念手足之義了。」說罷低頭輕歎，使人覺得他很無奈。

「真虛偽……」曹操心中冷笑，卻覺得自己與他們兄弟都有些交情，這個時候應該對袁紹有個明確的態度，忙道：「將軍此舉實在是顧全大局，想當年我與您和公路皆有深交，頗感將軍之仁德更隆，公路遠遠不及。我想大家也是這樣認為的吧？」

以疏間親的罪過絕不能自己一個人擔，曹操故意把話拋給在場諸人。大家當然不能說不對，忙紛紛表示贊同，袁紹也就放心了，這才說出點兒內心話：「孫文台其人，猥瑣小吏出身，得勢小人素無恩義，因嫌隙而誅荊州王叡，奪資財而戮南陽張諮……」

曹操聽著不大入耳，心道：「雖說孫堅是小吏出身，你比之強百倍，但也不至於把人家貶得一文不值吧？以家世出身取人，這難免有些偏激，況且孫文台據說還是孫武子的後人呢！」

「所以我有意逐孫堅出豫州，莫叫他在此間胡作非為！」袁紹的意思很明確，不能讓袁術、孫堅占領中原之地進而威脅到河北，「何人可領兵奪取豫州？」說著眼光掃向曹操。

剎那間，曹操心頭狂喜，暗道：「他完全對我放心了，希望我領兵出去了！難怪剛才拿我與孫堅相比，又問好了敵對公孫瓚之法，原來是想派我出去，我自擁一地的機會來了……等等，豫州能去打嗎？一者孫文台非等閒之輩，這塊骨頭不好啃；二者袁公路為其後盾，他與袁紹畢竟是兄弟，假如有一天和好了，我豈不是要招恨？我要是帶兵去自占一地，不管袁紹的話，那似乎是兩面樹敵了……這次機會雖然好，但還是不能去！」

「何人可領兵奪取豫州？」袁紹又問了一遍，還是看著曹操，目光甚是和藹懇切。

「將軍，」曹操起身施禮，「在下舉薦一人可以勝任。」

袁紹很意外：「何……何人？」

「周仁明可往。」

周喁與曹操不同，坐在西邊眾將的中後位置，聽曹操說出自己，也是一愣。曹操緩緩解釋道：「現今周喁之兄周昕為丹陽太守、周昂為九江太守，仁明若往可借揚州二兄之力共圖孫堅，實是不二人選。」

「好好好！」袁紹這一次也不再矜持了，連聲叫好。在他看來，曹操真是難得的膀臂，處處都替自己留心，考慮得那麼細緻，派周喁前去不但豫州可得，連揚州的關係都一下子拉近了，「仁明，孫堅那個荊州刺史不過是公路私立的偽職，我現在正式任命你為豫州刺史，領兵去取陽城，逐走孫堅。」

周喁現在不過是個別部司馬，一下子成了豫州刺史，而且南下臨近二兄更是求之不得，忙起身拱手，說道：「將軍放心，末將一定拿下豫州給您！」

「別忙，我再幫你放一箭。」袁紹自案中舉起一封書信，「董卓無謀之輩，已任劉表為荊州刺史。那劉景升名稱『八俊』，豈會與賊人同流合汙？現在他已在襄陽立足，得蒯良、蒯越相助初定荊州，還有襄陽豪強蔡瑁相助……」

一聽到蔡瑁的名字，曹操猛然抬頭——蔡瑁是曹操幼年的玩伴，如今竟也保了劉表。袁紹手拿書信還在吩咐：「我與劉表素來交好，此處有書信一封，可下至襄陽，請他在你出兵之際掣肘於敵後，你拿去收好，伺機而用。」

「多謝將軍！」周喁趕忙恭恭敬敬接過來收好。

在他們議論這件事的時候，田豐、沮授二人一直面有憂色，互相對視了一眼，田豐終於起身道：「將軍，如此行事雖好，但結怨青、并、幽、豫四州之地，是不是樹敵太多了呀？」

「元皓兄過慮了！」不等袁紹發話，逢紀就替他說了：「今將軍兵力之盛冠於北州，自當多求路徑，擇而行之，非是一併而為。況且在下一旁相觀，以將軍之才，即便一同處置也並行不悖嘛！」他還沒忘了拍馬屁。這兩句話把田豐噎得嚴嚴實實，可袁紹卻頗為受用，矜持著抿嘴而笑：「元圖過譽了……」

「報！」一個小校在堂口跪倒，「劉都尉回來了。」

袁紹臉上頓時掛了霜。前番在延津，劉勳受命穩住張楊與於夫羅二部，那張楊一部倒是誠惶誠恐歸順；可於夫羅乃匈奴單于，見袁紹差一屬下籌謀，甚感輕慢見疑，於是以兵挾持張楊奔黎陽去了。劉勳既沒能完成任務，又逢母喪，未曾到鄴城回命，先急著回家奔喪，搞得袁紹十分惱火。

「他回來得可真早啊！」袁紹說了句反話。

曹操勸道：「子璜跟隨將軍多年，昔日在洛陽西園為您出過不少力，望將軍不要重責。」

田豐也拱手道：「為母奔喪而逾期，這也是孝子所為。」

逄紀尖著嗓子道：「對啊！劉子璜是孝子，忠孝不能兩全嘛！」這就不是勸了，是火上澆油。先說人家是孝子，又說忠孝不能兩全，那就暗含著說劉勳不忠唄！

田豐立時就急了：「你說的這叫什麼話？」

「元皓兄，是你說的劉勳是孝子啊！小弟只是贊同你的話。」逄紀詭辯道。

「那你後半句是什麼意思？」張導接過話茬。

沮授勸阻道：「元圖是一時失口嘛……下次說話一定要妥當。」

「我怎麼失口了？」逄紀有恃無恐又衝他來了。

「你……」沮授氣得臉都紅了。

這麼一攪可熱鬧了，沮授、田豐、郭圖、張導、荀諶、許攸、審配、辛評這一干謀士爭辯起來，有向燈的，有向火的，吵得不亦樂乎。眾將勸不開，就連袁紹出言制止他們都不理。

「啷！」突然一聲巨響，一把佩劍落在磚地上，砸得山響，大夥嚇了一跳，馬上安靜下來。扭過臉來看，只見郭圖背後有個相貌英俊的年輕部屬正趨身拾劍，一邊撿還一邊道歉：「對不起，一時疏忽劍掉了，抱歉抱歉……」

曹操暗笑：這小子還真有點壞主意。

袁紹皺著眉擺擺手：「散了吧！散了吧！大事已經商議定了，子璜的事情我與他單獨談就行。」

諸人起身紛紛告退。一出廳堂，曹操快步趕上那個落劍的年輕人，一拍他的肩膀：「你且住了。」

那人回頭見是曹操，連忙堆笑：「曹將軍有何吩咐？」

「你叫什麼名字？」

「在下郭嘉。」

「奉孝，快走啊！我們還要去選拔幾個都尉呢！」前面的郭圖回頭催促道。

「哦，來啦來啦……曹將軍，改日再會。」說罷，他提著衣襟急匆匆去了。

曹操仰面而笑：郭嘉郭奉孝……潁川郭氏……有點兒意思。正笑間，又見虎牙都尉劉勳一身孝服滿面愁容地迎面走來。

曹操轉喜為憂：「子璜，令堂過世了？」

劉勳感歎道：「罪過罪過……主公之事未能辦好，趕回家老娘又已經過世，我真是不忠不孝之人。」

「別這麼說，改日咱們再聊，本初等著你呢！」曹操說著指了指廳堂，「剛發過點兒脾氣，你且留神。」

「多謝多謝。」劉勳拱手而去。

不管袁紹生氣與否，今日卻是曹操投奔袁紹以來最高興的一天，他看到了離開袁氏控制的希望。出了鄴城，他帶著樓異、王必快馬奔至漳河邊，遊覽了一番景致才緩緩回營。

轅門之外，曹洪與夏侯淵正在手舉令旗操練人馬，營內卞秉領著幾個人修繕兵器，大帳裡戲志才正與夏侯惇、任峻二人對弈。

「好興致啊！」曹操笑瞇瞇的。

任峻苦著臉道：「戲先生真是太厲害了，我們兩個合力都不是他的對手。」

「你們哪兒行啊？哈哈哈……」

夏侯惇抬了一下眼皮：「孟德有喜事？」

「袁本初今天想差我去討豫州。」

「你答應了？」戲志才猛然抬頭。

「沒有，我薦了周仁明。」

「沒有就好。」戲志才長出一口氣，又低下頭看棋盤，「豫州中原之地，做買賣不錯，打仗就不行了。那是個死地，在弈局就像是中央，四面為戰，若春秋之韓。更何況如今中原受董卓侵害，民生凋敝無所產出。那地方去不得……至少現在還去不得。」

曹操笑道：「不過有一就有二，袁本初定會重用我的。」

「這一天不遠了。」戲志才拿起棋子想了想，將它落定，又道：「主公今天回來晚了。」

「我到漳河邊逛了一圈。」曹操撣了撣衣服上的土，笑道：「若有一日取鄴城，當以漳河之水灌之。」

「有人歡喜有人愁啊……您回來得太晚了，方才荀文若到我帳裡去過，跟我說了點兒事，已經走了。」

「哦？」曹操有些詫異，「什麼事？」

戲志才始終直盯著弈局：「袁紹把劉勳殺了。」

「什麼！」曹操手扯帳簾，「劉子璜是跟隨多年的老部下，他豈能如此狠心！」

「荀彧說，剛開始兩人還彬彬有禮，後來卻越說越僵當堂爭辯，逢紀又跑去進了幾句讒言，袁紹就把他殺了。」

「在城裡的諸公就沒人敢保嗎？」曹操疑惑。

「據說張景明勸了幾句，袁本初不聽，把他也數落了一頓。」戲志才面露微笑，似乎棋局已占上風，「荀彧讓我轉告您，希望您日後多多留心，不要輕易招惹麻煩，也不要與其他人隨便往來。」

「文若可真是好心啊！」曹操深深點頭，「我與本初雖是友人，卻不及子璜親近，他連子璜都殺，我確實要小心。」

「文若對我講了許多，他見識果真非凡。」戲志才點點頭：「他說現在一定要小心，現在是袁本初必須殺人的時候。」

「哦？」

「將軍請坐，我替文若為您解之。」戲志才終於放下了棋子，轉述荀彧的話，「袁紹本汝南人士，然今到河北，部下有新有舊派系林立。許攸、張導包括您都是過去的舊黨，郭圖、荀諶、辛評兄弟是潁川一派，審配、田豐、沮授是冀州本土派，這三類人物湊在一起當然要鬥個高低上下。所謂強龍難壓地頭蛇，如今既在冀州，就要得當地士人之望，所以袁紹現在要換掉過去的將領，改用河北之人。殺劉勳一者為了立威，二者還是為了讓出兵權交與本地的將領。」

曹操恍然大悟：「這就難怪了，他今天任命沮授為監軍。」

戲志才又道：「袁紹其人心思縝密，他要用冀州之人，但又不能完全信任，可是仍然以舊人掌權，就難免他們居功自傲尾大不掉。所以潁川一派就成了解決辦法，他用郭圖選拔將領，建立這一派的威信。最後形成兩派勢均力敵，而舊人則要漸漸淡出，只留下逢紀那等貼心的人。」

「哼！逢元圖那等吮痔之徒！」

「黨爭這東西殺人於無形，將軍父子應該最清楚。」他意味深長地看著曹操，「舊人被疏遠是肯定的，不過您應該沒有關係。因為以將軍治軍之才，袁紹必要授以外任，以助他開疆拓土。您要注意的正如荀彧所言，就是不要輕易結交任何一派的人物，以免落人口實。」

「荀文若心機深遠，且待我不薄啊！」

「那是因為將軍您的忠義英明。」戲志才連連點頭，「《呂覽》有云：『以富貴有人易，以貧賤有人難』，將軍雖處人下，卻還能有人望，足見您比袁紹強。」他也不忘時而替曹操打打氣。

「荊棘叢中非鳳凰所棲。」曹操踱至帳邊，「看來還得想辦法儘快離開啊！」

「我想袁紹派您外去之期不遠了，不過您萬不可北上。」

「為何？」

戲志才似乎已經說完最要緊的事情，目光又回到弈局上：「袁紹坐擁冀州，兵強馬壯，現又得本地豪強之望。幽州劉虞忠厚不諳計謀，公孫瓚又窮兵黷武；并州白波賊劫掠為志，缺乏遠見；青州焦和懦弱不堪，毫無治兵之法，只要袁紹文修武備剿滅黑山，不出四五年的光景，河北之地將盡歸其所有。將軍若領兵北上，雖可占數城之地卻不足以自保，終被其圍困，大事難成，所以只有拓地於大河以南！」

「那又該是哪裡呢？」曹操還未理清思路，這時丁斐走了進來，手裡舉著一個封好的匣子道：「孟德，這是鮑信差人送到陳留，夫人遣人轉來的。」曹操趕忙接過，撤去封印打開，裡面卻只有一張帛書。「一封信竟要這麼麻煩，必定是隱祕之言。」曹操馬上展開，只見鮑信僅短短寫了幾句話：

> 袁紹為盟主，因權奪利，將自生亂，是復有一卓也。若抑之，則力不能制，只以遘難。且可規大河之南以待其變。

「真是英雄所見略同啊……規大河之南……」曹操似乎明白了，抬起頭看了看戲志才。

「將軍昔年初踏仕途之地，現在張邈、鮑信都在那裡……」戲志才指間一子落定，「沒錯，就是兗州！」

第九章

贏得袁紹信任，有了立足之地

天時相助

初平二年（西元一九一年）冬，由於地方戰爭的蔓延和割據勢力的壓迫，百姓苦不堪言，進而爆發了繼黃巾之後，最大規模的一次農民起義。

青州刺史焦和比韓馥更加懦弱無能。他坐鎮在臨淄城，卻毫無領兵作戰的能力和膽量，每日祈禱神靈保佑，又恐冀州黑山軍趁著黃河結冰殺過來與青州黃巾會合，竟命人打造陷冰丸（可使冰融化的彈丸），終於弄得屬下離心兵馬流散。焦和最終在恐懼中病逝，青州陷入群龍無首的局面，黃巾餘部因此氣勢大振，襲擊城邑打破地方軍，聚合三十萬之眾北渡黃河，意欲與黑山軍會合。

青州黃巾、黑山軍、白波軍各據實力，如果三股義軍連成一體，將會使整個黃河流域陷入不可挽回的境地。因此各地方割據不得不暫時妥協，共同鎮壓義軍。公孫瓚率領精銳騎兵三萬南下，在東光大破青州黃巾，繼而追擊到黃河沿岸，共斬殺義軍三萬人，俘虜七萬人。

青州黃巾北渡失敗後，轉而西進，侵犯兗州。一時間兗州諸郡又變得不容樂觀，陳留、東郡被黃巾于毒、白繞、眭固等部十萬眾侵擾，直接威脅到冀州的大後方。只要這兩支起義軍一會合，袁紹便永無寧日了。這段日子裡，曹操一直密切觀察袁紹。雖然這位車騎將軍仍設法保持矜持莊重，但眉梢眼角間已漸漸泛出了愁苦之色——義軍，尤其是背後兗州的義軍，是必須除掉的心病！

戲志才提議曹操，以昔日舊友的身分請袁紹過營飲酒，要在酒桌上把事情敲定。

「孟德，請飲！」袁紹似乎是把架子全然放下了，這一晚他連連乾了十餘盞，現在乾脆反客為主為曹操滿酒。

曹操恭恭敬敬舉起，回敬之後只抿了一小口。已經喝了不少了，他怕自己再喝下去會不小心吐出不該說的話。

「兗州絕對不能有閃失。」袁紹卻一口把酒灌下，他是極為深沉的世家子弟，這樣飲酒的情況很少有，「我現在要幹的是擊敗公孫瓚，統一河北之地。如果在我跟公孫瓚交手的時候，黃巾賊從背後捅我一刀，那愚兄我就完了。」

愚兄……多長時間沒聽過的稱呼了，我都習慣他自稱「本將軍」了。好吧，就衝他這句「愚兄」，我也得說幾句好話……想至此曹操又輕輕抿了口酒，緩緩道：「本初兄，小弟有幾句真心話想對您說。」

「瞧你說的，此時這般情形，你我二人還不能推心置腹嗎？」今晚的袁紹果真與平時不同，竟還戲謔地白了他一眼。

曹操環顧自己這空蕩蕩的大帳：除了他與袁紹對坐案前，連一個伺候的小卒都沒有。袁紹隻身過營飲酒，看來他真是想推心置腹，但當年我家遭宋皇后一族連累，二次入京為官去找你的時候，我何嘗不想對你推心置腹呢？那個時候你可曾真心真意對我？算了吧，過去的事情不計較，今晚且說今晚的吧！

「本初，不管誰對你提議攻打哪裡，你都要慎重。」曹操喘了一口大氣，「東進青州也好，西取并州也好，北伐公孫瓚也罷，暫時都不要考慮。」

「哦？」袁紹有些意外，「為什麼？」

「因為你的冀州還不那麼穩。」這次曹操把酒喝乾了，「黑山之眾終是你心頭大患。」

「那些土包子成得了什麼事？」袁紹心裡明白，但還是故意把話說得不屑。

「他們雖成不了事，卻足能敗你的事！你應該比我清楚，在你趕走韓馥的那天，董卓已經任命了一個叫壺壽的人擔任冀州牧，這個人現在就在黑山軍中。如果有一天他們趁你與公孫瓚交惡，暗地裡偷襲冀州，拿下你幾座城池，然後把壺壽往裡面一擺——你是顧前還是顧後呢？」

袁紹無奈地抹了抹臉頰。

「所以，黑山軍一定要打，而且要把他們打散，打得潰不成軍。一者是為了你的位置考慮，二者收納百姓民夫，為你充實戶口，積蓄糧草，我想三五年內就可以大有改觀。」曹操笑盈盈地看著他。

「三五年內……」袁紹突然顯得有些傷感，「愚兄已過不惑之年了，還有多少個三五年？鬢角都開始轉白了。不過……」他停頓了一會兒，「我會好好考慮你的意見。」

曹操起身為他滿上酒：「本初，有些事情急不得。」

「那你還提議叫周喁去打豫州呢？」袁紹拿起剛滿上的酒就喝，「周仁明遠遠不是孫堅的對手，若不是周家兄弟和劉表在荊、揚幫忙擾敵，他早就被孫堅擊潰了。」

「你得設法叫仁明堅持下去，即便打不下豫州，也得打。」

「哦？」

「不求有功但求無過。」曹操含蓄地說：「孫堅若是完全打通了豫州，便會有個人長驅直入殺到兗州之地，到時候咱們全完。」

「有個人？哈哈哈……」袁紹仰天大笑，剛剛舀起的一勺子酒全灑了，「你就直說袁公路就好了。」

「你敢說我可不敢說，疏不間親嘛！」曹操咕噥道。

「哈哈哈……我的好兄弟……弟弟……哈哈哈……」袁紹笑著笑著，眼角突然流下一滴淚來，「從小到大我什麼事都可以讓著他。他搶我的陀螺，我讓著他；他要坐正席趕我坐末席，我讓著他；他要當虎賁中郎將，我厚著臉去求何進！誰叫他是正妻生的，我娘是小妾，能忍我就都忍了。可是到今天，他……」

「本初，你醉了。」曹操皺起眉頭。

「沒有，我就是有點兒難過……但是不後悔，因為我不欠他的。」袁紹抹抹臉，「我什麼都能容忍，就是不能容忍他說我不是袁家人，他不能侮辱我娘！」

娘親……那個縈繞在兩人之間，使他們成為朋友的情愫又回來了。十八年前，在胡廣的喪禮上，兩個人暢談國事彼此交心，那時還都是九卿之子，兩個瀟灑風流的青年。可現在一切都不同了，朝廷沒有了，家鄉沒有了，當年那兩顆自由自在的心也沒有了；所剩的是兩個鬚髮就要轉白的中年人，兩個手上已沾滿鮮血的將軍。

沉默了一會兒，袁紹清醒了不少，道：「公孫瓚已經派他弟弟公孫越領兵援助孫堅了，周仁明那裡將會更難打。」

「怎麼回事？」

「劉伯安有一子劉和，在朝廷任侍中，他偷偷逃出長安，打算到幽州請他父親出兵救駕。」

曹操苦笑道：「劉虞父子有其心也無其力，自己都快叫公孫瓚逼死了，哪還顧得了皇上？」

「你聽我說完。」袁紹擺手示意他認真聽，「劉和逃出長安卻過不了河南，只能取道迂迴至南陽，結果叫公路扣留了。他給劉伯安寫了封信，說你兒子在我這兒，咱們共同舉兵勤王。劉虞沒辦法，就派給他幾千人，結果公孫瓚叫他弟弟公孫越也帶兵前往，暗地裡串通公路把劉虞的兵收編了。現在這支隊伍自南陽開拔，已經與孫堅合流，一起跟周仁明玩命呢！」

「挾持人家兒子，也真夠無恥的。」曹操這會兒已經不再顧及袁紹與袁術的兄弟關係了。

「現在公孫瓚已經與公路結盟，孫堅又是他的殺人利器！」袁紹歎了口氣，「咱們這一邊呢？幽州劉虞太柔弱，我看早晚會被公孫瓚吃掉。荊州劉表太遠了，只能夠制公路掣肘於後，而且他自己在荊州還不算穩固。本來可以請張邈或者鮑信分兵豫州，幫咱們抵擋一時，可是……這幫可惡的黃巾賊，把所有計畫全打亂了！為什麼他們就不能到南方去鬧呢？」

曹操覺得這酒喝得差不多，該辦些正事了，馬上試探道：「本初，你以為兗州諸郡戰事將如何？」

「不甚樂觀，」袁紹撇撇嘴，「陳留郡張邈太柔、張超太剛，他們兄弟治民理政尚可，用兵打仗就不成了。至於那個東郡王肱，想起來就有氣，龜縮在東武陽，連一仗都不敢跟賊人打，真不知道當初劉岱怎麼挑中他的！」東郡太守原來是橋瑁，可是酸棗縣駐軍之時，兗州刺史劉岱為了搶奪糧食將其殺害，私自立了親信王肱為東郡太守，此人甚是不堪其任。

曹操按捺著緊張的心情，看似隨口道：「我去東郡滅賊如何？」

袁紹似乎早有心理準備，兩眼直勾勾地望著他。那一刻，曹操的心跳似乎都停了。

「也好。」頓了良久，袁紹點點頭。

曹操長出一口氣，盼了這麼長時間的願望終於可以實現了！

「不過，」袁紹似乎又有所遲疑，「孟德你離開河北，我就少了一條膀臂。」

「本初兄，小弟此去不單單是為了平滅黃巾。」曹操恐他再改變主意，趕緊把日夜思考的說詞搬了出來，「我還有一個不太成熟的想法……那劉岱不經表奏私立王肱為東郡太守，似有獨專兗州之意。」

袁紹聽他這樣說，馬上露出了狐疑的表情：「劉公山不會吧？」

「他自專兗州還是好的。如果此人被袁術拉攏，大河之南化友為敵，那兄長將禍不旋踵。既然如此，不如讓小弟我去打東郡的黃巾。待平定之後，東連張邈，西和鮑信，我們三人合力護衛兗州。」曹操又要給袁紹滿酒，卻見還有大半盞，便又放下了，「自豫州北攻冀州，必然要經過兗州之地。倘若日後周戰敗，豫州盡失，北上之路被袁術、孫堅打通，那麼我就與張邈、鮑信合力，把他們阻於兗州之外，為兄長再設一道屏障！這樣把河北之地隔絕起來，兄長就可專心對付黑山賊與公孫瓚。」

「好……好……這辦法太好了！」袁紹騰地站起身來，繞過桌案緊緊抓住曹操的肩膀，「張邈治民，你來治軍，鮑信善戰，你們三個各擁一郡聯手據河，袁術、孫堅有何懼哉！哈哈哈……」這次他是真正的開懷大笑了。

曹操瞧著他笑，一個字都沒敢多說，因為他太瞭解袁紹的性格，自己只要有絲毫的誇張舉動，心事馬上就會被他看穿。所以僅僅是低頭飲酒，故作愁悶狀。袁紹見他皺著眉，不禁發問：「你又愁些什麼？」

「唉……雖然這辦法是我提出來的，但是我本人也沒有十分的把握。當年平定宛城反賊之時，我親見孫堅之勇，此乃勁敵也！」曹操一邊說，一邊故意搖頭晃腦。

「你怎麼又自疑了？兗州東郡之事捨你其誰？」明明是曹操求他的事情，現在反成了袁紹央求曹操了。

「小弟……勉力為之！」曹操起身向他施了一禮。

袁紹微笑著點點頭：「這樣吧，王肱那廝我早就看他不順眼了，現在我任命你接任東郡太守！」

「啊？」事情順利得連曹操自己都不敢想像。

他本想等到東郡平定黃巾之後，再回頭幹掉王肱，現在袁紹一句話，他名正言順省了不少事。

「只要你能阻擋住公路與孫堅，便是我平定河北的第一大功臣！」袁紹在大帳中來回踱著步，「愚兄日後得志，定不會虧待你。」

「謝將軍栽培！」什麼時候稱他兄長，什麼時候稱他將軍，曹操拿捏得很到位。袁紹拉他坐下，把兩個人的酒都滿上：「咱們乾！」

曹操豪爽地照辦了。

「愚兄給你看樣東西，」說著，袁紹解開腰下的革囊，從裡面掏出一枚四四方方的虎紋銅印，「這兩年來，我表奏官員靠的就是這個。」

曹操看得清清楚楚，這塊印刻著「詔書一封，邟鄉侯印」八個篆字。袁紹逃出京師，周毖暗中遊說保護，董卓任命他為渤海太守，封邟鄉侯，他就因此刻了此印用以發起義軍統領群雄。這兩年來，不知有多少太守、縣令、將軍、都尉是靠這顆印製造的詔書冊封出來的。曹操突然覺得不寒而慄，現在自己當的那個奮武將軍，不也是靠這顆印創造出來的嗎？

「董卓進京的時候，我記得你說過，符節印信管天下的日子結束了。」袁紹又主動為倆人滿上酒，「可是我這顆印還能管用。至少在冀州、兗州還管用，那是因為咱們的努力。」

曹操也笑道：「是啊……好厲害的一塊印啊！」這感歎意味深長。

「別忙，我這裡還有另一塊。」袁紹又從革囊裡掏出一塊，不過這次是玉璞——這塊玉璞方圓四寸，潔白無瑕，晶瑩剔透，赫然泛著光芒，只是還未經雕琢。袁紹將之托在手上小心翼翼地把玩，彷彿這比他的生命還重要：「孟德，咱們再讓這顆印管用起來，如何呀？」

曹操笑而不答，心裡的憤怒卻已經到了極點：說穿了你跟你那個寡廉少恥的弟弟都是一路貨色，而且你比他更陰損、更虛偽！他拿走了大漢的傳國玉璽，你就想要再造一顆，左不過就是想當皇帝嘛！當初在董卓面前唯唯諾諾，連個屁都不敢放，卻有臉在這邊作威作福。你要當皇帝我不反對，更不會妒忌，但是有本事就打到長安，殺了給你恥辱的那個傢伙，真真正正像個爺們一樣！現在這副德行，我曹孟德豈能屈服在你帳下，受你驅使？

袁紹今天真是過了，他把兩塊印收好，也不用曹操勸，一盞接一盞地自斟自飲著，臉上始終掛著笑容。曹操看著他那張白裡透紅的臉，那張平日裡如此莊嚴矜持的臉，此時此刻卻是那麼猥瑣，那麼可笑，那麼令人厭惡！

「哈哈哈……」兩人笑聲交織在一起。

袁紹笑，曹操也笑，笑的原因完全不一樣。袁紹喝酒，曹操也喝酒，灌進喉嚨的感覺截然不同。不過人喝醉了都是一樣的，卸下偽裝全是同等貨色！

「將軍，時……」一個袁紹的親兵掀起帳簾，見兩位將軍酩酊大醉滿地狼藉，有些不知所措，「時辰不早了，將軍該回去了。」

「回去……回去睡覺。」袁紹晃晃悠悠站了起來，「今天真……真痛快！」

「痛快痛快！」曹操歪在那裡擺著手。

那個親兵又叫過一個人，兩人架著袁紹跌跌撞撞出了曹營大帳。袁紹臨走時還嚷著：「孟德，這天下該好好理一理了……」

他們剛一走，夏侯惇與戲志才匆忙鑽了進來。夏侯惇拍拍曹操肩頭，笑道：「孟德，能把他喝成這副德行，可真有你的。」

「天下該好好理一理了……」曹操醉得眼神迷離，「吥！是該好好理一理了，但大部分自以為是的人都這麼想。」

戲志才用力搖著他：「大事可曾定下？」

「他任命我為東郡太守……誰他媽稀罕呀！」曹操罵完這一句就倒在了榻上。

戲志才長出一口氣：「行了，有立錐之地了。咱們出去，叫他安安靜靜睡吧。」

兩個人躡手躡腳出了大帳時，曹操的鼾聲已經響起來了。夏侯惇連伸大拇指：「戲先生真是厲害，竟然想到請袁紹來喝酒，還真管用了。」

戲志才撚著小鬍子嘿嘿一笑：「你不知道，古往今來多少天下大事，都是喝著酒決定的。」

「袁本初四世三公素來穩重端莊，今天也喝成這副樣子。」

「唉……」戲志才搖搖頭，「明天他們就恢復原樣了，彼此恭敬彬彬有禮，倆人都是一樣的。」

「既然都一樣，你為何不保袁紹，偏偏保我們孟德？」夏侯惇隨口開了句玩笑。

「你真想知道嗎？」戲志才駐足，仰面望著天空，「《呂覽》有云：『當今之世，濁甚矣，黔首之苦，不可以加矣』。兩個人雖然差不多，但是天下更需要一個瞭解黎民疾苦的人。」

夏侯惇愕然。

「元讓，今晚你就當我也醉了，剛才的話就忘了吧！」戲志才低頭道：「兵無常勢，水無常形，咱們僅僅邁出了第一步，以後究竟會怎樣，我也不能預料，還要看將軍自己的主張。你最好速速傳令收拾輜重，等袁紹的詔書一到，咱們馬上起程，此間田豐、沮授、郭圖等頗有見識，日久恐怕就要生變。」

「知道了。」夏侯惇也感歎道：「若沒有這一場黃巾復起，咱們哪兒來的機會？此乃天時相助，其實僥倖得很啊！」

這是曹操與袁紹這對朋友在一起喝的最後一頓酒。三天後，曹操離開河北前往兗州擔任東郡太守，正式有了一片土地。

立足東郡

初平三年（西元一九二年）正月，曹操到達兗州，出人意料的是，他並沒有前往東武陽與王肱完成交接事宜，卻轉而率軍進入了頓丘縣縣界。

「不去東武陽駐守，卻來這裡做什麼？」任峻眼望著牢牢緊閉的頓丘城，忍不住問曹操。

「我有意趁敵未穩，先擊潰那幫黃巾賊。」曹操一臉輕鬆，「既然到了東郡，就要像個太守的樣子。若不先擊破賊人，何以得東郡士人百姓之心？」

「將軍不要太勉強了，咱們自魏郡渡河至此，一路上鞍馬勞頓士卒疲憊，加之糧草將盡，這仗不好打的。況且……」任峻回頭又瞅了瞅頓丘城，滿臉憂色，「況且將軍尚未到東武陽交接印綬，東郡大權仍在王肱之手，各縣不能向您補給糧草，這樣下去人心會散掉的。」

哪知曹操聽完這兩句逆耳忠言竟哈哈大笑起來。不單是他笑，還有樓異，就連不遠處盤點輜重的戲志才與卞秉也跟著笑。任峻心裡一陣發毛：「你們笑什麼？有什麼可笑的？」

曹操見他一臉焦急，故弄玄虛道：「伯達，我率眾至此，一是為就近討敵，二就是為了補給糧草啊！」

「頓丘城四門緊閉防患賊眾，您現在尚未名正言順，如何能打開城門？又豈會有人納糧？」

「我自有辦法。」曹操把手一背轉過身去，「阿秉你來。」

卞秉笑嘻嘻走過來：「姐夫，我就知道您得叫我。」

「這裡的人只有你我和樓異有本事打開城門，我身為統帥走不開，樓異等安排營帳，那就只有你去了。」中軍帳尚未搭設，曹操便從王必捧的一大堆東西裡抽出一支令箭，「卞秉聽好，我命你帶三百名小校，前往頓丘城前，對城上齊聲高呼『曹孟德至此，向頓丘百姓求糧』，務必要讓裡面的人打開城門。你若不能辦到，立刻軍法處置！」

「小事一樁，姐夫您何必如此嚴肅。」卞秉隨手接過令箭。

曹操把臉一沉：「這裡是軍營，沒有你姐夫！」

「諾。」卞秉一縮脖子，「遵將軍令。」

任峻見狀甚感詫異，卻見曹操鎮定自若忙自己的事，便不好再說什麼，默默走開。他自從跟隨曹操以來一直管理軍糧，這會兒便心不在焉地指揮兵士安頓糧食。一輛輛的平板大車都是空的，吃的已經快沒有了，恐怕明天就完全吃光了，再不趕往東武陽就來不及了。任峻越想越覺事情緊急，轉身要再諫曹操，卻忽聞一陣熙熙攘攘的喊叫聲。

只見頓丘縣城門大開，除了卞秉領著兵，後面一大片百姓如潮水般湧了過來！這些百姓扶老攜幼一路小跑，簞食壺漿盡皆在手，有一身粗布的莊稼人，還有身穿錦繡的鄉紳，甚至有縣寺的衙役，還有幾十個手持棍棒的護城鄉勇。

曹操摘下頭盔往營門口一站，就聽到那群百姓齊聲叫喊：「曹縣令回來了……曹縣令回來了……」昔日曹操初登仕途任洛陽北部尉，因棒殺黃門蹇碩之叔等事得罪權貴，遷至頓丘縣為縣令。在任其間，他打擊豪強，善待百姓，甚得民望。十五年後，他復歸頓丘縣，當年的功德人心還在，受其恩惠的百姓哪個不來逢迎犒勞？

霎時間人聲鼎沸，人們全擠過來，把曹操緊緊圍了起來，喊什麼的都有。

「曹大人您好呀！」

「孩子快看，這就是爺爺說的曹大人……」

「縣令大人，您還認得小的嗎？我是王二啊！」

「要不是您，我兒子就被抓走從軍了。」

「您救過我們全家的命啊！」

……

「大家讓一讓！讓一讓！」這時一個穿著皂衣、頭戴武弁的中年人擠到了前面。曹操一看到那張神氣精明的臉，馬上認了出來，趕忙作揖：「徐功曹，您如今可好啊？」

來者正是頓丘縣功曹徐佗，他見曹操認出他來格外歡喜，滔滔不絕道：「曹縣……曹郡將，沒想到時隔這麼多年，您還能回來。想當年您志向高遠英氣勃發，斷案如神愛民如子；您離任之時，黎民百姓無不挽留，士婦老幼灑淚相送如喪考妣，那時節真是……」

「徐功曹，你我也算老相識了，何必講這些客套話？」曹操聽他誇張諂媚甚是不喜。當年他任頓丘令的時候與徐佗相處並不很好，甚至還起過一些爭執。

徐佗嚇了一跳，當年他是縣令時就開罪不起，現在成了太守，還帶著這麼多兵，更加不敢得罪了，忙回頭招呼：「來！大家把東西抬來……大人，您看看這是什麼？」

曹操不看便罷，看了險些潸然淚下——原來是昔日自己執法用的那對五色棒。如今它們已鏽跡斑駁，顏色都幾乎難辨。

當年他與樓異扛著這對大棍千里迢迢從洛陽到頓丘來，用它上打豪強下打盜賊，治理出一個夜不閉戶的小縣。現在想起來，當年他是多麼嫉惡如仇、正氣凜然，可如今歷經世態炎涼出生入死，自己的性格都快磨圓了，哪還比得了當初那麼耿直倔強……

「大人，自您走後，這對棍可一直是我頓丘的鎮縣之寶啊！」徐佗是睜眼說瞎話。自曹操走後，這對棍就被扔到縣寺後院風吹雨淋，有一次還差點兒叫衙役改做門檻，這是聽說曹操來了，剛從亂蒿草叢裡刨出來的。曹操見百姓熙熙攘攘，實在不願意讓大家看到他傷心，忙道：「徐功曹，我初到本郡，又有些事宜要問。你安置好這裡，就來我身邊做事吧！」

徐佗樂得險些蹦起來。他出身微薄，到四十多歲都沒有升官，一直是個不入流的小吏，現在因為這對棒子就抱上了曹操的粗腿，趕緊跪倒謝恩。

「起來吧，現在戰事未息，快帶百姓們回去，嚴守城池要緊。」

徐佗爬起來微笑道：「大家可都是衝您來的，在下說話不管用的。」他這個態度可猜中了曹操愛面子的心思，曹操趕緊高聲呼喊道：「鄉親們，靜一靜，大家都坐下吧！」

百姓果真聽他的話，一傳十，十傳百，不一會兒的工夫就全都坐下了。曹操登上一輛轅車喊道：「在下離開頓丘十五載，天下的形勢可謂大變。如今皇帝蒙塵地方割據，到處都在打仗，我的兵馬現在要去平滅青州來的賊人，多謝大家送來的糧食。現在請徐功曹帶領大家速速回去，把守城池，不要讓賊人得逞。我已經是東郡的太守了，日後回頓丘的機會多的是，大家各自珍重，等打完了仗，我下令蠲免本縣的賦役。現在西京政令不達，免賦之事我能說了算！」

此言一出百姓譁然，更是興高采烈。徐佗勸了半天，這些人總算是稀稀拉拉離去，有的人真是戀戀不捨，非要拉著曹操的衣襟說兩句話才願回去。畢竟是戰亂時節，曹操唯恐黃巾斥候出沒，忙令夏侯兄弟小心戒備，自己則逐個搪塞著百姓，叫他們快點回城。即便是這樣，也耗了半個時辰才算清靜。

等人差不多走光，曹操發現還有幾十名鄉勇默默無語列隊立在一旁：「你們不回去守城嗎？」

「不回去！」為首一人搖搖擺擺走了過來，「守在城裡算什麼英雄好漢？我帶著這幫兄弟投奔將軍，以後就跟著您打仗啦！」

曹操差點笑出聲來：此人二十出頭，一身鄉勇打扮，敦實精幹，卻身高不足五尺，比自己還差著一截。胖嘟嘟的一張小黑臉，小鼻子小眼，大嘴短鬍鬚，五官往一處擠著，走路還有些羅圈腿——

這樣的人也能打仗嗎？

這廝恐是被別人挖苦慣了，高聲嚷道：「將軍莫瞧我個子矮，我能帶兵打仗當將軍！」他嗓門頗大，震得人耳朵嗡嗡的。

帶兵打仗當將軍，好大的口氣！既然人家敢開這個口，好賴不問，必定是有兩下子，曹操也不好怠慢，笑道：「這位小兄弟，你叫什麼名字？」

「在下樂進，是從衛國來的。」

曹操一聽是衛國人，趕緊客氣道：「聖人鄉民，本官失禮。」

衛國本名衛縣，也是東郡治下，但那更是大漢天下僅有的兩個公國之一。自光武中興以來，宗室皆封王國，轄同一郡，唯有孝桓帝之弟渤海王劉悝曾被貶為癭陶王，出了一個絕無僅有的縣王國。凡立有大功的臣子封侯國，轄同一縣，卻沒有公國這一等級，即便是三公與太傅也都是封侯而已。光武帝劉秀愛好儒學、心慕聖賢，為了尊崇姬旦與孔子，在建武十三年（西元三十七年）封周朝後裔姬常為衛公、殷商後裔孔安為宋公，父死子繼世襲罔替，各立公國待為漢室上賓，從此便有了衛、宋兩個縣公國。

曹操素來崇拜周公姬旦，聽說樂進是衛國人，馬上顯出和藹之色。

樂進抱拳道：「不敢不敢，在下不過是個粗人，只想投靠將軍建立功名！」

曹操瞧他說得這樣露骨，也不好掃興，但他的樣子實在不值得抱多大信心，只微微笑道：「既然如此，你們且歸到我帳下夏侯司馬處聽用吧！」那人似乎不大樂意，但還是帶著人去拜謁夏侯惇了。

曹操回到帳中，見派去巡查消息的曹洪已經回來了。原來青州黃巾于毒一部盤踞在武陽以西的山谷之中，由於王肱懦弱無能，于毒已經帶領數萬兵馬包圍了郡治武陽縣，開始攻城。

「既然戰事有變，等用飯已畢，傳令開拔！」曹操吩咐道。

曹洪大喜道：「在袁紹那裡養了這麼久，我早就手癢了。到東武陽打賊人，好好宰他娘的蛋！」

「錯！」曹操指了指曹洪，「不打東武陽，咱們攻于毒的本屯。」

「什麼？」曹洪瞠目而視，「孟德忒小心眼，姓王的固然不是他娘的好東西，咱們也不能見死不救啊！」

曹操有些不高興：「子廉你聽著，這裡是軍營，要有上下之禮，更不能隨便動粗口。以後只能稱呼我將軍、郡將，不允許叫兄弟、表字。若有下次，軍法無情。」

戲志才洞若觀火——曹孟德現在立起身來，以後要板著臉做人了。

「將軍，在下有一言。」任峻因為是外人，日常比其他人規矩得多，「武陽乃東郡治所，一旦陷落舉郡皆亂，民心復不可定，末將以為當先解圍。」

「伯達莫要焦慮，我決定攻其本屯，乃圍魏救趙之計。昔日孫臏救趙而攻魏，耿弇欲走西安而先攻臨淄。咱們攻其本屯，敵人聞我等西進自然回救，武陽自解也。如果他們不回來救，咱們也不會吃虧。黃巾營寨易攻，而武陽城池堅固，我能搗毀其根基，于毒卻攻不下武陽城。」說罷，曹操瞅了一眼戲志才，「戲先生，我這一計如何？」

戲志才連連點頭，沒有表示異議。

「伯達，糧草可還欠缺？」曹操笑著問他。

任峻臉一紅：「在下不知您曾是此間縣令。百姓送來糧食，不但有乾糧，還有些胡餅和肉，現在夠五日之用。」

「哼，哪裡用得了五日，兩天就足矣！」曹操志氣滿滿，「大家也速速用飯吧，午後出兵直搗敵穴。」

果如曹操所料，當兵馬行至黃巾本屯的路上就有斥候稟報，于毒已經撤了武陽之圍，率領大兵回救。曹操精神大振，命令兵馬火速前進。于毒的大寨雖然設在山谷之中，卻不懂得如何因地制宜把守險要，加之黃巾之眾多有家屬跟隨，所以曹軍未費吹灰之力就蕩平了營寨，俘虜、輜重頗豐。而緊跟著，于毒的大軍也快要殺到眼前了。

這等陣仗再不用曹操親自出馬了，他由親兵保著坐於山頭之上，左右有樓異、王必貼身相護，居高臨下觀看戰局。那于毒乃是黃巾軍中的悍將，他雖有數萬之眾，但盡皆烏合、武器落後，遠不及曹操那三千多人善戰，特別是本屯已經失手，軍心已經波動，只有于毒本人率領的幾千農夫敢於在前相拚。

樓異看著僵持不下的景象，急得直跺腳：「將、將軍，我去殺他一陣！」

「別動！你現在是我的護衛，保護將軍才是你的職責。你若去了，若有人從小路上山刺殺我怎麼辦？給我老實待著！」

「諾。」樓異又低下了頭。

「這場仗我有把握，只是還需再戰一時，于毒親帥的前隊一亂就好辦了。」曹操見不讓樓異下山，他便無精打采的，又教訓道：「你給我精神點！」

「諾！」樓異忙站直了身子。

「如今咱們有一郡之地，一切都得像個樣子了。你得學著當個親兵隊長，我也得學著當個一郡之帥，咱們都要重新開……」突然，曹操的眼睛直了，只見自己軍隊陣腳大亂。曹操不在下面，夏侯惇就是直接指揮的統帥，他的部隊在最後面。可是就從他的陣營中，竟湧出一支幾十人的小隊，這隊人也不管陣形，硬是從前面曹洪、夏侯惇的陣營中擠了過去，把自己的隊伍衝得七扭八歪，然後一直殺進了于毒的本隊。「這是怎麼回事……是那個矮子！」

就是那個身材矮小的樂進，他竟帶著幾十個鄉勇從後面擠到前面去了。他赤著大腳板，邁著羅圈步，手握兩把鄉勇使的大砍刀，舞得似圓盤一般，在于毒的本陣橫衝直撞如入無人之境。

眨眼的工夫，樂進殺得跟血瓢一般，敵人遇到紛紛退卻，如避猛虎。他領著人這麼一闖，對峙的局面立刻大變，黃巾軍陣中如被楔入一把尖刀，後面曹洪、夏侯淵的人馬聲勢大振，各自奮勇向前。

「勝了？」曹操眼望著四散奔逃的黃巾軍，「好一個衛國樂進！」這一仗黃巾敗得甚是狼狽，被曹軍斬殺者數以萬計，眾人成鳥獸散，再也集結不成隊伍了。黃巾首領于毒不敢停留，火速北逃渡河投奔黑山軍去了。

各部喜孜孜地清點所獲的輜重財物，曹操則帶著親兵穿行在屯中，老遠就看見樂進蹲在一棵大樹旁噓噓大喘，忙信步走去：「樂進，我看見你了！周公之士不單養儒士，還有你這等勇士！」

樂進抹去一臉的血跡，咧著嘴道：「這仗打得不起勁，我要是有馬騎，有長矛使，于毒他跑不了！」

「好。」曹操點頭，「給你馬給你槍，去給曹子廉做個副手吧！」哪知樂進脖子一梗，朗朗道：「我才不要當別人副手呢，我可是來自建功名的！您要是讓我回一趟衛國，我馬上給您拉來一千多人，我要自己領兵。」

樓異、王必嚇了一跳，這個人也忒狂妄了，普通一個小兵，剛打一場勝仗就要自己帶兵。曹操卻不計較，只道：「你可知軍中無戲言？」

「在下不誇口。」

「行。你要是能拉來一支千人的隊伍，我就任命你為別部司馬，自己帶那些人。」

「謝大人。」

「慢，」曹操一擺手，「若是你帶不來這麼多人的話……」

「那您拿刀砍了我！」樂進猛地站了起來。

「哈哈哈……快哉！」曹操仰面大笑，立刻解下自己的戰袍披到他身上，「以後打仗不要赤腳，足乃人之根本，要留心保護。我現在就任命你為別部司馬，你只管放心去拉隊伍吧！」

樂進愣了：「這……」

「用人不疑，疑人不用，壯士無需推辭。」曹操莞爾道。

樂進呆立一陣，忽然跪倒在地：「在下肝腦塗地，也要報答將軍知遇之恩！」

「千軍易得一將難求啊！」曹操捋而笑。

燒了黃巾的本屯，帶著繳獲的軍資器械，押著俘虜，曹營高唱凱歌浩浩蕩蕩直奔武陽城。離城還有二十里，忽有數騎迎面趕來。為首之人望見大纛，即刻聯絡斥候，被領到曹操馬前。

「你是何人？」曹操勒馬道。

「在下東郡從事陳宮，奉前任郡守之令來獻印綬。」說罷他從背後解下包裹，將郡守大印捧了上來。

曹操一陣冷笑：「你家大人還真是客氣，我離武陽還差二十里，尚未出示車騎將軍詔令呢！」

陳宮嚥了口唾沫，低頭道：「王郡將聞知您大破黃巾深感欽佩，自覺無顏面相見，便叫我相迎獻印，此刻他已經帶著家人，乘車離開武陽城了。」

「他倒是挺機靈。」曹操瞥眼示意戲志才接過印綬，「王肱把東郡治理成這等模樣，黃巾一到竟還不敢出戰。若是本官論罪，就該派兵追上，一刀把他殺了。」

莫說陳宮，在場所有人都嚇了一跳。

「不過……」曹操又把話收回去了，「既然他逃走也就罷了。」

「將軍寬宏大量。」陳宮擦了擦冷汗。

「陳宮，你先回去轉告郡中官員。東郡遭難乃王肱一人之過，所有官員從事繼續擔任原職，一概不予追究。」

「啊？您真是寬宏大量！」如果說陳宮剛才那句寬宏大量是客氣話，那麼這一次可是真心話了。一朝天子一朝臣，一個官員一幫人，陳宮眼見他身邊有這麼多親隨，卻依舊不換東郡舊官，這樣的氣量確實少有。曹操換了一張笑臉：「陳大人請起。以後郡中之事，還要請您多多指教。我還要帶兵前行，咱們各自趕路吧！」陳宮卻沒有動，抱拳站在那裡，目送著他和親隨乘馬而去。

行出去好遠，曹操望了一眼戲志才：「戲先生，我請您擔當本郡的從事。」

戲志才聽他說「請」，而不說「任命」頗感不安，忙推辭道：「在下商賈出身不宜玷汙廟堂，還是寄身您的將軍府中當個幕僚吧！」

「好吧。」曹操並不強求，又道：「還有一件事請戲先生代勞，給袁本初寫一封信，告訴他東郡黃巾已定。」

「諾。」

曹操扭頭囑咐道：「仰車騎將軍之宏威，賴河北諸將之呼應……多說點兒這類的噁心話。」

「您放心，一定拿捏好措辭。」

「咱們得讓那位坐鎮河北的車騎將軍放心，什麼事情我都會聽他的。叫他放心，我會順順利利為他在兗州打出一道屏障的。」曹操臉上露出鄙夷的神情。

戲志才搖搖頭道：「《呂覽》有云：『存亡安危，勿求於外，務在自知』，袁紹雖有能識才，卻無自知之明。」

「但是現在我必須與袁本初保持一致，敵人太多了。」曹操無奈地搖搖頭。

戲志才又道：「這一場黃巾復起，幾家歡喜幾家愁啊！袁本初恐怕是受創最嚴重的一家，袁公路是獲利最多的一家。」

「不對！」卞秉插了話，「得利最大的是姐……將軍您。」他不敢再叫姐夫，慌忙改口。

「得利？出了這樣的大亂子，天下沒有能得利的。」曹操雖這樣冠冕堂皇地說，心裡卻是頗為暢快。

卞秉想到了繳獲輜重財物的事情：「將軍，咱們繳獲的東西……」

「到武陽以後再說，但是先得分一些給頓丘的老百姓，我還得還這個人情。」曹操聳聳肩，身體鬆弛下來，「就好像我得還袁本初的人情一樣。」

「一切聽姐……將軍吩咐。」卞秉緩了口氣，「咱們今天到了武陽，處理郡中事務，可以叫軍兵歇一歇了吧？」

「歇不得，就休息一晚，明天開拔去陳留。」

「去陳留？」

「咱們還得幫張孟卓戡定陳留郡。」曹操活動活動僵硬的脖子，「今東郡已定，當一鼓作氣再定陳留之亂。我聽說於夫羅自從背叛袁紹後到處掠奪，如今已經攪到兗州來了，對付匈奴人還要多加小心。」

「姐……將軍，」卞秉再次匆忙改口，「既然到陳留打仗，不如趁機會把我姐……把將軍夫人和孩子們接過來。」

「對！」曹操拍拍腦門，「彰兒生下來這麼久了，我這當爹的還未見過一面呢！」

卞秉笑道：「恭祝將軍父子團圓。」

曹操斜眼看了看他，不滿地說：「越聽越彆扭，你小子什麼毛病啊！就不能叫我一聲姐夫嗎？」

「我……我……我錯了。」卞秉搖搖頭，低下頭暗自嘀咕，「這叫什麼脾氣？一會兒一變，真難伺候！」

第十章
呂布殺董卓

董卓之死

西京長安原比東都洛陽壯麗得多，城高三丈五尺，占地九百七十三頃，而城內幾乎沒有百姓的民居，只有未央宮、長樂宮、明光宮、北宮、桂宮等五座巨大的宮殿，城側尚有一座建章宮。整個京兆之地，還有甘泉宮、洪崖宮、望夷宮、承光宮、儲元宮等大小離宮達一百五十多座。

可惜這麼大的一片建築群，現在已經變得殘破不堪。

昔日綠林軍打破長安城、火焚未央宮，新朝皇帝王莽在漸台喪命。更始帝劉玄縱情聲色不理政務，使得王匡①、張卬等奸臣胡作非為，終於引來赤眉軍搶奪關中。赤眉統帥樊崇一把火燒了長安城，挖掘帝王墳墓攜寶西進，繼而又被獨霸雍涼之地的隗囂擊回。

從此赤眉與綠林在三輔反覆交惡、纏鬥不休，把花團錦簇的關中之地禍害得一片淒涼，將所有的樓臺殿宇都毀成了朽木瓦礫，直到光武帝劉秀將他們全部消滅。但因為破壞巨大，百姓疾苦，劉

① 王匡，兩漢之際綠林軍起義首領，在昆陽之戰立有守城之功，與前文王匡並非同一個人。

秀無力再修復西京長安，便在河南洛陽紮下了帝王之根。

然而大漢在河南傳了十二帝之後，逆臣董卓一把火將洛陽也燒了，朝廷省署倉促遷回長安。雖然天子大臣都來了，但西京宮殿大半仍舊荒涼不堪，小皇帝劉協只有落腳在草草翻修的未央宮中。

相傳未央宮是開國丞相蕭何營建的，高祖劉邦得勝而歸，見到未央宮巍峨華麗，不亞於秦之咸陽宮，當即大怒，喝問道：「天下洶洶，勞苦數歲，成敗未可知，是何宮室過度也？」蕭何豈是一般的聰明，馬上應對道：「非令壯麗無以量威，且無令後世有以加也。」蕭何口中這座「後世無加」的未央宮，現在卻顯得格外滑稽，董卓用隴右的木材勉強支撐了坍塌的殿堂，拆了武帝劉徹在杜陵的行宮，用那裡的磚瓦修補長安的宮牆殿頂，遠遠望去有新有舊有好有破，就像是一件縫上漂亮補丁的破衣裳。

其實並非沒有財力修葺皇宮，從洛陽遷來的珍寶堆積如山，卻盡皆流入董卓之手。他逼迫百姓在郿縣為他修建了一座城堡，堂而皇之號為「萬歲塢」，其城牆高達七丈，裡面安置著他的家小和從洛陽搶奪來的財寶美女，單單貯藏的糧食就足夠吃上三十年。

在朝中他自任太師，號稱「尚父」，乘皇帝所坐的青蓋金華車，隨身有呂布帶領親兵貼身保護。弟弟董旻被任命為左將軍，封鄠侯；姪子董璜一人身兼侍中與中軍校尉兩個要職；孫女董白兒尚未及笄就被封為渭陽君；還在懷抱的幼子也被封侯。他以莫須有之罪害死了當年平定羌亂的太尉張溫，他親自囚禁害死了名臣荀爽與何顒，他把兒子跟隨袁紹起兵的崔烈身纏鎖鏈關在天牢，他把涼州名將皇甫規的遺孀綁縛車輪下亂棍打死……大漢的西都長安已經成了董卓掌控的監獄，皇帝與百官就被監禁在這破敗的城池之中。

初平三年（西元一九二年）四月丁巳日，這一天的朝會與平常不太一樣。因為數日前，十二歲的小皇帝劉協感染風寒，今天才剛剛康復，所以特意召集朝會，讓群臣上殿致賀。

太尉馬日磾、司徒王允、司空淳于嘉率領文武百官列立殿前，黃門侍郎已經將小皇帝攙扶到了御座上，但是大家仍然不吭一聲。因為誰都知道，真正要等候的主角是董卓。缺了他的朝會，根本沒有任何意義。有不少官員已經開始瑟瑟發抖，暗暗思索自己最近的所作所為，猜想自己會不會成為下一個董卓撒野示威的對象。未央宮前殿一片死寂，只有微風嗚嗚捲起破敗的塵埃，從大臣的袍帶間拂過。

就在這個時候，轟隆隆的車輦聲打破了沉默，太師董卓來了。

董卓乘坐的馬車已與天子無異，駟馬駕轅，金華青蓋，瓜畫兩幡，被人稱為「竿摩車」。他乘著這駕奢華的馬車自老巢郿塢出來，一路上皆是陳兵夾道，左騎右步屯衛周匝，義子呂布率領親隨捍衛前後。百官見董卓來了，按照以往的規矩盡皆跪倒在地，各自摳著磚縫排遣著恐懼。但是，一陣異乎尋常的喧鬧聲忽然打亂了大家的思緒。

原來車駕剛剛進入北掖門，董卓還在車上作威作福，突然有一個守門衛士高舉畫戟刺向了他！董卓不愧是久經戰場的廝殺漢，影影綽綽見一杆戟尖奔面門而來，情知有變，趕緊挺著大肚子往後仰倒。大戟直刺走空，隨即往下壓來，正戳到董卓的胸口上。

董卓殺人無數，自然曉得防備暗算，朝服裡面套了一件厚厚的鐵甲，這一戟刺他不到，但還是劃傷了他的左臂。董卓一驚之下冠戴脫落，眼瞅著第二戟又要襲來，車輦之上根本躲避不開，也顧不得臉面好看了，龐大的身軀一骨碌自車右邊滾了下去。

董卓跌下車的那一瞬間，腦海裡尚未感到害怕，他以為這只不過是一個小兵對他心懷怨恨。或許是自己殺了他的父母，或許搶了他的妻兒，殺人放火幹得多了，反正不是什麼大不了的事。他扶著車輪爬起來，以為那個刺殺之人應該已被身邊的侍衛亂刀分屍了，哪知身邊的護衛竟誰也沒有動手；再看掖門處，十幾個守門侍衛一齊舉戟將自己的部下阻擋在了外面。那個舉戟行刺的人目不轉睛凝視著他，雖然化裝成守門侍衛，但他還是認了出來，是騎都尉李肅！

堂堂騎都尉化裝為兵丁埋伏掖門，這可就不是簡簡單單的事了。一股恐怖感即刻湧上董卓心頭，他轉身大呼：「我兒奉先救我！」

呂布此刻就默默站在他身後，金甲盔袍穿戴威嚴，右手攥寒光閃閃的方天畫戟，而左手中不知何時多了一份詔書。他那雙俊美的眼睛此刻正迸發著殺機，冷笑道：「奉皇帝詔令，討伐賊臣！」

董卓尚未弄清發生了什麼事，就感到脖子一涼，方天畫戟已經刺進了他的咽喉。他那張凶惡的面孔變得更加猙獰扭曲，一臉橫肉不住地顫抖，花白鬍鬚已被自己的鮮血染紅，兩隻眼睛瞪得快要掉出來了。在戟尖子拔出的一剎那，他胖乎乎的身子扭動著轉了一圈，似乎是故意要環視四面仇恨的目光，隨著脖頸噴出的血液畫出圓弧，他仰面朝天挺著他的大肚子，帶著他填不滿的欲望倒在了血泊之中，而兩隻布滿血絲的大眼睛始終驚愕地望著天空……

「太師！」董卓的親信主簿田儀立刻撲在他屍體上。

「你閃開！」李肅一腳踢開瘦弱的田儀，手起劍落，已將董卓的人頭割了下來。

田儀深受董卓之恩，此刻怒不可遏，也不打算再活下去了，手指呂布罵道：「庸狗膽敢如此！忘恩負義！你這個無恥小……」

還不等他罵完，呂布一挺方天畫戟又已插入了田儀的胸口。他手腕一使勁，不費吹灰之力就將田儀的屍身挑起，用力朝掖門外一甩：「袒護董賊就是此等下場！」

一具噴著血的屍體拋落在人群中，那些還在試圖往裡闖的董卓親隨馬上四散閃開，一個個不知所措，只能眼睜睜看著這可怖的巨變。李肅高舉人頭喝道：「奉詔誅賊，餘者不問！」武士們紛紛拋下了兵器跪倒在地請求饒恕，一場刺殺行動圓滿收場。

那些跪在殿階上的官員簡直不敢相信自己的眼睛，他們做夢都想不到的事情就發生在面前。沉默了好久，才有一個人起身喊道：「董卓老賊死了！我大漢得救啦！」

所有的大臣都歡呼著蹦了起來，這會兒也管不了漢官的威儀了，將手中笏板拋向天空，連朝服都扯了，相互擁抱而泣，聲震未央宮大殿。呂布手刃董卓志得意滿，面帶微笑邁著輕快的步伐，躲著從天而降的牙笏來到殿階前，單膝跪倒，朗聲道：「在下回稟王公，首惡已除！」此次刺殺行動的三位謀劃者司徒王允、司隸校尉黃琬、僕射士孫瑞已經站到了殿門前。

王允長出了一口氣，臉上卻未顯出絲毫鬆懈，只道：「騎都尉呂布，你誅賊有功，朝廷晉封你為奮武將軍、假節、儀同三司，加溫侯，以後你與我們共議朝政！」

剎那間，呂布驚呆了。他雖然兩易其主，費盡心思往上爬，但從沒設想過，自己能升到假節的位置上。呂布懵了，幾乎已經忘卻此次刺殺背後有著見不得人的動機。

呂布身為董卓的義子，自然可以隨時進入董卓的府邸，天長日久竟然把董卓的小妾勾搭到了床上。偷情的快感和對董卓的忌憚，兩種情感同時煎熬著呂布，這使得他對董卓日漸疏遠。俗話說「賭近偷，淫近殺」，疏遠變成恐懼，恐懼再變成憤恨。

董卓不太明白，為什麼呂布對他日漸傲慢起來了呢？或許賞賜幾個美女就可以安穩呂布的心，但董卓卻錯誤地把他這種不安表現看成了居功自傲。強勢的董卓絕不允許有人在他面前挺腰桿，立即以嚴厲的態度把呂布的氣焰壓下去。董卓愈加嚴厲苛刻地對待呂布，有一次甚至險些用戟投向呂布，這更增加了呂布的恐慌。就在這個時候，王允突然以一個并州同鄉的姿態出現在呂布眼前，一個刺殺計畫應運而生。

事情雖然幹得很漂亮，但王允對於這個「弒父」之人給予這麼高的賞賜，士孫瑞、黃琬都感到有些詫異，但他們沒有說話，拋下沾沾自喜的呂布，隨王允進殿面君。此刻大殿裡也頗為熱鬧，太尉馬日磾、司空淳于嘉、左中郎將蔡邕等老臣皆已在君前道賀。王允趕緊跪倒在地：「臣等為誅逆臣，假言主上染疾，有失人臣之義，實在是罪過。」

歷經磨難的孩子成熟得早，劉協即便在此刻，依然端端正正保持著天子尊嚴，這與十二歲的年紀頗為不符。他緩緩抬手，用稚氣的聲音安撫道：「王公有功無過，不必多禮。朕命你總錄尚書之事，處置當前之勢。其他列位大臣之功以後再議。」

「謝陛下。」

司隸校尉黃琬又奏道：「臣請捉拿董賊同黨治罪。」

「今首逆已除，餘者酌情而論。朕年紀尚小，還賴諸位愛卿共預朝政安定大局……」說到這兒劉協揉了揉腦袋，露出一絲稚氣，「就這樣吧，散朝。」言罷離位起身，任黃門侍郎低身攙扶著他回轉後宮，走到後殿門口時才終於流露出小孩子的天性，蹦蹦跳跳甩著袖子去了。

幾位老臣恭送皇帝回宮，等他走了才互相攙扶著站起來，欣慰的笑容始終掛在臉上。在他們看來，皇帝雖小但聰穎非凡，只要董卓一死就可以恢復舊日山河，皇帝的詔書名正言順地傳達到關東，天下就能夠簡簡單單地安定下來。

突然，左中郎將蔡邕歎息了一聲：「董卓本來可為良將，淪落到今天這一步，實在可惜了……」此言一出可惹了禍，王允刀子一般鋒利的眼光馬上掃了過來。蔡邕當年因宦官王甫陷害被流放朔方，後逢大赦，不願再為官便逃亡回家。董卓專政後，硬是逼他進京為官。他入朝後頗受其禮遇，三日之間，周歷三台，現在官至左中郎將。今天蔡邕見董卓頃刻喪命，雖然恨他作惡無數，但還是感念他對自己的禮遇，故而不知不覺感歎了一聲。

話一出口，他便意識到錯了，趕緊趨身謝罪道：「下官曾受董卓恩惠，因此無意中歎息一語。」

「無意？」王允刻板的面孔微微抽動，「董卓國之大賊，幾傾漢室。君為王臣，所宜同忿，而懷其私遇，以忘大節！今天誅有罪，而反相傷痛，豈不共為逆哉？」

「在下不敢，王公明鑒。」蔡邕知道事情鬧大了，趕緊跪倒磕頭。王允不容他多說：「來人啊，把他關進天牢，來日按董卓同黨一併處死。」殿內外的武士早就受命與王允討賊，此刻聞聽命令，毫不猶豫就扯住蔡邕往外拖。

蔡邕一邊掙扎一邊喊嚷：「王公且慢！邕受賊恩惠死不足惜，然東觀之史未成。但乞黥首刖足，容在下續成國史以報皇恩。」他在東觀與馬日磾等人續寫《東觀漢紀》，董卓火燒洛陽遷都之事，蔡邕對軍兵說破了嘴唇才把東觀中未完成的書稿帶了過來。現在王允要殺他，他所想到的唯一遺憾就是國史。

王允充耳不聞，像一尊鐵人般立在那裡，眼看武士拖走蔡邕，一個字都沒有多說。太尉馬日磾年齡最長，早就看著不公，顫抖著白鬍子勸解道：「子師，你又何必如此偏激呢？蔡伯喈曠世逸才，多識漢事，當續成後史，為一代大典。況且他忠孝素著，而所犯不過是失言小過，誅之豈不有失朝廷人望？」

「昔武帝不殺司馬遷，使作謗書，流於後世。方今國祚中衰，神器不固，不可令佞臣執筆在幼主左右。既無益聖德，復使吾黨蒙其訕議。」王允言罷望了一眼馬日磾，七十多歲的老頭拄著杖，失望地看著他，王允連忙搶步上前親手攙住，歎了口氣道：「馬公息怒，您老且聽我一言。我何嘗不知蔡伯喈才華橫溢當世少有，但下令殺之實是迫不得已。」

「什麼迫不得已。」馬日磾悻悻推開他的手，「難道你怕他在國史中說你的壞話嗎？」

「唉……我王允豈是懼怕訕謗之人？」王允拱手道：「自喪亂以來，人倫大易忠孝不存，節義耿介衰而浮華諂媚盛。蔡伯喈逃官避世，此乃無信；出仕董卓，此乃無節；卓死哀歎，此又無識。今殺一蔡邕以正世人風氣，不可恃才而附奸黨，此亦為矯枉過正之意。」

雖然聽了他這一番解釋，馬日磾還是歎息不已，轉身拄著拐杖篤篤而去。

這時呂布興奮地竄了進來：「啟稟王公，徐榮與胡軫謁闕投誠。」

「好！」王允這才露出點笑容，「只要他們不率部鬧事，准許他二人進入長安，官職暫且不更。」

「但是樊稠一部跑了。」呂布又補充道。

「跑了？」王允的眉毛又挑了起來，「這些涼州人為虎作倀也就罷了，如今董賊已死他們還要鬧下去，其心當誅！」

淳于嘉就站在王允身邊，此人年齡不小資歷平平，本是無緣三公的，卻因為是涼州籍貫而硬被董卓拉出來充了司空。

剛才眼睜睜瞧著蔡邕被拖出去，這會兒又見他們口口聲聲商議處置老家來的將領，淳于嘉嚇得趕緊避嫌，慌慌張張向王允作揖道：「老朽目睹董卓受戮甚覺暢快，然年邁體衰頗感疲乏了，懇請退下安歇，此間事務多多偏勞王公處置。」

「天子已退，淳于公請自便吧！」王允對他倒是很客氣。淳于嘉如聞大赦，匆匆忙忙出殿而去。

待他出去，王允又嚴肅起來：「涼州諸部的問題暫且不要議了。」

呂布見他變色，生恐他一氣之下再逼反涼州諸部，趕緊建議道：「王公，今京兆、弘農尚有牛輔、張濟、董越等部，不如赦免其罪以安其心。」

「他們本來無罪又談何赦免？」王允語出驚人，「此輩無罪，從其主耳。今若因其惡逆而特赦之，反使其自疑，非安定之道也，大可不必言赦！」

他究竟是真的認為他們無罪，還是想全部剷除他們？呂布心裡沒底了，試探道：「倘若涼州部造反，如何處置？」

「倒也不難，到時候叫徐榮、胡軫領兵敵對，叫這些涼州人自相殘殺吧！」王允冷笑道：「其實我看最好的辦法就是叫他們遣散兵馬，各自還鄉，咱們先請關東諸公前來，以後再處置他們。」

連殺人不眨眼的呂布都不禁打了個冷顫：王子師心機忒狠了！

士孫瑞覺得王允這些決定都太偏激了，毫無回轉的餘地，在一旁建議道：「涼州人素憚袁氏而畏關東，今若一旦解兵，則必人人自危。現有涼州名將皇甫嵩在朝，可拜他為車騎將軍，就近統領涼州之眾，使留駐陝縣的董卓舊部安定下來，再與關東通謀，以觀其變。」

「不然。關東舉義兵者，皆為我等一心。今若距險屯陝，雖安涼州，而疑關東之心，甚不可也。」王允對呂布道：「奉先，你去辦吧，先接管了徐榮、胡軫的兵馬再說。」

「諾。」呂布領命而去。

士孫瑞見王允如此剛愎自用，不循權宜之計，心中頗感不快，但還是軟言提醒道：「你不請自定給了呂布這麼大的官，這個人可靠嗎？」

呂布此番刺殺董卓其實並非為了天下大義，而是因為他私通董卓小妾險些被殺才心懷怨恨。前番為了功名富貴手刃舊主丁原，這一次又殺了自己義父，這樣的居心實在是不能叫人放心。

王允點點頭道：「我也知呂布不能深信，但關中未穩，還需靠他手中的并州軍對抗涼州軍呢！等關東諸君到了，再作理會吧！」說著王允走到殿門口，眼望著歡呼雀躍的百官。

士孫瑞憂心忡忡道：「我現在最擔心的不是咱們這邊，而是關東的情況。皇威墮喪人倫失常，他們真的還肯來西京勤王嗎？朝廷恐怕早已經被他們遺忘了吧！」

王允心裡也知道輕重，但是什麼也沒有說。為了向關東諸君表示坦誠，他不惜放棄招安涼州部，置長安於險地。付出這麼大的代價，究竟能不能使大家承認這個破敗的朝廷呢？他面向東方望眼欲穿，盼著袁紹、袁術、劉表、曹操他們快快前來。

天賜良機

就在長安君臣憧憬著關東諸君來共商國是的時候，大漢王朝的東部發生了什麼，王允卻一點兒都不知道。

公孫瓚與袁術結盟後，在迎擊青州黃巾的戰爭中收穫頗豐，那些黃巾軍掠奪的財物轉而落到了他手中，更在黃河岸邊俘獲七萬之眾，大部分都充入他的軍隊中，繼而殺過黃河占領了青州的大部分地區。在中原豫州，周喁面對孫堅進攻漸漸不支，只得放棄豫州，逃亡揚州依附兄長。而先前的激戰中，公孫瓚的弟弟公孫越卻死在了周喁的流矢之下，這一事件給了公孫瓚討伐袁紹的口實。

袁紹頓時面臨了空前的危機。一方面公孫瓚已經擴張到了青州對其形成包圍之勢；另一方面南路的豫州失手，袁術隨時都可能殺到他身後，而兗州的第二道屏障還沒有完全建立起來；冀州境內的黑山軍、黃巾軍，以及那位董卓任命的冀州牧壺壽，還在時不時地騷擾他。

公孫越死後，為了緩解各方面的壓力，袁紹不得不向公孫瓚低頭，將原先的大本營渤海郡讓與了公孫瓚的另一個弟弟公孫範。

哪知公孫範得到渤海郡以後，馬上翻臉，向兄長建議立刻攻打袁紹。公孫瓚狂性大發，竟私自任命部下嚴綱為冀州刺史、單經為兗州刺史、田楷為青州刺史，發布檄文給袁紹扣上「造為亂根」、「背上不忠」、「不仁不孝」、「矯命詔恩」等十大罪狀，率兵向南挑釁。

幸好當時袁術調回孫堅，令他攻打荊州劉表掃除後患，使得袁紹暫時解除了後顧之憂。於是，袁紹硬著頭皮與公孫瓚在廣宗縣東北的界橋對戰，雙方互有勝負，死亡人數逾萬。

在如此混戰的情況下，關東的這些刺史、郡守們，誰還有工夫去搭理遠在長安的小皇帝和西京遺臣們呢？

即便是當初孤軍西進的曹操，此刻也正在撥著自己的小算盤。他與張邈終於擊敗了侵害陳留的黃巾首領眭固，進而又在內黃打敗了流竄掠奪的匈奴單于於夫羅。可是就在他們還沒喘過氣來的時候，青州黃巾再度殺入了兗州，這一次的規模更大，總人數達到百萬，殺死了任城相鄭遂，一場新的考驗又出現了。

為了走好下一步，曹操在東郡招兵買馬、收買人心。樂進不負所托，成功拉來一支民兵隊伍，而且又有一個曹操期盼已久的人帶領人馬投入麾下——曹仁。

當曹仁跪在面前的時候，曹操意識到這個弟弟將會成為繼夏侯惇之後，自己最重要的一條膀臂。自舉孝廉以來，與曹仁分別已經有十八年了，曹操腦海裡幾乎完全沒有這位族弟的形象了。

曹仁原本在淮南為吏，自天下荒亂以來，他也暗中糾結了一千多人，在淮泗之間流動作戰，其性質實際上就是土匪。他帶著這些人亦善亦惡，今天剷除豪強殺富濟貧，明天就可能襲取縣城屠戮無辜，總之幹的都是些殺人放火的事情。

但曹子孝的相貌與舉止卻一點兒也不凶悍。他身材適中，體態矯健，面似淡金，五官周正，鬚髯修飾得頗為仔細，言談話語溫文爾雅，舉止動作穩重端莊。任誰見到都只會以為他是一位可親的士人，絕料不到是滿手鮮血的殺人魔頭。

「子孝，你在豫州、揚州之間游擊多年，你觀袁公路其人如何？」

曹仁話說得很得體：「將軍之才遠勝袁公路。」

「我沒問你我與他相比怎樣，我是問他是否得淮泗士庶之心？洛陽帝城，南陽帝鄉。當初一起逃出河南的時候，我萬沒意料到他會有今日這般勢力。如今他威震中原，波及荊、揚二州，比之袁紹、公孫瓚氣勢更盛，實是中原第一強敵。」說到這兒，曹操不禁歎了口氣。他向來看不起袁術，可是現在他卻不得不面對現實。

「南陽一帶戶口雖有百萬，無奈袁術奢淫肆欲，征斂無度，實不得人心。能有今天這般勢力，靠的全是孫堅替他征戰。他本人但坐南陽揮霍，抱著傳國玉璽，整天想的是謀朝篡位的勾當，如此野心曝天之人，除了孫堅那一介莽夫，誰敢保他？」

「他想當皇帝，這太不現實。」曹操接過了話茬，「劉氏樹厚恩於天下，豈能一朝盡棄？高潔之士絕不能相隨！」

「不錯！」曹仁點點頭，「陽夏何夔乃淮之名士，袁術征辟不至，他便強行將何夔扣留，還有劉伯安之子劉和也是這樣。最近我聽說他又想請昔日沛相陳珪出山保他，人家不肯來，他竟派人挾持了陳珪的兒子陳應。」

「人家不保他，他就將人家扣留。」曹操嘲笑道：「這人家能不恨他嗎？此乃自種禍根。」

「挾持之事，我手下那幫弟兄們尚且不為，虧他還是四世三公之後。」曹仁輕蔑地哼了一聲。

曹操見他把話題拉了回來，趕緊道：「子孝，我任命你為別部司馬，你帶來的人依舊交與你統領。」

「謝將軍！」曹仁起身要拜。

「別忙，我再表奏你為厲鋒校尉。有朝一日我與袁術較量的時候，你的淮泗之軍可要充當鄉導，給我衝在最前面。」

「末將明白。」曹仁施禮起身，「將軍若無有他事，我這就去安置我那幫兄弟們。」

「注意軍紀。」曹操囑咐道。

「諾！」

望著曹仁走出廳堂，曹操有了一些感慨：他為什麼現在才來投靠我呢？是在淮泗混不下去了，還是聽說我當東郡太守？自家兄弟尚不能完全傾心而至，要等到有勢力才會來，那就更何況天下的其他人了。看來要想得人望，就必須自己先強大起來。

「恭喜將軍，賀喜將軍。」戲志才笑呵呵地走了進來。

「啊？」曹操臉一紅，這四個月他與卞氏如膠似漆，剛剛得知她又已身懷有孕，以為戲志才也知道了，遮羞道：「本郡何喜之有啊？」

戲志才哈哈大笑，轉身道：「文若，快進來吧！」

只見荀彧邁著輕快的步伐出現在眼前：「在下投奔將軍來了。」

「哎呀！」曹操不等他施禮，搶步上前一把攥著他的手，「君乃吾之子房也！」荀彧心裡怪怪的，曹操一直賞識他倒不假，不過開口就拿他比做張良，那也就是曹操自比高祖劉邦，這樣的話似乎不妥當。

戲志才心思縝密，趕緊把話往回收：「我聽聞昔日何伯求曾稱讚文若為王佐之才，比之張子房果然不差。」

而今曹操的兄弟部曲倒是才能不弱，可身邊出謀劃策的只有戲志才與新近得來的陳宮，荀彧此來等於多了一個智囊，曹操喜悅之情溢於言表：「文若棄河北之盛，反至我這小郡，愚兄受寵若驚。」

「袁紹外寬內忌終究難成大事。」荀彧垂下眼瞼，「前幾天，張景明又被他殺了。」

「張導？」曹操皺起了眉頭，「張景明千里迢迢自蜀郡投他，又說動韓馥讓冀州，立下如此功勞，袁紹也真下得了手。」

「朝中有大臣素知張導之名，上個月自長安傳來詔令，征辟他到西京為官，袁紹因此心存芥蒂。前幾天與公孫瓚對陣，商討戰事之時張景明面刺袁紹之過，結果就被殺了。」荀彧歎了口氣，「良禽擇木而棲，在下雖攜家小至此，惜乎我二位兄長休若、友若還在袁營，望將軍不要因此見疑。」

荀彧的三哥荀衍、四哥荀諶皆在河北為官。

「文若說的哪裡話？」曹操又拍拍他的手，「昔日我寄身於河北，文若明知我懷離去之心，卻再三相助遮掩，我又豈會見疑於你？來，咱們坐下談。」三人各自落坐，仍舊是戲志才先挑明了主題：「我剛才進來時，見將軍往來踱步甚是憂心，不知所為何事？」

「我在想當今天下之勢，」曹操微微頓了一下，輕輕歎口氣又道：「還有我兗州境內之事……日前有族弟曹仁、別部司馬樂進各率千餘兵士來投，加之前番收降的黃巾之眾，本郡也有兵馬近萬。我素有平定天下之志，願解黎民於倒懸，不知接下來應該如何呢？」說罷眼睛直勾勾看著荀彧。

荀彧意識到曹操是要考教自己，矜持地笑道：「定天下安黎庶，在東而不在西。今天下紛爭，諸州郡劃地而治，豺狼梟隼彼此戕害，固然將軍能至西京討滅董卓，天下之勢亦未可易也。倒不如暫安一州，屯兵積糧，以征戰兼關東之土，結四海有志之士；再復河南、圖關中，迎大駕而返中原，天下可安也。想那董卓暴虐已甚，必以亂終，無能為也。」天下高見多有相通，這正是曹操與戲志才籌劃已久的戰略，竟被荀彧輕易說破。

曹操不禁肅然起敬，再看這個比自己小九歲的人，相貌偉岸、舉止老成，全不像一個未至而立之年的人，心中讚賞之情更增。「文若之言，甚合我意啊！不過話雖這麼說，然今袁紹被公孫瓚逼於界橋未見得勝，這棵大樹也不好乘涼。而袁術、孫堅轉而南向，倘若荊州劉表落敗，江東門戶大開，揚州也將不保，袁術獨霸荊楚之地，日後更難圖也……」

荀彧插嘴道：「將軍不要好高騖遠，今兗州之地尚未安定，何言他州之事？」

曹操一陣尷尬：「是，是。」

「將軍乃東郡太守，然兗州共有八郡，將軍不過其一也。雖陳留張邈、濟北鮑信是您的至交好友，但將軍之威還不足以凌蓋八郡之地。黃巾之害尚不能戡平、八郡之眾尚不得同心，將軍又豈能定公孫、滅袁術？」荀彧善意地笑了，「將軍今日所在之東郡乃橋瑁故地。橋元偉之才略雖不及將軍，然其名望盛於將軍，最終何以身死名墮？蓋因其唯心而不合眾也！當今之際時機未至、糧草未足、兵勢未強，將軍若是一意孤師西進，則曲高和寡反與關東諸公失和，恐那袁本初亦不能再助將軍。倒不如收兗州之人望，固中原之衝要。」

「收兗州之人望，固中原之衝要……」曹操沉吟著，說道：「願聞其詳。」

「先言兗州之事，今劉岱為兗州刺史，此人名不副實志大才疏，且受窘於黃巾之眾不得自脫，諸郡太守皆有不服。將軍試想，黃巾百萬入兗州之西，此中雖有婦孺老弱，其可戰之兵亦有數十萬，若是將軍能夠揮師東進克定黃巾，不但劉岱一人可保，兗州全境皆脫其難。不但得劉岱之心，諸郡盡皆歸心，加之張邈、鮑信為儔，將軍雖是一郡太守，實可為兗州之主矣！」

曹操對此有些質疑。現在的人，以怨向德的多，知恩圖報的少，即便我平了兗州之亂，也未保他們會聽我調遣。若請袁紹詔文，自請代劉岱為兗州刺史，不但失了顏面，袁紹也要猜疑我的用心，更是與劉岱結成死對頭。

「兗州之地若得，將軍宜廣納賢士，收眾人之心，以固根本。」荀彧似乎沒考慮這麼多，接著道：「今豫州荒亂，兗州即為中原之衝要，此地北阻燕代、南禦袁術、西擋青徐，一旦西京有變，河南可復。天下之牧守無人距河南近於將軍，無人之功可隆於將軍耳。」

「不錯。」這句話倒是很對曹操的心思，不過統一兗州之策還是沒有好辦法。動硬的肯定不行，因為那樣等於公開自己的企圖，撕破臉皮招人怨恨，到時候莫說兗州諸家太守，就是袁紹、袁術都會立刻視自己為勁敵。要是單純動軟的，此事又遙遙無期，到頭來只能死守在東郡彈丸之地，坐看別人聲勢浩大。硬的不行，軟的也不行，這件事情實在是難辦——該不該援手劉岱助他抵擋黃巾呢？

就在這個時候，堂外忽然有人朗聲道：「屬下求見！」

「進來。」曹操應了一聲。

只見陳宮與徐佗並肩走了進來，曹操趕忙起身親自為他們引薦荀彧，三人都十分客氣。徐佗如今已是郡寺的書佐，把一卷竹簡擺到曹操面前：「回稟郡將大人，這就是本郡德才方正之士的名單，惜乎有些不在本鄉，動亂之際避難荊揚去了。」

曹操拿起來看了看：「避禍之人我不要，今天下洶洶，選舉孝廉應該擇胸懷大志之人，不能光找那些好立虛名的人。」

「諾，在下明白了。」徐佗噓了口唾沫，這些日子他已經深感這位主子比之當年更難伺候。

曹操看了會兒，突然把竹簡往旁邊一摔，喝道：「全都不行！」

徐佗嚇了一跳，趕緊跪下了。

「你是怎麼辦事情的？」曹操騰地站了起來，「這是才德之士的名單嗎？這是官戚簿！除了世家之後就是官員子姪，一大半還都躲得無影無蹤，這等百無一用的繡花枕頭，我要他們何用？」

荀彧見他生氣了，趕緊勸慰道：「將軍息怒，徐書佐立的這份官戚簿也不是沒有道理。現在混亂之際，各家牧守都在想辦法拉近關係結為進退之友，舉薦郡屬官員的子姪為孝廉可以授予他人恩惠，既而因此結為盟友。」

「酸棗會師之際，哪個不是信誓旦旦的？那樣的歃血為盟尚且不牢，靠舉人家兒子為孝廉結成的關係就靠得住了？那些世家子弟有幾個名副其實的？」曹操說到這兒忽然意識到荀彧也是潁川世家子弟，馬上頗自然地補充道：「這些人裡能有幾個像文若你一樣的，是忠心為國的志士？」

「將軍過譽了。」荀彧低著頭謙讓。

徐佗跪在那裡哆哆嗦嗦問道：「那……在下……再去……」

「不用去了！」曹操一擺手，「你再七拼八湊弄一份也好不到哪兒去。這樣吧，我說了算，舉本縣魏種為孝廉。」

「魏種？」徐佗有點兒犯難，「可是他父母早就……」

「可是什麼？」曹操指著他鼻子道：「莫看人家的小門小戶，在黃巾之亂的時候以布衣之身立過功，這樣的人還不該重用嗎？難道只有孝敬自己爹娘才是孝，保全別人父母性命就不是孝嗎？」

「是孝，是孝。」明知他強詞奪理，徐佗也不敢頂撞，「不但是孝，而且是仁孝。」

荀彧、陳宮、戲志才見他還真會順藤爬，都不禁掩口而笑。

「那不就成了嘛！就是魏種了，你去辦吧。」曹操甩甩袖子。

徐佗趕緊爬起來，也不管拿來的竹簡了，簡直就是奪路而逃。

戲志才笑道：「將軍舉孝廉還真是別具一格。」

「那還不是跟戲先生您學的嘛！」曹操沾沾自喜，也學著搖頭晃腦道：「《呂覽》有云：『凡為天下，治國家，必務本而後末。所謂本者，非耕耘種殖之謂，務其人也』，我這正是求才養士，固本之道啊！」

戲志才不禁沉默：曹孟德已經摸透我這一套了，看來這筆買賣快要做到頭了。

陳宮這半天一直是瞧熱鬧不說話，曹操感到很詫異：「公台，你有什麼事情找我？」陳宮還是不肯明言，故意瞟了一眼荀彧。曹操知道他懷著提防之心，便道：「文若是特意從河北來投靠我的。來，我現在正式任命你為奮武司馬。」

曹操是奮武將軍，他任命荀彧為奮武司馬，足見親厚之意。荀彧卻是安之若素，只拱手道：「在下定不負將軍所托。」

「公台，現在沒有外人了，有什麼話直說吧！」

他這一手把陳宮弄得不太自在，但還是清清喉嚨道：「將軍，剛剛得到消息，劉兗州被黃巾賊殺了。」曹操、荀彧、戲志才聽罷都瞪大了眼睛，但誰也沒有說話。此刻與其說是驚訝，還不如說是不敢相信的驚喜。剛才還在為統一兗州犯難，有劉岱在，軟的硬的都不行。現在劉岱突然就死了，這不是一件天大的喜事嗎？

陳宮見誰都不說話，覺得氣氛很怪，但還是接著說：「黃巾賊殺死任城相鄭遂，然後轉而劫掠東平，劉岱不顧鮑信勸阻，貿然出戰致使大敗，在亂軍中被黃巾賊所殺。」

幾個人面面相覷，可誰都沒好意思表露出一絲興奮的感覺，最後還是曹操惺惺作態地歎息道：「可惜可惜……昔日劉公山也曾在酸棗會盟共討董賊，如今卻被小賊所殺，實在是可惜了。」這話真的是太假了，誰都知道當初在酸棗縣鬧得不歡而散，曹操甚至指著鼻子罵人家為豎子。此刻他說話隱惡揚善彷彿頗為和睦，但心裡想的卻是當初盟誓中「有渝此盟，俾墜其命」的報應。先是橋瑁心口不一遭了報應，現在也該輪到劉岱了。陳宮是個直性子人，見誰都不肯把這層窗紙捅破，便朗聲道：「這是個機會啊！州今無主，而王命斷絕，宮請說州中，明府尋往牧之，資之以收天下，此霸王之業也！」

曹操迫切地看著他，口上卻道：「我這樣不清不楚地去搶刺史之位，未免有失公允吧？」

陳宮雖然跟隨曹操時間不長，但頗為欣賞這位新長官，笑道：「今黃巾肆虐，州中不得無主事之人，若論才力，諸郡將何人能夠及君？」

戲志才實在沒興趣遮遮掩掩了，乾脆直截了當地問：「公台，此事你有把握嗎？」

「有！」陳宮侃侃而談，「今兗州八郡，將軍與張邈、鮑信莫逆之交，任城相鄭遂已死，泰山太守應劭也頗慕將軍，山陽太守袁遺不能自立已投河北族弟袁紹，八郡已定其六。在下又與州中要員萬潛、畢諶、薛蘭等相交深厚，我想此去必定遊說成功。」

三雙眼睛頓時掃向曹操，就等他一句話了。曹操來回踱了幾步，突然轉過身，咬著牙道：「既然如此，為了掃滅狼煙解民於倒懸，為了戡定兗州之賊亂，我就……我就毛遂自薦一次！」

「好。」荀彧點點頭，「現在正是袁紹與公孫瓚打得難解難分的時候，倘若將軍趁此機會入主兗州，那袁本初也無暇顧及，只能默許您之所為。」幾位高參都願意予以支援，曹操也可以安心行事了。他矜持地對陳宮說：「那此事就這麼定了。公台，你若能辦成此事，不獨為兗州戡亂之功臣，也是我曹操的恩人。」說著他竟長揖到地。

「不敢不敢。」陳宮趕忙起來，「在下必定竭盡全力輔保將軍，安定漢室天下。」看著他們信誓旦旦的表態，戲志才突然升起一陣不安：俗話得說好，得之易時失之易，難道事情真的會這麼簡單嗎？

諸人計議已定，曹操便回到了後宅，他有一半心思還在卞氏和兒子身上。到了後面一看，卞秉也不知什麼時候溜過來了，竟還帶著曹真、曹彬、曹丕三個孩子捉迷藏呢！

「別鬧了！」曹操喝止，「阿秉你過來。」

「諾。」卞秉現在越來越怕這個姐夫了。

「你現在已經是個校尉了，不忙著置備輜重，怎麼還有工夫哄他們玩呢？」

卞秉掃眉耷眼道：「今天的公務辦完了，過來看看姐姐，順便哄孩子們玩玩。這又怎麼了？誰不知道我是族裡的孩子王，在譙縣連子和兄弟都是我哄大的……」

不提曹純還好，一說曹操更火了：「你還有臉提子和，子和現在召集族人給我組織了一支虎豹騎，都是族裡能征慣戰之人。但是你幹了什麼？管兵器都管不好！」卞秉低頭，不敢再頂嘴。

「你們倆也過來！」曹操又叫曹真、曹彬，「你們天天就知道玩，丕兒四歲也罷了，你們倆都快十歲了，就不知道好好讀書嗎？對得起你們死去的親爹嗎？我像你們這麼大的時候，天天好好讀書……」他的話還未說完，就見東屋的門突然開了，卞氏接過了話茬：「你就睜眼說瞎話吧！我聽公爹說過，你十二歲的時候還鬥雞走馬，跟叔叔裝中風呢！他們是念了一天的書出來玩玩，你還有臉說他們！」

曹操見妻子把自己的老底都給揭了，擺擺手道：「去去去！願意玩就玩去吧！」見卞秉領著仨孩子又奔前院了，才低著頭走進屋，「當著孩子妳就不知道給我留點兒臉面嗎？要不看在妳懷著孩子的面上，我就……」

「你打！你打啊！」卞氏把小肚子一挺。曹操又把手放下了，見環氏抱著小曹彰咯咯笑，那邊丁氏推著織機也忍俊不禁，趕忙嘖聲道：「好男不跟女鬥。」信步走到環氏面前，捏著曹彰的小臉。

卞氏雖是側妻，卻連著生下曹丕、曹彰兩個兒子，甘居洛陽虎口掩護丈夫逃脫，現在又懷著身孕，所以她儼然是內宅的老大，拍拍他的肩膀道：「有件事想問問你。」

「怎麼了？」

「你和城南秦家那位姑娘算是怎麼回事？還有，你無緣無故摸人家的臉幹什麼？」

曹操臉一紅：「這又是妳弟弟說的吧？」

「別管誰說的，你是不是又看中一個？」卞氏一叉腰，「我們誰管著你了，想要就娶回來唄！」

「這事先不忙，慢慢來。」

丁氏推著織機冷笑道：「妹妹妳聽見沒有！慢慢來……人家早算計好了。」曹操走上前去，撫摸著丁氏的背笑道：「我的大奶奶啊，這織機真是妳的寶貝。從譙縣到陳留，又到武陽，虧妳還一直帶著它。咱家又不是買不起布，歇歇吧！」

「我有工夫歇著嗎？」丁氏忙個不停，「孩子越來越多了，真兒、彬兒也得有衣服，越不是咱親生的，越得對人家好。買來的布，哪兒有自己織的可心？」曹真、曹彬原本是秦邵的兒子。

「好，由著妳吧！」曹操知道她的脾氣，「昂兒呢？」

「咱兒子給安民姪兒寫回信呢！」一說到自己撫養起來的大兒子曹昂，丁氏眉飛色舞，「呂昭送來老爺子的信，順便也把安民給昂兒的信也捎來了，這小哥倆好著呢……」曹操靈機一動：「呂昭送信來了？」

「你放心吧，老爺子在徐州過得好好的。」丁氏已經安排得井井有條，「寫了回信再揀些東郡的特產，明天叫呂昭給老人家帶回去。」

「正好，有兩件事情我要與妳商量。」

「哦？什麼事這麼認真。」丁氏停下手裡的活。

「咱們大丫頭快十五了，夏侯楙也十三了，當年定下的娃娃親，也該過門了。」曹操正正經經道。

「嗐！現在都在一處，東門出西門進的忙什麼？」

「聽我的沒錯，趕緊準備，後天就過門！」曹操一句話就把事情定了，「還有，我也得給爹爹寫封信，我那個孀居的小妹也該找個人家了。我看任峻就不錯，相貌好人又憨厚，他妻兒都死了，不如把我妹妹給了他。」

「任伯達……」丁氏點點頭，「這人是不錯，倒也合適。」

「那妳們仨給她也去封信，嫂子說話總比我這個哥哥強吧！」

「好好好，這個媒我們保。難得你關心一回家裡事。」三位夫人不禁大笑。女人們可不明白曹操的心機——以聯姻的方式，鞏固自身和夏侯家、任峻的關係，入主兗州以後，部隊可能會越來越多，他必須要拉攏幾個最親密的心腹。

第十一章
入主兗州，獨霸一方

一日千里

初平三年（西元一九二年）夏，曹操又一次得到老天眷顧。

由於青州黃巾再次攻入兗州作亂，刺史劉岱貿然出戰兵敗身死，兗州陷入了群龍無首的局面。曹操的屬下陳宮看準了這個時機，前往濮陽遊說州中官員：「今天下分裂而州無主。曹東郡，命世之才也，若迎以牧州，必寧生民。」加之陳留太守張邈、濟北相鮑信、泰山太守應劭都全力給予支持，於是，曹操在擔任東郡太守不到半年之後，竟一躍成了兗州刺史。

因為既沒有朝廷的任命，也沒有袁紹的所謂表奏，陳宮生怕事久有變，如果再往返一次武陽可能會橫生枝節，乾脆又提議兗州治中萬潛、別駕畢諶隨他前往東郡迎接曹操。

鮑信對此十分關心，也率領兵馬趕來，沿途對陳宮等人予以保護。

曹操面對前來迎接的萬潛和畢諶，真是高興得快要蹦上房了，卻還得假惺惺地推辭道：「在下出身不良才力微薄，何德何能任此要職。今權且以彗代日，今後若有才德勝操者，我自當避位以讓。」

別駕畢諶眨麼眨麼眼睛：這話也太假了點，誰不知道你一到兗州就搶了王肱的東郡太守，若是劉岱不死，有朝一日難免你不會跟他來硬的；倚著袁紹這棵大樹，又有鮑信、張邈給你撐腰，到嘴的肥肉你豈會再吐出來？

治中萬潛年紀稍大一些，曹操當年任頓丘縣令的時候他恰好是東阿縣令，兩人都以愛民著稱，曾有不少公文往來，但今天卻是頭一次見面。萬潛脾氣乖戾，見曹操光說場面話心裡有氣，當即打斷道：「曹使君，現在不是說漂亮話的時候，兗州以東的黃巾賊鬧得厲害，你既然肯為刺史，就應該馬上部署平亂事宜。黃巾若定州郡官員自會甘服與你，若不然說什麼都沒用！」

這幾句話把曹操噎住了，他絕沒想到大名鼎鼎的萬縣令說話竟這麼直率，趕緊施禮道：「在下失言，還請萬兄原諒。」

「我原諒不原諒那都沒用，早日發兵滅賊，安定好州界才是最要緊的。」萬潛兀自不饒，嘟嘟囔囔道：「劉公山不納良言以至大敗，曹使君可不要步他的後塵。」

「是是是。」曹操瞧他神色不正也有些忌憚，轉而尋了一個友好的話題，「萬兄，我記得當年東阿有一位青年才俊名喚程立，曾為縣中效勞，此人見識非凡，不知現在如何了？」

一聽他說到程立，萬潛怨氣稍歇：「程仲德啊……中平鬧黃巾的時候他還出過不少力呢！可惜現在閉門在家不問世事，劉公山幾次想辟他為掾屬，他都不肯答應。田野埋麒麟，可惜可惜……」他搖頭不已。

「我也想請他出來幫忙。」曹操捋著鬍子道。

「好啊，曹使君與他共事過，或許能夠請動他也未可知。」萬潛和顏悅色，「改日我親赴其家，賣一賣我這點兒老面子。」陳宮在一旁見萬潛笑了，總算鬆了口氣，拱手道：「我看二位遠道而來一定辛苦了，我家大人臨行前也還要處理不少公務。二位大人請先行一步，館驛之中已經備下了酒宴，請你們先去用餐休息，來日公事已畢，咱們再詳細商議赴任事宜。徐書佐，有勞你帶路，領二位大人去吧！」

「哎呀，現在都什麼年月了，老百姓都填不飽肚子，還有心思破費酒宴，真是勞民傷財……」萬潛撇著嘴抱怨不休。

「萬兄，您就少說兩句吧！」畢諶都有些看不過去了。徐佗幫著畢諶連讓帶推，總算是把萬潛勸走了。

他們一走，曹操實在是抑制不住喜悅的心情了，對著陳宮深深一拜：「公台，你真是為我立下大功了啊！」

「不敢不敢，還是將軍為國討賊聲名遠播，才有今日之事。」

曹操依然興致不減：「我終於可以依文若之言，收兗州之人望，固中原之衝要啦！」

「將軍，在下有幾句話想提醒您。雖然他們肯來迎您，但是州中還有一些官員不願意。」陳宮考慮了一下措辭，「還有一些官員稍有些微詞，從事李封、薛蘭，部將許汜、王楷等都不太……」

「這我都能料到，」曹操一拂袖，「萬潛在我面前嘮嘮叨叨，還不是因為不甘心嗎？」

「萬潛倒也罷了，這個人脾氣怪、不合群，一向就是這樣。倒是那些貌恭心違的人，才真正需要小心啊！」

「嗯，小心那是當然的。我打算提拔幾個人，堵一堵他們的嘴。還得儘快平滅黃巾，好好賣點力氣。」曹操心中也曉得輕重，這個刺史說白了就是搶來的，既無名分又無資歷基礎，完全是因為別人肯出來捧場。各郡太守在兗州皆比他待的時間長，州中更有一些人是劉岱留下的親信，暗流湧動是必然的。

「將軍，鮑郡將來了。」戲志才、荀彧笑盈盈地把鮑信讓了進來。

「孟德，你我兄弟總算可以並肩而戰了！」鮑信搶步過來一把抱住曹操肩膀，「袁紹的酒喝著可好？」

「哈哈哈……規大河之南，你真是一言點醒我這夢中人啊！」

「你別奉承我啦！我方才與文若、志才二公說了半天話了，你可真是得了兩位賢才啊！」鮑信說罷又衝著二人作揖。

曹操深深點頭：「愚兄有今日之勢，實在是依仗各位的相助啊！來來來，都坐都坐。」

「對啦！」鮑信拉過後一個衣著古樸、相貌端莊的中年人道：「這位是我的朋友，鉅野李氏的李乾先生。」

「哦，下官失禮了。」曹操不敢怠慢，規規矩矩與之對揖。

李氏豪強可謂兗州一霸，他們世代居住在鉅野縣，可自中平黃巾以來，李氏豪強為了自保，整合族人鄉黨千餘家，一方面抗擊黃巾安定百姓、另一方面也修繕堡壘擁兵自重。此後天下動亂，擁兵的風氣也愈演愈烈，現在其勢力已經發展到臨近的乘氏縣、離狐縣，甚至公然占據縣寺，錢糧法令自作主張，成了劃域自治的地頭蛇。歷任山陽太守忌憚其威都不敢管，只得睜一眼閉一眼任其所為，連刺史都得辟用幾個李家的人才能安心辦事。

「孟德有什麼話大可不必隱晦，這位李先生可是我的莫逆之交。昔日我奉何進之命回鄉募兵，李家幫了不少忙。」鮑信倒是毫不見外。

曹操微微一笑，暗道：「鮑家出身其實也是泰山的土豪，過去鮑家哥四個在鄉里可謂橫行霸道，與老李家如出一轍，說好了你們是惺惺相惜，說不好聽的這也是臭味相投。我要是一入兗州不與僚屬相見，先結交地方土豪，這可太傷面子了！」可以這麼想，明面上卻不好推辭，只道：「久仰久仰！」

李乾面貌忠厚極為老成，開口便是豪爽之語：「我看將軍仁厚，索性就直說了吧！我李家自鉅野走到今天這一步實屬無奈，擁兵自重占據縣城也非乾個人所願啊！」他歎息一聲又道：「畢竟我們不是官，不是官走到今天那就是匪。上落一個賊父賊母，下得一個賊子賊孫，這樣一條道走到黑終究不會有什麼好結果。聽鮑二郎說您英武過人且心懷社稷，早晚能夠復興漢室，所以我想……我想……」

鮑信接過了話茬：「這有什麼難說，他想請孟德你收編李氏鄉兵歸為官軍，以後食朝廷的俸祿！」招安李氏豪強？曹操心想：這件事也好也不好，百足之蟲死而不僵，李家的勢力是不容易肅清的，那些鄉勇都是跟慣了他們的，想必就算招收，還是要用李家的人統領。這個李乾我又不熟，他是不是跟我玩心眼，變著法跟我要官來了呢？不至於，鮑信總不會害我的……

「這件事也不急於一時，」李乾明白他的難處，「實不相瞞，我雖是一家之主，但許多事情還要族裡人商量而定。能夠回歸朝廷是我個人的一點兒宿願，但是族裡的人卻思想不一。我有一位族弟李封正在州裡當從事，他就對這件事有些微詞，還有小姪李進素來好強爭勇，也未肯輕易依從……」

「既然如此，這件事還是日後再議吧！」曹操笑著打斷他的話，「不過十個手指頭伸出來難免不齊，最好是族裡的人全都點頭了咱們再談，也免得橫生枝節鬧得大家都不愉快。現在兗州東面黃巾肆虐，若是你們能率兵牽制敵人配合官軍，我想朝廷也好、州郡官員也好、百姓也好，都將對李家感恩不盡。」該說的話點到為止。

李乾也是聰明人，見曹操開出條件，馬上點頭道：「我明瞭大人的意思，一定回去整備兵馬，協助將軍一戰。」

「好了好了，這不就談妥了嘛！」鮑信頗為豁達，又仔細看看屋中每一個人，「現在也沒有外人了，有話我可就直說了。」

曹操知道他要分析兗州局勢，見他不把李乾當外人，自己也不便阻攔，便笑道：「還等什麼，我在這裡日思夜想，就等著你的高論了。」

鮑信右手食指彈著額頭，緩緩道：「兗州治下共有八郡，我在濟北、張孟卓在陳留，這自不用說，一向是支持你的。任城相鄭遂死了，也不必提了。你本人就是東郡太守，我想你不會傻到自己反對自己。」說著他自覺可笑，「至於泰山太守應劭，他給我的書信中提起當年你曾幫助過他，有這回事嗎？」

曹操想了一會兒：「哦……當初宦官之變，吳匡殺了何苗，想將其掾屬斬盡殺絕，樂隱已經被害，我救下了應仲遠。」

「那就妥了，救命之恩豈是尋常？應劭肯定會支持你。」鮑信說著有點兒興奮了，「應仲遠可是個了不得的人物！去年青州賊犯境時，他率文武與賊連戰，前後斬首數千級，俘獲生口老弱萬餘人。而且這個人學問忒大，撰過一部《風俗通》，注過班孟堅的《漢書》，身在軍旅還能手不釋卷，真是個文武全才！我鮑老二有武無文，可是比不上。」

「身在軍旅還手不釋卷，這我也得學學。」曹操不禁點頭，「等見到仲遠，我要好好與他談一談，今後仰仗他的事情還多著呢！」

「泰山郡自不成問題，不過剩下的濟陰、山陽、東平三郡可就不好說了。」鮑信又表情嚴肅起來，「濟陰太守吳資靠軍功起家，當初就不太買劉岱的帳，恐怕也不會服你。山陽太守袁遺北上投靠袁紹，劉岱改用了毛暉，這個人對劉岱感恩戴德不易撼動。還有東平太守徐翕，他是劉岱的心腹，這兩個人可能是最不滿意你來的。」

「沒關係，我誠心誠意待他們就是了，人心是會變的。」

鮑信又補充道：「至於州中官員大吏嘛……許汜、王楷是劉岱的部將，對這兩個人要小心，最好到濮陽後解除他們的兵權。再有就是薛蘭，他是前任東海相薛衍的兒子，在那裡有盤根錯節的關係，其子薛永在徐州牧陶謙帳下。再有就是……」他看看李乾。

李乾有點不好意思：「再有就是我那位族弟李叔節了，他這個人念過一些書，不太與族裡的人來往，和我比較疏遠。」

曹操暗暗記下這幾個人的名字，許汜、王楷、薛蘭、李封，沉思了一陣又道：「沒關係，只要我推心置腹，時間長了就好了。」回頭又囑咐荀彧和戲志才，「兩位日後可以與他們多多往來交流，咱們欲謀大事，還是要盡可能結交志士。」

荀彧聽他說欲謀大事，忽然想起西京的事，便道：「董卓死了，司徒王允現在遍傳檄文請各家郡守到西京接駕呢！」

曹操臉上似有惋惜之色：「董卓……這個老傢伙不明天下之勢，原本想做霍光的，最後卻險些弄成了王莽，自甘墮落死有餘辜。」

陳宮可不似荀彧那樣對皇帝一往情深，苦笑道：「即便董卓死了又能如何？現在這個時候誰都騰不出手來管皇上。袁紹跟公孫瓚打得難解難分，劉表與孫堅殺得你死我活，劉焉、袁術都在忙著當土皇帝……最可憐的還是咱們，幾十萬黃巾賊還擺在眼前呢！」

諸人歎息不已，曹操一拍大腿：「我決定了，暫且不入濮陽，先去擊退了青州賊人再說！」

「這不太……不太妥當吧，州中若是有變……」陳宮犯了難。

「我這麼做就是防止州中有變。」曹操起身，興奮地踱著步子，「現在多少雙眼睛都在看著我呢！既然當了這個兗州刺史，就要出力給大家看看，這樣才能得人心！我若是能夠出兵大敗黃巾賊，那時候不但州郡官員信服，就是平民百姓也會歸心。」

「好！我陪你打這一仗。」鮑信附和道：「咱們就帶著萬潛、畢諶一起去，讓他們看看你曹孟德的威風。我這就給我的司馬于禁寫信，叫他把大部隊儘快拉來。」

李乾也趕緊表態：「既然答應了使君，那我也回鉅野組織鄉勇。」

「好，後天……不！明天我就出兵，直接兵進壽張縣，直至敵鋒，務必一仗將他們打散！」曹操下了決定，「你們的人馬就直接進兵壽張就行了。」鮑信、李乾連聲附和，陳宮卻面有難色：雖然黃巾軍是烏合之眾，但是幾十萬大敵豈是輕易可破？這樣行事勝了固然好，但是為什麼不能先與州中諸部聯絡一下呢？把州中部將棄之不用，會不會反使矛盾加深了呢？

荀彧小聲嘀咕道：「志才兄，不知何故，在下心緒頗不安寧。將軍有志先破賊軍固然好，不過欲速則不達，此事是否過於偏激了呢？」

戲志才點點頭，卻無奈道：「兗州這是一鍋夾生飯，現在沒別的辦法，只能是大火去燒。將軍能不能被大家接受，那要看天命了。」

痛失摯友

兗州軍與青州來的黃巾軍對峙於東平郡的壽張縣，曹操與鮑信將軍隊的主力全都布置在這裡了，與此同時李乾也組織李氏武裝趕來援助。

此次黃巾侵擾與前一年的情況不同，上次主要是于毒、白繞、眭固等部有戰鬥力的起義軍，此番來的卻是百萬烏合之眾。因為青州軍吃過公孫瓚的大虧，在河岸邊先後損失了十萬人，而此後公孫瓚的勢力又已經延伸到了青州境內，甚至任命屬下田楷當了青州刺史，此後又任命劉備為平原相，形成了鎮壓黃巾的大本營。所以這一次青州黃巾與其說是侵擾兗州，還不如說是整個遷徙到了兗州，大部分是走投無路的婦孺老幼。

曹操進駐壽張的當天，心裡就頗為不快，身在東平郡界內，只有縣令逢迎，東平太守徐翕竟然不來支援，這明擺著就是不承認曹操這個刺史，還不如李家土豪呢！

「孟德，咱們打好這一仗，只要滅掉黃巾賊情勢就會好起來，到那時候看誰還能不服？」鮑信一直在勸慰他。

陳宮卻道：「若依在下之見，倒不如我去走一趟，曉之以利害，請徐郡將發兵來助才好，畢竟這裡是東平地面。最好再請許汜、王楷等部前來接應，大家有什麼話不能攤開了好好說嗎？」

曹操有些猶豫，但是一轉眼看見萬潛、畢諶，他倆就穩穩當當坐在大帳中，心想一定要這幫人看看自己的實力，便客氣地回絕道：「公台之意我已明瞭。不過東平與州中諸部都是久戰之師，前番又吃了場敗仗，將士恐怕已感疲憊，現在還是不要再給他們添麻煩了，本刺史親自來打這一仗。」

曹操故意把「本刺史」三個字咬得很清楚，就怕別人聽不見。

陳宮還欲再勸，荀彧一把揪住他嘀咕道：「將軍之意已決，公台無需多言。此番對戰將軍欲示威於人，必不肯求兵州郡。咱們暫觀成敗，隨機應變便是。」

陳宮歎了口氣，他畢竟是兗州本土的官員，見曹操如此行事心裡不大痛快。鮑信卻依舊信心滿滿：「現在黃巾主力離縣六十里，有時也會有百八十人的隊伍來試探我們。我在想，今既屯兵於壽張，乃是敵鋒所在。咱倆且去瞧瞧縣東的地形，也好籌劃著排兵布陣。」

「對。」曹操很聽他的話，「對付這些烏合之眾可要以整破亂、一戰而定。出手就讓他們吃一場敗仗，他們就會士氣低落人心思退。《孫子》有云：『地之道也，將之至任，不可不察也。』」說到這兒曹操突然想起了什麼，趕緊來到帥案前，展開他平日注解的《孫子》，翻到講地形的那一卷，提筆在「有陷者」後面注道「吏強欲進，卒弱輒陷，敗也」，寫罷將筆一扔又接著說：「現在的形勢就是要陷敵，他們的首領雖然叫囂欲戰，但是烏合之眾缺乏訓練進退不靈，還有他們的武器輜重也不敵咱們，所賴只是人多。所以咱們要因地制宜，考察好地形，進而一戰成功！」

此言一出，就連萬潛、畢諶都不住點頭：論打仗，曹孟德勝過十個劉公山啊！

「既然如此你們馬上出發，帶些兵親自查看一下地形。」鮑信說著就已經站起身來了。

「且慢！」戲志才趕緊阻攔道：「二位都是軍中統帥，不宜親自領兵涉險。」

「這倒無妨，斥候早已探聽明白，縣東五十里之內沒有大敵，若是小股的賊人，還不夠我的人塞牙縫的呢！」鮑信一臉愉悅，「我與孟德皆是幾度出生入死的人，哪兒把這點兒危險放在心上。」

「不錯！我與鮑信一同去，也好商量些戰術對策。」曹操說著便取過兜鍪，「樓異、王必，就讓子和帶我的虎豹騎護衛，咱們一同出東門。」

眼望著他們雷厲風行的作風，萬潛伸出大拇指：「這才像個州將嘛！我是看好曹孟德了。」

出了壽張縣城，曹操與鮑信各帶親兵而行。眼見城廂之地荒蕪雜亂，民房都被拆去修城牆了，曹操歎息不已：「此是百姓，彼亦是百姓，何必要紛爭掠奪，征戰不休呢！」

鮑信笑道：「此是大漢之臣，彼亦是大漢之臣，又何必要紛爭？」

曹操無語。

鮑信可沒他那麼多感慨：「你呀，最大的毛病就是腦子不歇著，想的事情太多。現在不到四十歲就如此胡思亂想，以後老了還不得活活愁悶死你？率性而為才是真漢子，你太放不開了。」

曹操轉臉看看鮑信：三十歲出頭的年紀，膀闊腰圓，身段俊朗，頭戴虎頭盔、斜插雉尾，身穿黝黑的鐵甲，披一件大紅色戰袍；腰繫八寶玲瓏獅蠻帶，寬鬆的紅中衣，有護腿甲，足蹬馬靴，身背一張畫雀大弓、豹皮箭囊。微黑的健康膚色，方面大口，鷹鈎鼻子，龍眉鳳目，大耳朝懷，一張海口微笑著，露出潔白的牙齒。坐騎是一匹暗灰色高頭大馬，鑾頭上掛彩穗，繫著鈴鐺叮叮作響——此人此騎神氣非凡，這樣的良將，這樣的英俊人物，簡直是從天而降！

曹操不禁讚歎：「論起瀟灑我可比不了你鮑二郎。」他自己是矮個子，胖身子，白面皮，塌鼻梁，還有一點兒翻鼻孔。若說俊朗，曹操唯有一雙眼睛顧盼神飛，再有就是有一對雁翼般濃密的眉毛，眉上有顆朱砂痣。橋玄當年說過，眉上生朱砂痣乃是大慧之相，這也成了曹操平日給自己寬心解慰的一個理由。

「孟德，」鮑信一聲呼喚，打破了曹操的遐想，「有件事我一直想跟你說。」

「說吧！」

「我要是有一天戰死了，希望你能照顧好我的妻兒。」

曹操白了他一眼：「還說我想得多，我看你們全都比我想得多！前些日子在內黃打於夫羅，張孟卓就說他要是死了妻兒託付與我。今天你又來這麼一手，咱這兒打著仗呢，少說這種不吉利的話。」

「是啊，算我心恙胡言。」鮑信嘿嘿一笑，「這一仗若是打完了，下一步你有什麼打算？」

「跟你不用藏著掖著，我打算把州裡的事務好好整頓一番，然後定青、徐二州之亂，順便將公孫瓚的人趕回大河以北。穩固好後方，立刻揮師西進，到西京迎大駕東還。」曹操得意洋洋。

「皇帝回不回來我看就那麼回事了。」鮑信撇撇嘴，「如今關東打成一鍋粥，恐怕不等你安定好兗州，袁術、孫堅就要殺過來了，這亂子哪兒有個完呢！」

「袁公路塚中枯骨，孫文台一勇之夫，我又有何懼哉！」曹操桀驁不馴的勁頭來了，「別人面前咱夾著尾巴，跟你有什麼說什麼，只要我在兗州站穩，誰也別想再打敗我，他們全不是我的對手！」

「嘿！你這話可真夠大的，半年前你還在袁紹手下忍著呢，今天得志就放這樣的狠話。你可別忘了，天下之大英雄輩出，今天你能一飛沖天，說不定日後就還會有別人突然一鳴驚人呢！或許現在就在某個人帳下，只是還沒機會嶄露頭角而已。」

「是英雄我就與他同舉大事！」曹操森然道：「若不能為我所用，那就……」他沒有繼續說下去。

「孟德，你想當皇帝嗎？」鮑信輕描淡寫地問。曹操差點從馬上掉下去，緊拉轡繩穩住心神道：「你怎麼突然說這沒頭沒尾的話？」

「沒事兒，我隨便問問。袁紹、袁術都想當皇帝，我摸不清你是什麼意思……」鮑信瞧他不住地搖頭，趕緊轉移了這個尷尬的話題，「對啦，我再向你推薦一個人。」

「何人？」

「他叫毛玠，字孝先，是陳留平丘人。戰亂之際去過荊州，看不上劉表的做派，又去了南陽，一看袁術更扎眼，索性就回來了。」

「這樣的避亂之人車載斗量，算不得什麼。」曹操笑道。

「你可千萬別小看這個毛玠，聽人說這傢伙有慧眼！」鮑信玩笑道：「說不定他用那雙慧眼一看你，你就能成大業了。」

「行啊，改天我見見。」曹操舉目望去，一片荒野之間還有不少的山嶺丘陵，「這東邊的地勢是不太一樣。」

「你在豫州中原長大，不瞭解這邊的情況。自東平郡往東都是山巒與平原相接。等過了青州地界，大部分就都是山嶺了，一片連一片的，特別是沿海一帶，要是有萬八千的土匪分散隱蔽，根本就找不著。」鮑信正說著眼睛一亮，用馬鞭直指前方，「這個地方好，離城不算遠，可以布陣臨敵。對面又都是坑窪起伏的地帶，黃巾軍不通兵法，引他們到這裡打，然後附近的山巒可以設置伏兵。」

「不錯。」曹操很滿意，「有這等用兵之地，劉岱尚不能勝，真是無能啊！」

正說話間，身邊的樓異突然喊道：「將軍！那邊有一個小賊。」

果然，前方山嶺間隱約出現一個黃巾包頭的敵人，而且還騎著馬，似乎是偵查的斥候。鮑信一見來了精神，立刻摘下弓箭擎在手中，喊一聲：「你給我下來吧！」一支雕翎箭順勢而出。眼見離著百步之遙，竟正中那廝脖頸。

「好箭法！」軍兵無不稱讚。

哪知這一聲喊完，突然從山坳中湧出百十名敵人來，個個是黃巾包頭，手拿砍刀、木棒。曹操不敢怠慢：「虎豹騎聽令，給我……」

「不過百餘人，殺雞焉用宰牛刀，看我的吧！」鮑信催馬帶著五十名親兵就衝了過去。他的馬隊趟入黃巾賊中猶如虎入羊群一般，立時槍刺刀砍血光一片。

那些賊人可慌了，眨眼的工夫躺下二十多個，剩下的好似捅了馬蜂窩，亂成一片，有不怕死往前衝的，有往土坑裡趴的，有轉身踉踉蹌蹌逃跑的。鮑信越戰越勇，一擺手中長矛：「兄弟們跟我追啊！」

「窮寇莫追，回來吧！」曹操笑著嚷道。鮑信似乎沒聽見，帶著他那一小隊人馬直往正東追殺下去，所過之處死屍一片。忽然間，又是一陣喊殺聲，自山坳中又殺出一群賊人，還是百十餘人。鮑信哪把他們放在眼裡，左衝右突如入無人之境，再次把敵人攪了個人仰馬翻。

「鮑信真是難得的勇將！」曹操看著他大顯神威不住感歎。就在這時候，喧鬧聲不對了，嗡嗡沉沉震人耳鼓，敵人自山坳中不斷湧出。「不好，斥候探聽有誤……鮑信！快回來！」

哪裡還回得來！霎時只見人群似風吹麥浪般湧了過來，這次不單單是山坳中，漫山遍野全都是敵人，有騎馬的、有騎牛的、有步行的，拿刀槍棍棒鋤頭扁擔都有，頃刻間將鮑信裹在陣中，黃巾軍大隊人馬突然開到眼前了。

「衝啊！救鮑將軍！」曹操揮舞配劍當先往前衝，虎豹騎各個奮勇迎頭痛擊，黃巾兵似割麥子般齊刷刷倒下一排，可是緊跟著後面的敵人又殺到了。這些亡命之徒見曹操人少可來了勁頭，圍著虎豹騎死纏爛打，有的竟然結成隊伍橫在馬前抵擋。沒辦法了，諸人掄起兵刃砍瓜切菜一般地劈。可是敵人絲毫不退，而且越聚越密。剛開始大家還毫無懼色英勇奮戰，但畢竟敵人太多，諸人累得鼻窪眼角熱汗直流，戰袍都被血水浸透了，黏糊糊裹在身上，胳臂累得都快抬不起來了。

王必抬頭望了一眼徹地連天的敵群：「將軍，快走吧！再不走咱們全完了！」

「鮑信呢？鮑信在哪裡？」

「走吧……」王必嚷道：「鮑將軍沒救了。」

「鮑信不能死！」曹操還欲向前，「快救鮑信！」

「來不及了，快走吧！」樓異拉住他的韁繩：「撤退撤退！」

黃巾賊已經把他們圍在了垓心，兵丁們保著曹操死命往外突，有不少人被刺落馬，立時被他們湧上來剁成肉泥。樓異衝在最前面，舞動長矛，當棍子使，勉強撥開一條路；王必保著頭暈眼花的曹操，死死拉著他的韁繩；曹純領著人在最後，一路走一路招架，死的人越來越多。

所幸黃巾軍以步兵為主，又沒有固定的作戰陣勢，終於被曹軍衝出一道口子。

曹操、鮑信共帶了一千人出壽張，成功突圍的只有一半。黃巾兵依依不捨在後追趕，箭支自耳邊嗖嗖飛過，大家不敢回頭，一路向西。逃了不遠，只見旌旗漫天，壽張屯駐的大軍來接應了。曹操一猛子扎入自己的隊伍中，跌下馬來。萬潛、夏侯惇連忙扶他起來，而前方官軍已經與黃巾軍短兵相接。

曹操氣喘吁吁爬上馬，舉目向對面望去。只見黃巾兵漫山遍野，向自己的陣營闖了幾闖，終於無力地敗下陣，又似蝗蟲般紛紛退去，自相踐踏死者無數，但是其中卻再也尋不到一身紅袍的鮑信。

壽張之戰不能說是一場敗仗，因為黃巾的損失遠比官軍的損失大得多。但曹操最好的朋友，一直被他視為膀臂的鮑信卻再也沒有回來。戰後曹操命士兵對戰場進行了無數次的巡查，但是活不見人死不見屍。曹操甚至向敵人宣布，以重金求贖鮑信的屍體，但是仍舊沒有任何消息。最終，曹操只能請良匠用木頭仿照鮑信的模樣，雕刻了一具屍體置於棺槨之內。

曹操愣愣地望著這口棺材出神。亂世淹沒了多少英雄才俊！當年鮑鴻身為下軍校尉，領兵出征被宦官蹇碩害死；鮑忠幫助王匡對陣孟津，死在亂軍之中；鮑韜在汴河激戰，被困在山上亂箭射死；如今二郎鮑信為幫自己討黃巾也沒了，而且連屍首都找不到。這世道真不公平，那些野心勃勃的狂徒都活得有滋有味的，死的卻是這等忠肝義膽的義士！

他猛地又想起來，十多年前橋玄曾經囑咐過鮑信：「為將也當有怯弱時，不能自恃勇猛。」今天這句話算是徹底應驗了。

曹操突然俯下身抱住那口棺材：「二郎，我喊你你為什麼不回來？你怎麼就不記得老人家囑咐的話呢！你說話呀！你出來啊！」喊了兩聲才想起裡面裝的僅僅是一塊木頭。在場眾人看得恐怖，都以為他瘋了。夏侯惇與戲志才趕緊一左一右拉開他。

「我沒事……」曹操一臉的失落，「我與鮑信相交十六年了，從來沒有一件事我們倆的看法不同。在洛陽的時候，在汴水的時候，哪怕我在袁紹帳中的時候，他一句『規大河之南』點醒了我。現在就這麼去了，這跟砍了我的胳臂有什麼分別啊！這不是要活活疼死我嘛！鮑信……我的好兄弟啊……」不知不覺間淚水已經簌簌地流下來，滴在那口薄薄的棺材上。

「報！」一個小兵跑了過來，「黃巾賊有戰書到！」

陳宮不想在這個時候又給曹操再添心病，趕緊一把搶在手裡。

「把戰書給我！」曹操的悲傷化作一股怒火。

「將軍，這……」

「給我！」曹操又吼了一聲。陳宮猶豫了一陣，還是將它遞給了曹操。他擦了一把眼淚，朦朦朧朧地瞅著這份字跡七扭八歪的戰書，看黃巾賊到底會用怎樣的惡毒的語言來辱罵自己。但更可惡的是那根本不是檄文，而是黃巾軍對曹操的「招降」書：

昔在濟南，毀壞神壇，其道乃與中黃太一同，似若知道，今更迷惑。漢行已盡，黃家當立。天之大運，非君才力所能存也。

這封信其實是指出曹操當年任濟南相的時候，曾下令搗毀朱虛侯劉章的祠堂廟宇，這符合黃巾太平道的教義，希望可以此為契機招攬曹操成為太平道一夥的人。曹操大喝一聲，狠狠把這封信往地上一扔，又踩上一腳：「把來者給我宰啦！」

「兩國相爭不斬來使。」陳宮勸阻道。

「呸！什麼兩國相爭？他們是畜生！是惡賊！」曹操眼睛瞪得血紅，歇斯底里地喊叫，「我要把這些人都斬盡殺絕，為二郎報仇！要剖腹摘心，用一萬顆腦袋來祭奠亡靈！」

他跳著腳不停咒罵，兩眼迸射出凶殘的光芒，簡直像一頭受傷的惡狼。所有的人都被這場面震撼住了，紛紛低下頭不敢再看他一眼。

好半天，戲志才低聲道：「將軍且息怒，黃巾賊不可盡斬。」

「你說什麼？你再說一遍！」曹操也顧不得他是誰了，一把揪住他的脖領子，伸手就要打。

戲志才面無懼色道：「《呂覽》有云：『凡用民，太上以義，其次以賞罰』，將軍還要治理兗州，萬不能殺戮過甚。」

曹操壓住火氣沒有動手，此時荀彧也走過來勸道：「將軍，你若是想讓百姓歸心就不能將黃巾斬盡殺絕，因為這有礙您的仁德，難道你要與公孫瓚那等凶殘小人淪為一等嗎？咱們打好這一仗，務必要使亂民臣服，如此才能定兗州之民心，進而圖興漢之大業啊！您難道忘了您生平的抱負了嗎？」

曹操緩緩鬆開戲志才，失魂落魄般轉身撲倒在棺材上，號啕大哭：「鮑信……好兄弟啊……嗚嗚……哥哥對不住你啦……」

撕心裂肺哭了好久，一位將官突然走到曹操身邊跪倒：「在下于禁，是鮑郡將帳下司馬，跟隨郡將多年了。鮑郡將生前多次向我們說起，使君您大義凜然智勇雙全，我等今後願追隨使君，任您調遣驅馳。現今之際大敵當前，還望使君千萬節哀，平賊事務要緊，您的身體要緊。若是您身體有礙，鮑郡將九泉之下也不會心安的。」

這番話還真管用，曹操抹抹眼淚道：「好……好……埋葬將軍，咱們去部署好這一戰。」夏侯惇幫著于禁一左一右將他攙扶起來，又安慰他一番。曹操歎了口氣，特意多瞅了于禁一眼：這小子雖是廝殺漢，卻挺會說話的。

一言亂國

就在曹操痛哭他的好兄弟鮑信的時候，遠在弘農的陝縣，一幫形似鬼魅的人剛剛完成了一場屠殺。董卓女婿牛輔的部將李傕、郭汜剛剛從河南撤回，在陝縣張濟的大營確認了董卓的死訊。

董卓死的時候，文武歡呼不已，百姓歌舞於道。長安城中士女賣其珠玉食酒肉相慶。西涼部將胡軫、徐榮等當即謁闕請赦，帶領兵馬殺至郿塢，將董卓一家老小全部族滅。自塢中抄出黃金三萬斤、白銀九萬斤、玉器珍寶堆積如山。董卓曝屍街頭，被百姓點了天燈；而其家人的屍體，都被袁氏門生大火焚燒挫骨揚灰，以報太傅袁隗滿門被殺之仇。

隨著董卓的死，涼州部的兵馬漸漸分崩離析。有的逃亡在外，有的投降長安，只有李傕、郭汜、樊稠、張濟等人還在陝縣。而更可惡的是，他們的將軍牛輔，身為董卓的愛婿竟不管大家死活，謀害了同為西涼部的將軍董越，攜帶著金銀珠寶自己跑了。現在幾個大老粗必須自謀出路，考慮到誅殺董卓的王允、呂布都是并州人，所以李傕等下令將郿縣駐軍中的并州人全部殺光！

一時間刀光劍影慘叫震天，所有的并州人乃至匈奴人、屠格人都死在了同夥的刀下。整個大營就像一個屠宰場，千餘人遇害，死屍橫七豎八倒在血泊中。現在軍心浮動，根本無人顧及掩埋，只是忙著從他們身上拔下鎧甲衣衫。就在血腥刺鼻的中軍帳裡，那幫涼州部的將領正在商量下一步的計畫。

「他奶奶的！我就知道這些并州人靠不住，當初就應該把那幫人跟丁原一塊宰了！呂布小兒無情無義，簡直就是個狼崽子，我就不信他有什麼能耐！當初老頭子就應該讓我帶兵保護他，偏偏選了那個小白臉！」郭汜是馬賊出身，他打著赤膊、光著滿是血汙的大腳，倚在一個角落裡，與其說是罵呂布，還不如說他在發洩嫉妒的心情。

「老頭子為皇帝小兒何止打了百餘仗，不就是燒了洛陽、殺了些人嗎？何至於就被王允害死！」在李傕這個武夫心中，火焚國都戕害大臣都只不過是小事一樁。「他媽的，若依著我，當初真該把洛陽城裡的人統統殺乾淨！」

「王允說了，首惡已除，西涼人無罪。」張濟比他們穩重得多，「咱們似乎應該遣散軍隊到長安去請降……」

「這種鬼話你他媽的也信！」一個磕磕巴巴的聲音打斷了他。講話的樊稠是個胡人，他領兵常駐西京一帶，董卓被殺死後，涼州部不少將領投降，只有他帶兵逃到了陝縣。

樊稠冷冷哼道：「咱們到長安請降馬上就會被殺頭。我聽說老頭子的屍體被他們點了天燈，咱們回去準被他們活剮了。」

張濟不贊成他的說法：「別這麼說，徐榮、胡軫都已經投降了，照樣統領軍隊，王允一根毫毛都沒動他們。所以我說，咱們還是派人再去一次長安，說不定能討到赦免書呢！」

「那是因為他們不是涼州人！」樊稠瞪大了眼睛，「徐榮那廝是遼東郡的人，胡軫是河東人，如果是涼州人那就必死無疑！李傕，你是北地郡的人吧？」

李傕撅著鬍子點點頭：「老子是涼州人，誰敢把我怎麼樣？」

「張濟，你是武威人吧？」

張濟輕蔑地哼了一聲。他雖然是涼州武威人，但家族世代為吏，遠比李傕、郭汜、樊稠這幫土匪出身高得多。既然自視為世家之後，當然不把這般粗人放在眼裡，做事情也規矩得多。

樊稠也懶得搭理他，又問：「郭阿多，你是張掖郡的人吧？」郭汜最煩人家叫他的匪號：「他奶奶的！我是張掖的土匪，怎麼了？你他媽還是屠格胡呢，說起來是并州人的近親，真他媽應該連你一塊宰了！」

「你他媽說什麼？再說一遍我先宰了你！」樊稠把刀拉了出來。

「就憑你？」郭汜在這些人中身手最好，一猛子蹦起來朝著樊稠的腦袋就是一腳。頓時，一個血糊糊的大腳印子出現在樊稠臉上——人也摔出去了，刀也撒了手了。

「你個王八蛋！」樊稠爬起來，捂著臉罵道。

「有本事你再罵一句。」郭汜又撲了過來，兩個人掐著脖子撕著臉皮就地滾了起來。

「都給我住手！」李傕咆哮了一聲，「人家還沒來殺咱們，咱們就他媽自己打起來了，成什麼樣子！再不住手，把你們都剁了！」

李傕在這些人裡跟隨董卓時間最長，手裡兵也最多，郭汜、樊稠都得給他面子，趕緊住了手，卻惡狠狠對視著，依舊對罵不休。

張濟斜眼瞥了瞥他們，輕蔑地問道：「樊盧兒，你說朝廷不赦涼州，是你聽說的還是親眼看見的？是不是因為你是屠格人，非要拉我們跟你一塊倒霉啊？」

「呸！」樊稠吐了一口血唾沫，「虧你們還都是什麼聖人鳥人之後，腦子一點兒都不好使。要是王允打算赦免涼州人，就一定要派皇甫嵩安撫涼州，可是他沒派，就是有問題。」這一句話算是觸到了根本，張濟也皺起了眉頭：「這倒也是……前番咱們遣使求赦，王允說正月時已經頒布過大赦令，朝廷有制度，一年不能兩赦——有這種規矩嗎？」

「你問我，我他媽問誰去？」

「咱們又錯了。」李傕齜牙咧嘴雙手加額，「不應該把并州人都殺了，現在他們攜恨絕不會再赦免了。王允、呂布都是并州人，恐怕這會兒他們已經調兵遣將了！徐榮、胡軫已經投誠了，他們表功心切也肯定會殺過來……」一股恐怖的氣氛環繞了這座血腥的大帳。沒有軍糧了，沒有靠山了，沒有統帥了，朝廷也不會再赦免了。所有氣勢洶洶的將領突然都沉寂下來，死亡的陰雲就籠罩在他們頭上。

「我們跑吧！」李傕打破了沉默，「回到涼州，呂布一時半會兒殺不到那裡。」

「我帶著隊伍回去當土匪。」郭汜拍拍腦袋，「不行，如今張掖在馬騰、韓遂手裡，我跟他們打過仗，恐怕不會讓我入夥了。」

「爹死娘嫁人，個人顧個人吧！」李傕一聲嚷，所有的將領司馬都慌了，眼看這幫人就要瓜分輜重糧草各自而去。

「你們這幫廢物，都給我安靜！」一聲斷喝鎮住了慌亂的諸將。只見從人堆裡擠出一個文士模樣的傢伙。此人四十多歲，個頭不高。面相溫和，白皙的面龐，修長的鬍鬚，身穿皂色文士服，青巾包頭，甚至還有些駝背——怎麼看都不像一個官拜討虜校尉的武官。

「賈文和，您也是武威人，這裡也牽扯到您的身家性命，對此有何高見啊？」張濟素知這個賈詡謀略過人，見他終於肯站出來了，趕緊笑著問道。賈詡似乎是嫌這裡太血腥，捏著鼻子嗡嗡道：「你們這些人都是白痴，一點腦子都沒有。」

郭汜罵道：「誰他媽沒腦……」

「你還想活命嗎？」賈詡睇著眼睛直勾勾看著他。也不知為什麼，素來驕橫不可小覷的郭汜，見到他那張毫無表情的臉竟不敢再抱怨了，低聲嘀咕道：「我沒腦子我沒腦子，您說您的……」

賈詡慢慢在帳中踱著步，緩緩道：「長安城中至今沒有消息，恐怕就是要盡誅咱們涼州部的人。你們要是棄眾單行，到時候就是一個小小的亭長都能拿住你們，這麼幹絕對不行。」

「那你的……你的主意呢？」郭汜磕磕巴巴道。

「我的主意？」賈詡捋著鬍鬚，「一不做二不休，倒不如咱們率眾而西，一路上收集涼州各部的散兵，攻打長安城！」

「興兵攻闕？」張濟嚇了一跳。

「不錯，咱們打著替董公報仇的名義攻打長安。如果能夠成功，咱們可以奉天子以征天下，誰敢敵之？若是攻不下來嘛……到時候咱們再跑也不晚。」

「行！就他媽這麼著了。」郭汜第一個站起身來，扯著脖子嚷道：「刀架到眼前咱還不拚一把嗎？這就是王八吞駱駝，吞進去是開天闢地頭一遭，吞不進去大不了脖子一縮繼續當王八。」

「你當我不當。」樊稠冷笑道：「既然幹咱就幹到底，大不了死在長安，我就不信王允、呂布有什麼本事。」說罷他眼盯著李傕。

李傕無奈地點了點頭：「好吧，事到如今也只好如此。京師不赦我等，當以死決之。若攻克長安，則天下能得；不克，且抄掠三輔婦女財物，西歸鄉里，這筆買賣也不算賠！」

郭汜嚷道：「說幹就幹，現在就起兵！」

「慢著，你們兵還是少。」賈詡打斷他，「先派人回涼州鼓動鄉人，就說朝廷要把所有涼州人都殺光，我就不信沒有人來投軍。」

「好，一切聽文和兄安排。」李傕恭恭敬敬道。

「都說完了還有什麼可安排的，難道殺人還要我教嗎？你們看著部署吧！還有，快把這裡收拾收拾吧。太血腥了，簡直是個墳場子，我可得出去透透氣了。」說罷，賈詡踏著血汙出了大帳，而身後瘋狂的叫囂聲傳得好遠好遠……

第十二章

曹操腰桿硬了，追著袁術打

招賢納士

賈詡一席話，涼州諸將可謂從善如流，立刻一同舉兵攻打長安，朝廷差出徐榮、胡軫率部抵擋，結果徐榮戰死、胡軫投敵。呂布派遣并州軍二次對陣，仍因寡不敵眾鎩羽而歸。

至初平三年（西元一九二年）六月，在剷除董卓僅僅兩個月之後，長安城陷落。太常卿种拂、太僕魯旭、大鴻臚周奐、城門校尉崔烈、越騎校尉王頎戰歿，吏民抵抗至死者達萬餘人。籌劃刺殺董卓的司徒王允、司隸校尉黃琬被害，僕射士孫瑞因處事低調勉強逃過一劫。西涼軍入城後再次掠奪宮廷與民間財物，將昔日曾被董卓搶奪過的珍寶重新瓜分。李傕自封為車騎將軍、郭汜為後將軍、樊稠為右將軍、張濟為鎮東將軍。長安又淪陷在西涼鐵蹄之下，與先前不同的是，李傕、郭汜這夥人只關心錢財和軍隊，不關心政治，以賈詡為尚書處理朝政。但是他們比董卓更加粗魯殘暴，視人命如草芥！

傳言就在城破之日，呂布率領手下兵將勉強殺至皇宮青瑣門下，招呼王允速速逃跑。王允執意不肯走，對呂布大呼：「蒙社稷之靈，上安國家，吾之願也。如其不獲，則奉身以死之。朝廷幼少，恃我而已，臨難苟免，吾不忍也。努力謝關東諸公，勤以國家為念。」呂布見他不走，只得自己奪路而逃。

司徒王允臨死前還在翹首期盼關東諸公，希望他們能回心轉意勤王救駕。可是他卻不曉得，當年信誓旦旦的關東牧守們早已忘記了朝廷，皆在各自的地盤上籌措個人的王霸之業。

就在王允為大漢王朝殉葬的時候，曹操正沉浸在美好的憧憬之中。他手扶著濮陽城的女牆，俯視著下面耀武揚威的軍隊，心中的喜悅溢於言表。在喪失膀臂鮑信之後，他痛定思痛，重新部署了平亂戰略，親帥兵馬因地設伏，並抓住農民軍日耕夜息的特點，晝夜發動會戰，終於將黃巾軍全面擊退。此後他率部東逐，分遣曹仁、樂進、于禁諸部緊追不捨，收復了任城失地，終於在年底全面將黃巾軍擊潰，受降義軍達三十餘萬，從中挑選精銳男丁編為青州兵。而且平亂過程中，他又獲得了男女流民百餘萬口，有了這些人耕作產出，軍糧問題也無需發愁了。

今天是個特別的日子，曹操的嫡系部隊、收編的鮑信人馬、剛剛組建的青州兵以及李氏豪強的鄉勇聚在一處，就在濮陽城下誓師演武。而各郡太守再沒有一個敢無視他曹某人的威嚴，紛紛率領人馬至此，共赴這場盛典。而就在曹操身邊，州郡官員恭恭敬敬侍立兩旁，時刻等待著他的調遣。

毫無疑問，整個兗州已經被曹操雄厚的實力所征服。他已經成了繼劉焉、袁術、袁紹、公孫瓚之後，又一個獨霸一方的人物。就連袁紹也不得不承認，趕緊派人捧來「詔書」，正式任命他為兗州刺史。

此時此刻，眼望著軍兵在將領的指揮下變換出各種隊伍與陣形，曹操志得意滿，臉上始終掛著笑。而抬首舉目而望，眼光所及之處皆是他自己的地盤，一片片田野、一叢叢密林、一座座山巒，這種號令一方的暢快感，簡直無法形容。昔日在洛陽北部把門的時候，他何曾預料到自己會有這麼強大的一天。

「使君之威可謂震懾四海啊！」

「有此兵力何患袁術、公孫之輩！」

「在下願效犬馬之勞。」

「曹使君真社稷之臣也。」

「此非獨使君之榮光，亦我等之榮光，兗州百姓之榮光！」

……

讚美聲縈繞在曹操耳畔，他扭頭看了看，是李封、薛蘭、許汜、王楷這一干州寺舊官。說得倒是好聽，但是真正心服了嗎？曹操試探道：「諸君，我有意來日發兗州之兵會獵青徐，拓東方之地，你們以為如何？」一旁荀彧、戲志才、陳宮相顧而笑，他們摸得透曹操的心思，他所道來日出兵是假，指鹿為馬倒是真的。

「我等願從將軍之意！」這些官員哪個敢說不。

忽有一個低沉的聲音與眾不同：「此舉萬萬不可！」

所有人都是一愣，見說話的原來是別駕畢諶。那些官員尚未得曹操信任，生怕他捋虎鬚連累自己，趕緊紛紛指責他敗興。畢諶卻毫不理會，朗朗直言：「使君進兵之意實在是太過倉促。一者兗州方息內亂，民生凋敝不可用兵；二者青州兵訓練未熟，戎裝上陣難免遇敵而潰；這第三嘛……」他看到曹操冷峻的目光正盯著自己，便不敢再說下去了。

人總是形形色色，這時候偏有膽大敢捅馬蜂窩的，一旁的萬潛瞧他不敢說了，高門大嗓接過了話茬：「這第三也是最要緊的一條，使君口口聲聲自托於朝廷，以忠良而自詡，怎麼可以奪人之地干犯他州呢？」這兩句話說得太重了，簡直把曹操的私心批得體無完膚，在場之人都腦袋垂得低低的，連大氣都不敢出一聲。

曹操則緊緊逼視著他們倆，森然問道：「這就是二公的看法嗎？」

「是。」萬潛不卑不亢作了個揖。畢諶雖感膽怯，但也點了點頭。

「哈哈哈……」曹操突然轉怒為喜，「說得好！說得好啊！」

除了荀彧三人，大家都呆住了，不知他是不是說反話。

曹操衝萬潛、畢諶深施一禮：「兩位真是金玉良言，曹某感恩不盡。」他回頭瞅了瞅呆立的眾人，「兗州之業草創，南有袁術東有公孫，皆非頃刻能敵，我怎麼可能現在就去攻打青徐之地呢？我曹操不喜歡一味順從，要的就是知無不言言無不盡，這樣才能治理好兗州之土。因為這不光是我曹某人的事業，也是列位大人的功名，更是天下人的安危，望列公三思。徐佗，你將這件事記下，回去後取我家私有的錦緞送與萬、畢二公。」

萬潛、畢諶可出了一身冷汗，此刻便不再推辭，躬身致謝；而那些一味順從之人卻滿臉難看。曹操也怕他們面子過不去，伸手挽過李封道：「叔節，此次平滅黃巾，你們李家出力非小，實為兗州百姓謀利匪淺。設使人人皆可推心置腹同舟共濟，天下事不難矣！」說這話的時候，他的目光很自然地掃向許汜、王楷。

這三個人皆欣然微笑，但心裡還是憤憤不平。許汜、王楷是劉岱舊部，曹操一到兗州，就將二人升為中郎將，可實際的兵權卻被削弱了；李封與族兄李乾的觀點始終不同，不甘心自己私鹽變成曹操的官鹽。他們都覺得曹操不過是做作表演，不能真正相信。

這時，城外的兵馬操練已畢，所有的兵丁高舉旌旗刀槍，呼喊保衛兗州，場面異常熱烈，聲音震撼天地。曹操摘下兜鍪向兵士招呼了一番，又回頭道：「好了，該看的咱們也看了，大家各自回去處理公事吧！一會兒咱們在館驛與各位太守及屬官飲宴，我還有件重要的事情要辦，就先行一步了。」

徐佗笑著提醒道：「今日諸位郡將大人都到了，您還有什麼事情要辦啊？不如先與大家見見面吧！」

「你不知道，鮑信曾向我推舉過一位毛玠先生，我已經派程立、魏種攜帶厚禮相請，辟他為從事。這會兒人恐怕已經到了，我得趕緊去見見啦！」說著曹操笑盈盈看了一眼戲志才，「志才兄，《呂覽》有云：『聖王不務歸之者，而務其所以歸』，沒錯吧？」

「咳咳，」戲志才咳嗽幾聲，緩了口氣道：「將軍舉一反三，我這點兒學問可賣弄不出來了……」

「我也是班門弄斧罷了。您好像咳嗽了一個多月，一定得保重好身體。」曹操拍了拍他的肩膀，便帶著徐佗下城而去。

「送使君。」李封、薛蘭等人紛紛趨身施禮相送，心裡卻極不痛快。曹孟德自入濮陽越來越重用私黨了，私自任命夏侯惇為東郡太守，舉魏種為孝廉，請程立出來效力，荀彧、戲志才處理州事，陳宮、樂進、于禁分割州兵，連公文往來都被徐佗壟斷了，現在又不問情由找來一個毛玠，這樣下去我們這幫人的立足之地何在？難道就心甘情願給人家當副手嗎？

曹操卻沒有工夫考慮這些，離開城樓馬上快馬回府。在這半年征戰中，他一直耿耿於懷的就是鮑信之死。為了彌補這個遺憾，他將鮑信的家人接到濮陽，撫養其子鮑邵、鮑勳，給予他們曹真一樣的待遇。此後他又想起鮑信臨死前曾推舉過陳留毛玠，趕緊叫魏種、程立兩人攜帶重禮前去辟用，尚未見面就先任命為治中從事。

都說百聞不如一見，這位毛玠卻是見面不如聞名。當程立、魏種興沖沖把他領進來的時候，曹操只望了一眼就覺得後悔了。這位毛玠不到四十歲，身高倒有七尺，身穿著粗布衣，面色蠟黃，鷹鈎鼻子薄片嘴，稀疏的肉梗子眉毛，鬍鬚又短又黃。所謂的「慧眼」倒是不小，但卻是一雙暗淡無光的死魚眼，空洞無神，更有一對下墜的大眼袋，誇張一點兒講，都快要墜到下巴了。

曹操自身容貌不佳，但對別人的要求倒是很高，見他這般長相，心裡就厭惡了三分，可還是很客氣地起身道：「聞毛先生前來，有失遠迎，當面請罪。」

「不敢不敢。」這毛玠說話的聲音嗡嗡的，鼻音很重，聽起來就像一口破鐘。

「請坐。」

毛玠大模大樣就坐下了，正襟危坐垂著他那雙死魚眼，一句話都沒有說。論理來說，既然接受了刺史的辟用，再老氣的人也得稍微客套一下，但這個人連場面話都懶得說上一句，不言不語在那裡一坐，氣氛頓時就冷了下來。

程立見狀，趕緊沒話找話：「孝先兄，人皆道你有慧眼，我看我也不差。當初劉公山幾次想要辟用我，我都沒來。可是一見到昔日的曹縣令，馬上就甘願驅馳，你說我這還不算慧眼嗎？」

毛玠揪著他那兩撇小鬍子，笑而不言。

這樣冷淡的場面曹操有些不快了，這個人有什麼本事恃才傲物呢？於是做作地問道：「毛先生，鮑信曾對我舉薦您，還說您曾到劉景升、袁公路帳下，都不甚滿意，敢問先生平生之志願？」

「在下平生從未考慮過什麼志願，」毛玠略微抬了抬眼皮，用那雙死魚眼瞅著曹操，「現在若說志願嘛……就是一心一意辦好上司交代好的差事。」

這算什麼志願，辦好差事是普通小吏該做的事情，費了這麼大的力氣，難道就招來一個小吏？曹操有些不客氣了：「先生未免太過謙虛，如果我隨便指派你差事，您能辦好嗎？」

「在下勉勵為之。」

「好，我現在交您一個差事……敢問先生，在下身處兗州四戰之地，如何才能成就霸業呢？」

曹操這就是故意為難他了。

只見毛玠緩緩起身，不緊不慢道：「今天下分崩，國主遷移，生民廢業，饑饉流亡，公家無經歲之儲，百姓無固安之志，難以持久。今袁紹、劉表雖士民眾強，皆無經遠之慮，未有樹基建本者也。夫兵義者勝，守位以財，宜奉天子以令不臣，修耕植以畜軍資，如此則霸王之業可成也。」

奉天子以令不臣，修耕植以畜軍資！

聞聽這樣的至理之言曹操驚愕異常，匆忙起身作揖：「先生一言若當頭棒喝、指點迷津，下官方才多有怠慢，請您莫要掛懷。」

「不敢不敢。」毛玠推手相讓。

「快快請坐。」

毛玠二次落坐，還是大模大樣正襟危坐，垂著他那雙死魚眼。曹操覺得這個人有點意思，原來這是個不愛說話的死腦筋，一肚子都是學問卻不善吐露，趕緊主動問道：「人道先生有慧眼，不知何意？」

毛玠微微頷首：「在下微末之士，又談何慧眼？這其實是友人謬獎。不過在下遊歷各地，有一些選任官吏的心得倒是真的。」

「願聞其詳。」

「大漢天下淪落至此雖是董賊暴虐，卻禍根已久。宦官主政、外戚干權，所選拔官吏多有不實。官者以道德而正世俗，吏者以才幹而理民事，這兩處要是處理不當，便不能使百姓歸心。考梁冀、王甫所任之官皆為諂佞，這樣的官再由他們選吏，也必然是汙吏酷吏。大漢長年用這等不堪之人，豈能沒有黃巾之亂？」毛玠頓了一下又說：「咱們以此為鑒，多多慎行。現在將軍已經總涉兗州之事，接下來就應該好好考察一下官吏了。首先觀出身門第，看看世家子弟有沒有依仗權勢不法欺人的，看看貧寒出身的有沒有貪贓納賄的，留其善者，棄其劣者。這還僅僅是第一步。」

曹操連連點頭贊許。

「然後，再觀其能。可以看一看文宗案卷，考察一下那些留有的官吏，是不是案宗處理得當，有沒有過錯失誤。當然，人非聖賢孰能無過，那就看看理事失誤多不多，該不該失誤。擇其優者或提拔或常任，劣者或貶或遷。」毛玠瞬著他那雙死魚眼，嗡嗡著鼻子又道：「再接下來將軍就要留心了，要仔細觀察官吏言行，再從那些處事得當的人裡優中取優。看看他們是不是據理審勢，有沒有真知灼見，能不能直言相爭，這樣的人挑出來，就是將軍後備的要員人選，隨著勢力事務的增加，將這些人提拔出來補缺，然後再尋新的人才。如此往復，稱職官員層出不絕，民事處理得當，那用兵便可無憂了。」

「哎呀！」魏種又伸出大拇指，「先生真是不愧慧眼二字。我看當這個小小州從事屈才了，您可堪一位選部尚書！」

曹操不禁感歎：「若是先生當年代梁鵠為選部尚書，我豈會僅到洛陽城北當一個小縣尉！」

「將軍之言差矣！」毛玠卻搖頭道：「用官選吏貴在資歷見聞，再有能力的人也應親歷其事積累經驗。若是在下擔當昔日梁鵠之任，將軍連個洛陽北部尉都當不上，先尋個小縣歷練兩年，看看政績再說吧！」

「哈哈哈……孝先兄直言不諱！」曹操心中賞識，這會兒聽他嗡嗡的聲音好似黃鐘大呂洪亮動聽，一點也不像破鐘了，「我觀您不屈權威秉公而行，有古人之風。那就請您替我考選官吏，把好這一關吧！」

「諾。」毛玠既不謙讓，也無虛禮。

程立笑道：「我看時辰不早了，將軍不可怠慢了諸家郡將。今天不妨談到這裡，我們先帶孝先兄到署衙去，順便將官衣印信付與他，今天就好好休息一下，過兩天再遷家眷。將軍您也速速更衣，館驛那邊可能都準備好了。」

「好，那咱們改日再談。」曹操彬彬有禮將毛玠送出大門，才回轉後堂更換深服。

錦繡的新禮服裁製得十分合身，由新納的秦氏娘子與愛妾環兒為他穿上，真是可心可人。曹操越發覺得神采飛揚，親自拿起小梳子，梳理自己的鬍鬚，一邊收拾還一邊哼著小曲。

卞氏挺著大肚子歪在一旁，忍不住笑道：「你今天可真夠得意的，莫非吃了蜜蜂屎，都快美到天上去了。」

「那當然了，兗州大定，兵強馬壯，又得了一位賢士。」曹操搖頭晃腦道：「前番我納荀彧之言，收兗州之人望，固中原之衝要。接下來的一步，我看要依照毛孝先之言，奉天子以令不臣，修耕植以畜軍資。」卞氏可不懂這麼多，只道：「這都是你們大男人的事。」

「半月之內就要生了，又要辛苦夫人了。」曹操信步過來，摸摸她的肚子，「妳說這是男孩還是女孩？」

「奴家想要個丫頭，都生兩個禿小子了。」

「我還是盼兒子，人言文王有百子嘛！」曹操認真道。

「光生孩子還忙得上別的事嘛？你別不害臊了。」卞氏笑著朝他腦門上一戳。

「奉天子以令不臣，修耕植以畜軍資……」曹操嘀咕道：「若這孩子仍是個男娃，就起名叫曹植吧！」

「一切都聽你的。」卞氏微笑道。曹操又摸摸卞氏的肚子，才笑呵呵去了。

禍根深埋

濮陽館驛在城外十里，這時候已經屯駐了一些兵馬，都是各郡太守帶來的隊伍，前來參與曹操的閱兵。他們各據一些勢力，原本是沒把這個從天而降的刺史放在眼裡的，但是後來曹操大破黃巾，收編義軍三十萬眾，要是再不規規矩矩就是自找倒霉了。所以聽說曹操巡閱兵馬，趕緊各自帶了一部分人來以示虔誠歸順。

陳留太守張邈、泰山太守應劭、東平太守徐翕、山陽太守毛暉、濟陰太守吳資眼瞅著酒宴擺上，卻誰都不敢入席，紛紛帶領屬官在館驛外垂手而立，恭候曹操到來。等了約有小半個時辰，才見旌旗耀眼僕從林立，這位大刺史騎著高頭大馬而來，左邊樓異、右邊王必，兩個大漢貼身護衛，身後還有曹純督著二百虎豹騎緊緊跟隨，個個頂盔貫甲罩袍束帶，手持刀槍威風凜凜——真不知這是擺宴還是示威啊？

曹操還算客氣，下馬作了個羅圈揖。其實這些人只有張邈與他相厚，但不論哪一派的，都是二百石的高官，畢竟頂著大漢命官的名義，還得不親假親不近假近地寒暄一番。

各郡部署有萬潛、荀彧他們招待，曹操臉掛笑容與郡守們攜手走入館驛正堂，卻見一人已經大吃大嚼半天了——正是張邈之弟張超。

張超身為徐州下轄的廣陵太守，本不該在兗州停留。但是他在酸棗舉兵以來，後院就起了火。廣陵郡有一陳氏家族，乃昔日太尉陳球之後。昔日沛國相陳珪，和他的兒子陳登，以及族兄弟陳瑀、陳琮都頗受當地百姓愛戴；後來徐州刺史陶謙派掾屬趙昱到西京覲見，董卓一高興，又賞趙昱為廣陵太守。

這麼一來，陳氏家族占據郡縣，趙昱受朝廷任命，人家有主有臣，把張超擠得無家可歸，只有帶領兵馬屯駐在陳留，守在兄長身邊。更可氣的是他的膀臂臧旻受命出使劉虞，半路上卻被袁紹錄用，當了名義上的青州刺史，率部與田楷對敵。眼瞅著別人都出息了，他心中鬱悶，不等諸人到宴就先喝起來。

大家都是溫文爾雅的，獨見他不講禮數坐在那裡，都不禁皺眉。張邈見兄弟失禮滿臉通紅，忙呵斥道：「孟高，你太失禮了，快給曹使君請罪！」

曹操趕忙攔住：「自家兄弟，不見外是看得起我。」話雖講得漂亮，但他對張超的看法很大。當初在酸棗縣會盟，張超不跟張邈一致，反擁兵不進，還與劉岱、橋瑁、袁遺這幫人攪在一起，曹操幾次想斥責他，但礙於張邈的面子沒好發作。今天看他膽敢如此，攔著張邈，半開玩笑道：「孟高兄弟大模大樣往這裡一坐，我還以為是哪家郡守呢！」

張超這人張揚慣了，拱手道：「孟德兄，小弟廣陵太守來赴此宴。」曹操請大家入席，又不冷不熱地說笑道：「我以為孟高賢弟已經戡平廣陵，大展宏圖了呢！沒想到叫人家逼得無家可歸了。」

張超的臉色由白轉紅，但壓抑了一陣，又潤色如常：「小弟確實無能，淪落至此落魄得很，還請孟德兄原諒。」

「愚兄玩笑而已，不必介意。」曹操聽他肯說軟話便滿意了，殊不知方才一言相戲，已經給自己埋了一場大禍。

大家見一進來就鬧了個小風波，趕緊各自捧酒相敬，沖淡這不愉快的氣氛。曹操感謝大家到來，挨個敬他們酒，走到應劭身邊的時候特意拉住他的手：「久聞仲遠兄博學多才，以後還要多多討教。」

「不敢不敢，使君對在下有相救之恩，在下敢不盡命！」

「過去的事情莫要再提了。」曹操一推手，「不知仲遠兄最近制何典章大作？」

提起著作應劭頗為興奮，輕撫飄逸的鬍鬚，笑道：「今西京二度陷落，朝廷頹敗綱紀不存。我有意修編一部《漢官儀》，說不定日後天子東還，需要重樹禮法的時候，能夠派上用場。」

你這想得也太遠了吧？曹操雖這樣想，但還是高高舉酒：「大學問大學問，操難望項背，兄長請飲。」

一圈酒敬下來，曹操回到自己的位子，忽然想起一件事，偏身對張邈耳語道：「孟卓兄，你得罪袁本初了嗎？」

張邈一愣，含含糊糊道：「前兩個月他致書到陳留，措辭驕縱蠻橫。我覺得他頤指氣使太過凌人，就會書駁斥了他一頓。」

曹操點點頭道：「這就對了……聽說他在磐河以麴義為先鋒大破公孫瓚，現在腰桿子硬了，說話也就不似先前那麼規矩了。他給我下詔書，策命我為兗州刺史的時候，讓我辦一件事。」

「什麼事？」

曹操衝著他耳朵低聲道：「袁紹叫我殺了你。」

嘩啦——張邈一哆嗦，手中的酒全灑了。

「孟卓兄，你緊張什麼啊？」曹操燦然一笑，「我當即就給他駁了，咱們何等交情，我以後出征還要以妻子相托呢！袁本初也忒無義，當初你也與他兄弟相稱，多少年的老交情，就因你說了他幾句話就要殺你，這個人實在是……」曹操覺得自己話多了，不該說這些挑撥是非的話，便趕緊收了口。

張邈按捺住緊張，強笑道：「那就多謝孟德了。」

曹操此刻似乎是被勝利沖昏了頭，張邈與他本不分內外，如今他一時多口搬出這件事，張邈便覺得心中不安了。彼此的關係不但沒有拉近，反而製造出了一道隔閡。曹操卻渾然不覺，兀自侃談道：「昨天剛剛得到消息，孫文台戰死了。」

張邈搖搖頭：「孫文台也算一員良將，可惜了。」

「劉表部下黃祖布下誘敵之計，用暗箭伏擊將其射死。」曹操說得得意洋洋，端起酒來抿了一口，「他這一死，袁術恐怕無意再南下了，說不定馬上就要掉頭北上。出豫州攻河北必經咱們兗州，尤其你所在的陳留更是衝要之地，孟卓兄要多加留心。」

「諾。」張邈隨口答應，卻不再多言了。

正在這時，徐佗忽然走了進來道：「啟稟使君，外面來了四個青州人，說是您的故交，要拜見您。」

「哦？這我得去看看，各位少陪了。」曹操施禮而起，侍立的樓異、王必怕有歹人行刺，也趕忙跟了出來。

曹操走出廳堂一看，個個都識得，是自己任濟南相時下轄的幾個縣令，張京、劉延、武周、侯聲，一色的青衣綸巾，背著包袱。昔日曹操任濟南相，奏免貪縱，這後來任命的都是大清官，今天見到他們來了格外高興：「諸位縣令大人，是你們啊！」

「拜見國相大人。」四人跪倒施禮，口中喊的還是昔日官號。

「快快請起！」曹操笑得嘴都合不攏了，「看樣子你們是來投奔我的，歡迎歡迎！」

張京羞赧道：「青州黃巾肆虐，公孫瓚又派兵割據，我們幾個不才，實不能保境安民，喪失城池無所歸屬。聞公安定兗州招賢納士，特來投奔。」

「好好好，你們都是我昔日的同僚，哪有不留之理？今後還要請你們幫忙，刷新此間吏治。」曹操此刻不方便多說，叫徐佗趕緊領他們進城安置，自己則回到廳內繼續招呼各位郡守。

「什麼事？」張邈雖與曹操相厚，但人心隔肚皮，此刻也怕他擺下鴻門宴，趕緊詢問。

「沒什麼，幾個故吏相奔。」曹操見他頗為拘謹，親自為他滿了一盞酒，又客客氣氣敬了大家。

不知什麼時候，陳宮已經不聲不響地走了進來，他俯身至曹操、張邈中間，低聲道：「二位大人，剛剛得軍報。劉表自破孫堅之後，遣兵東進斷絕袁術糧道。袁術南下不成有意北上，已派部將劉詳連結匈奴於夫羅，看來是經咱們兗州之地至河北攻擊袁紹。」

「來得好，他是要幫公孫瓚撐腰啊！」曹操瞇了瞇眼睛，「我與袁公路早晚一戰，既然他來了我就好好歡迎他，殺他個措手不及。」

陳宮又補充道：「為了這一步袁公路沒少費心思，公孫瓚命單經屯駐平原，徐州陶謙也有了動向，他的部隊似乎要進入咱的地盤。」

「哦？這是要對袁紹來個大包圍啊！」曹操滿上一盞酒，「好啊，陶謙也攪進來了，又多了一個敵人。」

「廢物再多也是廢物！」陳宮笑道。

「說得好！致書袁紹，咱們聯合起來，先破公孫瓚、陶謙，然後我再回手，得好好陪袁公路玩玩了。」

張邈卻插嘴道：「此事非同小可，還是先……」

「你放心吧，即便我先北後南也耽誤不了幾天，總之絕不能借道與袁術。」曹操頗為堅決，「孟卓兄，眾家割據之所以不能成勢，就是因為他們遠交近攻此消彼長。而咱們不一樣，兗州冀州譬如唇齒，我與袁紹實是背靠背與敵廝殺，怎能容別人傷我背後的朋友呢？」

言者無心，聽者有意，張邈的心裡直打鼓：你與我是朋友，你與袁紹也是朋友，現在朋友要你殺朋友，你要得罪哪一邊呢？袁紹可比我勢力大多了……

曹操可沒察覺自己的話有什麼不妥，回身對陳宮道：「你速速與荀彧、志才、程立、魏種回府商議出兵事宜，再叫徐佗草擬給袁紹的書信。待酒宴散了，我與萬潛、畢諶也馬上過去，今夜咱們好好商量一下對策。」說著他一挑眼眉，「孟卓兄，你也過來談談吧！」

張邈不敢接這個茬：「我郡裡還有些事，回去靜候調遣就是了。」

曹操聽他這麼說有些不痛快，但也沒說什麼，看陳宮還沒走，便責備道：「公台還不快去。」

「諾。」陳宮抱拳施禮，還是沒有走的意思，「還有一件事……那個……那個……」

「說！」曹操白了他一眼，「你怎麼也吞吞吐吐的？」

陳宮低聲道：「長安派京兆金尚出任……出任兗州刺史，現在他帶著隨從已到兗州地界。」沒有正式的名分，這就是曹操的軟肋。他當兗州刺史是袁紹代為任命，可是人家這個金尚是從西京拿著皇帝詔書來的，曹操相形之下便名不正言不順。他拿起酒來一口灌下，抹抹嘴道：「派人迎面攔截，把他給我轟走！」

「這不好吧，」陳宮一皺眉，「這個金尚金元休乃是京兆志士，素有賢名。您是不是可以把他找來談談，大家共舉大事，想必他也不會……」

「糊塗！」曹操瞪了他一眼，「他來後之後，我往哪裡擺？派人把他轟走！」

「諾。」陳宮很為難，因為金元休名氣甚大，與韋甫休、第五文休合稱京兆三休①，確實是個人才，生生把人家趕走實在不妥，便搪塞道：「他要是不肯走呢？」

曹操真急了，將酒盞往案子上摔：「那就殺了他！」

這一聲喊出來，在座之人全嚇壞了。他們都非曹操嫡系，本來就是提心吊膽來的，聽他這一嗓子還以為這是鴻門宴，紛紛離位，好半天沒動靜才戰戰兢兢又坐下。

陳宮是第二次見到曹操凶殘之相了，仍覺觸目驚心，忙唯唯諾諾而去。張邈把這番對話聽得清清楚楚，臉色已如死灰一般。

三逐袁術

西京朝廷為了避免中原混亂，尊馬日磾為太傅，請他與太僕趙岐持天子之節前往袁紹、袁術處和解。

由於形勢已變，大家都想與西京套上關係。這一次他們沒像胡母班那樣被殺，還受到了充分禮遇，但對於天下的和解沒有任何作用。

時至初平四年（西元一九三年）春，隨著袁術率師北上，更大規模的中原混戰拉開了序幕。後將軍、南陽太守袁術，派遣孫堅南下奪取荊州。本來戰事一路得勝，但孫堅疏於防備遭劉表部下江夏太守黃祖暗算，在南郡襄陽縣峴首山被伏擊而死，年僅三十七歲。隨著孫堅的死，劉表切斷了荊州至豫州的糧道，使袁術占領整個荊州的計畫徹底失敗。袁術南下不通便轉而北上，收留了被曹操逐出的兗州刺史金尚，將大軍進駐陳留郡封丘縣，並串通黑山餘部以及流亡單于於夫羅共同謀取兗州，進而與公孫瓚聯合，對袁紹形成南北夾擊之勢。

曹操曾對袁紹承諾，使兗州成為保護河北的第二道防線，到這一刻竟然真的應驗了。為了阻止袁術侵害河北，更為了保證兗州的自身安全，曹操配合袁紹迅速擊破公孫瓚、陶謙東面的聯軍，然後以最快的速度西歸，痛擊袁術的先鋒部隊劉詳。

劉詳一部本就只有幾千人，遠道而來將士又乏，見敵人竟能如此迅速地回援，軍心就已經波動起來。還未交戰，袁兵便大感不支，他們在南方未見過布陣使用那麼多騎兵，更沒有在開闊之地對抗強敵的經驗。最前頭的弓箭手還未搭上箭，曹軍就已經衝到面前了。眼見黑壓壓一片人海，舉著銀光閃閃的長槍氣勢洶洶殺上來，哪兒還有放箭的膽量？有的人乾脆拋下弓箭扭頭就跑，一人跑百人跑，也不知誰嘴欠，喊了一聲：「要命的來了，快逃呀！」那聲音尖得嚇人，後面的人更不知道

①京兆三休，指漢代金尚（字元休）、第五巡（字文休）、韋端（字甫休）。

怎麼回事了，還沒見到敵人就莫名其妙地跟著往後逃。

兩條腿哪裡比得上四條腿快，樂進、于禁、曹仁的先頭騎兵已經刺入陣中，袁軍立時被擠倒一大片。幾千人的隊伍只顧逃命，早沒有了陣腳，地理不熟難辨東南西北，自己人攪著踐踏起來。

曹操早就預料到會是這樣，親統大隊青州兵兜著前隊的屁股往前衝，敵人逃得倒是不慢，連影子都踩不著。卞秉就在曹操身後，越衝越覺可笑，不禁多嘴道：「我也隨將軍打過不少仗了，還未見過這麼不堪一擊的敵人。這些廢物算得了什麼，我看光叫前隊樂進他們去殺就夠了，大軍根本用不著動手！」

「多嘴！你懂什麼，這是先頭小敵。我擊劉詳，袁術必然來救，熱鬧的還在後面呢！」果然，一時間鼓聲如雷，漫山遍野的敵人霎時間殺到，看樣子比曹軍聲勢大得多，卻是什麼服色都有。「好極好極！」曹操不懼反喜，「傳令下去，大軍齊進，就追著劉詳給我打，別的敵人理都別理！」

青州兵都是農民軍出身，又沒有經過長期訓練，戰鬥力其實並不強。但是這會兒的軍令很明確，只要瞅準了前隊的馬屁股往前殺就行，這麼簡單的事情還做不來嗎？

不一會兒的工夫，曹軍就迎面楔入了浩浩蕩蕩的敵軍隊伍裡。這些敵人不單有袁術嫡系，還有於夫羅的兵，還有亂糟糟的黑山軍，戰鬥力有強有弱，陣勢本就不同，鬆散包圍而來，又沒有統一的調遣。劉詳是袁術部下，當然奔著袁術本陣逃，曹軍自然湧到袁軍主力跟前。袁軍見自己的先鋒敗了，就有點兒腿肚子轉筋；左右包抄的黑山軍不過是跟著起鬨的，哪有替袁術拚命的心；於夫羅是吃過曹操虧的，遠遠列陣於袁軍後面，等著坐收漁利。

這樣可就熱鬧了，黑山兵軍機渙散戰力頗低，只慶幸曹軍沒衝自己來，竟眼睜睜看著他們從身邊衝過，自己根本不賣力氣，頂多就是舉著刀槍從一旁乾比劃兩下。袁軍一潰再潰，前面的只知逃跑，把後面大隊都衝亂了；最後面的匈奴人也沒辦法了，他們是騎兵卻布在了後面，想幫忙就得先踩袁軍。有人盼著幫忙，有人就是不管，有人想幫都幫不上，數萬大軍竟成了一盤散沙。

曹軍此刻士氣大振，衝在最前面的樂進一見敵人建制已亂都往後躲，乾脆哪兒人多就往哪兒衝吧！後面的青州兵就管跟著前隊走，曹軍好似一條巨龍，在陣地中橫衝直撞。慘澹的日光下刀群槍林簇擁閃耀，袁軍被衝得四散奔逃，只能任曹軍恣意砍殺。黑山軍早就敵我難辨了，有往東的有往西的，慘叫聲、告饒聲、哭爹喊娘聲響徹天際，自相踐踏死者無數，天靈蓋被削得滿天飛，死屍在地上被踩成肉泥，到處都是黑紅的血泊。袁術帶著一部分兵馬奪路殺出，向封丘城逃跑；於夫羅早就跑得沒影了，他見勢頭不妙，生恐損傷自己人，連招呼都沒同袁術打一聲，不聲不響帶著他的騎兵溜遠了。

曹軍這一場大戰才打了個把時辰，但敵軍的屍體鋪滿大地，一眼望不到邊。其實絕大部分不是他們殺死的，都是敵人自相踐踏和誤殺的。卞秉掌管輜重，見軍械鎧甲滿地都是，這一次可發了，連忙下令收斂。曹操把手一擺：「東西跑不了，現在不能讓那些逃散的兵再集結起來，馬上給我包圍封丘城！」

大軍像潮水一般湧向封丘。袁術的膽子都嚇破了，大敗一場逃散過半，小小縣城豈能守住？不等曹軍繞城合攏，袁術打開南門帶隊就跑，什麼糧草帳篷全都不要了，屁滾尿流逃離封丘城。

曹操把劍一舉：「軍令不變繼續追！」

打仗打的是士氣，只要士氣一丟便不能再戰。逃的人越逃越洩氣，追的人越追越起勁，曹軍浩浩蕩蕩追著敗軍依依不捨，袁術慌慌張張逃到襄邑縣，不等自己人馬全部進入就關了城門，他哪知這是自投險地。襄邑本是曹操與衛茲討董卓的起兵之地，還不等曹軍追來，徭役百姓瞧出袁術大敗而歸，立刻就在城裡搞起了巷戰。袁術被鬧得暈頭脹腦，登城一望——曹操又要圍城了！只得再次棄城而走，這回不少殘兵都留下投降了。

曹操遙遙望見袁兵逃了，抬頭看日已轉西，料他地形不熟不能夜遁，趕忙下令：「接著給我追！」

事情到了這一步，那些當兵的與其說是打仗，還不如說是起鬨。幾萬人扯著嗓子又喊又罵又玩笑，根本就忘了疲勞，衝著袁術逃跑的方向就追。袁術腸子都悔青了，連他自己都弄不清為什麼要北上了，眼見糾集的近十萬大軍就剩下幾千人了，也顧不得身在何處，只管向著豫州方向逃命。轉眼間天色漸晚，只有一座破敗的古城映在晚霞中，地形不熟毫無選擇，只得硬著頭皮往裡闖，進了城便緊閉城門，只要是還跑得動的人全都上了城樓禦敵。曹操追到時天色大晚，士卒也鬧得差不多了，不可能再攻城，立刻下令包圍城池下寨。

別人倒也罷了，樂進正在興頭上，連軍法都不管了，闖入大帳喊道：「請將軍速速派我攻城！」

「文謙啊文謙，改改你那急脾氣。」曹操撚髯一笑，「此城乃太壽古城，幾乎已經荒廢。但袁術現在是困獸猶鬥唯有一搏，你要是現在攻城，他豈不是要跟你玩命？況且天都黑了，他們在上，咱們在下，殺敵八百自損恐有一千，咱們要吃虧的。」

這時于禁進來道：「稟報將軍，本部兵馬屯駐已畢，請您示下。」

「很好。」曹操頗為欣賞地點了點頭。

樂進心中不喜：于文則這廝忒奸，明明是我先紮好營的，他卻因為會說話討了句誇獎！還未再想別的，又聽曹操傳了新命令。

「王必，把此間地圖取來……咱們的大兵先埋鍋造飯，飯後分為三隊。你們倆人為第一隊，曹仁、曹洪第二隊，夏侯淵、丁斐第三隊。」曹操說著指了指王必攤開的地圖，端詳片刻後面露喜色，「離此三里就是睢陽渠，太壽城破損嚴重，咱們引水灌它！你們替我傳令，第一隊自戌時至亥時給我挖，第二隊子時至丑時，第三隊寅時至卯時，不挖渠的時候給我好好睡覺，一夜之間此計可成。」

「要是他們偷襲呢？」樂進搶先問道。

「絕對不會。」曹操微微一笑，「你要是讓人追了一天還敢出來嗎？恐怕他們腿都軟了，出不來啦！這一宿我料他們也睡不著，得在城樓硬撐著。明天咱再活活困死他們。聽我的，速速去安排挖溝。」

「遵命！」兩人高高興興領命而出。

袁術軍在恐懼中苦苦煎熬一夜，他們歪在敵樓上不敢合眼，到了天明才發現城樓下的水已經能沒到腿肚子了。這座撒氣漏風的破城根本守不住，袁術咬牙跺腳，只得身先士卒率部突圍，直殺得拖泥帶水盔歪甲斜，才勉強突出曹營，只剩下百餘騎相隨。至於那些步兵，被水困得嚴嚴實實，在其將領韓浩的率領下全部投降。

曹操兀自不饒，接續下令追擊。身為第二統帥的夏侯惇實在看不下去：「孟德，我看可以了吧，已經出了兗州界了，為了殺這一百多人，何必還要勞師再追呢？」

「袁公路非是不能用兵之人。」曹操歎了口氣，「昔日裡也曾聞他習學兵法，當年興兵攻闕首開事端的就是他，討逆之軍解體以來最得勢力的也是他。這一次是他立足未穩又用人不明，我得趁此機會好好給他個教訓，叫他再不敢犯我。」

「好吧，一切聽你的指示。」言罷，夏侯惇回首看了看水汪汪的太壽城，「水可害人也能助人，他年若有時機，我一定要在這裡修太壽陂，灌溉良田，讓這座古城再有人煙。」

曹操不住地點頭贊道：「人言慈不掌兵，但你夏侯元讓是個例外，真乃出將入相之才啊！」

兩人不再停留，整備人馬拔營起寨，繼續追趕袁術。

第十三章

血洗徐州，報殺父之仇

籌謀東進

曹操自兗州匡亭大敗袁軍，一直追到豫州寧陵縣。袁術敗得膽戰心驚，明明已到了自己地盤，兵馬糧草補給充足，卻再沒有勇氣與曹操對戰下去了。他整備兵馬，帶著珍寶、帶著糧食、帶著傳國玉璽，罵著曹阿瞞再次撤離，這回不但捨棄了寧陵，還把北邊大半個豫州都放棄了。

袁術從此脫離了北方戰場，轉移到九江地界從頭開始打拚，終其一生再不敢與曹操面對面較量。

這一仗也是喪亂以來跨區域最遠的追擊戰，曹操以有限的兵力追逐袁術將近二百里，因此名聲大盛威震中原。隨著他的勝利，袁紹的危機也徹底解除，可以繼續專心規攬河北之地，他對曹操無比的信任和感激，並委派部下郭貢為豫州刺史，配合曹操的行動。

即便如此，曹操卻無力繼續追襲敵人到揚州，因為他怕公孫瓚在背後動刀，更怕兗州發生莫測的變故。

大軍高唱凱歌耀武揚威而還，不時有百姓捧著水來慰勞軍兵，感謝他們保衛兗州。曹操在前騎著高頭大馬，舉目望去，壯麗的山川、蔥鬱的茂林、新墾的田地盡收眼底，而扭頭再瞧，拉著繳獲軍糧輜重的車隊長達半里。那一刻，驕傲湧上心頭，他實在有些飄飄然了。

兵馬還未至定陶，陳宮與荀彧便自濮陽趕來，還帶著這些日子的文書奏報。曹操見天色剛過申時，但想想軍兵這些日子也疲乏了，便傳令就地紮營，將領各歸營寨，只留二人在中軍帳裡查看這些日子的公務。自他離城已有月餘，州中政務皆由萬潛、畢諶打理，軍機要事則靠荀彧、陳宮處置，樁樁件件倒也得體。

曹操看了一會兒便把竹簡堆到一邊：「戲志才病勢如何？」

「精神已大有轉好，沒事就《呂覽》云個沒完，但還有些咳。」荀彧笑道：「他應該沒什麼大礙。」

「無事就好，許多要務還要請他參詳……」曹操放了心，「毛孝先考課官吏之事可有進展嗎？」

「毛孝先沙汰官吏似乎做得太狠了一些。他拿掉了幾個素有威望的長吏，所換之人也多是些寒門之徒，甚至還有幾個外郡之人，惹得濮陽附近士紳頗有微詞。」陳宮不敢隱晦如實稟奏。

曹操聽了陳宮這番話，臉色立刻沉下來：「陳力就列，不能者止。他既然要沙汰，必然是有不堪其任者。我相信毛玠的眼光，他選的人錯不了，前不久他選的那個從事薛悌就很不錯。」

陳宮深知那個薛悌頗有些酷吏作風，做事情錙銖必較，但不好直說，委婉道：「話是這麼說，但畢竟咱們不能失了本州士紳的心。目前錢糧兵員雖暫時不缺，但是災荒兵亂也難預料，這些事以後還得指望他們幫忙。」

「哼！」曹操冷笑一聲，「你光聽到士紳們的話，農家百姓的日子你親眼看過沒有？」

「這……」陳宮嚥了口唾沫，「濮陽四圍土地多歸大族所有，百姓一半都是佃農。良田產出還是要依仗士紳，荒亂時節自耕務農溫飽不暇，哪有餘力供給州寺，咱們又不能隨便殺富濟貧。」

「誰說不能？這不過沒逼到那一步而已。」曹操隨口道。

這句輕描淡寫的話可把陳宮嚇壞了：「使君萬萬詳思。」

「我說錯了嗎？」曹操瞥了陳宮一眼，因為打了勝仗，最近他說話底氣十足，「我大漢近幾十載因何而衰，還不是因為土地兼併民生凋敝？昔日我光武皇帝之時，郡國收田租三十稅一，百姓深感大德，勤做耕種。孝章皇帝也曾詔令，開常山、魏郡、清河、平原之荒，悉以賦貧民，這才有了今日袁紹與公孫瓚爭奪的這片河北豐饒之地。朝廷這般恩德普降，世家豪族卻還在兼併良田美業、山林湖澤，窮苦百姓不能溫飽，富家之產優於公侯。就說咱們那位中郎將王楷吧，他不思天下百姓之苦，還在求田問舍，這樣的人我看就該拿掉。」

他要殺王楷？陳宮趕緊低頭。

「你別多想，我沒有別的意思，就是想說說這個道理。」曹操又把話收了回去，「朝廷不過是收些租稅，但是豪族卻在跟老百姓搶糧食！殺富濟貧怎麼了？真要是到了民無生計的那一天，你不殺富濟貧，老百姓就會自己幹！當年的會稽許韶、交州梁龍，還有這些剿不乾淨的黃巾、黑山、白波，他們都是怎麼反的？不患寡而患不均，不患貧而患不安，想想孟子說的話吧！」

他說到這兒突感激憤，又道：「至於豪族自擁莊園兵馬在州郡作威作福，那就更加可惡！是可忍孰不可忍！這樣的人越是要官做，我就越不能給他官。難道給他們官，就是為了讓他們以權謀私繼續壓榨百姓，跟我搶兵搶糧嗎？我曹操腳下的一畝三分地，不允許有人跟我對著幹！昔日光武爺殺歐陽歙而度田行，先賢帝王的辦法不用白不用。」

陳宮聽得汗流浹背，大氣都不敢出：昔日光武帝劉秀下詔州郡檢核墾田頃畝，為的是便於徵收賦稅。可是地方豪族田產優越不願意上報實數，就編造數目隱瞞兼併。當時的歐陽歙官拜大司徒，他乃《尚書》名家，又是光武帝的開國功臣，卻僅僅因為度田不實就被下獄。當時他的弟子和不少官員紛紛上書鳴冤，可是光武帝為了考核田產、抑制豪強，置眾議而不顧，殺雞儆猴還是把歐陽歙給處死了。曹操今天搬出這個例子，明顯是要對兗州豪族下手了。

「使君，咱們現在暫議吏治風教之事，至於田產稅賦的事情不妨以後再說。」荀彧心中也頗為不安，趕緊轉移話題，「我明白公台之意，而今兗州所用官吏多是豪強之人，咱們若輕易變更必使人心浮動，況縣令等職本應朝廷任命，咱們動了他們就與朝廷法度不和了，也太容易授人以口實。」

曹操怒氣稍歇，嘖嘖道：「毛玠勸我『宜奉天子以令不臣，修耕植以畜軍資』，可是不更官員不遏豪強，怎麼修耕植，又拿什麼畜軍資？總不能全靠丁斐那樣的人主動貢獻資財吧……」說到這兒，曹操想起袁紹帳下那幫幕僚爭吵的情形——審配等人之所以敢在袁紹面前腰桿挺硬，就因為是當地土豪有兵有糧。難道我曹操別無選擇，也得拉攏這麼一幫人嗎？

果不其然，荀彧建議道：「依在下之見，使君即便要檢換大吏，還是要用一些大族，可以挑有名望有操守又不侵占民財的，將他們任命郡縣之職樹為楷模，想必對本州世風能有所改善。我看鉅野李家這段日子就不錯，李乾助您平滅黃巾，他的同族子弟現在也規矩多了，多找些這樣的人選吧！」

所謂治天下若烹小鮮，荀彧的辦法看似笨拙，卻是老成謀國之見，曹操也只得點頭應允，便問陳宮：「公台，本州還有什麼拿得出手的俊逸之士嗎？」

什麼叫拿得出手？陳宮越聽越彆扭，但還是笑道：「有啊，在陳留浚儀縣就有一位，大名鼎鼎的邊文禮啊！」

邊讓？曹操的眼睛瞇了起來，他與邊讓的過節可謂不小。此人與桓邵、袁忠為友，桓邵現在已與曹家仇深似海，袁忠當年因朝廷征辟之事譏諷過曹操。挨金似金挨玉似玉，這個邊讓也對曹操頗有詆毀，總是揪著他宦官之後和打死人命的陳年舊事沒完沒了，甚至在大將軍何進的幕府中當眾羞辱他，現在請這個人出來做事，豈不是自取其辱？但是邊讓名氣甚大，與孔融齊名，一篇〈章華賦〉

寫得出神入化，堪稱當世文壇領袖，至於才能更沒得說，要是真能搬動這個人，確實可以影響一些豪族的態度。曹操心裡頗為矛盾，搪塞道：「哦，是這個人啊！」

陳宮渾然不覺讚道：「邊文禮才華出眾英氣非凡，使君若是請他擔當州中大吏，可安士人之心。」

「他不是在西京朝廷嗎？」

「九江太守周昂前番被袁術擊散，逃亡還鄉。西京改用他為九江太守，他哪敢去赴任，趕緊逃回鄉裡。我與邊文禮早年就相識，可以請他到州寺來，使君與他見見面。」陳宮可不知道，曹操與邊讓也算是老相識了。

「此事也不要勉強。」曹操既希望他來，又討厭他來，便做了個模棱兩可的答覆。陳宮完全理解錯了，他以為曹操說這話是不相信自己能請出邊讓，趕忙解釋道：「此事並不勉強。實不相瞞，邊文禮自回到陳留以來閉門謝客，若不是我與他有些舊交，也不知他已經歸來。聽說還帶了兩位避難來的朋友。一個是昔日沛國相袁忠，乃名臣袁敞之後，還是袁紹的族親；還有一人叫桓卲，沛國人士，也算是您的鄉人，使君應該識得吧？」

曹操的心都快蹦出來了，桓卲、袁忠、邊讓這三個死對頭給他添了多少麻煩，現在竟然就在他的眼皮底下，難怪要閉門謝客。如今曹操是兗州之主，只要他動一動手指就可以把這三人捏死。他忍不住仰天大笑：「哈哈哈……識得識得，我當然識得，都是老朋友了嘛！」

陳宮不得要領：「既然都是使君的朋友，應該好好款待才是。」

「對，是要款待一下，應該好好款待他們！」曹操從牙縫裡擠出這兩句話，拳頭已經攥得咯咯響。

「那我回去就登門邀請，叫他們到濮陽來見您。咱們共謀大事，必能使士人歸心。」

「登門邀請我看就不必了……公台，你幫我辦件事。」

「使君只管吩咐，在下敢不奉命？」陳宮喜不自勝。

「你去把他們三個給我殺了。」

陳宮嚇了一跳，好半天才支支吾吾道：「您與他們不是朋友嗎？」

曹操斜著眼睛冷笑道：「當然是朋友，是最好的朋友。那桓邵素來驕橫，縱使家奴強搶民女，曾害夏侯妙才身陷囹圄。若不是他這位好朋友所賜，我那義子曹真也不至於成為無父無母的孤兒！袁正甫、邊文禮幾度不問青紅皂白羞辱我，當著洛陽士人的面，口口聲聲罵我是宦豎遺醜。這幾位好朋友，留著他們幹什麼？」說到最後，他終於一拳砸到帥案上。陳宮已經是第三次看到曹操那種犀利的眼光了，每當他要殺人，就會流露出那種可怖的表情，他低下頭籌措對策。

一旁的荀彧突然拱手道：「在下有一言，望使君深納。」

「你不就是想勸說我饒了他們嗎？」曹操此時滿心報復，都沒瞅他一眼。

「非也，在下所為乃是使君耳。」荀彧深施一禮，「在下請問使君一言，您與三人之仇為公為私？」

「為公如何？為私又如何？」曹操反詰道。

「為公者，殺罰自有國之法度，使君不可自專。為私者，無故害賢君子不取，有礙使君之明。」

曹操怒不可遏：「文若，我素來敬重你，此事君勿復言！」

荀彧不卑不亢跪倒在地：「使君是從惡賊董卓之處遁出的，可知董卓迫皇甫嵩下拜之事？昔日董仲穎與皇甫義真同在涼州，二人不睦勢同冰炭。皇甫嵩上疏奏董卓之罪，董卓征戰陳倉奪皇甫嵩之功。後來董卓遷都長安挾持幼主，矯詔征皇甫嵩入朝。人皆以為董卓必將治其於死地，哪知授他御史中丞僅要他一拜，這一拜之後盡棄前嫌再不難為皇甫嵩。想那董卓敗壞朝綱、暴虐天下、毀壞神器、火焚國都，人皆謂之董賊，比之於王莽。可就是此賊，尚有一時之仁，使君以天下為己任，以復興漢室為生平之志，氣量當寬於海內，豈能不及一賊？」說罷他翻著眼皮看曹操。

曹操的臉色由白轉紅，又由紅轉白，終究沒有再發作，歎口氣道：「那袁忠、邊讓倒也罷了，桓邵害死秦邵，此事豈可輕饒？」

「桓邵昔為譙令，使君昔為逃官，桓邵既為朝廷之官，受命捕您不為過矣。」荀彧說了一半，見曹操眉毛又立起來了，趕緊改換說辭，「以怨報德長者所為，使君若是能忍他人之不能，寬縱桓邵昔日之過，必能使天下歸心見賢思齊，兗州士人可安！」

「好了好了，」曹操皺眉擺手，「暫留他性命就是。」

荀彧悄悄捅了陳宮一下，陳宮立刻會意，開言道：「使君，在下與邊文禮素來交好，願親往他家曉之以利害，改日帶三人當面向您請罪，以正使君之名。兗州士人若聞此事，必感君之大德，可謂千古佳話。」

曹操也是順毛驢，更多時候還是喜歡聽好話，見他二人把自己誇得跟朵花一樣，怒氣便去了十之七八，低頭瞧著帥案道：「我倒是有心寬宏，就怕這幾塊石頭又臭又硬，寧可斷頭也不願認錯，到時候更折我的顏面……這件事先不提了。公台，你回去告訴毛玠，本官支持他的所作所為，不堪之人無論門第只管沙汰，有才之人只管錄用莫考出身。」

「諾。」陳宮一身冷汗這才出透，趕緊出帳而去。

「文若，還有一件私事請你辦。」見他走出去，曹操才繼續說話。

「私事？」荀彧不解他為何要對自己談私事。

「打敗袁術，我在兗州才算徹底站穩腳。當把我老父接來好好侍奉才對。老人家年紀也大了，當盡天倫之樂，一則以喜一則以憂啊！我膝下曹彰，還有落生不久的兒子曹植，至今他還未見過呢！現在他與舍弟曹德隱居在徐州琅琊郡，日前我已修書請他們搬過來。」曹操神情顯得格外感慨，「文若，你替我給泰山太守應劭寫封信，請他就近在徐州邊界迎候一下家父和舍弟，並派人護送他們至濮陽。應仲遠乃是文采之士，這書信你務必仔細替我斟酌，莫要讓他笑我辭藻鄙陋。」

「諾，在下自當效勞。」荀彧心中好笑，覺得曹操太好面子。

哪知曹操手叩帥案信口道：「《左傳》有云：『朝濟而昔設板焉』。」朝濟而昔設板焉！只要人一接過就馬上反目嗎？荀彧一愣：原來前番協同袁紹一戰，曹操已覺察徐州無能戰之兵，把老父接過來是要解除用兵之憂，他這麼快就要對徐州下手了。不過若要西進救駕，必先解後顧之憂，平徐州滅陶謙只不過是早晚的問題。素聞泰山應仲遠與陶謙有舊，他讓我親筆寫這封信不光是為了安排迎候事宜，還是想讓我對應劭曉之以利害，勸其與陶謙決裂啊！

想至此，荀彧恭敬施禮：「當斷則斷，在下明白您的意思了。」

曹操滿意地笑了：「現在戲志才有病在身，軍務之事還要你與程立多多偏勞。另外你領些人馬駐紮到鄄縣，以觀袁術動向。」

「諾。」荀彧答應，「還有一事請使君恕在下直言。」

「文若，你我之間還有什麼不能直說的？」曹操驕縱之心日盛，越發喜怒不定，見荀彧願意幫他寫信，堵著的氣又順了。

「使君受袁紹冊封為兗州刺史，畢竟名聲有礙。前番金尚受西京之命，雖然已被逐走，但難免西京還會另派他人至此。」荀彧試探著他的意思，「與其這樣，倒不如咱們派人覲見朝廷，求一個正經的名分，也好堵住別人的嘴。」

「這個辦法好。現在就辦。」說罷曹操便起身呼喊：「王必！」

王必身懷利刃就守衛在大帳口，聞聽呼叫立刻應聲而至：「將軍有何吩咐？」

曹操故意皺了皺眉：「有一件危險的差事，恐怕你不敢幹呀？」

「在下有何不敢？」王必眉毛都立起來了，「只要將軍吩咐，在下萬死不辭。」

「好！」曹操點點頭，「我現在任命你為主簿。」

「啊？」王必不敢相信，「小的我……」

「聽我說完！」曹操打斷他，頓了頓道：「我要你以我主簿的身分去長安遞一份表章。你的故主劉邈老大人就在西京，因為有這層關係，所以沒人比你更合適幹這件差事。另外我觀察你許久了，你讀過些書能言善道，大可不必只當此區區護衛，若是辦成這件事我還會再行提拔，前途不可限量。」

「謝將軍提攜。」王必跪倒施禮。

曹操歎了口氣，又道：「這一路艱險非常，得經過別人的領地，你萬萬不能大意。到了西京除了上交表章，還要請劉老大人在皇帝面前多多美言。另外我有一個朋友丁沖也在長安，聽說現在是個議郎，你去叫他也想想辦法，儘量給我求一個兗州刺史回來。」

「小的一定不負將軍所托，攜帶策命速速歸來。」

曹操繞過帥案踱至王必跟前，親手將他攙起：「就是此事辦不成也無妨，以後再找機會，只要你能平安無事就好。」

王必聞此言再次跪倒：「將軍說的哪裡話？小的蒙劉老大人點撥才給您當了個小小護衛，今天一句話我就成了主簿，您對小的實在是厚恩難報。王必在此發誓，若不為您求得詔命，絕不回來見您！」

「有志氣！」曹操捋髯而笑。

荀彧在旁邊瞧了個滿眼：先拿話激將，再軟語溫存，最終把人弄得情願肝腦塗地，曹孟德對這幫武夫的脾氣算是徹底摸透了。甭管他究竟是忠是奸，單以這份用人的本事而論，不服不行啊！

突聞噩耗

陳宮磨破了嘴皮子並曉以利害，總算是說動了邊讓，請他帶著袁忠、桓邵來至州寺面見曹操，一方面對於以往的恩怨做個和解，另一方面也希望曹操能夠任用這幾個人。

陳宮深知邊讓、袁忠都是恃才傲物之輩，一路上千叮嚀萬囑咐，可是回到州寺看到曹操，心又提到了嗓子眼——這傢伙又發脾氣了。

曹操今天趕上一大堆煩心事。袁術自被他擊敗後，捨棄豫州北部舊地，率部轉移到九江。短短幾個月的時間，他已經開始侵占大江以北的揚州領地，周家兄弟全軍覆沒僅以身退，曹操的好友揚州刺史陳溫也已被他殺死。袁術任命部下吳景為丹陽太守、陳紀為九江太守，更派遣孫堅之子孫策侵略廬江郡。最令曹操無法容忍的是，袁術自稱揚州刺史的同時，竟然還自封徐州伯，這擺明了是要和他搶肉吃啊！

南邊的事情不好也就罷了，北邊也出了問題。公孫瓚擊敗劉虞，先將其軟禁，後來竟假朝廷之命將他殺死。劉虞一死，幽州盡入公孫瓚之手，河北戰事膠著又發生變數。

而且就在這關鍵的時候，于毒趁袁紹不在，率領黑山賊十萬餘人偷襲魏郡，僥倖攻入鄴城，把魏郡太守栗成都給殺了。在曹操計劃攻占徐州的時候，袁紹捉襟見肘，僅承諾派部下朱靈率三個營相助。

這些事情本就夠煩心了，他要打的徐州也有問題。下邳出了個叫闕宣的土匪，領著幾千人造反，竟敢自稱為天子。陶謙一仗就將其擊潰，可是這個闕宣卻領著敗軍跑到兗州來了，公然在泰山、任城兩郡劫掠。還沒打人家，就先讓人家趕走的土匪殺到自己家來了，這豈能不窩火？

即便煩心事一大堆，曹操還得裝出一副禮賢下士的面孔，命令州寺所有官員到堂上會客，好好迎接來拜見自己的三個冤家。今天只有駐紮鄄縣的荀彧不在，就連身染疾病的戲志才都來了。

陳宮小心翼翼把邊讓三人請上堂來。曹操壓著怒火搶先施禮，三人客客氣氣還禮，又對著堂上諸人寒暄一番。眼瞅著邊讓談笑風生、袁忠不卑不亢、桓邵目光躲閃，曹操氣不打一處來，但是沒辦法，現在是要借這幾個人樹一下名聲。

桓邵深知自己與曹操恩怨不小，本不願意來。但豫州荒亂，他與袁忠不能久存，只得攜帶家小投奔邊讓鄉里。人在矮簷下，不得不低頭，以後還想繼續在兗州避難，可不敢再違拗曹操了。他硬著頭皮到此，自一進門就戰戰兢兢，這會兒見曹操盡是虛禮越發不自安，主動提及往事：「曹使君，在下昔日得罪過您，還請使君多多海涵。至於誤殺秦伯南之事……實在是……」他也聞知秦邵的兒子如今被曹操認作義子，這樣尷尬的話不知該如何措辭。

仇人見面分外眼紅，曹操恨不得一腳把他踹出去，卻只怪聲怪氣道：「以往的事情不要再提，只望桓先生留一點兒恩德，既殺其父，以後不要為難秦伯南的兒女也就是了。」

這話分明是羞辱，桓邵臉臊得通紅，囁嚅道：「不敢不敢。」

曹操又打量打量袁忠，想起他當初因為征辟一事羞辱自己的話，不禁反唇道：「袁郡將當年說，在下當不了許由，只能學柳下惠。如今世事轉變，先生本是要做柳下惠的，如今卻只能做許由了。」昔日袁忠為沛國相，朝廷征曹操為典軍校尉。他開始時隱居在家不肯受命，後來耐不住寂寞又到郡中提及此事，被袁忠大肆譏諷，說他當不成隱士，只能和光同塵。今天袁忠跑到兗州寄人籬下，曹操便把那句話顛倒，反過來譏諷袁忠。

袁忠可不似桓邵那般軟骨頭，拱手道：「才高行潔，不可以保以必尊貴；能薄操濁，不可以保以必卑賤。」到了這一步，他說話還是那麼刻薄。說自己高潔也就罷了，非要說別人薄濁；就算說別人薄濁也沒關係，非要濁前帶個「操」字。但此語乃是《論衡》中的開篇原話，任誰也挑不出毛病來，有學問的人罵街真是厲害！

曹操領教過他這路能耐，也懶得與他爭執，又看了看邊讓，作揖道：「在下宦豎遺醜，請先生至此，玷汙了您的身分，罪過罪過。」

邊讓把手一推：「吾自汙耳，非使君之過。」意思很明確，我自己願意來的，你想汙我還不夠資格。

袁忠、邊讓這兩塊料真是又臭又硬！但是還能怎麼樣呢？真把他們殺了也太失身分，俗話說得好，冤家宜解不宜結，算了吧！曹操想至此歎了口氣，回轉落坐，朗聲道：「往者已矣。請三位至此，是想請你們助我曹某人共謀復興漢室之業。如今天下洶洶豺狼割據，我曹某人不願天子蒙塵百姓遭難，望三位屏棄前嫌，咱們齊心協力同舉大事，滅天下之狼煙，迎大駕於西京……」

「姐夫！」卞秉突然急匆匆跑了進來。

曹操甚為不快，當著大家的面什麼姐夫舅子的，但瞧他五官不正一臉焦急，情知出了大事，忙問：「怎麼了？出什麼事了？」

卞秉跪倒在地，支支吾吾道：「您……您千萬可別、別著急……」

「什麼事我就別著急？」曹操一抬頭，忽見往來送信的小童呂昭哭哭啼啼立在門外，面臉憔悴蓬頭垢面。不祥之感襲來，他提著膽子問呂昭：「怎麼了？我爹……出……出事了？」

呂昭哇的一聲跪倒在地，邊哭邊以膝代步蹭到他面前：「老爺死了，二爺也死了，所有姬妾傭人都被殺了……嗚嗚……」

滿堂之人都驚呆了，曹操老父曹嵩一家子被滅門了！

曹操只覺渾身的血液頃刻間湧到了腦門，一把揪住呂昭的領子：「你給我說清楚，到底怎麼回事！」

呂昭哭著道：「老爺與二爺帶著一家子離開琅琊奔泰山，路過陶謙那裡，陶謙說最近闕宣帶著土匪出沒，路上不安全，就派部下張闓帶兵護送我們……哪知張闓見財起意，快到州界的時候，突然指使兵卒哄搶財物，老爺子命家人爭奪抵禦，就被……就被他們……當時一片大亂，我也救不了人，就抱了安民少爺逃到泰山見應郡將，應劭帶人再趕到已經晚了……全都死了……」

「應仲遠是怎麼辦事的！為什麼不過界去接？」曹操跺腳大呼，「他人呢？」卞秉在後面怵生生道：「應劭派人將滿門屍體成殮起來，他說有負您的重托，沒有臉面在兗州待下去了，留下印綬與書信，到河北投袁紹去了。」

「走得好，走得好……不走我也得殺了他！」曹操渾身上下都在顫抖，「爹爹，弟弟，我為你們報仇……我一定要為你們報仇！」

在場之人誰也不敢說話，都低著頭。眼見曹操哆哆嗦嗦在堂上轉了兩圈，自言自語著：「虎兕處於柙，龜玉毀於櫝中，是孰之過？孰之過？」言罷嘩啦一腳將帥案踢翻，大吼道：「陶謙！這個卑鄙小人，我誓報此仇！」

卞秉趕忙解釋：「此事非是陶謙指使，是他部下張闓所為，那廝殺完人搶完東西，已經跑去找闕宣入夥了。」

「呸！」曹操怒髮衝冠，甩手一巴掌，把卞秉打了一個趔趄，「什麼非他指使？他用人不明害死我爹爹就沒有錯了嗎！我看就是陶謙與闕宣合謀害死我家人的。」這可就是欲加之罪何患無辭了，「我非要滅了陶謙的滿門不可……不對，不對……我要將徐州所有的人殺光！雞犬不留！」他跳著腳不斷地罵。

「使君節哀息怒。」所有的人都跪下了。

曹操理都不理：「阿秉你去傳令……典兵！現在就給我典兵，咱們把徐州給平了！把徐州人都殺光！」

眾人原以為剛才是氣話，卻見他說幹就幹，當時就慌了神。可是平素知道曹操脾氣的人絕不敢插嘴，只盼他過一會兒能想明白。但今天偏偏來了幾個不知輕重的，邊讓朗聲道：「使君萬不可因此發兵，罪在張闓不在陶謙，更不在徐州百姓。」

「殺父之仇不共戴天，弒我手足豈能不報！」曹操指著他的鼻子喝道：「他若殺了你的滿門，你能不報嗎？」

邊讓本就是賭著氣來的，聽他竟拿自己一家作比方，氣哼哼道：「殘殺無辜豈能算孝，奪人之地何顏言忠？」

「你說什麼？你再說一遍……信不信我宰了你！」曹操拉佩劍就要殺人，卞秉、呂昭趕忙拉住。邊讓豁出去了，騰地站了起來：「我姓邊的不怕死！曹孟德，你就是個偽忠偽孝不仁不義的小人！你就是個宦豎遺醜！你爹就不是個好東西，老殺才貪贓枉法諂媚宦官，早就該死！帶著那些不義之財招搖過市，他是自己找死！該！」

「殺！殺！殺！」曹操怒不可遏，「把他推出去殺啦！」

眾人一見可亂了，有的勸邊讓跪下，有的拉曹操。樓異帶著親兵就在門口，他們可不管那麼多，闖上堂扯起邊讓就往外拉。

「都給我閉嘴！今天誰替他講情我殺誰！」曹操徹底翻臉了，「這等恃才傲物又臭又硬的東西，活著就多餘！」袁忠眼瞅著好朋友被人拖出去殺頭，腹內肝膽俱裂，冷笑一聲拱手道：「曹使君，既然我與邊文禮一起來的，那我就同他一起死，省得您老人家礙眼！」

「好啊！」曹操挖苦道：「別以為你是袁紹的親戚，我就不敢殺你！袁本初跟我說過，你們那一支上的人，都該活活餓死才對！我今天一刀宰了你，便宜你了！」

這句話可觸動了袁忠的自尊。他與袁紹一支同為袁安之後，因為看不慣袁逢、袁隗兄弟富貴驕人，甘願受貧受苦不與他們往來。士大夫不在乎生死，卻看重名節。如今死在眼前，曹操還要拿這種話來攻擊，不但要他身敗，還要讓他名裂，他悲從中來潸然淚下。

「哭了？」曹操言語越發惡毒，「現在哭晚了！現在想當許由都不成了，你去當商容、比干吧！」

袁忠擦擦眼淚，輕蔑地瞅了他一眼，轉身下堂自己領死去了。

輕蔑比咒罵更讓人惱火，曹操感覺怒氣都快撞破腦門了，一低頭正看見桓邵，哆嗦得就像風中的樹葉一般，冷笑道：「你害怕了？」

桓邵磕磕巴巴：「求、求……使君饒命。」

「求我就能不死嗎？」曹操一瞪眼，「他倆要是肯說一句軟話，我還能饒。你呀，不夠格……來人啊！把他拖出去也宰啦！」

「饒命啊……我錯了……開恩吶……」桓邵喊得跟殺豬一樣，不停地掙扎求生，但還是被拖出去了。

在場之人無不扼腕歎息：軟也不行硬也不行，一日之內竟殺了三位賢士。萬潛突然上前一步，摘下冠戴往地上一放：「在下不敢再輔佐使君，望您好自為之。」說罷揚長而去，這官不當了。

曹操望著他的背影心疼死了，一位得力幹將就這麼失去了。但是惋惜又有何用，他抬頭吼道：「誰還想走？想走的都給我走！」李封、薛蘭早就盼著這一天了，連招呼都懶得打，轉身就下堂而去。

頃刻之間，三顆血淋淋的人頭已經擺在堂口，曹操繞著首級踱來踱去怒氣未消，總覺得這三個人的表情還在嘲笑自己、辱罵自己，他又嚷道：「好啊……我爹沒了、弟弟沒了、他們的妻妾家僕全沒了，你們死了也休想太平……樓異！帶兵把他們全家老少都給我殺了！」

「這個……」樓異都覺過分了。

「你不殺，就是殺你！」

「諾。」樓異無奈而去。眼瞅著毛玠、畢諶還要再諫，曹操斷喝道：「我意已決，你們休要再言……阿秉！你還不去傳令？速速典兵，發全部兵馬，我要血洗徐州！」

「且慢！」夏侯惇突然趕到，攔住卞秉道：「這兵不能發。」

「什麼不能發？」曹操看了他一眼。

「是非對錯我可以不管，但是青州兵尚未練精……」

「你少推脫，不願去，你們就留下吧！」曹操今日連夏侯惇的面子都不給了。戲志才在一旁看得心焦，忍著咳嗽道：「使君息怒，《呂覽》有云：『凡兵之用也，用於利，用於義』，您此番……」

「閉嘴！呂不韋保了嬴政一家歸秦，可沒滅了他們一家性命。這兵我用定了！我親自典兵！」

曹操踢開人頭匆匆下堂，走到門口回頭對夏侯惇道：「元讓，你不去也罷，但是你認那個伯父、那個兄弟的話，就把我爹與子疾的屍體拉回來埋葬吧！」

夏侯惇心口一震，雖然不是一個姓了，但曹嵩是他親伯父、曹德也是他從弟啊！他點點頭道：「我會打點好的，你非要打徐州的話……那就去吧！」

曹操聞此言算是了結一段心事，回頭邁著大步而去。

「哇……」戲志才一口鮮血噴在地上，「咳、咳咳……」

「哎呀，志才兄！」夏侯惇、徐佗、畢諶、毛玠一幫人趕緊圍上去搶救，堂內頓時亂作一團。

唯獨陳宮沒動，他被眼前發生的一切驚呆了，恐懼與悲痛交織在一起，直愣愣看著被踢開的人頭：我把朋友領來，卻使他們的性命斷送在此……曹孟德還要血洗徐州，還要殺更多人……我錯翻眼皮保了一頭餓狼，早晚有一天這頭狼也要把我咬死……

這時候，跪在一旁的程立道出一句更加刺耳的話：「殺就殺唄，幹大事哪兒有不殺人的。這等不識抬舉之輩，死不足惜！」

「是啊是啊，驕縱的豪強死了活該。」酷吏薛悌附和道：「現在缺糧缺餉，分他們財產倒也不錯，富裕的還能救濟百姓呢！」

陳宮悲憫的目光已經變成怨恨：狼！全都是狼！絕不能叫這窩狼在兗州再待下去！

後院起火

徐州牧陶謙，字恭祖，揚州丹陽人士。他早年以軍功起家，在討伐西涼叛軍的時候，任張溫的參軍。黃巾亂起，他調任徐州刺史。董卓進京後各家牧守都在積極備戰，但陶謙料定此舉不會成功，派屬下趙昱入朝覲見，被董卓加封為安東將軍、徐州牧。但徐州是黃巾之亂的重災區，另外還有豪強臧霸率領兵馬割據，所以陶謙實力較弱。群雄征戰之時，他沒有對外用兵的打算，只迫於公孫瓚的淫威，對袁紹搞了一次包圍，還被曹操擊退了。

此後他緊守自保，哪知閉門家中坐，禍從天上來。下邳又鬧出個土匪闕宣，他領兵將其打到泰山郡，正逢曹操的父親曹嵩路過，陶謙見老人家帶著金銀財寶招搖過市，出於好心派人保護。但萬沒料到手下張闓謀財害命，還投靠闕宣了。陶謙情知不好，立刻出兵剿滅闕宣，並及時致書曹操，言辭謙卑至極，但還是無法阻擋曹操大軍的進犯。

瘋狂不能自制的程度。

初平四年（西元一九三年）秋，曹操攻打徐州，他被復仇和奪地交織的心情激勵著，已經達到瘋狂不能自制的程度。

他一路上勢如破竹，半年時間裡，連克徐州十餘縣，攻破州治彭城，所過之地盡皆屠殺。尤其是取慮、睢甯、夏丘等地遭到重創，所殺無辜百姓達數十萬口，屍骨堆積如山，連泗水都被堵塞了，所行之處雞犬無餘，連那些因三輔之亂逃到徐州的流民也被曹操殺了。陶謙嚇得不敢出戰，一逃再逃，最後龜縮到東海郯縣。曹操則率領兵馬橫衝直撞，恣意在徐州境內掠奪屠殺。捷報屢屢傳回兗州，但帶來的不是慶賀，而是兗州士人的一陣陣不安。

就在曹操兵至東海的捷報傳來的那一晚，三騎快馬趁著朦朧夜色奔進了陳留城。

張邈對於陳宮、李封、薛蘭的到來並不感到意外，但心中還是惴惴不安，請他們進入自己書房，斥退所有親兵和家人。

在幽暗的燈光下，陳宮的臉顯得格外扭曲：「張郡將，您可聽聞曹操在徐州的所作所為？」張邈微微點頭，卻道：「使君得勝了。」

陳宮見他避談屠殺的事情，冷笑道：「我記得您也是咱兗州本地人吧？」

張邈沒說話。

「曹孟德進駐兗州以來提拔私黨，壟斷軍權，私自任命夏侯惇為東郡太守，這些事您不會不清楚吧？」陳宮見他沒反應，又繼續道：「一日之間他就殺了邊讓、袁忠、桓邵三位賢士，而且族滅其家，那邊文禮可也是咱們兗州人士啊！」

李封接過話茬：「不錯！他就是想打擊兗州的世族豪強，掠奪兵馬、糧草，這樣下去咱們本土的士人都要受到損失，甚至要被他殺光。」他耿耿於懷的其實是曹操分化他們李家的勢力。鉅野李氏原先自成一派割據縣城，現在李乾、李進都願意跟著曹操幹，而他李封卻始終不能安心，總覺得曹操是在利用自己家人，有朝一日定會反目成仇，所以他也堅決反對曹操。

「豈止是李兄這樣的人家，還有百姓哩！」薛蘭也不示弱，「徐州這一戰，他屠殺了多少百姓，泗水為之不流啊！今天他能禍害徐州，明天就能回來禍害兗州，為了天下蒼生，您就不想做點兒什麼嗎？」莫看薛蘭滿口仁義，其實也有私心。他雖是河東薛氏，但因為父親薛衍生前是東海相，一家子在東海有份產業。如今曹操已經打到東海了，他兒子薛永還在陶謙那裡呢！再不想辦法讓曹操撤兵，萬一打破郯城，家人的性命就全完了。

張邈深知這幾個人的底細，也明瞭他們皆有私心，但是曹操的所作所為就擺在眼前，不面對也不行。他深深歎了口氣：「我知道你們的來意，但是……」

「現在容不得您再想什麼了！不為了別人，您也得為了自己。」陳宮提高了嗓門，「今雄傑並起，天下分崩，君以千里之眾，當四戰之地，撫劍顧眄，亦足以為人豪，而反制於人，不以鄙乎？」

張邈趕緊抬手示意他小點兒聲音，匆忙搪塞道：「在下非是治軍之才，幹不了這樣的大事，你們另尋他人吧，拜託拜託。」

陳宮有備而來，冷笑道：「張郡將，您這不是自欺欺人嗎？您的腦袋現在不過是寄存在脖子上，說不定哪一天，曹操就會將它摘走。袁紹叫曹操殺您，以為我不知道嗎？」

張邈打了個寒戰，不由自主摸了摸脖子：「你怎麼知道？」

「袁紹派人來的時候，我就在曹操身邊。」

「可是曹操回絕了，他不會殺我的。」張邈雖然這麼說，但是眼裡還是流露出恐懼。陳宮突然哈哈大笑，笑得張邈寒毛直豎，「你……你笑什麼？」

「我笑您不明就裡，曹操回覆袁紹使者的話我一字不落都記著。這樣吧，不妨學給您聽聽。」

陳宮清了清喉嚨，模仿著曹操的傲慢口氣，「孟卓，親友也，是非當容之。今天下未定，不宜自相危也。」

張邈點點頭：「孟德這不是堅決保護我嗎？」

「堅決？」陳宮又笑了，「我記得張郡將也是東平望族詩書之後，怎麼這幾句話都聽不出含義呢？曹操說『是非當容之』，那是暫時不管您的對錯。他說『今天下未定，不宜自相危』，可要是天下已定又當如何呢？」

張邈默默低下了頭：「我不信，曹操對我很好，他前番出征時還以妻子相托呢！」

「您可真是善人。」李封連連搖頭，「他還想利用您呢！他在兗州立足未穩，還要讓您替他安定此間士人。」

薛蘭見縫插針：「可要是他拿下徐州，有了新的地盤就不一樣了，千萬不能讓他打破郯城。」他琢磨的還是自己家那點兒事。

「我不聽！我不聽！」張邈不住搖頭，「你們皆有私心……」

「普天之下誰沒有私心？」陳宮打斷他的話，「孟卓兄，亂世之人以利相結，利盡而人散。君不見韓馥之事乎？他是怎麼死的，您最清楚不過了吧？」張邈聞此言，不禁打了個寒戰。

原冀州牧韓馥將地盤讓出後，袁紹表面上給予厚待，暗地裡卻處處擠對。韓馥深感不安，最後孤身一人逃離河北，來至陳留投奔張邈。

哪知韓馥前腳剛到，袁紹就派來使者，要求斬草除根。那時張邈與袁紹尚未鬧翻，又不好擔害賢之名，便與那使者虛與委蛇。可是韓馥深感不安，就趁張邈接見使者這會兒工夫上吊自殺了。

陳宮早在張邈眼中看到了恐懼，又冷笑道：「昔日您無心殺韓馥，而韓馥還是因君而死。現在輪到您處在這個位置上了。我可得給您提個醒，袁紹逼死韓馥，曹操殺過王匡，他二人乃是一丘之貉。」

張邈腦袋都大了，連連擺手道：「我不相信你們！你們都是好亂之徒，離間我與孟德的關係。孟德是不會殺我的，這些年來，我們相處如兄弟。」

突然一個聲音自門外嚷道：「你當他兄弟，他未必當你是兄弟！」

屋裡的人嚇壞了，各拉佩劍。哪知開門一看，借著微弱的燈光，黑黢黢的夜幕中現出一張微笑的臉——張超進來了。

「兄長，只有我才是你的親兄弟！」他掩上門，「剛才的話我已經聽到了，這件事咱們辦了！」

「好！張廣陵果然義士，做事爽快。」陳宮三人趕忙誇他。

「孟高你不要胡鬧了，」張邈瞪了弟弟一眼，「咱們缺兵少將，豈能自尋死路？」

張超拍拍哥哥的肩膀道：「兄長沾事則迷，袁紹為什麼想殺你？解鈴還須繫鈴人啊！」

張超把事情的原委講述給大家。原來西京二度淪陷，呂布帶領并州部的殘兵敗將，攜帶董卓人頭，往南陽投靠袁術。他以為自己為袁家報了仇，袁術必定要收留。哪知袁術恨他反覆無常不肯收留，他一氣之下又投靠了袁術的冤家哥哥袁紹。

袁紹倒是很優待他，帶著他一同去打黑山軍。呂布驍勇異常，幾場仗大獲全勝，但是隨著勝仗多了，他也驕縱起來，沒完沒了找袁紹要糧要餉，還要擴充軍隊。他的并州軍跟著董卓作惡慣了，在冀州也掠奪百姓草菅人命，袁紹便逐漸厭惡他了。

呂布見不受重用便要求離開，袁紹覺得這人以後必定是個禍害，暗中派人刺殺。呂布僥倖得脫，趕忙離開河北，奔河內郡投奔老鄉張楊。從冀州到河南路過陳留，張邈名在黨人「八顧」之列，最愛結交朋友，聽聞呂布手刃了董卓，便款待了他一番，臨走還親自相送。這可遭了袁紹的忌諱，所以傳命曹操殺張邈。

經過一番講述，張邈也明白了兄弟的意思：「你是讓我引呂布入兗州？」

「沒錯，」張超憤憤然，「曹操算個什麼東西，抱著袁紹的粗腿能跋扈幾天？呂布之勇遠勝曹操，只要他來就好辦了。」

「這個辦法好。」陳宮拱手道：「今州軍東征，其處空虛，呂布壯士，善戰無前，若權迎之，共牧兗州，觀天下形勢，俟時事之變通，此亦縱橫一時也！」

「這行嗎？」張邈還是猶豫不決。

「哥哥，你就不能自己幹一次嗎？咱們兄弟也當有出頭之日。」張超攥住他的手給他鼓氣。

「張郡將放心吧！許汜、王楷早就對曹操不滿，現在已經去聯絡毛暉、徐翕、吳資了，現在是整個兗州跟曹操敵對，他死定了！」陳宮冷笑道。

李封信誓旦旦：「這是為了兗州的士人而反抗。」

「也是為了救民出水火！」薛蘭補充道。張邈顫抖許久，擦去額頭的冷汗，哆哆嗦嗦道：「好吧……我幹……我幹……」

第十四章

部下兵變，差點流落街頭

劉備來襲

因為陶謙緊守城池不肯出戰，曹操的軍隊縱然氣焰囂張，但始終也不能突破東海國的城池，更無法打到郯城。隨著時間的消磨，士氣也漸漸低落下來。

為了打破這個局面，曹操宣布撤軍，以緩慢的速度退回兗州，實際上卻在暗中觀察敵人的動向。果不其然，曹操一撤離東海國界，陶謙就放鬆了戒備，百姓也紛紛出城歸田。曹操趁此機會立刻回軍，二次突襲東海國，以迅雷不及掩耳之勢連奪五城，兵鋒直指陶謙的大本營郯城。無奈之下，陶謙只得就近向公孫瓚所封的青州刺史田楷求救。田楷倒是帶兵來了，可懾於曹軍的威力連東海國境都不敢進，遠遠紮下營寨遙做聲勢。這種情勢下郯城危若累卵，整個徐州的存亡已命懸一線。

但曹操做夢都想不到，就在自己都可以遙遙望見郯城的時候，陶謙那邊竟又突然冒出支援軍，僅憑不足一萬人的雜兵，就膽敢公然在大路上紮營，毫無怯意地阻擋他東進，這樣的行為無異於自尋死路。

而帶兵之人更是個毫無印象的小人物——平原相劉備。

「大言不慚！這是打仗，不是武士決鬥！」曹操一把將劉備送來的戰書扯碎，「哪來的這個劉備，竟然狂妄至此！憑這麼一個小人物也敢堂而皇之給我下戰書，真不知道自己的斤兩！」

他環顧營中諸將，「平原相……哪來的這麼一個平原相，你們誰知道這個劉備的底細？」

帳中諸將面面相覷，全都搖頭，最後還是居於西席首位的朱靈說了話：「啓稟將軍，末將略知一二。」

朱靈之所以坐於西邊首位，並不是他的地位高兵馬多，而是因為他並非曹營中人。曹操攻占徐州，袁紹派朱靈與另外兩個部將率領三個營來協助，其實也有分一杯羹之意。

這半年來，曹操冷眼觀望，朱靈雖然只有千餘人馬，但其治軍之才不遜曹仁、于禁，作戰勇猛也不亞於樂進、夏侯淵。但他畢竟是袁紹的人，說好聽的是友軍，說不好聽的是袁紹放在他身邊的一雙眼睛，曹操不可能對他十分信任，因此說話也客氣得多：「文博知道這個劉備？那有勞你說與大家聽聽。」

朱靈的嘴生得有些地包天，加之大眼睛總是瞪著，所以不論他說什麼看上去都顯得很傲慢：「這個劉備劉玄德乃涿州人士，是公孫瓚封的平原相，歸青州的偽刺史田楷統領，我在河北同他較量過。」

青州的局勢是北方諸州中最亂的，袁紹任命臧旻為暫代青州刺史，公孫瓚也任命部下田楷為刺史，兩家其實都各自占據了一部分。除了他們之外，青州北海郡在太守孔融的帶領下遙尊西京朝廷，青州黃巾依然還掌握一些縣城，而徐州土豪臧霸也侵占了沿海的幾個縣，幾路人馬互相牽制，都打成一鍋粥了。

「他娘的，我當是個什麼鳥人，原來是偽職。」樂進扯著嗓子嚷道：「田楷這個膽小鬼自己不敢來，竟打發一個部下來送死。劉備還真就敢來，不知死活的東西！」

「文謙此言差矣。」朱靈笑了，「我觀這個劉玄德不但比田楷強，而且其心計才能還要高過他的主子公孫瓚呢！」

「你還挺拿他當回事，此言是不是有點兒過了呀？」樂進笑呵呵道：「老弟莫非在他手下吃過敗仗？」曹營諸將對朱靈總是抱有敵意，所以樂進的話裡帶著幾分挖苦。

「劉玄德乃常敗將軍，我豈會輸給他？」朱靈指了指自己腦袋，「我不是說此人打仗多厲害，而是說他腦子好使。」

「哦？」曹操倒有了幾分興趣，「何以見得呢？」

「據說這個劉玄德原是個織蓆販屨的小兒，後來離開家鄉與公孫瓚一起追隨盧植習學《尚書》……」

樂進揣著手插嘴道：「一個賣草鞋的，念的什麼上書下書？」

朱靈搖搖頭：「文謙兄不讀書不知讀書之用，更何況劉備根本就不是真想學什麼《尚書》，他只不過是想沾沾盧植的光。有了這一段經歷，他回到鄉里名聲大噪，在黃巾之亂時通過中山大商張世平、蘇雙資助，他拉起一支隊伍，協助官軍跟賊人幹了幾仗，後來被朝廷任命為中山郡安喜縣尉。」

「安喜縣尉？」曹操眼睛一亮，「昔日我為濟南相，先帝受十常侍蠱惑沙汰軍功之人，聽聞那時有個安喜縣尉不服朝廷之令，將督郵綁縛在樹上，打了一百多鞭子，然後逃官而去……」

朱靈一拍大腿：「沒錯，那就是劉備。」

「哈哈哈……」曹操轉怒為喜，「看來劉玄德膽大妄為不是一天兩天了，這倒是合我的胃口。」

朱靈接著道：「那劉備逃官後四處遊蕩，無意中巧遇了何進派去丹陽募兵的都尉毌丘毅。」當初何進為了恐嚇宦官發各地兵馬進京，毌丘毅也是一路，「劉備覺得毌丘毅奇貨可居，就沒完沒了地黏著他，結果他們北上途中在下邳遭遇黃巾餘寇，就打了一仗。這一仗雖然打贏了，但也耽誤了時日，董卓早已經進京了。毌丘毅感激劉備相助就表奏他為官，擔任了下密縣丞，進而又到高唐縣尉。」

樂進又插嘴道：「縣尉縣丞現在算得了什麼官？我一招手就有千把人的隊伍，不比他厲害？」

朱靈瞥了他一眼，笑道：「文謙兄又不懂了，官與匪不過一字之差，但卻是天壤之別。你拉一支隊伍無名無分就是土匪，朝廷可以剿你；可人家別管多小的官，拉一支隊伍那就叫鄉勇，只要不造反誰也管不著。這當官的好處還小嗎？」

「不錯，要是我換作他那種處境，也要那麼幹。」曹操捋髯點頭。

「後來天下大亂，他靠著當年的老關係投靠到公孫瓚帳下，為別部司馬……」

樂進又打斷了朱靈的話：「這個人到處逢迎，無恥得很。」

曹操瞧出毛病來了，樂進這是故意給朱靈搗亂，人家每說兩句他就打斷一次。再看夏侯淵、曹洪都衝他擠眉弄眼，原來這幫人使壞，挑唆樂進這個沒心眼的出來鬧，他們聯合起來跟朱靈作對。

曹操隱約感到一陣恐懼，只怕日後自己營中難免會有派系之爭，趕緊呵斥道：「都給我閉上嘴，好好聽人家講！」

朱靈繼續說：「劉備替公孫瓚打了幾仗，實在是敗多勝少。後來他們在黃河邊大破黃巾賊，打過黃河到了青州，劉備就歸到田楷帳下聽用。田楷任為偽青州刺史，他就當了偽平原令，後來又升為平原相。」

朱靈說到這兒特意看了看樂進，沒人插嘴搗亂他都有些不習慣了，「其實這是公孫瓚往臉上貼金，他們不過占了平原國的幾個縣，就膽敢稱平原相。」

「公孫瓚蠢材，為了區區名號封了太多名不副實的官，這麼幹能不招人怨恨嗎？」曹操冷笑道：「劉玄德之流庸庸碌碌見識不廣，棲身公孫之下豈能有所作為？」有些話曹操當著手下人不能說得太清楚了。劉備這個人藉求學而立名聲，藉名聲而謀起兵，藉起兵而得功名，藉功名而攀附他人，又靠著攀附他人而混到平原相。一個小小賣草鞋的，打仗又稀鬆平常，能爬到今天這一步已經很不容易了。遍觀自己營中諸將，哪個不比他出身高？可又有哪個比他混的官大？這些話曹操自己心裡明白就行了，可不能說出來叫手下這幫武夫聽了長心眼。

樂進還是急性子，即便不准多嘴，他還是忍不住罵道：「將軍說得對！劉備算個什麼東西，有本事就在戰場上較量較量，打不過老子，寫什麼戰書都是扯淡！」

見這個矮子上躥下跳，曹操不禁感到好笑，並不理他，低頭把剛剛扯斷的竹簡又拼了起來：「不過……劉備既然敢拿一萬雜兵擋路，我就賞他一個面子，規規矩矩給他回封書信。他帶一萬軍，我也用一萬軍，這也不算我欺負他。明天對陣，你們誰敢去擒劉備？」

「我去！」樂進與夏侯淵同時站了起來，生恐叫朱靈搶了。

「好。你二人同去，誰能生擒劉備，我重重有賞。」曹操提筆回書，邊寫邊道：「我倒很想見見這個人。」

朱靈微微一笑，心道：「擒劉備？想都不要想。只要一打仗，這個劉玄德跑得比兔子還快呢！」

第二天清晨，敵我兩軍對圓，曹操只派夏侯淵、樂進領一萬精兵出戰，自己帶著大隊青州兵屯在不遠處一座小山上觀看戰局。放眼一瞧對面的陣勢，曹營諸將頓時就洩氣了。這一萬人可慘到家了，有陶謙撥來的丹陽兵，有公孫瓚處來的幽州騎兵，有的一看就是烏丸雜胡，更多的則是連長矛都舉不穩的饑餓百姓。

這樣的雜牌軍別說衝鋒打仗，能令行禁止就不錯了。憑烏合之眾抵擋橫行無忌的曹軍，這簡直是拿性命開玩笑！

樂進是越見慫人越壓不住火，連招呼都沒打一聲，帶著他的五千兵馬就殺了過去；夏侯淵怕他爭功，忙催動兵馬搶著往前衝。敵人見狀也趕忙衝鋒，可兩軍剛一交鋒，劉備的陣勢便亂了。丹陽兵是揚州人，完全是陶謙憑藉家鄉的老關係招募來的，根本沒心思為徐州存亡捨生忘死，往後退的倒比往前衝的多。那些幽州鐵騎和烏丸倒是驍勇善戰，無奈人數太少。至於當地百姓湊出來的隊伍，勇氣可嘉戰力不足，又缺乏操練全無章法，一個個衝上來就是送死。

沒一會兒工夫，丹陽兵就差不多盡數脫離戰場，剩下人則繼續與曹軍奮戰，但寡眾懸殊強弱分明，他們已經是勉強招架了。樂進打仗從來都是一馬當先，掌中畫戟舞得跟風車一般，掃出去就倒下一大片，帶著親兵朝向中軍大旗就殺，意圖生擒劉備；夏侯淵也不示弱，督著大隊軍兵與敵人短兵相接，沙場上喊殺陣陣倒也熱鬧。

但曹操心裡卻有些不是滋味，那些瘦骨嶙峋的徐州百姓雖是螳臂當車，卻寧可喪命戰場也不後退，一個個勉強挺槍而上，高呼保衛徐州的口號——看來屠城把徐州百姓都殺怕了，也殺怒了，他們真是要跟曹某人玩命了。

曹操的心情變得矛盾起來：為了報仇真的需要殺這麼多的人嗎？就算把整個徐州掃平，父親與弟弟也不能復活了。如果有人為了找我報仇而屠殺兗州百姓，那我會怎麼辦呢？殺人固然可以立威，可也把我的仁義之名殺沒了。現下闕宣、張闓都被陶謙剷除了，這仇我只有找陶謙報！事已至此就要繼續殺下去，只要攻破郯城宰了陶謙一家我就罷手；陶謙不殺徐州不平，我永遠有後顧之憂！殺吧……繼續殺吧……不毀滅也不會有新生……

就在這個時候，山後一陣混亂，有十幾個幽州騎兵悄悄繞到後面，妄圖衝上土山刺殺曹操。可是曹軍兵層層甲層層，憑他們這點兒人，再勇猛善戰也只是以卵擊石。今日的戰鬥雖毫無凶險，卻是曹操生平從未經歷過的奇事，他平過黃巾、討過董卓、戰過袁術、屠過徐州，但還沒跟這種自討苦吃的軍隊交過戰，他覺得有些可笑，從杌凳上站了起來，回頭張望那一小隊「奇兵」。

只見這十幾個人盡皆奮勇，面對大軍毫無懼意，催動戰馬就往裡闖，所至之處盡皆披靡。這隊人為首的似乎還是個部曲長官，相貌格外扎眼。此人身高足有九尺，頂盔貫甲，外罩鸚哥綠的戰袍，腰繫鸚哥綠的戰裙，下有護腿甲，足蹬虎頭戰靴，胯下一匹雪白的戰馬。面上觀看，此人生著一張赤紅的寬額大臉，丹鳳眼，臥蠶眉，唇若塗脂，不似河北之人，倒像是關西大漢。莫看他二十出頭年歲不高，卻留著一尺多長的五綹長髯，一動一靜瀟灑飄逸，好似天上的力士下凡。他手中擎著一口大刀，長有丈許，刀頭形如偃月，刀尖閃著冷森森的寒光。此人大顯神威，一刀一刀舞起來，血光此起彼伏，天靈蓋斬得滿天飛，折胳膊斷腿的兵丁扯著脖子慘叫。

而此人所帶的十幾個勇士，個個捨生忘死有進無退，殺人如刈麥一般往上闖。轉眼間，他們未傷一人竟衝到了半山腰！

曹操從未見過這樣的勇將，眼睛都看直了，似乎忘了他殺的是自己人。其實曹操要是坐著也不會有危險，可是他自杌凳上站起來，身邊立著大纛旗，加之頭戴的紅纓兒錖格外醒目，這可就為自己招禍了。

「過來啦！將軍快躲避呀！」一樓異這一嗓子幾乎是從後腦勺喊出來的，搶步橫刀把呆立的曹操護到了身後。

那十幾個人竟然殺了上來，山頭之上的兵將可全慌神了。抽刀的抽刀，拔劍的拔劍，挺槍的挺槍，曹洪、于禁、朱靈等幾個將領都來不及上馬，就把刀槍舉了起來，急匆匆攔在曹操身前。

一陣馬嘶聲響徹雲霄，那紅臉大漢丹鳳眼都瞪圓了，擎著刀出現在曹操面前。眼瞅著他凶神惡煞般一刀斬過來，所有的將領親兵都瘋了，刀槍劍戟一擁而上——鏘啷啷！好幾樣兵刃砸在一處直冒火星子，那聲音響得耳朵都要聾了，好在這一刀總算被大夥抵擋住了。

「放箭！放箭！快他娘的放箭啊！」曹洪虛晃著刀趕緊傳令。

為了保護主帥，這會兒也顧不得敵我，虎豹衛士一同搭弓放箭。曹操只聞頭頂上嗖嗖直響，飛蝗般的箭矢便射了過去。眨眼間就有四個突上來的敵人中箭落馬，擋在最前面的幾個親兵也被射倒，連曹洪背後都中了兩箭。

那大漢掌中光閃閃的大刀耍得滿月一般，箭支全被他撥打在外，卻連油皮都沒傷著。親兵將領全把命豁出去了，舉起兵器築起一道人牆保著曹操。

三射兩射，敵人就傷得差不多了，那大漢也頂不住了，把大刀橫掃出去，將湧過來的兵丁打了個趔趄，駁馬就往山下逃。親兵衛士顧不得追，趕緊圍上來護著曹操。虎豹衛士繼續放箭，那大漢將刀舞得風不透雨不漏，前砍攔路之兵，後撥飛來之箭，一眨眼的工夫又撞下山去突出重圍，帶著剩下的三騎縱馬而去。

「他娘的！」曹洪氣哼哼拔下釘在鎧甲上的箭，破口大罵，「你們他娘的都是死人嗎？就這樣讓他逃了！」

曹操見那人已逃遠了，顧不得追究過失，憋著的一口氣總算緩了上來，癱坐杌凳擦了一把冷汗：「險喪吾命啊！」

身邊眾將面上盡皆無光，這麼多兵將，卻讓十幾個人殺到眼前，臉往哪兒放啊？于禁緩了緩心神，轉身看了看戰場，不禁詫異道：「大家快看呀！」

原來劉備兵馬死走逃亡，幾乎沒人了。卻有一小隊幽州騎兵兀自抵抗，隱隱約約見一個黑袍小將拿著件兵器亂比劃，又是砍又是刺又是掃又是砸，全無章法路數，看得人眼花繚亂，半天都瞧不出他使的是什麼玩意。而恰恰就是他帶著這幾十人奮戰，自己這邊的兵多之百倍就硬是拿不下，眼瞅著他們且戰且退最後作鳥獸散去，就是一個都抓不著。那個黑袍小將脫離陣地，停下兵刃，這才看出是一杆長矛。他快馬急催繞過郯城，一會兒工夫就逃得無影無蹤。

「那穿黑袍的就是劉玄德嗎？」曹操急渴渴問朱靈。

朱靈搖搖頭，意味深長地說：「絕對不是……我想那劉備早就混在丹陽兵裡逃得沒影了。」

曹操心頭大撼：那紅臉大漢，還有這黑袍小將，真萬人敵也！以樂文謙、夏侯妙才之驍勇比之遜色三分，我怎麼就沒得到一員這樣的部下呢？這樣的奇人竟然會在織蓆販屨的劉備帳下，真真可恨可惱可惜可羨！若是他們兵馬練熟再做抵禦，豈非勁敵？想至此他趕緊起身傳令：「馬上出兵端了劉備的營寨，絕不能讓他們再集結起來！」

軍令迅速傳下，連戰場上的兵帶山頭觀望的人馬，都黑壓壓向東挺進，曹軍勢不可當直搗劉備大營。

可是根本不用打了，劉備早帶著人逃得無影無蹤，殘兵敗將一個都沒回來，糧草輜重全都扔下不管了，完全等著曹軍接收。曹操又好氣又好笑，還從來沒打過這樣的糊塗仗呢！其實也不錯，有了劉備的這座大營，省了曹操立寨運糧等不少事。此刻已經殺到郯縣城邊了，除了一道厚厚的城牆，陶謙再沒有其他的屏障了。

曹操抬頭仰望著前方不遠處的郯城，兩丈高的城牆，上面密密麻麻都是軍兵和百姓，弓箭密排、滾木堆積，他們已經做好誓死護城的準備了。殺父之仇、弒弟之恨，還有西進河南的後顧之憂，到了這一刻就要徹底解決了。這座大城必定難攻，就是再搭上一段時日也要拿下它，務必要將陶謙這一派勢力徹底剷除。

他方要下令圍城，就聞身後一陣歡聲笑語——卞秉從兗州來了，正與樂進等將說說笑笑走過來。曹操有點意外：「你來這兒做什麼？」

卞秉笑呵呵道：「荀先生派我來慰勞慰勞。」

「有什麼好慰勞的？」曹操又轉過頭去望著城牆，「這一仗恐怕不好打呀，可能會有很大死傷。」

卞秉笑著嚷道：「大家都各歸各處忙自己的吧，我有幾句私話跟我姐夫說。」大家聽他這麼說便不再糾纏玩笑，各自去了。卞秉湊在曹操耳邊低聲道：「我怕軍心潰散，不能當眾說——這仗不能打了。」

「怎麼了？」曹操一愣。

「兗州造反了，我帶兵送信差點被叛軍截殺。」

曹操歎了口氣：「唉，半載征戰前功盡棄，殺父之仇不能得報……究竟是哪個郡反了？」

卞秉摳了摳鼻子，兀自鎮定道：「張邈、陳宮帶頭作亂，引呂布前來。現在整個兗州全反了，咱們就剩三個縣城了。」

曹操感到胸口似乎被大鎚猛擊了一下，五臟六腑全碎了，但是硬挺著轉過身：「樓異！」

「諾。」樓異走到近前抱拳施禮。

「郯縣城高牆堅，敵人死守難攻，傳令收兵回師——吩咐大家要唱著凱歌高高興興地走！」曹操說完這句話，感覺沉痛的心情反倒輕鬆了。沒有占領徐州，兗州也突然沒有了。一切又要從頭開始了。

濮陽之戰

曹操心裡似油煎火燒一般，但撤軍的步伐卻絕對不能倉促。一旦讓軍兵知道他們無家可歸，就有譁變的危險。一個人帶頭跑，就會有一千個人跟著跑，尤其是那些青州兵，本就在兗州沒什麼根基，軍心浮動一哄而散，說不定還會有人想取下他曹某人的腦袋，找呂布、陳宮投誠呢！

一路上曹操召集了好幾次會議，慢慢將兗州的局勢滲透給眾將。當然，他故意把形勢比實際情況說得樂觀了一些，而那些將領告訴部曲隊長的時候就說得更樂觀一點，一級一級地轉述，傳達到軍兵那裡時，他們所知道的是兗州有一股土匪鬧了點兒小亂子。大家唱著凱歌耀武揚威，帶著從徐州劫掠的輜重，甚至還在半路上破了追擊堵截的徐州部將曹豹。

別人可以蒙在鼓裡，但是心腹兄弟們卻不能隱瞞，曹家哥們全都面如死灰，畢竟要面對的是整整一個州的叛亂啊！曹操的心中除了焦急，還有悲傷，還有恐懼。悲傷的是，帶頭叛亂的竟然是自己多年交心的好朋友張邈，還有幫自己入主兗州的親信部下陳宮，真是成也蕭何敗也蕭何。恐懼的是，他們竟然搬來自己最忌憚的人——呂布！

每當曹操回憶起屈居洛陽的那段日子，呂布殺氣騰騰向他敬酒的情形就會浮上腦海。那雙藍隱隱的眼睛、那杆陰森森的方天畫戟，都五次三番在噩夢裡糾纏他，每次他都會驚出一身冷汗。曹操實在不敢多想了，看看士氣高昂的得勝之師列隊而行，心情平復了一些：「阿秉，除了張邈、陳宮，造反的還有誰？」

卞秉騎著馬緊緊貼在他身邊，小聲道：「張邈、徐翕、毛暉、吳資舉郡皆叛，陳宮偷襲東郡，夏侯元讓幾不得生，僅以孤軍突出，半路上又叫詐降的兵卒劫持，多虧部下棗祗相助才得脫險，現在已經保著您的家眷到了鄄城。許汜、王楷率部叛迎呂布，李封、薛蘭當了人家的治中和別駕。」

「程立、毛玠如何？」曹操又問。

「程立急中生智，與薛悌聯手幫您保住了東阿縣，還遊說範縣的縣令靳允。毛玠帶著張京、劉延那幫人都已經到了鄄城固守，徐佗也逃出來了。那個袁紹封的豫州刺史郭貢想趁火打劫，多虧荀文若單騎前去遊說，才躲過一難。但是戲先生……」

「他怎麼了？」曹操格外緊張。

「戲志才被張超帶人擄走了，不過他身染沉痾沒被殺害。」

「我一定要把志才兄救出來！」曹操說到這兒似乎意識到此刻的無奈，「若不是當初派荀彧到鄄城，這次真是無家可歸了。不過事到臨頭辨忠奸，我還得了不少人心。魏種如何？他可是我舉的孝廉，他絕不可能棄我而叛吧？」

「將軍，魏種也跟著陳宮他們……」卞秉不好意思往下說了。

「好啊！真好！又一個忘恩負義的小人。」曹操臉一紅，不禁惱羞成怒，「大膽魏種！除非你南逃山越、北投胡虜，我絕對不會放過你！」他這一嗓子喊得聲音可大了，四周的軍兵都嚇壞了，看著主帥怒不可遏的樣子，都感到莫名其妙。

曹操怕人察覺，趕緊壓下火氣，又低聲問卞秉：「呂布的兵馬今在何處？」

「攻打鄄城不下，現已經屯駐濮陽。」

「泰山一路可有兵馬阻擋守衛？」

「根本沒有。呂布的兵力有限，張邈也不是很配合他，大部分郡縣還在據城觀望，我看只要拿掉呂布，剩下的事也不難辦。」

曹操點頭笑道：「呂布一旦得兗州，不能據守東平，斷亢父、泰山之道乘險要我，僅屯駐濮陽，吾知其無能為也！」說罷又乾笑了幾聲。他嘴上這樣講，心裡卻很清楚，呂布這一招誘敵深入甚是狠辣，這是想要以逸待勞把他整個吞掉啊！可是現在除了自己給自己解心寬，還能有什麼辦法呢？

幸好自徐州抄掠了大量糧草，曹軍浩浩蕩蕩遠道歸來，沒受到任何阻擋，也未強攻一城一縣，兵鋒直至濮陽。呂布早就磨刀霍霍等著他了，並在城西四十里紮下營寨。曹操希圖一戰收復兗州，趕忙調整兵馬，就在濮陽以西與之對陣。

呂布的兵馬不多，只一半是并州人，一半是陳宮、許汜、王楷歸附的兗州叛軍，另外在他依附張楊的時候還得到了一些河內兵。雖然總兵力遠不及曹操，但并州騎兵是天下聞名勁旅，其中更有些匈奴、屠格，其勢力絕不容小覷。他們列出的陣型是并州兵、河內兵在前，兗州部在後，整個陣勢前窄後寬，就像一把尖刀。

曹操深知此乃強敵，只有以多欺少；說句不好聽的，除了拿人墊沒有別的法子取勝。他利用人數優勢在曠野上將大軍分作四隊，自己統領長年跟隨的嫡系部隊、曹純的虎豹騎以及朱靈等河北三營居中列隊；左翼派遣曹仁、于禁、李乾率領兗州軍列隊；右翼則是曹洪、卞秉、丁斐率領的青州軍；最前面是樂進、夏侯淵兩員悍將挑選的騎兵前鋒，在曹操看來，這隊騎兵雖不能與并州騎媲美，但也足以抵禦敵鋒。只要前隊將敵人擋住，左右兩翼包抄，後面中軍跟進，一下子就能將敵軍包圍，一口氣吃掉。

兩陣對峙之際，樂進、夏侯淵首開戰端，帶領騎兵衝鋒向前。曹操見狀立刻下令三軍齊進，黑壓壓的大軍逼向敵軍。呂布軍雖只有一個陣營，但毫不示弱，不避不閃迎面襲來。

就在兩軍相遇之際，呂布軍突然改變了陣型，最前面的并州騎猛然撥馬向北突擊曹軍右翼的青州軍。而他們一閃，後面的兗州叛軍就赫然暴露出來，最前面幾排敵人個個強弓硬弩在手。曹操一見當時冷汗就下來了——敗了！

就在那一剎那，曹操馬上意識到自己的失誤了。單單呂布並不可怕，但現在他那邊有個知己知彼的陳宮，自己在陳宮面前幾無祕密可言，青州兵的弱點他瞭若指掌。呂布這次變陣對自己而言是致命的，因為青州兵都是黃巾降眾，軍心不穩缺乏訓練，靠他們對抗并州騎兵必敗無疑。而自己費盡心機組織的騎兵隊伍，等待他們的則是萬箭攢身。前、右兩軍一亂，牽掛中軍、左軍，一下子就是踐踏而亂。

沒辦法了，事情發生得太倉促，曹操刻不容緩高舉令旗：「傳令！全軍都給我向南移！」

「向南移……向南移……向南移……」一倉促變陣非是易事，無論是不是傳令官，此刻都跟著喊了起來。

但是要讓四隊人馬在一瞬間服從將令實在太難，敵人已經突到眼前了。并州騎兵虎撲羊群般楔入青州軍，果不其然，那些農夫面對鐵騎一觸即潰，丟盔棄甲四散奔逃，哭爹喊娘亂成一鍋粥。曹操不知道，衝在最前面的并州騎兵乃是高順率領的銳中之銳，號為「陷陣營」，個個都是以一當百的騎士。那些騎兵掌中長槍連聳，像扎蛤蟆一樣將混亂的潰軍刺死，而且生生從右翼陣中貫穿而過，掉過馬頭轉回再突，往來刺殺如入無人之境，青州軍立時被殺得昏天黑地。

在此同時，曹軍的前鋒也出了問題，陳宮早已下令萬箭齊發。霎時間箭支遮天蔽日密如落雨，前鋒騎兵衝鋒之際根本勒不住馬，不少戰士連人帶馬被活活射成刺蝟。前排的栽倒，後面戰馬即刻絆倒，只要一墜地馬上又被萬箭攢身，由於衝力太大，接連損了好幾排，死屍堆得像堵牆一樣。樂進、夏侯淵盡皆中箭，帶領殘兵在死人牆的掩護下趕緊回轉，總算是保住了一半人。

幸在曹操傳令南移，大軍有所行動，如若不然，自相踐踏就有全軍覆沒的危險。可即便如此，逃散的青州軍昏頭昏腦，還是稍微影響到中軍。兗州叛軍放罷弓箭已然衝到面前，并州騎擊潰右翼也從北邊襲來，兩面一同夾擊，曹軍氣勢大挫。諸將指揮兵馬奮力死戰，中軍的長槍手擠得嚴嚴實實，把槍尖對準了馬脖子，敵人三突兩突不能突入，總算是止住了頹敗之勢。曹操調集弓箭手，也開始隔著槍陣向敵人還擊。

兩軍就這樣僵持了半個多時辰，最後還是呂布一方先退了兵。但曹軍死傷慘重、士氣低落，將領多人受傷，再沒有追擊之力了，曹操只得下令收兵。

青州軍損失最大，回營清點人數發現少了一半，有被長槍殺死的，有被鐵騎踏死的，有被自己人誤殺的，而更多的則是四散逃亡，他們嚇得再不敢回到曹營，寧可繼續當流民也不打仗了。

一望無垠的田野上，到處都是曹軍的屍體。有的橫七豎八倒在血泊中，有的血糊糊一團泥肉已難分辨，有的受傷太重以槍拄地站著就斷了氣，有的被射成了刺蝟倒都不倒下，還有那堵摞得高高的死人牆。尚未死僵的戰馬抽搐著蹄子，發出痛苦的悲鳴……

曹操眼望著這種淒慘的景象，這片曾經屬於他的土地，如今看來異常陌生。現在若是撤退鄄城無異於認輸，所有尚在觀望的郡縣馬上就會完全倒向呂布、陳宮。好在從徐州掠奪的糧草十分充足，大可以繼續對峙下去，就是撐幾個月都沒有關係。

但他必須好好想個辦法，只有突發奇兵，才能扭轉這種不利局面。

險象環生

寧靜的夜晚，冷月如鈎掛在雲端。黑黢黢的濮陽城只有零星的火光，那是兵丁在放哨。曹軍就埋伏在城東半人多高的草叢之中，人銜枚馬摘鈴，身後還有樂進、夏侯淵率領的三千勇士，被深夜荒草掩蓋得絲毫不露，他們在等待東門城樓上的信號。

曹操與呂布已經相持了一個月，雙方只有幾次互有勝負的小交鋒，改變不了僵持的局面。就在三天前，有人在深夜墜城而出，來到曹營，自稱是濮陽大族田氏的家奴。

原來呂布自入濮陽以來，強逼城中富戶捐糧，而并州兵軍紀敗壞，到處搶奪民間財物，城中百姓苦不堪言。田氏一族受呂布迫害已甚，願意為內應，以重金賄賂守城兵丁，趁夜晚打開城門放曹軍殺入。剛開始曹操對此人還有些懷疑，但是書信往來幾次，覺得此事大可行之。加之對峙已久，軍心低迷，曹操便同意與之合謀。

這樣的行動其實是很危險的，曹操大可不必親自前來，但由於軍心渙散，決意親自鼓舞將士奪城。為了確保安全，臨行前他更換鎧甲兜鍪，穿戴得與普通將校一樣，以掩敵耳目，並下令軍兵攜帶火鐮火石以備入城照明。

這會兒已經是二更天了，曹軍已經在草叢中等候了一個時辰。大家絲毫不敢鬆懈，手中緊握著刀槍，卻悄無聲息，只聞草蟲窸窸窣窣的聲響。已經到了約定的時間，可城頭之上還是悄無聲息，曹操心中忐忑不安，畢竟他與田氏家族交往不深，萬一事情有變，他就得迅速帶兵撤回大營。

正在他焦急的時候，東門上的燈火忽然熄滅了，緊接著豎起一面白旗——那是約定好的信號！轟隆隆的開門聲在漆黑的曠野中傳得很遠，曹操立刻傳令衝進城。他與樂進、夏侯淵快馬當先搶入城門，軍兵也紛紛加快腳步，抑制著激動的心情奔向濮陽大門，城樓上始終沒有人射箭阻擋。

轉眼間，三千人衝過了門洞，各燃火種，但見城中一片死寂，有七八個守城兵丁跪倒在地。「貪財不義之徒留之何用？殺了他們！」曹操一聲令下，幾個獻城之人身首異處。

樂進帶著人就要往裡殺，曹操一把攔住：「現在聽我號令，咱們擒賊擒王，城上的兵丁不管他們，先殺至州寺將陳宮那廝斬了，濮陽城立時可定矣！」

「為防萬一，咱們是不是留下些人把守東門，以謀進退。」樓異牽著馬提醒道。

曹操冷笑一陣：「咱們已經至此，誓要拿下濮陽斷呂布補給，今天是破釜沉舟有進無退。放火把東門給我燒了！」他這一聲號令，十餘支火把立時拋向城門，士卒見狀無不振奮。

樂進一馬當先，高聲吶喊著，帶領大家往前衝。此番前來的都是兗州兵，在濮陽城中可謂輕車熟路，高喊著殺陳宮的口號就往州寺殺。哪知剛殺了一半路，突聞更雄壯的喊聲大作，自濮陽房舍的各個路口衝出無數敵人，高喊著：「捉拿曹操老兒！」

「田氏詐降，中反間計了！」曹操心中一涼，趕緊勒馬，但見軍兵不知所措，前面樂進已經同敵人幹起來了。

敵兵越聚越多，高舉著火把刀槍，把曹操的隊伍截為數段，混戰起來。

這樣下去，一會兒工夫就會全軍覆沒，曹操早把剛才說的大話拋到夜郎國去了，振臂高呼：「撤退！撤退！」

可哪兒還撤得了啊？喊殺聲、刀槍聲、馬嘶聲響成一片，所有人都在兀自拚殺。夏侯淵連砍數人，衝到曹操面前：「軍中不可無主，我保著你出城！」說罷領著身邊幾個親兵往外衝。曹操這會兒也沒辦法了，只有跟著夏侯淵往外逃，樓異則連砍帶剁拚命護住他左右。

但見火光之下，前面黑壓壓一片，早有伏兵斷路。夏侯淵也顧不得許多了，舉刀就往人堆裡殺，伏兵一擁而上，將他與親兵團團圍住。樓異見無法突出重圍，以手虛指西面，奮力大呼：「曹操老兒在那邊！」

這招果然奏效，深夜雖有火光卻朦朦朧朧，是敵是友並不易分辨，那幫伏兵聽他帶出「老兒」二字便不懷疑，頓時有一大半稀裡糊塗向西奔去。

曹操見夏侯淵身邊親兵死盡，還在與幾個敵兵相鬥，想要幫他一起廝殺，樓異卻緊緊拉住他的韁繩：「他們自有脫身之策，您快走吧，再不逃就來不及了！」兩人趁亂繼續往東逃，身邊連一個親兵都沒有了。

可來到東門附近，曹操大驚——剛才那把火可惹了麻煩啦！

進城時曹操下令燒毀東門以示決心，但城門的火焰在東風的鼓動下烈焰沖天。連城東附近堆放的草料及民房都點著了，一時間風助火勢火借風威，眼看已經燒著了半條街。火舌攀著房屋四處亂竄，劈劈啪啪的燃燒聲不絕於耳，有的房子眼看就要塌了。

曹操的大宛馬在汴水戰死，後得曹洪所讓寶馬，喚作「白鵠」，此馬登山躍澗滾脊爬坡不在話下，唯獨這樣的大火還未經歷過。但聞噓溜溜一聲嘶鳴，白鵠驚怕止步，兩條前腿高高抬起，生生將曹操掀下馬去。樓異還未及攙扶，後面又來了大群敗軍，推推搡搡就往前湧。

這會兒誰還顧得上什麼將軍不將軍，頓時把樓異也擠倒在地。曹操直摔得渾身生疼，又覺一雙雙腳從眼前踏過，甚至有人自頭頂躍過，帶起的塵土把眼睛都迷了，他渾渾噩噩爬起身，連滾帶爬躲到路邊。那群推推搡搡的士兵，為了出城活命也不管有沒有火了，拚了命地往外擠。有的人命大突出城門，有的被倒塌的房屋砸死，有的被擠倒在火海裡，周身起火在地上打著滾慘叫，直到燒成一團焦炭，再也動彈不得。

隨著大火燃燒，滾滾的黑煙也被東風吹得迎面襲來，嗆得人直咳嗽。恍恍惚惚之間，曹操癱倒在地上，只見夏侯淵、樂進帶著幾個殘兵快馬奔過。「妙才……文謙……咳咳……」他喊到一半就被煙氣嗆住了。

夏侯淵、樂進與敵奮勇交戰掩護主帥撤退，他們以為曹操早已衝出去了，這會兒人聲嘈雜，根本沒聽到曹操的呼喚，只管打馬踏過滿地的死屍、焦炭，突東門而去。

這會兒曹操已經在煙塵中翻滾得不成樣子，戰袍扯破，熏得滿面烏黑，加之本就穿著普通將校的衣服，根本沒有兵丁注意他。他掙扎著爬起來，火光耀眼煙霧瀰漫，烈火越燒越大，炙得人臉發燙。就在此時，又聞馬掛鑾鈴之聲，只見許多并州騎兵追擊而來，當先一騎將官坐定赤馬，曹操一見，嚇得魂飛魄散。

此將身高九尺，虎背熊腰，雙肩抱攏，頭戴三叉束髮紫金冠，身披赤金獸面連環鎧，外罩西川紅錦百花戰袍，肩挎金漆畫雀半月弓，腰繫勒甲玲瓏獅蠻帶，腿縛銀絲護膝甲，足蹬虎頭戰靴，掌中擎一杆丈餘長的方天畫戟，坐下是嘶風赤兔馬。往臉上觀，面龐白淨如玉，龍眉鳳目，隆鼻朱唇，髮色黑中透棕，一雙藍隱隱的眼睛映著殘酷的火焰，顯出桀驁自負的神情——來人正是呂布！

此情此境之下，看見呂布直奔自己而來，彷彿就是從煉火地獄中衝出的催命使者，曹操躲無可躲避無可避，癱坐在地上。眼瞅著呂布狂笑掘塵而至，舉起冷森森的方天畫戟對著自己頭頂擊來，曹操歎息著把眼一閉——完了！

不料那畫戟高高舉起，卻輕輕落下，磕了他頭盔兩下。呂布笑呵呵問道：「曹操跑到哪兒去了？」

什麼？

曹操明白了，自己與呂布相見不多，他未必記得容貌，再加上今天穿著普通將校的衣服，又被煙熏了個滿臉花，他沒認出自己來。

「說出來我就饒你一命！」呂布又逼喝道。

曹操匆忙伸手虛指，尖著嗓子道：「我家將軍突火不出，帶著人奪南門去啦！坐騎黃馬身披黃袍的就是他！」

他以為呂布必然一路追下去，哪知呂布傾著身子慢慢伏在馬上，瞪著一雙藍隱隱的眼睛直勾勾盯著他。

他認出我來了！曹操趕緊低頭，心都快蹦出來了。

呂布看了他一會兒，白皙的臉上突然露出一抹微笑：「你說南門，可是你手指的是北啊！」

曹操真是嚇糊塗了，謊話都沒編圓。但他靈機一動，以錯就錯跪倒在地：「將軍您神威無敵，小的方寸已亂不辨南北……他確實說去南門了。」

「哈哈哈……」呂布仰天狂笑，「曹孟德用此等膽怯小人為將，豈能不敗？我就容你苟且偷生吧……兄弟們，跟我去活捉曹操！哈哈哈……」隨著這一陣狂妄的笑聲漸遠，呂布帶著并州騎霎時間去得無影無蹤。

曹操長出一口氣，兩腿發軟倒在地上，好半天才意識到自己尚未脫險，又慌慌張張爬起來。他踉蹌著往前走，忽覺還有一人牽著馬在煙霧中行走：「樓異……是你嗎？」

「是我！」樓異興奮得都快哭出來了，而他的臉上赫然多了一道口子，鮮血正汩汩冒出。

「你怎麼了？」

「有幾個人想奪將軍的馬，全叫我宰了。」樓異摸了一把血糊糊的傷口，「您沒事就好，快上馬，咱們逃出去！」說著把顫顫巍巍的曹操扶上白鵠馬。

此刻火勢已經不可控制，整個濮陽南側都已經燃著了，房屋接連倒塌，只剩一條窄窄的小道。曹操毫無選擇，只有硬著頭皮往外衝，一邊走還得一邊安撫受驚的戰馬，樓異提著刀在馬後狂奔相隨。

突然轟隆隆一陣響，一座燃著火焰的屋子倒了下來。眼看將帥二人就要命喪火海，樓異倉促之際衝著白鵠屁股上就是一刀，馬兒疼得往前躥，燃燒的朽木擦著曹操的後腦勺砸了下去。

「樓異！樓異！」躲過一劫，曹操顛簸著回頭張望——只有火海一片，樓異哪還能生還啊？白鵠馬已經受驚，曹操毫無辦法，也顧不上悲傷，只能緊緊拉住轡繩，伏在牠背上，任其在烈火中狂奔。當他單騎突出濮陽東門的時候，戰袍和頦下鬍鬚都已經燒光了……

第十五章

蝗蟲幫曹操打跑呂布

扭轉局勢

曹操狼狽回營已經是三更以後，滿營將士總算鬆了口氣。殘兵早就順利逃回，歇了半天才發現把主帥丟了。曹洪當即就火了，怒不可遏喝問敗將，樂進又直脾氣不服他說，倆人揪著脖領子打得跟花瓜一樣。曹仁彈壓不住，探馬派出去好幾撥，大營都吵翻天了。

這會兒見曹操歸來，大夥在安心之餘也吃了一驚：將軍的臉熏得烏黑，額頭磕得烏青，本來就不長的鬍鬚只剩唇上那兩撇，戰袍早就燒沒了，手也挫傷了，這副模樣扔在殘兵堆裡，恐怕任誰都會以為是一個倒霉的火頭軍。

曹操頹然坐倒在帳前，摸了摸光禿禿的下巴，乾笑道：「誤中匹夫之計，吾必報之！」

卞秉眼睛最尖，半天沒瞧見樓異：「大個子呢？」

「樓異死在城裡了……」

眾人盡皆淒然。趁著昏暗的火光，曹操環顧著營裡的殘兵敗將，有的受了重傷痛苦呻吟，有的情緒低落歎息不已，有的心不在焉似欲離散……接連兩場大敗仗，這樣下去越來越被動，不等呂布反攻，這些兵就要先逃散了。他心中泛起一陣陣隱憂，抬頭又見樂進、曹洪還在窩裡鬥，打得鼻青臉腫，他皺眉頭道：「一個個都這個樣子，還能打勝仗嗎？都給我坐下！」

卞秉勸道：「將軍洗洗臉，趕緊休息去吧，有什麼話明天再說。」

「明天？」曹操忽然想起呂布以方天畫戟擊他的頭盔，口口聲聲罵自己為膽怯小人，不由得怒火中燒。他轉向軍兵大吼道：「你們想沒想過，兗州本就是咱們的，為什麼要落到呂布手裡？這一仗咱們雖然敗了，但是就這樣讓他們得意洋洋作威作福嗎？」

誰都不敢說話，曹操腦子忽然一轉，「重賞之下必有勇夫」八個字出現在他腦海裡，他轉而問道：「此番兩場敗仗，死傷的有沒有你們的兄弟子姪？」

有的兵丁坐在地上點點頭。

曹操開始編瞎話了：「我此次從徐州回來，本打算好好犒賞你們。暫時不再打仗，將所得的財貨給大家平分……」

一聽到分錢，那些士兵眼睛都亮了。

「但是事到如今，叛軍氣勢越來越強，咱們連立錐之地都快沒有了，還怎麼安享富貴？」說著話，曹操站到了大纛的夾杆石上，「這兩場仗咱們之所以敗，不是因為呂布之勇天下無雙，而是因為叛賊陳宮為他出謀劃策。你們的兄弟子姪多有戰死，我的親兵樓異也命喪在城裡了。現在呂布、陳宮不光是咱們的敵人，還是咱們的仇人！他們殺我等兄弟、奪我等家鄉，此仇不共戴天！你們難道就不想為死去的兄弟報仇嗎？有沒有鐵錚錚不怕死的漢子，給我站出來！」

隨著他這聲怒吼，還真站起來好幾個。

「我曹某人就是看得起不怕死的漢子，站起來的統統有賞！」

一聽站起來的有賞，軍兵呼啦啦全站起來了。

這可就上了曹操的鈎，他把手一擺：「這像什麼話？一聽見有賞就全起來了，不算數不算數——後來站起來的還坐下！」

軍營裡人太多了，黑燈瞎火的誰記得剛才怎麼站的，再加上答應分錢了，誰還能主動坐下？大夥雞一嘴鴨一嘴互相拉扯。

諸將也都看傻了：將軍是不是燒糊塗了，攛掇自己人打架，大半夜的這是要幹什麼呀？

「不要吵了！」這時候曹操把手一揮，「都聽我說，古人有慶忌、樊噲，都是一等一的勇士。我也要從你們當中尋出勇士，給以厚待，有膽量的就隨我去劫呂布的大營！」

劫營？諸將這才明白他要幹什麼，卞秉第一個站起來提醒道：「將軍，現在去劫營，是不是時機差了一點兒？」

「你懂什麼？」曹操小聲衝他嘀咕道：「今夜咱們雖然中計，但濮陽起火，呂布必留在城中，他的營中空虛，而且打了勝仗必然鬆懈，這正是劫營的好時機。」

「我多嘴，我多嘴。」卞秉喏喏而退。

突然，曹操只覺腳下一陷，夾杆石開了，兩丈多高的大纛緊跟著就砸下來啦！

這下可熱鬧了，不但曹操險些栽個跟頭，軍兵也嚇得四散奔逃。這時候忽有一個大漢竄到前面，迎著倒下的大纛旗高聲嚷道：「來得好！」硬生生拿肩膀去擋。

「轟」的一聲巨響，大家聽得清清楚楚，都以為這個人得叫大纛砸死。哪知那大漢竟將纛旗頂住了！這傢伙像個大牤牛一般，腦袋快扎到地裡去了，雙腳用力蹬地，嘿咻嘿咻緩了兩口氣，突然大吼一聲，騰出右手緊緊攥住旗杆，晃晃悠悠竟把大纛又豎了起來。

扛住倒下的大旗已經了不得，單臂立旗更可堪神力。不但曹操與軍兵看呆了，就連樂進、夏侯淵等幾個自負勇力的將領都驚住了。

「好膂力！」眾軍兵不住喊好，可眼見這條大漢轉過臉來，一看之下都嚇了一跳。此人身高九尺，肚子大得都快流出油來了，粗胳膊粗腿腱子肉，兵卒的衣服都穿不了，只裹了一件雜役火頭軍穿的粗布衫，敞胸露懷顯出黑黢黢一巴掌寬護心毛。面上觀更熱鬧，一張胖臉說黃不黃說綠不綠，大眼睛，獅子鼻，菱角口，披散頭髮青巾箍頭，雙下巴大臉蛋，鬍鬚倒沒幾根，肥肉往下耷拉著，就跟個大冬瓜一樣。

「將軍，您沒事吧？」他的聲音很是渾厚，但因為太胖了，顯得甕聲甕氣。

「沒事沒事。」曹操拍拍身上的土，「壯士叫什麼名字？」

「在下典韋。」說著他鬆開手，任十幾個合力才抱穩那杆大纛。

曹操眼珠一轉：「你敢不敢隨我去劫營，我有珍寶相贈。」

「珍寶不愛，管飽飯就行！」典韋咧開大嘴笑了，「從前我跟過張邈，那裡吃飯不管飽，我才投到您帳下的。」

俗話說立起招兵旗自有吃糧的。荒亂時節百姓不能自存，許多人都是為了吃飽飯才投軍的。曹操一看他那個大肚子，又聽他說話憨直，笑道：「我這裡當然管飽，你能吃多少我就給你多少！」

「好！那我就隨您去劫營。」典韋拍拍手上的土。

曹操轉身大呼：「還有沒有人敢跟隨我和這位壯士去劫營？」

「我！我去！」兵無頭不走，現在站出一個勇力過人的典韋，其他人便開始躍躍欲試。本來低落的軍心一下子提升起來，曹操下令選出五百勇士為敢死軍，每人穿雙層鎧甲，扔掉盾牌，手拿一杆大戟；其後再叫樂進、夏侯淵領三千精銳為後援。曹操本人重新梳洗，也換上統帥的鎧甲和紅纓兜鍪，督率人馬大模大樣殺奔呂布大營。

當曹軍到達呂布大營時，天色已將近破曉。呂布軍剛打了一個大勝仗，以為曹軍三天之內都緩不過氣來，哪想到一夜之間竟會突然開至。他們一點兒心理準備都沒有，加之主帥不在營中，軍紀鬆懈，曹軍都快要衝到營前了，卻只有幾個放哨之人發現，零星地放了幾箭。曹軍的先登都穿著雙層鎧甲，哪裡怕這點伎倆，甩開大步向前衝。

「殺呀！」典韋等五百勇士齊聲吶喊，各舉雙戟前突，只一猛子就撞翻了轅門。呂布軍戰鼓來不及敲、號角來不及鳴，曹軍的喊殺成了催命之音。那些軍兵猛然驚起，大部分還沒拿起兵器就被刺翻在地，還有的連人帶帳篷都被戳了個稀巴爛。這幫敢死軍列成排往前衝，所過之處掃為平地，甚至突到了中軍大帳。大纛旗也被推倒了，糧車都給掀翻了，戰馬被刺得驚躥，所有軍帳都給挑了，有些膽小的嚇得攀著柵欄直往營外翻。可突出來照樣是死，三千人還在外面拿著刀槍等著呢！

劫營的目的不在於殺敵而在於擾敵軍心，可今天殺敵的數目確實也不少。眼見天色已然大亮，呂布大營已經被攪得底朝天，曹操馬上下令收兵，撇下還在混亂中的敵人揚長而去。

可行出去沒多遠，就聽喊聲震天，回頭望去，氣勢洶洶的敵軍從三面夾擊襲來——呂布的大隊人馬殺到了。

原來呂布昨晚在濮陽設下埋伏之策，卻沒想到曹操會突然放火。這把火雖幫了呂布的大忙，使他輕而易舉廢敵一千，但也給濮陽守備製造了麻煩。在仔細盤查俘虜發現沒有曹操之後，呂布立刻吩咐人拆毀民房，修補燒毀的城門，亂七八糟的事折騰完就快天亮了。呂布亦知曹操用兵過人，不敢在城中耽擱，趕緊督率人馬回營。哪知行到半路上就聞大營被劫，呂布氣得咬牙切齒，忙將兵馬分作三隊，他自己與張遼、高順各率一隊，分三面夾擊曹軍。

曹操沒想到呂布會來得這麼快，現在論跑絕對跑不過并州騎，若是交戰，自己不計踹營傷亡才三千五百人，而且敵人營盤更近，那些慌亂的兵丁整合起來，馬上就會跟著投入戰鬥。沒有辦法，先頂一陣再說，曹操立刻派人回營搬請大軍，這些人馬則轉過身來靜候敵人進攻。黑壓壓的并州騎兵揚塵而至，無數鐵蹄踏得大地都在晃動，曹軍上下皆有懼色。為了穩住軍心，曹操從後面催馬到了本陣中央，要讓每一個兵丁都能看到他。眼見敵人騎兵越衝越近，弓箭似飛蝗般襲來。曹操不躲不避，任身邊親兵揮舞兵刃和門旗為他擋箭，主帥既然不懼，士兵自然也不會退縮。

而在最前面的就是五百敢死軍，典韋儼然一副頭目的樣子，忽然擠到最前沿，大喝一聲：「都蹲下！」喊罷他第一個蹲下身，低頭縮脖子，把沒有鎧甲頭盔保護的臉部隱住。其他人還真聽他的話，霎時間全都學著他的樣子蹲下護臉，身上其他的部位任弓箭來射。

「敵近十步，呼我！」典韋悶沉沉的嗓子喝了一聲。

後面的三千大軍撥打著箭支，眼瞅著敵人越來越近，曹操提著嗓門帶著眾兵丁一起呼道：「十步矣！」

「五步再呼！」典韋又喊了一聲。

曹操快要堅持不住了，感覺座下的白鵠馬都有些哆嗦了，他強自鎮定按住轡頭，聽身邊的人呼道：「五步矣！」距離太近連弓箭都不再射了，眼瞅著敵人殺氣騰騰已舉起了長槍，而就在敵叢中，百花戰袍方天畫戟的呂布恍惚可見，曹操心頭一顫，不禁大叫：「敵至矣！」

此三字方出，典韋從地上猛然躍起，不知什麼時候，他已經斂來十餘柄大戟，全夾在腋下，鋒利的戟尖散開著，對準敵人的馬脖子猛刺，那樣子就像一隻凶惡的大蜘蛛。

霎時間人喊馬嘶悲鳴一片，五六騎敵人已經掀倒在地。緊接著所有的敢死軍都學著他的樣子一躍而起，皆是手持雙戟刺敵馬頸。素來不可一世的并州鐵騎竟齊刷刷倒了一排。只要一排倒下，後面的緊跟著就絆翻在地，敵陣頓時大亂。

中間雖然得手了，但兩側因為沒有足夠的鐵甲大戟，還是陷入了苦戰，樂進與夏侯淵也都身先士卒與敵人短兵相接。這真是一場針鋒相對的肉搏，一邊要報劫營之仇，一邊頑抗求生，殺了個平分秋色。又聽喊聲四面包圍而來——敵人營裡的兵馬整合完畢殺過來了，可是曹操大營的援軍也趕到了。

一場追襲變成了大搏殺，曹操軍與呂布軍像兩條巨龍交織著纏在一起。這場大戰從凌晨殺到正午，兩方損傷皆在千人以上。從拚死奮戰到且戰且歇，最後兩方陣營似退潮般分離開來。

曹操回到大營，疲勞已將他壓垮，連盔甲都沒脫就倒在大帳中。

他感到喉嚨一陣陣乾渴，喊道：「樓異！拿水來！」連喊了兩聲才想起大個子再也不能照顧他了。那個雪地救主、血戰黃巾的好幫手已經葬身濮陽大火中。曹操壓抑住感傷，又喊道：「王必……」也沒人答應，他又想起另一個大個子被差去西京，走了一年多毫無音信，恐怕也不能活著回來了。他有些惱怒，自己的左右手全沒了，其他的親兵都他媽跑哪兒去了？

曹操忍著疲勞爬起來，逕自走到帳外汲水，忽然看見所有的軍兵都圍在不遠處看嘻笑著熱鬧。他撥開人群一望，也忍俊不止——但見典韋盤腿坐在地上，兩手抓著胡餅和乾肉，甩開腮幫子往裡填，腳邊的食具盤盞已經堆起一大摞。

有個庖人揣著手正笑，見曹操來了，樂呵呵稟道：「將軍，您許他一頓飽飯不要緊，咱好幾個火頭軍自灶上送，都供不上他一人吃！典韋這飯量頂得上六個人哪！」

曹操忍著笑，提起地上一罐子水遞到他面前道：「慢點兒吃，還有的是呢！」

「嗯。」典韋顧不上說話，嚼著東西點了點頭。

「吃完了，就不要回你的帳篷了。我任命你為都尉，以後頂樓異的差事，貼身保護我。」

典韋涼水灌下去，拿粗布袖子一抹嘴：「謝將軍栽培！」

曹操笑著吩咐道：「找人給典都尉做套合身的衣服，以後得體面一點兒。」說罷提了水罐回轉大帳休息。

濮陽之戰進行至此，呂布設伏險些擒殺曹操，而曹操趁勢踹了呂布城外大營，最後又是一場不分高下的搏殺，兩邊殺了個平手。但曹軍損傷嚴重，呂布也無力在城外再次立營。濮陽之戰後，雙方又回到了僵持狀態。

崩潰邊緣

曹操與呂布戰於濮陽，曹軍攻不進濮陽城，呂布也擺脫不了被困的局面。兩軍旗鼓相當難分勝負，相持了一百多天，直到一件誰都沒料到的事突然發生。

興平元年（西元一九四年）秋，兗州爆發了大規模蝗災。那些蝗蟲似烏雲一般遮天蔽日，所過之處田地盡毀，糧食作物啃食一空。這樣一來，曹呂兩軍的糧食同時告急。曹操自徐州搶奪的糧食已差不多吃光，而自當地就近取糧的計畫，也因蝗災而完全落空。為了挽救頹敗的形勢，曹操不得不下令撤軍，向荀彧留守的鄄城轉移。

而呂布一方的情況更慘，他被困在濮陽城裡，糧食早已經吃光。好不容易盼到曹操退兵，敵人的威脅解除了，但糧食危機仍無法解決。呂布只有瞪著一雙餓得更藍的眼睛，帶領殘兵轉移。一場仗被蝗災搞得兩敗俱傷，百姓四處逃亡九死一生。滿地的餓殍、燒塌的房屋、破敗的城牆、荒蕪的田野，曾經被曹操作為州治的濮陽縣完全毀了，就像被屠城的徐州那些縣城一樣，變成了杳無人煙的空城。

曹操前往鄄城的路上，情況越來越糟。青州兵已經垮了大半，而兗州兵因為家在本地也紛紛回家覓食，一去不回。

為了避免發生兵變，曹操不得不下令遣散軍隊，最後到達鄄城時，僅僅剩下不足一萬人。

此次兗州叛亂，曹操的勢力可謂瞬間從巔峰跌至谷底；兗州八郡共計八十個縣，還在手中的只剩下鄄城、範縣以及東阿三座城。鄄城多虧荀彧堅守，東阿、範縣是靠程立、薛悌保住，若無這幾個人用心謀劃，這一回撤軍可真是無家可歸了。

曹操回到鄄城，心情已經失落到極點，不但士卒疲乏饑餓，城裡的情況也好不到哪兒去。鄄城也快要絕糧了，為了抵禦呂布的侵占，已經有大量士卒和百姓死亡。而那些為他保住城池的心腹屬官也是滿臉菜色，眼望著夏侯惇、荀彧、畢諶、毛玠等人個個蓬頭垢面，立在廳堂之上都有些打晃，曹操意識到他們已經疲憊不堪了。

「此番兗州之叛，雖是好亂之輩所為。然究其所由，也是我濫殺無辜，才惹得天怒人怨，也連累諸位受苦了。」曹操自感愧疚，給大家作了個羅圈揖。

眾人嘩啦啦跪倒一片：「使君乃兗州之主，不可自折身分。」

使君？曹操覺得臉上發燒，就剩下三個縣了，還有什麼臉面被人喚作使君！他羞赧地將大家挨個攙起，每人都加以撫慰，可到了別駕畢諶那裡卻不肯起來。

「使君，您自兗州以來待我頗厚，因此諶與大家同心協力保守城池，以待君歸。」說著畢諶給曹操磕了一個頭。

「畢公辛苦了，我已經回來了，什麼話起來慢慢說。」

畢諶抬頭望著曹操，似乎心裡鬥爭了良久，還是說了出來：「在下請使君准我離去。」

「嗯？」曹操沒想到一進鄄城，先聽到這樣的話，「畢公不願再輔佐我安定天下了嗎？」

畢諶又磕了一個頭：「非是在下敢不願輔佐使君，只是……在下家在東平，老母被叛軍所挾，在下不得不去呀！」

曹操感到一陣恐懼，環顧在場眾人，有一半都是兗州本土人，要是人人都有人質陷於敵手，自己可就真完了。但是孝義面前自己能說什麼呢，他攙住畢諶道：「自古忠孝不得兩全，畢公既然有大舜耕田、黃香溫蓆之願，我也不會強求你留下。」

「使君待在下恩重如山，在下此去只為老母，發誓不保叛亂之徒。」畢諶第三次磕頭：「老母受制敵手，在下日夜煎熬寢食難安，實在不能耽擱，就此別過！」說罷他起身朝在場諸人深深一揖，邁大步就要下廳堂而去。

「且慢！」曹操叫住他。

畢諶一哆嗦，生怕曹操變心，回頭試探著：「使君何意？」

曹操歎了口氣：「我自徐州所得財物甚重，畢公可隨意取些，見過令堂代我問候她老人家。」

畢諶臉一紅：「棄主之人焉敢再求財貨，在下無顏再受，就此別過。」聽曹操這樣講話，他似乎心裡踏實了不少，緩緩走了出去。

治中與別駕是刺史處置政務的左膀右臂。萬潛前番氣走了，畢諶這次也棄位離去，曹操徹底成了有名無實的刺史了。他回頭看看在場諸人，不知還有誰揣著與畢諶一樣的心眼，但他又不肯問，生恐一句話問出來，大家各言難處一哄而散。

忽有兵丁來報：「啓稟將軍，有車騎將軍使者到！」

「快快請進。」曹操眼前一亮，這時候若能得袁紹援手，兗州之亂便不難平定了。

少時間，袁紹的使者來了，後面還跟著朱靈等河北三將。那使者神色莊重，見到曹操深深一揖道：「我家將軍問曹使君好。」

好什麼呀？曹操回禮道：「也替我轉拜袁兄。」

「河北近日戰事吃緊，我家將軍日夜操勞，實在是捉襟見肘難以支撐啊！」這個使者似乎是有備而來，不待曹操提出借兵借糧的請求就把路攔死了。

曹操感覺吞了蒼蠅似的彆扭，但還是禮貌地問道：「先生此來所為何事？」那使者低著腦袋道：「東郡乃河之衝要，最近又遭災荒，我家將軍實不忍百姓蒙難，決議派遣臧洪暫代東郡太守之位，就此差在下前來稟告使君。」

曹操又恨又惱。這個時候袁紹插手兗州事務，分明就是想趁火打劫擴大地盤，而且誰都知道臧洪原是張超屬下後歸河北，用他為東郡之主，足見袁紹是腳踏兩隻船，隨時可能踢掉曹操，轉而扶持張邈兄弟。前番還要殺人家，現在就又想利用人家，袁紹也真是無情無義。但是現在曹操對付叛軍尚且不及，哪兒還顧得上袁紹插手，只是冷笑道：「將軍愛民如子可欽可敬啊！不過我這裡夏侯元讓本是東郡郡將，將軍既以臧子源暫代東郡之主，那元讓將置於何地？」

「此乃車騎將軍手詔之意，還望使君體諒。」那使者看看曹操，又瞅瞅夏侯惇，臉上顯出些尷尬，匆忙補充道：「臧子源不過代行其事，此事可待兗州平定後再作商議。」

還商議什麼，袁紹這就算是把東郡搶去了。曹操心裡明鏡一般，但現在除了忍耐別無他策，點頭道：「好吧，東郡暫且歸車騎將軍管轄，什麼事日後再說。」

「謝使君。」使者再揖道：「我家將軍還有一個提議，今兗州災亂交集恐難置措，使君何不率河南餘眾且歸河北，與將軍合在一處，待天時來臨再復圖此間呢？」

總算是露出本意了，這是想要徹底控制我呀！曹操皺起了眉頭。他辛辛苦苦自河北脫身，打出一片天地，如今遭受挫折，袁紹又要招他回去了。一旦回去又要過寄人籬下的日子，等於這些年的努力化為烏有，而且袁紹忌憚自己之才，恐怕日後再不能放他走了。

那使者得寸進尺，又說：「使君前番征討徐州，我家將軍差出三營相助，今河北黑山肆虐，魏郡戰事吃緊，朱靈等部也該回去啦！」曹操頭上落下一滴冷汗，這些日子他以河北之兵為客，就是糧草不足也先緊著人家，現在說撤走就要撤走，兵力又要大打折扣了，這仗還怎麼打下去？

那使者見曹操緊張，又軟了下來：「在下知使君之苦，昔日兗州黃巾橫行，若非使君之力不能平息。使君又南抗袁術、東擊陶謙，實在是有功於此間百姓。但奸邪小人作祟，亦可畏也。使君視死如歸不畏強敵，難道還要讓家小受苦受難嗎？」他又換了一個條件，「使君不妨遷家眷至河北避難，我家將軍見使君家眷雖至，本人不來，定知您誓保兗州心意已決，說不定能有所動容。那時節在下願為使君美言，懇請我家將軍派遣軍兵至此，幫將軍戡平此亂，豈不兩全乎？」

他講得冠冕堂皇，說穿了就是想索取人質。人質給了袁紹，曹操便受制於袁紹，與投靠也沒什麼分別。曹操看似同意地點點頭，微笑道：「這樣吧，先生暫且退下，此事我還要與各位屬官再議。」

「在下敬候使君決斷。」說著拱手退了出去。

曹操環顧在場眾人，試探道：「我有意暫遣家眷至河北，諸君以為如何？」

夏侯惇第一個站出來反對：「孟德，昔日你身在河北，而家眷尚知留於陳留，今天怎麼反倒驅羊群以入虎口？此議斷不可行！」

曹操知道他是肯定反對的，不過他是自己兄弟近派，這個意見不能代表大多數，所以板著臉道：「此一時彼一時也。今人心離散不可收斂，當循權宜之略。」他故意拿人心離散的話來刺激大家。果然，毛玠也站了出來：「在下家小尚在鄉里，也未聞叛軍劫掠。我等尚不畏強敵，使君何故如此？未聞不為社稷謀，而為身謀者可定天下！」這話已經很強硬了，但是這會兒越強硬，曹操聽著越高興，他把手一攤，做苦笑狀：「孝先之言亦有道理。」

荀彧連話都不說，他很瞭解曹操，這時候不過是擺擺姿態，絕不會輕易受制於人，所以根本不必當回事。曹操看了他一眼，二人四目相對，心意相通不言而喻。張京與劉延、武周等人嘀咕了幾句，也隨即放聲道：「使君，我等家眷皆在青州，無需掛念。千里投奔，一念昔日故舊之情，二感使君匡扶社稷之志，若是您不能自存而依賴他人，那我等便不敢再為使君效力了！」這個表態更堅決，曹操心中狂喜，卻見徐佗以及幾個從事小吏仍舊猶豫不決。

就在這個時候，一陣狂笑聲由遠及近，與廳堂上的緊張氣氛顯得那麼不協調——程立從東阿縣趕來了。他也不報門，大搖大擺走上廳堂，向曹操一揖：「在下聞使君回歸，前來拜謁。」

曹操把手一揚：「仲德，有勞你保守東阿、範縣……方才笑什麼？」程立美滋滋道：「在下做了一個夢，夢見立於泰山之上手托紅日東升，此必老天命我輔佐一位高士安定天下之亂。」

眾人交頭接耳，也不知他說的是真是假。荀彧卻笑道：「立於泰山，手托紅日。『立』上有『日』謂之『昱』，昱者，明亮也。吉兆，吉兆！」

程立越發高興：「文若兄才學過人。既然是吉兆，那我程立的名字也要改一改，從此以後我更名程昱，竭力輔保使君成就一番功業！」他倒是急性子，眨眼間連名字都改了。荀彧趕緊見縫插針：「可惜你來得太遲，使君正打算遣家眷至河北為質，你意下如何呢？」

「哦？」程昱眼珠一轉，向著曹操一揖，「使君，在下想起一位古人之事，您可願聞否？」

「講！」曹操知道他要大動說辭了。

程昱朗朗道：「昔日有一田橫，乃齊國世族，兄弟三人為王，據千里之齊，擁百萬之眾，與諸侯並南面稱孤。既而高祖得天下，而橫迫為降虜。當此之時，橫豈可為心哉！」

曹操笑道：「然，獻社稷與人，此誠丈夫之至辱也，田橫自刎亦可諒解。」

程昱再拜：「昱乃愚者，不識大旨，但以為將軍之志，不如田橫。田橫，齊一壯士耳，猶羞為高祖臣。今聞將軍欲遣家往鄴，將北面而事袁紹。以將軍之聰明神武，而反不羞為袁紹之下，竊為將軍恥之！」

「哈哈哈……」曹操笑了，提醒道：「人心離散權宜之計。」

程昱更是聰明人，一點就透，他起身又動說辭。不過話是對曹操說，但雙眼卻是環顧在場諸人了：「夫袁紹據燕、趙之地，有併天下之心，而智不能濟也。將軍自度能為之下乎？將軍以龍虎之威，可為韓彭之事邪？今兗州雖殘，尚有三城，能戰之士，不下萬人；以將軍之神武，與文若、昱等收而用之，霸王之業可成也。願將軍更慮之！」他這麼一說，那些猶豫之人增了幾分信心，不得不全部跪倒，齊聲道：「願將軍更慮之！」

曹操總算是把這口氣喘勻了，捋髯道：「好吧，我決意不附袁紹、不遷家眷，就在此計議籌劃，與叛軍鬥到底！速傳河北使者。」

哪裡還用傳，使者在外面聽得清清楚楚，搶步上廳堂，後面還跟著河北三將。他鐵青著臉作揖道：「既然使君心意已決，在下不便久留，這就與三位將軍回轉河北。」

「先生走好。」曹操白了他一眼。

那使者氣哼哼轉身，招呼河北三將離去，哪知朱靈突然上前一步高嚷道：「我不走啦！」

這個變故可是誰都沒有想到的。他們不甚瞭解朱靈的身世：朱靈乃是清河人士，自袁紹入主冀州便忠心耿耿，立有不少戰功。昔日清河令季雍舉城叛變，投靠公孫瓚，袁紹差朱靈前去平亂；季雍恐懼至極，將朱靈一家老小挾持到城樓相要脅，朱靈性情剛烈望城涕泣：「丈夫一出身與人，豈能顧家耶！」喝令勿以人質為念，強行攻城。最後朱靈生擒季雍，一家老小皆命喪刀下，落得個舉目無親。自此他最恨劫持人質之事。今天朱靈聞聽袁紹要以曹操家眷為人質，越發憶起當年之事，氣得牙關緊咬，對自己的主公傷透了心，當即決定棄袁歸曹了。

那使者吃驚非小：「朱文博……你……你……」

朱靈抬起那張桀驁不馴的臉道：「靈觀人多矣，無若曹公者，此乃真明主也。今已遇，復何之？」

「好！你不走就不走吧，我帶你的兵走！」

「你敢！」朱靈一瞪眼，「我營裡的兵，你敢動一個，我廢了你！」那使者怕他瞪眼就宰人，只得拱手道：「你、你……好自為之吧！」領著其他二將去了。曹操心中大喜，原本以為河北三營必要盡去，沒想到還有人願意主動留下，當即起身要謝。忽然門口又有二人笑著連袂而至，李乾竟把萬潛找回來了。

「萬公，您這是……」

萬潛笑道：「我回來投靠您了。」

曹操頓覺羞赧：「昔日我殺死邊讓三人，萬公您……」

萬潛一擺手：「過去的事情不提了。使君雖然誅殺了幾個士人，但並未無辜害我兗州百姓，相反還拔官吏親愛百姓。可是那呂布所帶并州一人，橫徵暴斂縱欲無度，與使君相比豈非雲泥之別？在下願意回來輔佐將軍平定內亂。我雖不能征戰，但在兗州日久，賣一賣老面子還是可以說動幾個縣的。」

李乾也道：「我李氏在乘氏屯有鄉勇糧草，也願意親往那裡說動族人投靠將軍。」

「好！好！好！」曹操上前攥住他們的手，「得各位相助，兗州之難豈能不平？」程昱插口道：「使君，此間窘困無糧，我已在東阿備下糧草供軍兵實用，不如咱們領兵轉屯東阿縣吧！」

此言一出，有些人心頭一凜。曹操不曉得，有些人可聽說了，因為東阿糧草不足，程昱起了歹念，將縣內叛軍殺死，晾做肉乾以充軍糧！想到人吃人，大家面色如土，但這個時候曹操決心已定，為了保持兵力繼續作戰，誰也不敢戳破這層窗紙。

曹操的境況很糟，但他還沒有意識到，勝利的天平此刻已經倒向了他這一邊。老天再度幫忙，呂布這個叱吒風雲號稱飛將的人物，就要在一個小陰溝裡翻船了！

呂布受挫

呂布、陳宮的狀況比曹操還要糟糕十倍。

民以食為天，沒有吃的，再強大的軍隊也無法支撐。離開濮陽之後，因為軍糧告急，他們的兵馬也開始瓦解，不但陳宮的兗州部紛紛逃亡，就連跟著呂布出生入死的并州兄弟也開始背叛，河內兵更是不辭而別回去投奔張楊。這時什麼軍法殺罰全部失效，隨時都有譁變的可能。

呂布帶著殘餘的兵馬逡巡而行，一路上到處是荒蕪的田野、餓死的屍骸，士兵餓得剝樹皮、挖草根、吞泥丸甚至開始吃死人，為了一丁點兒可以果腹的東西，就鬧得拔刀相向。而問題在於受災的不僅僅是東郡地面，整個兗州東部都被饑餓與死亡籠罩著。

一路上的郡縣或是廢城，或是緊閉城門拒不接納，老百姓自己都養活不了，哪裡還能容他們爭搶糧食。最後還是李封建議，到他們李家勢力的根據地乘氏縣去就食，希望能募到些糧食。呂布認可這個辦法，派遣李封與薛蘭帶一隊騎兵先行遊說，自己督率兵馬在後。

哪知無獨有偶，李薛二人離開呂布不久，就遇到了曹操派去調集兵糧的李乾。他只帶了十餘名隨從，并州騎兵沒費力氣就把他的人趕散，李乾逃跑不及，被一槍刺下馬來綁縛到李封、薛蘭眼前。

李封與李乾乃是同族兄弟，但兩人的關係不睦。特別是曹操入主兗州以後，李乾隨著他平黃巾、擊袁術、打徐州，而李封卻極力反對將自家武裝歸附到曹操麾下。同族兄弟因此徹底反目，直鬧到濮陽對戰，倆人分屬兩個陣營成為敵人。

但即便李乾今天被綁在地，李封依然不敢得罪他，因為他深知這個族兄在老家的威望遠勝自己。如果能使李乾歸降，就等於得到了乘氏、鉅野、離狐等尚在中立的縣城，糧食補給的危機馬上就能解除。李封見他腿上被刺了一槍，鮮血汩汩湧出，趕緊撕去自己的衣袖親自為他包紮傷口。

「滾開！」李乾把腿一踹，「誰要你假惺惺裝好人！」

李封陪笑道：「好歹也是親戚，咱們就不能好好談談嗎？」

「你我各為其主，沒什麼好說的。」

李封不氣不惱緩緩道：「兄長，你糊塗啊……咱們在乘氏諸縣有兵有糧，為什麼要拱手讓與他曹孟德啊？昔日劉岱為兗州主，何曾動用過咱們的人，他曹操是在利用你呀！」他見李乾把頭扭過去，兩人趕忙跟著轉到一邊，面對面繼續講：「你不如歸附呂奉先，咱們兄弟重結舊好，怎麼樣？呂將軍對我說了，只要幫他安定兗州，將濟陰南的六個縣劃給咱們李家。以後咱們李家勢力大振，子孫富貴無邊啊！」

「你真是胸無遠略啊！」李乾搖搖頭，輕蔑地瞟了他一眼，「你以為割據郡縣就可以安享富貴嗎？天下豈能自守以待清平！我帶家族歸附曹使君，助他掃滅狼煙安定天下，有朝一日家族榮光，子孫不失封侯之位，那才是為李家計，更是為天下計。」

薛蘭見狀繃不住勁了，呵斥道：「李乾，你不要固執。曹操算個什麼東西！他殘害本州士人，屠殺徐州百姓，暴行累累，其罪擢髮難數罄竹難書。睜開眼瞧瞧，兗州都讓他禍害成什麼樣子了？」

李乾一陣冷笑：「禍害兗州百姓的是你們這些奸詐小人！若不是你們引狼入室招來呂布，何至於兩軍交戰良田荒廢？你們也曾是曹使君的屬官，好歹也有故主之義，合則留不合則去才是真君子。可你們招來外賊侵害本州，無緣無故挑起戰端。這麼多百姓慘死，就是你們這些卑鄙小人害的！要殺便殺，何必多言？」

李封見這個說詞不行，又轉而道：「曹孟德何許人也？宦豎遺醜佞臣之後，一無朝廷授命，二無世族名望，他算哪一路的刺史！我家將軍呂布乃是手刃董卓的國家功臣，被封溫侯天下揚名，你輔保他才能一展抱負安定天下呀！」

李乾怒不可遏：「呸！瞎了你們的狗眼！呂布小兒為金銀而弒丁原，既拜董卓為父而復殺之，此等背信棄義之小人，你們還想保他平天下？痴心妄想！」

李薛二人知他心意已決，卻又不敢殺他。正在猶豫之時，只見呂布人馬揚塵而至，便命人架起李乾退至呂布面前。李乾遠遠望見呂布，又破口大罵：「呂布豎子害我州郡！當把你亂刃分屍，慰兗州百姓！」

「什麼人如此大膽？」呂布聞聽辱罵十分生氣。

李封知道他性子急，趕緊施禮道：「這是我一位兄長，曾在曹操帳下聽用，我正在勸他歸附將軍您呢！」

「哪裡用得著廢這麼多話？把他推過來！」呂布舉起方天畫戟頂住李乾的嗓子，「說吧，你降不降？」

李乾的性情剛烈，兀自喝罵道：「你這背信棄義無父無君之徒！爾可欺人不可欺天！我絕不投……」

呂布一挑戟尖，方天畫戟已經深深插進李乾的咽喉。

「將軍……」李封連連跺腳，「這個人可不能殺啊！」

「什麼不能殺？罵我還不該殺嗎！」他瞪起藍眼睛瞅著李封。

李封嚇得不敢說話了。

「叫你們到乘氏為前站，為個俘虜就耽誤了這麼多的時間，還不快走！」呂布這些天火氣甚大。李封、薛蘭灰頭土臉上了馬，這次乾脆一起走吧，李乾這一死，到乘氏還不知是禍是福呢！

呂布帶隊繼續前進，兵士因為饑餓走得十分緩慢，到達乘氏縣的時候天色已經晚了。但見乘氏城四門大開，此地雖是小縣，城池也不甚高，可是城外方圓三里之內並無一間民房，都是堆砌的一座座土壘，上有民兵背著弓箭瞭望，十步一崗五步一哨，甚是周密——李家占地割據氣焰囂張勝於官兵。

好在所有人都認得李封，由他在前，那些壘上的民兵抱拳行禮客客氣氣，有的還嚷道：「恭迎呂將軍到此！我乘氏縣已備下糧食所需，請將軍進城屯兵。」

呂布這些兵餓得眼睛都跟他們將軍一個顏色了，聽見有糧食歡呼著往前跑，李封也稍感鬆懈，大隊人馬順順利利跑向城北。就在士卒快要進城的時候，突然轟隆隆一聲，敞開大城猛然關閉，城樓上冒出一群手持大砍刀的鄉勇，為首一人正是李乾的弟弟李進。李封的心頓時涼了半截，強自鎮定著縱馬跑到前面，仰面嚷道：「賢弟，你這算何意呀？」

李進生就一臉凶相，圓睜二目喝道：「李叔節，我兄長何在？」

李封想說不知道，但轉念一想，必定是李乾逃散的屬下已經搶先一步到了城內，他已知道我抓了他兄長。又料李進未必知道人已經死了，趕緊編了一句瞎話：「令兄就在軍中，正與呂將軍並轡而行有說有笑哪！你速速開城讓我們進去，少時你們兄弟就能相見。」

「信口雌黃！」李進叫道：「你的部下明明一槍刺傷他的腿，他如何還能騎馬？快把我兄長抬出來讓我見一面，此事或有商量；若不見我兄長，今天你們休想拿走一粒糧食！」

李封可真慌了。呂布真真無謀之輩，哪怕將李乾綁縛至此，尚可交換些糧食，他卻將人一戟殺了，這可如何是好？

李進見他不發一言，已明其中原委，淚水不禁滾滾而下：「我兄長性情剛烈，定是你們將他殺了……李叔節啊，你真是咱們李家的敗類！」他一抬頭見大軍已經逼近，當先一人坐騎赤兔馬，定是呂布，於是大聲喝道：「呂奉先！你害死我家兄長，從今以後你和你的部下都是我李家的仇人！」

喊罷把胳膊一舉，豎起一面令旗。

李封可知道這面旗子的厲害，嚇得屁滾尿流竄入軍兵之中。果然，這旗子一豎當即就亂了：原來東西兩門早就偷偷溜出了鄉勇，東面殺來三百人，為首乃是李乾之子李整；西面也衝來三百人，為首的是李乾之姪李典。緊接著城樓之上滾木擂石往下扔，那些放他們進來的土壘全張起了弓箭。

呂布憤怒已極，他隨丁原、董卓、袁紹經歷過多少次大戰，就連韜略過人的曹操也沒在他面前討到便宜，今天竟然叫這幫姓李的地頭蛇咬了。他不禁大呼：「給我殺！給我攻城！」

可是哪裡有人回應，軍兵左躲右閃都亂成一鍋粥了。固然鄉兵戰鬥力弱，但是四面八方一夾擊，任什麼天兵天將也抵擋不了。那些精銳的騎兵這會兒都成了活靶子，又得留神石塊，又得躲避弓箭，下面還要防備大砍刀砍馬腿。陳宮由軍兵保護著竄到呂布面前：「將軍，快走吧，要不然全完了！此乃死地，不可久留啊！」

呂布簡直氣得欲哭無淚了，只得催動赤兔馬，揮舞方天畫戟撥打箭支，當先突出箭陣，後面的兵馬緊緊追隨狼狽不堪，不少人命喪城邊。糧食沒得著，又損了數百兵馬，帶傷者也不在少數。

此戰之後，乘氏縣為了報仇正式投靠了曹操。而呂布勢力再次受挫，不得不重新部署戰略。他命李封、薛蘭帶領少數兵馬在鉅野繼續艱苦據守，牽制曹操行動；自己則帶大部隊向兗州東部流竄，尋山陽郡籌措糧資。一路上兵馬流散，饑餓煎熬，勢力自此一蹶不振。

第十六章

奪回兗州，制定一生中最重要的戰略

東進之議

一場蝗災使整個膠著的戰局徹底改變，曹操穩住了三縣的陣腳，馬上又獲得了李氏的投靠，兵糧問題解決，散去的兵馬也逐漸歸攏。而呂布一方倉皇東退，不但士卒疲憊，也使戰線拉長。在這樣的情況下，雙方用兵才能和地方人望的比拚就立見高下了。

興平二年（西元一九五年）春，曹操進軍定陶，佯攻反叛的山陽太守吳資。呂布兵馬休整未畢，就趕忙倉皇來救，結果中了曹操圍城打援之計，被殺得慘敗，不得不再度東退，逃到東緡縣歸攏兵馬。

曹操趁機立刻回軍攻打鉅野，李封、薛蘭撐不起局面，這時候呂布想救也來不及了，數日之間鉅野城就被攻克了。

眼看著李封、薛蘭被捆得結結實實扔到自己腳邊，曹操一陣冷笑道：「恭喜二位高升。昔日我手下的從事，現在成了呂布封的治中、別駕啦！」

薛蘭嚇得體似篩糠，直呼：「將軍饒命……」

曹操斜眼看了一眼萬潛，笑道：「萬兄，當初你們一起辭官不做。現在你回來了，呂布也給他與你一樣的官，你說饒不饒？」

萬潛搖搖頭：「不殺此二賊，何以告慰死去的將士和兗州百姓？」

李封還在充好漢：「姓萬的你無恥，曹操殘害士人你還保他！」

「曹使君是有許多不足之處，以後不要再意氣用事殘害無辜了。」萬潛對曹操說完這一句，又轉過臉來看著李封，「但是李叔節，你沒有資格教訓我們，因為兗州之亂完全是你們這幫小人挑起來的。你引呂布前來是為兗州百姓還是為私利？不錯，曹使君是殺了邊讓，是屠害了徐州人，但是他幾時對不起咱們兗州人了？曹使君原本只剩下三個小縣，卻能隨時籌到糧食，可你們的呂布就籌不到，你還不明白兗州百姓民心所向嗎？」

李封還要再辯，突然背後教人猛踢一腳，他回頭一看——李進、李整、李典赫然就在身後，六隻眼睛瞪著，好像要把他吞了。他嚇得連爬幾步，再也不敢說話了。

曹操把手一揚：「李義士，他倆交與你們叔姪了。」

「好極！」李進、李整二人抓起一個就往外拖，這倆人恐怕要被他們千刀萬剮了。

李典忽然叫道：「你們不能殺李封！」

李進一愣：「曼成，你為何阻攔？」

「三叔、兄長，我也深恨此人；但他是因為害死同族而為我等仇恨，可你們要是手刃了他，不也是殘害同族嗎？他的後代再找你們報仇，我李家互相殘殺之事還會有盡頭嗎？」這一席話說得李進叔姪呆住了，李典說罷轉身對曹操一揖，「李封舉兵叛變，請使君以法令處置，以免我李家再有自相屠戮之事。」

曹操頗感詫異，盯著這個年輕人。李典身為一個土豪之子，才剛剛十六歲，臉上稚氣未脫，不但上得了戰場，還能有這樣深遠的想法，實在是可造之材。他點點頭：「曼成方與吾子曹昂同庚，見識卻不俗啊！好吧，李封、薛蘭交與兵丁處置。」

「謝將軍。」李典叔姪再揖。

「好了，李封、薛蘭既殺，兗州之東已定矣。百姓安撫之事還勞你們多多費心，萬大人也去查查府庫，大家都下去吧！」曹操見大家紛紛施禮告退，又補充道：「荀文若、程仲德，二公暫留一步。」

莫看曹操吩咐事務，其實他多少有些心不在焉，剛剛傳來的徐州方面的消息讓他十分不快。但有了兗州叛變的教訓，曹操不再輕易吐露心機，直到只剩下荀彧、程昱，他才憤憤道：「想必你們也聽說了，陶謙已經病死。他也算不上害死我父的元凶，勉強得以善終也罷了，但是臨死前他卻把徐州拱手送給了劉備。」曹操說到這兒有些惱怒，「前不久陶謙上表西京，讓劉備遙領豫州刺史，這一回又自稱徐州刺史，他劉備算個什麼東西呀？從一介有名無實的平原相，就一躍成了兩個州的刺史，真真可惱！我長途跋涉征討徐州，結果卻叫這個織蓆販屨的宵小之輩鑽了空子，一場辛苦為誰忙啊！」

「誰叫你濫殺無辜的，這徐州明明就是你送給劉備的！」程昱心裡暗想，卻低頭勸慰道：「將軍息怒，劉玄德不過是嘴上痛快痛快而已。豫州北部歸咱，南面歸袁術，哪裡有他的份？這是陶謙的奸計，表他為豫州刺史等於把他與咱和袁術都拴成了死對頭，好讓劉備安心輔佐他坐徐州。哪知陶謙千算萬算，就沒算到自己命短，讓您給嚇得一病不起，還沒來得及操縱劉備，就嗚呼哀哉了。」他說到最後，故意拍了兩句馬屁，想讓曹操放下此事。

哪知曹操仍舊耿耿於懷：「癥結即在於此。徐州膏腴之地，袁術也在窺覬，我若不取，袁術則北上圖之；而呂布現已窮篤，不能侵擾於我。所以我決意再征徐州，趁劉備方得豫州人心未甫，速速將其剷除，你們以為如何？」

「此計萬萬不可！」荀彧見他腦子又發熱了，趕緊阻攔道：「昔高祖保關中，光武據河內，皆深根固本以制天下，進足以勝敵，退足以堅守，所以即便遭受挫折還是能夠統一天下。將軍本以兗州之土起家，平山東之難，百姓無不歸心悅服。且大河、濟水乃天下之要地也，雖然因叛亂有所殘壞，然而足以自保，這就好比將軍之關中、河內也，不可以不先定。今已破李封、薛蘭，若分兵東擊呂布、陳宮，他們必不敢西顧，咱們趁機勒兵收熟麥，兵精糧足，呂布一舉可破也。既破呂布，然後南結揚州，共討袁術，以臨淮泗之地。」

說到這兒荀彧提高了聲音，幾乎以恫嚇的嗓音提醒道：「若捨布而東，多留兵則不足用，少留兵則民皆保城，不得耕作供糧。呂布若乘虛寇暴，民心益危，唯鄄城、范縣、衛地可全，其餘將非將軍之有，是無兗州也。那時若徐州不定，將軍當安所歸乎？」

曹操捏了捏眉頭：「文若此言雖善，然機會難得，就任由劉備坐穩徐州？」不知為什麼，這些日子裡，那個素未謀面的劉備總是糾纏著他的思路。

「在下看來，此絕非良機耳。」荀彧搖搖頭，「陶謙雖死，徐州未易亡也。百姓牢記往年之敗，即便劉備新立，也不得不全心擁戴。今東方皆已收麥，必堅壁清野以待將軍。將軍攻之不拔，掠之無獲，不出十日，則數萬之眾未戰而自困。前討徐州，威罰實行，其子弟念父兄之恥，必人自為守，無降心，就能破之，尚不可有。」

曹操一陣臉紅：荀文若說話倒也委婉，說白了全怪我殺人太多，劉備在徐州本無人心，現在卻叫我殺出了人心。

「天下之事必有所取捨，以大易小可也，以安易危可也，權一時之勢，不患本之不固可也。今三者莫利，願將軍熟慮之。」說罷，荀彧深深一揖。

「好吧！」曹操一咬牙，「我就先放劉備一馬，待完全收復兗州再與他算帳！」

程昱見他清醒過來，也鬆了口氣：「將軍莫急，破呂布之策我已有了。這次咱們一仗將他徹底趕出兗州，讓這匹狼去徐州咬劉備。」

「哦？什麼計策，說來聽聽。」

「將軍先安定縣城，然後再進軍定陶，路上我再慢慢告訴您。」程昱神祕地一笑。

飛將鎩羽

短兵相接奮死拚殺是呂布的能耐，但一旦戰線拉開鬥智鬥勇他就不行了，陳宮這個參謀倒是有些見解，但比起老謀深算的曹操還是差很多。自乘氏縣受挫以來，他們一場仗都沒打贏，其實僅因得糧晚了一步，此後便步步受制。曹操每圍一城，他們去援，不是被人家以逸待勞打得大敗，就是沒趕到地方城池就失陷了，大軍往復兗州東西疲於奔命，折騰得人困馬乏。還有一些縣城雖然名義上協同謀反，實際上是坐山觀虎鬥，現在曹操占了上風，那些縣令馬上再次反水。更要命的是兗州兵與并州兵不和，三天兩頭鬧械鬥。

後來鉅野失手，李封、薛蘭被殺，陳宮建議他不要再動了，好好在東緡縣屯軍修整，招攬流散的軍兵。所以曹操出兵定陶時，呂布並沒有忙著救援。可是過了幾天，曹操就近收割麥子的消息傳到了他耳朵裡，這可叫呂布坐不住了。兗州的災荒使糧食驟減，呂布剛剛讓軍兵填飽肚子，以後的糧草還是個問題。可好不容易熬到秋收時節，曹操竟跑到東邊來割麥子，這與搶他屯子裡的糧食有什麼區別？無奈之下，呂布帶著尚未休整好的部隊，自東緡再次出兵對抗曹操。

與以往不同，過了定陶縣界呂布立即下令紮營，並不急於交戰，派斥候詳細打探曹軍的動向。他接連幾次吃虧，如今已經對這個沛國譙縣的矮子有幾分怯意了。

幾路斥候回報都很明確：曹操的兵馬分散到各處割麥收糧，大營毫無防備，只留下不足一千人駐守，其中還有許多鄉民，甚至還有婦女手持兵刃把守營寨，而就在他們營寨西邊卻有一座大堤。

聽了這個消息，呂布將信將疑，不置一語扭頭先看陳宮。并州部與兗州部有矛盾，他這種凡事先問陳宮的態度惹得并州將領大為不滿，而兗州諸將則洋洋得意。

陳宮兀自不覺，拉著毫無表情的一張長臉，蒼白得幾乎沒有血色，那雙三角眼直勾勾瞅著帳外，深邃得令人無法捉摸。他這幾天已經開始為叛變的不明智感到後悔了。當初是他親自聯繫呂布，而經過這一年的共事，他意識到呂布只是個地地道道的一勇之夫。跨上戰馬萬人難敵，可下了戰馬，這個人耳軟心活、毫無主見、愛慕虛榮、貪圖小利……陳宮想不明白，為什麼殺人如麻的武夫，性格竟會這樣軟弱猶豫呢？計謀智略低得很，民政才能根本就沒有，遇事的決斷力比曹操差遠了，而且連部下都約束不住。但腳下的泡都是自己走的，誰教他一時腦袋發熱就反曹操了呢？事到如今這條道只有走到黑，他這輩子算是跟呂布綁到一塊了！

呂布見他不說話，乾脆問道：「公台，你怎麼看？」

「曹操既然敢視我軍於無物，必定是有所準備，我料那大堤之中必有伏兵。」

「那怎麼辦？」

「咱們步步為營，往他的大營靠攏。靠得近了埋伏就會暴露，若不暴露趁勢取他的大營。」

「好！」呂布當即下令，「拔營起寨，離曹營十里落寨。」陳宮一句話，呂布大營挪到了曹營以南十里，這樣的距離已經是太近了。斥候往來頻繁，埋伏果然露出了破綻，自大堤中翻出了五千馬步軍。

「現在咱們可以出兵襲擊曹軍了吧？」呂布興奮至極。

陳宮卻不樂觀：「依我說再等一等。」

并州那些將領早對陳宮有意見了，呂布還沒說話，部將侯成先站了出來：「還等什麼？咱們到此不是為了打退曹操奪回糧草的嗎？再等下去讓曹操把麥子都割走嗎？」

兗州部的王楷接過話茬：「公台所言乃是正理，咱們現在出兵中了埋伏又當如何？」

「曹操兵馬在外刈麥，皆靠婦人守寨，營西大堤不過五千兵護衛而已。機不可失，現在不打那是傻子！」宋憲樂呵呵白了王楷一眼，他也是并州舊將。

「你說誰是傻子？」許汜一猛子站起來。

頃刻間，兗州派和并州派吵得不可開交，幾個帶兵之人喊得歇斯底里。呂布喝止半天竟無人理睬，最後他將佩劍抽出狠狠地戳在了帥案上，大夥才算安靜。

這邊侯成、宋憲翹足四顧，那邊王楷、許汜仰頭不語，呂布見大家這副模樣，又立刻沒了主意，新人老人哪一派他也不能得罪。

這時候，坐在東邊最後面的一個人突然說了話：「各位稍安毋躁，我有個折中的辦法，不知行不行？」說話的乃是秦宜祿。

秦宜祿自離開曹操，主子一任不如一任，先跟著何苗混了幾天，董卓進京巴結董卓，後來又歸了呂布。呂布計劃刺殺董卓，他倒從中出了不少力，但也只不過是替呂布與王允中間傳傳話。王允見了兩次就看清秦宜祿是個唯利是圖的小人，深恨呂布用人不明，為了使他不泄漏祕密，便把自己府內一個捧貂蟬冠的美貌丫鬟許給他當妻子，給夠了好處才沒使秦宜祿洩密。豈知呂布好色之徒，曾與董卓小妾私通也就罷了，竟把秦宜祿這個老婆也攬到床上。秦宜祿倒不在意，靠老婆的關係還混上了部將，這王八當得倒也甘心。

「宜祿，你有什麼辦法？」

秦宜祿左看看右看看，嚥了口唾沫道：「反正曹軍也不多，咱們就出去一半留一半，并州部各位將軍領兵與您襲取曹營，兗州幾位大哥把守營寨，總可以了吧？」這純粹是個和稀泥的主意。

滿營將官倒是誰也說不出什麼，呂布扭頭問陳宮：「公台，你說這分兵之法如何呢？」陳宮實在是膩味透了，拿鼻子哼了一聲，看都不看他一眼，拋下軍務不管起身離了大帳。

一場會晤不歡而散，最後還是採納了秦宜祿的分兵之法。留下兗州軍守營，呂布率領并州騎突擊大堤外的曹軍。

毒辣的太陽下，曹軍的五千馬步兵師尚未交戰就已經熱得氣喘吁吁，正在大堤前列隊布陣。呂布自綿延的山路而來，早把這一切瞧得真真切切。他見敵人軍容懈怠，心中狂喜，暗自抱怨陳宮多疑，憑藉他精銳的騎兵，豈會勝不了這樣的弱敵？

先下手為強，呂布立刻下令衝鋒。并州騎早就卯足了勁，佇列整齊掘塵而進，突向曹軍。果不其然，曹軍根本無招架之力，一觸即潰，軍兵丟盔棄甲四散奔逃，有人連馬匹兵刃也不要了。并州軍總算是打了場漂亮仗，紛紛散開搶奪軍械，算計著拿回去好好氣一氣那些兗州佬。

就在這個時候，只聽戰鼓大作喊聲如雷，從大堤後面昏天黑地殺出大批曹軍，與此同時，剛才逃散的兵卒又舉著兵刃衝回來了。這下呂布的麻煩可大了，騎兵突襲一是靠速度增加衝擊，二是靠整齊的佇列使敵無下手之處。現在并州騎都散亂開來搶奪軍輜，有的還下了馬，騎兵優勢蕩然無存，立時被曹操大軍衝了個亂七八糟，都成了各自為戰的散兵游勇。

呂布身邊只有幾十個親兵，眼見曹兵識得赤兔馬都往自己跟前擁，連忙甩開方天畫戟一通亂掄。他倒是勇武過人，力戰多時殺人無數，可身邊的親兵卻剩不下幾個了。他掃視了一下戰場，見自己的人死的死逃的逃，不禁狂性大發，瞅准了堤畔「曹」字大旗便殺了過去。這廝武藝果然天下少有，百餘名軍兵爭相攔阻，竟被他戟打馬踏，揍得哭爹喊娘紛紛敗退。

立在大旗下的就是曹操，他設下雙重的誘敵之計，先是以婦孺守營，然後又故意只分出一半伏兵來引誘呂布，其意圖就是衝散敵陣分而殲之。雖然曹操早有對付呂布刺殺之策，但呂布的驍勇還是超乎他的想像，他駐馬堤畔瞅著呂布逼近，還是驚得冷汗直淌。典韋見呂布來了，忙從地上拔出自己那對稱手傢伙——曹操專門招人為他打造了一對大戟，每一支都重達四十斤。軍兵私下裡津津樂道，還編了一句順口溜「帳下壯士有典君，提一雙戟八十斤」。這對東西在戰場也是輕易用不到的，不用時就插在地上候命。

典韋手提雙戟迎著赤兔馬便去，眼見呂布突至，蹦起來連人帶馬就砸。呂布沒想到戰場上還有這麼一個愣頭青，眼見避無可避，方天畫戟再結實，這對大傢伙砸上也彎了，匆忙間掉轉畫戟，雙手攥住，攢足了力氣往外便磕。

耳輪中只聽「哐」的一聲巨響。典韋二戟脫手，一個屁股墩坐在地上起不來了。但方天畫戟也蹦起老高，多虧呂布眼疾手快才沒脫手飛出。他掉轉戟尖就要衝過去殺曹操，突然一支冷箭飛來，正中他的右膀。呂布顧不得護疼側眼觀看，遠處放箭的正是阻他入乘氏的李進，身後李整、李典也在。李家叔侄一半是為了打仗，一半是為了給李乾報仇，自打上了戰場就瞪著眼睛找呂布。這會兒一箭得手，三個人三杆槍跟著就到，後面的李氏家兵揮舞大刀片子也來了。

呂布瞧身邊一個親兵都沒有了，知道這幫姓李的是找自己玩命的，而眼前那個大力士也晃悠悠站起來了，再不敢糾纏下去，掉轉馬頭便跑。可來得容易，去得可就難了。只見兵層層甲層層，圍了個水洩不通，他右膀帶箭晃動畫戟，半天也沒能掀開一道口子。呂布只覺腦後風聲呼呼大作，料是大力士的雙戟又到了，趕忙奮力催馬。赤兔也真了得，高抬前蹄踏死二人，典韋雙戟蹭著馬尾巴落了下去。呂布還未來得及緩口氣，李家三杆槍又到了！

好個飛將呂布，眨眼間來個蹬裡藏身，竟將這致命三槍躲了過去。不過身子是躲過去了，束髮冠卻被挑去，呂布立時間披頭散髮。

若是這幾個人再來這麼一輪，呂布再大的本事，今天也要廢命當場了。可就在這個時候，一隊并州騎迎面殺來援救呂布。為首一將黃焦焦面目，大寬腦門，鼻直口正，下巴像個鏟子般往外撇著，手舞一柄大刀也是勇不可當。

「快來救我啊！」一向桀驁的呂布這會兒也開口求人了。

那員將橫衝直撞逕殺至呂布近前，兩人並轡奪路而逃。李氏叔姪豈能放走仇人，在後面緊緊追趕。眼見趕了個馬頭銜馬尾，突見那員將回頭就是一刀，正中李進肩膀，李進「啊」了一聲墜下馬去。

「叔父！」李典、李整大驚，趕緊忙著搶人。那一杆方天畫戟，加上一杆大刀，十幾個并州騎再也無人能攔，徑直突出重圍。

「是張遼！」曹操昔日在洛陽見過，「這般布置還叫呂布逃了，此乃天意啊！」

呂布敗走，一路上殘兵漸漸歸攏，但是眼見大營也完了。陳宮雖比呂布聰明得多，但還是料事不周，兩營僅十里相隔，一旦戰場有變哪裡還守得住？自己人是放進來了，可曹軍也跟著進來了，他手下兗州兵一見來的都是老鄉，當時就有人倒戈。

最終戰場失手，大營陷落，呂布、陳宮只得扔下輜重糧草率軍逃跑，這一次他們連東緡縣都沒法守了，只能一路東逃至徐州地面。

臨出兗州的時候，陳宮回頭望瞭望故土，不禁潸然淚下：曹操你贏了，連女人都給你守寨你能不贏嗎？你殺邊讓、袁忠那等名士，重用程立、薛悌那等小吏……到現在我才弄明白，寒族和老百姓加起來要比世家大族的勢力強得多，對你來講也好控制得多。我真是糊塗，我醒悟得太晚了。

呂布卻沒心思考慮自己離并州故鄉是遠是近，他急著問：「公台，咱們去哪兒？」陳宮歎了口氣：「既到徐州，自然是投劉備。」

呂布眉毛都立起來了：「投那個無狀宵小之輩，豈不羞煞我也！」

陳宮白了他一眼：「那將軍回去投曹操如何？」

呂布不禁打了個寒戰，摸摸肩頭的傷，一言不發催馬向前，帶領人馬奔東去了。

棄東而西

隨著呂布的潰敗，兗州叛亂的烽火漸熄，吳資、徐翕、毛暉也跟著大倒其霉，不但被曹操收復失地，他們所控制的縣城也漸漸倒戈。最後所轄之地盡皆失手，懾於曹操之威，他們只得跟隨呂布東逃，成為流亡的一員。

興平二年（西元一九五年）十二月，兗州叛軍只剩下最後一個據點——陳留郡的雍丘城，負隅頑抗者不是別人，正是張邈的弟弟張超。張邈本無用兵之能，被曹操打得四處逃竄不見蹤影，只留下弟弟保守住最後一座城池。而張超卻自負其勇志大才疏，跟曹操見了一仗就輸光了本錢，只得死守城池等死，已被圍困了近四個月。

「困了這麼久，人心潰散糧食告急，咱們現在攻城一定會輕而易舉拿下來的。」夏侯惇向曹操建議道。

曹操站在大營轅門處，抬頭望著這座殘破的雍丘城，意味深長地搖著頭：「我不想攻下這座城，圍困他們就好了。我要讓張孟高主動向我投降，只要俘獲了他弟弟，張孟卓就會回來。」

「你想讓張邈回來幹什麼？」夏侯惇不解地問。

曹操看看兄弟，這問話他實在回答不上來：是啊，我想讓張邈回來幹什麼呢……回來給我下跪認錯嗎？似乎沒有必要，這個世道根本沒有君主與法度，誰沒權力擁有一點野心呢……回來讓我處死嗎？我下不去手，當初是他最早收留我共同舉義的，而且還照顧過我的家眷，誰料成也蕭何敗也蕭何……回來與我重結舊好嗎？不可能了，這個昔日的朋友我已經徹底失去了……這一切應該怪誰呢？

「姐……將軍！」這時卞秉興沖沖跑了過來，「大喜大喜！」

「何喜之有？」曹操低沉著臉問他。

卞秉笑道：「張邈走投無路，南下投袁術處借兵，半路被其部下殺死，人頭都給咱送來了！你快到大帳中看看去吧！」

曹操只感眼前眩暈，一種淒涼感油然而生。但他穩住心神轉念一想，張邈最終不是自己所殺，如釋重負的感覺隨之而來。他擺了擺手：「我不想看。算了吧……命士卒高挑人頭到雍丘城下喊話，叫張超開城投降。」

兵卒以長矛高挑人頭，告訴敵人他們的主子已死，高喊著開城投降。但張超最終也沒有投降，大約半個時辰之後，雍丘城中升起一大團黑煙——張超自焚了。

隨著這道煙霧的散去，歷時兩年的兗州叛亂徹底平息，張超的部下打開城門投降。曹操不願進去看張超的屍體，只吩咐夏侯惇督率一部分兵馬入城，自己則漫步在大營中。午時已過，全軍上下都在埋鍋造飯，四下裡炊煙裊裊，似乎大家都已經忘卻了一年前那段艱苦的歲月，每個人看到他都恭恭敬敬地施禮，還有人將食物捧過去讓他先吃。

曹操全都回絕了，扭頭問緊緊相隨的典韋：「你餓不餓？」

「俺再餓，也要先等將軍吃過。」典韋低著大胖腦袋嚷道。

「哈哈哈……」曹操高舉胳膊拍了拍他的膀子，「走，咱們也回去吃東西吧！」

回到大帳還沒來得及用飯，袁紹的使者忽然到了，曹操便先忙著接見。那人走進帳來施禮道：

「我家將軍恭賀您平定兗州之亂。另外東郡太守臧旻不尊將軍之令，欲要領兵支援張超與您為敵，現已被我家將軍大軍圍困，不日就可城破。」

袁紹聞知曹操連連得勝，幾乎戡平叛亂，便又重新支持他統治兗州，並且對朱靈之事不予追究。不過臧旻可謂義士了，當初酸棗會盟他擔當盟主宣導一舉，如今又為好朋友張超捨生忘死。憑東武陽的千八百兵，即便僥倖殺雍丘也是白白殉葬啊！曹操欣賞他是個性情中人，又想起了為自己而死的鮑信，不禁歎息道：「我曹某人有鮑信，他張超也有一個臧旻，皆是有情有義之人，還望城破之日車騎將軍不要過分責難臧子源。處在這亂世，有多少人看似是朋友，可是還未至於生死，僅僅是利益面前就你爭我奪、分道揚鑣了。橋瑁、劉岱、張邈、張超，他們全都歃血為盟，結果自相謀害，到頭來全都應了『有渝此盟，俾墜其命』的誓言，他們都算不得忠義之人。可在這樣的世道，能交上一個鮑信、臧旻那樣不計生死的知己，該多不容易啊！」

那使者被這他一番突發的感慨弄得不知所措，只得尷尬地支吾道：「呃……使君說得對。」

曹操瞧他一臉窘相，也覺得自己失態，揮揮手道：「我姑妄言之，你姑妄聽之，其實你們河北那邊的事我也不該插嘴。最近我忙著四處戡亂，不知你家將軍那邊戰事可好？」

「好得很呀！前不久將軍襲破了黑山賊的老巢，不僅殺了于毒，還把西京任命的偽冀州牧壺壽也給收拾掉了。公孫瓚殺了劉虞不但沒得好處，還把劉虞的部下都給逼急了。現在閻柔、鮮于輔、鮮于銀等將領都在反公孫瓚，還聯繫到了烏丸人幫忙！」那使者越說越興奮，「劉虞之子劉和如今也投到我家將軍帳下。以前是我們兩面受敵，現在卻是他公孫瓚兩面受敵了。還有，田楷在青州也被我們打得立不住腳，看來他得放棄青州了。將軍又派人在并州招安各部流竄之賊，大部分都降服了。過不了多久，冀州、青州、并州就盡歸我家將軍了！」

「那真該恭喜你家將軍。」曹操笑盈盈地說，心中卻頗感嫉妒。他進而想到自己濫殺無辜惹下的這場麻煩，又想起袁紹沾沾自喜給他觀看的那塊玉璽。或許將來有一天，袁紹才是他最大的敵人，但是現在他所考慮的還是東進，一定要除掉劉備與呂布這兩個潛在的威脅者！

「快閃開！快閃開！」帳外一陣大亂，荀彧、程昱、萬潛、李典、毛玠、薛悌、張京、劉延、徐佗、侯聲、武周等一大群人全擠了進來，他們七手八腳抬進一副臥榻，上面躺著奄奄一息的戲志才。

「哎呀，戲先生！」曹操倉皇離座，搶步到跟前，「慢慢放，慢慢放……張超怎會將您折磨成這樣啊！」

「不是他……是我自己的病……」戲志才已經脫相了。他與病魔鬥爭了太久太久，一張原本富態雍容的大臉變得蠟黃無光，濃密的黑髮鬆散開來，已經焦黃凌亂，炯炯有神的眼睛也已失去了光彩，朱紅豐厚的嘴唇幾乎成了迸裂的白紙，手指細得就像乾枯的柴火，整個人瘦得就剩下一把骨頭了。任誰都看得出來，他撐不了多久了。

輔佐自己站穩立錐之地的智士眼看就要撒手人寰了，曹操的淚水在眼眶裡打轉，他拉住戲志才的手，愧疚地說：「曹某實在有負先生之厚望，惹得兗州之地生靈塗炭。自今以後必當悔改，收斂急躁之心。」

戲志才勉強笑了笑，似乎現在連笑都會消耗很大氣力，他顫顫巍巍低聲道：「《呂覽》有云：『至亂之化，君臣相賊，長少相殺，父子相忍，弟兄相誣，知交相倒，夫妻相冒……』」他似乎還想把這句話說完，卻沒氣力了，只喃喃道：「將軍快結束……結束這亂世吧……」

「什麼人！不能進去！」忽然聽見外面典韋在大吼。

「將軍！我是王必，我回來了！」

曹操大吃一驚，趕忙出去觀看，見典韋橫著大鐵戟正攔著王必不讓進帳呢！

「將軍，我回來了。」王必看見曹操高興得直蹦，「小的完成了您交的差事啦！」

此刻的王必可再不是那個挎著刀的赳赳武夫，跟離開曹營時截然不同了。現在他頭戴進賢冠、身穿著體面的深服、腰橫玉帶、鬍子修飾得整整齊齊，手中捧著一卷詔書：「將軍啊，朝廷晉封您為兗州牧。不是刺史，您現在是州牧啦！」刺史與州牧不僅僅是名稱之別，實質地位也有很大不同。刺史原本是六百石小官，負責監察、捕盜事宜，只是因為亂世割據才逐漸成為地方軍事首腦；而州牧起家就是二千石的封疆大吏，地方軍事、財政、吏治、司法一把抓。雖然西京朝廷鞭長莫及，僅僅是給曹操個空頭人情，但這樣的面子實在是不小。

兩年多沒有王必的音訊，曹操以為他已經死在路上了，這會兒見他完成使命而回，抑制著激動的心情，不接詔書先拉住他的手：「你小子回來就好！整整兩年，受苦了吧？」

「將軍待我大恩大德何言勞苦啊！」王必喜不自勝，「我走到河內時候，被張楊扣留了好幾個月，多虧他手下有個董昭先生，可幫了咱的大忙了。董昭說動張楊叫我過去，還以您的名義給李傕、郭汜等人都各自寫了一封拍馬屁的信。我到了長安把表章信件上交，他們都很高興哩！後來劉邈老大人在皇帝跟前說好話，丁沖也幫您跟群臣拉關係。還有個黃門侍郎鍾繇，可沒少在李傕跟前誇您，就是他幫您討來的這個兗州牧。我回來時張楊不但不加阻攔，還派人護送，他說以後咱們再到西邊可以來去自由，過幾天還要派使者來拜謁您呢！」

「董昭、鍾繇……嗯，日後見到此二公我要好好謝謝他們。」曹操沉吟道，忽然想起戲志才還在膏肓之際，趕緊一把搶過詔書就往裡跑。

「且慢，我這兒還有封信呢！」王必趕忙追。

典韋這會兒都看傻了，攔住王必問道：「你到底是誰呀？」

「哦，過去跟你一樣，也是將軍侍衛。」王必拍拍典韋肩膀，「大兄弟你好好混吧，給咱將軍當侍衛，說不定哪天你也能出息！」說罷，推開一臉懵懂的典韋，也跟著進帳了。

曹操蹲下身展開詔書捧給戲志才看。戲志才此刻更加虛弱，只是眨眨眼睛道：「好啊……好……」

「我的事還沒說完呢，」王必又掏出一紙帛書遞到曹操眼前，「這是丁沖給您的信。」

曹操打開一看，只有一句話：

足下平生常喟然有匡佐之志，今其時矣！

「他這是何意？」

王必解釋道：「我離開時李傕與郭汜起了內訌，兩人率部征戰不休。董卓舊將楊奉、董承、楊定等保著皇帝趁機逃離了西京，連白波統帥韓暹、李樂、胡才都跑去救駕了，還有匈奴左賢王去卑也到了，大家齊心合力大破西涼軍。張楊正忙著為皇帝修繕宮殿，丁沖這是叫您速速前去迎駕東歸呀！」

曹操日夜都在說著迎大駕東歸，可是此刻他又猶豫起來，有些話不能說：我迎皇帝回來，會不會掣肘今後的行動呢？我應該先滅掉劉備、呂布，還是該迎大駕東還呢？

戲志才在彌留之際也能把曹操的心事摸得一清二楚，他掙扎著說了話：「善矣……異寶……異寶……」

什麼異寶？眾人面面相覷。

一旁的李典恍然大悟：「是《呂覽》的〈異寶篇〉。」說著他探手伸入戲志才懷中，果然摸出一卷《呂氏春秋》，立刻翻看起來。在場之人不少都飽讀詩書，沒想到第一個反應過來的竟是個土豪之子。

「異寶……以百金與摶黍以示兒子，兒子必取摶黍矣；以和氏之璧與百金以示鄙人，鄙人必取百金矣；以和氏之璧、道德之至言以示賢者，賢者必取至言矣。其知彌精，其所取彌精；其知彌粗，其所取彌粗……」李典煞有介事地念完，將竹簡遞給曹操，又解釋道：「將軍，戲先生是想勸您捨小利而謀大業啊！」

戲志才躺在那裡面露微笑，輕輕連連點頭。曹操看看那段文字，又環顧在場之人，大家無不捋髯點頭。毛玠更是拱手道：「將軍曾問在下成就霸業之策，在下言奉天子以討不臣，便在此時啊！」

「戲先生！戲先生！」李典倉皇呼喚了兩聲，可是戲志才的眼睛已經永遠閉上了。曹操俯下身將《呂覽》揣回他懷裡，眼眶裡的淚水流了下來：「知我者志才兄矣……一代智士溘然長逝，我曹某何以再聞諷諫之言？」在場諸人無不悲傷動容，許多人都隨之落淚。

荀彧趨身上前，輕輕攙起曹操：「將軍不要悲傷過甚，萬事還待籌措。天不乏其才，只要您廣開言路虛心求賢，總會有智士輔佐您的。」

「軍中少一謀主為我儔！唉……」曹操歎息一聲，擦了擦眼淚。

荀彧拍拍他的手：「將軍，我再為您舉薦一人，潁川郭奉孝。」

「好熟悉的名字……」曹操想了好半天，突然眼睛一亮，昔日在袁紹帳下那個落劍驚群僚的年輕人，「袁紹帳下的小吏郭嘉？」

「袁本初無識人之目，郭奉孝豈是小吏之才？我修書一封，他定會棄河北而來兗州，為將軍效力。」荀彧又低頭看看戲志才，「將軍莫要再悲傷了，志才兄還是早早收殮起來，他本是商賈沒什麼家人，改日我親自將他送回潁川安葬，若能尋到他族人，一定重重酬謝。」

曹操沉痛地點點頭。毛玠見他還是沉痛不已，趕緊上前攙住他另一隻手：「昔日周公求賢，一沐三握髮，一飯三吐哺。將軍愛才之心不亞於先賢。實不相瞞，我已經找到幾個人助您安撫兗州，若不是陳宮、張邈之叛，我早就請您辟用了。山陽滿寵、任城呂虔、泰山王思等等，今異心之徒盡隨呂布而去，將軍可以大膽起用新人了。」

他倆人這麼一勸，曹操止住悲聲，又親自為戲志才整了整衣衫，才擺手示意把他抬走。在場之人無不恭敬，都沒叫兵丁動手，程昱與薛悌等人親自將他穩穩地抬了出去。

曹操覺得這裡的氣氛太沉重了，漫步出了大帳。嚴冬的空氣沁心肺腑，涼森森的，似乎將剛才的憂愁沖淡了不少。他突然覺得胸前鼓鼓囊囊的，伸手一摸，原來是那份詔書，剛才隨手揣到懷裡了。曹操再次展開，仔仔細細端詳著。就是這麼一張詔書，有名無實的東西，竟然會牽動這麼多的人心。因為它，兗州刺史金尚被逐、名士邊讓被殺；因為它，朋友反目、部下叛亂；為的就是這麼一張小皇帝和他的控制者隨口許諾的東西。現在一個人冷靜下來，曹操意識到大漢皇帝的重要性了。只要有皇帝在身邊，隨便說一句話就可以牽涉多少人的生死與思想！殺人不但要有殺人的道理，還要有殺人的名義啊！

進而曹操又意識到袁氏兄弟的可笑。難道光靠一塊玉璽就可以號令天下嗎？什麼玉璽都只是塊石頭，想要擁有權力靠的不僅僅是武力，還有人心。大漢王朝的人心是從高祖時就奠定下的，有文帝景帝的休養生息，有武帝的壯烈氣魄，有宣帝的力挽狂瀾，更有光武爺的勵精圖治，明帝章帝的愛民如子，順帝的求賢若渴……難道數百年積累的人心，會這麼輕易被武力擊敗嗎？

曹操把詔書又揣回懷裡，面向東方遠眺，想起父親和弟弟的死。闕宣、張闓死在陶謙之手，如今陶謙勉強得以善終，這個仇他再也找不到人可以報了。他所能做的只是將父親與弟弟遷葬家鄉，讓他們魂歸故里，並把曹德的兒子曹安民培養成人。孔子曰四十不惑，他已經四十一歲了，從小沒有母親的養育，現在父親與手足也再也不會回來了，年過四十才剛剛找到實現志向的出路，以後的坎坷又會有多少？他懷疑自己還能否看見奮鬥的結果。

曹操悲從中來，口作樂府《善哉行》一首：

自惜身薄祜，夙賤罹孤苦。
既無三徙教，不聞過庭語。
其窮如抽裂，自以思所怙。
雖懷一介志，是時其能與！
守窮者貧賤，惋歎淚如雨。
泣涕於悲夫，乞活安能睹？
我願於天窮，琅邪傾側左。
雖欲竭忠誠，欣公歸其楚。
快人由為歎，抱情不得敘。
顯行天教人，誰知莫不緒。
我願何時隨？此歎亦難處。
今我將何照於光曜？釋銜不如雨。

一首詩作罷，曹操向東深深一揖，從今以後他要棄東向西，迎大駕回還了。但是他心中還是有一絲不安，不知道為什麼，他總覺得那個織蓆販屨的劉備會成為他的阻礙，而他帳下那個臥蠶眉丹鳳眼的紅臉大漢，他叫什麼名字呢？當然，還有那個用方天畫戟擊他頭盔，險些要了他性命的呂布，那是他平生最大之險。

「劉備……呂布……好好等著吧，我一定會收拾你們的！」曹操喃喃說了一句，將頭扭向了西面。剛剛脫險的小皇帝在西面，他未來的方向也就在西面……回到故里豫州，去開創一個全新的朝廷吧！

從前 31 **卑鄙的聖人 曹操3**

作　　者　王曉磊
總 編 輯　初安民
導　　讀　陳明哲
責任編輯　孫家琦　陳健瑜
美術編輯　陳淑美　黃昶憲　林麗華
校　　對　孫家琦　陳健瑜

發 行 人　張書銘
出　　版　INK 印刻文學生活雜誌出版有限公司
新北市中和區建一路249號8樓
電話：02-22281626
傳真：02-22281598
e-mail:ink.book@msa.hinet.net
網　　址　舒讀網 http://www.sudu.cc

法律顧問　巨鼎博達法律事務所
施竣中律師
總 代 理　成陽出版股份有限公司
電話：03-3589000（代表號）
傳真：03-3556521
郵政劃撥　19785090 印刻文學生活雜誌出版有限公司
印　　刷　海王印刷事業股份有限公司

港澳總經銷　泛華發行代理有限公司
地　　址　香港新界將軍澳工業邨駿昌街7號2樓
電　　話　852-2798-2220
傳　　真　852-2796-5471
網　　址　www.gccd.com.hk

出版日期　2018年 6 月 初版
ISBN　978-986-387-208-5
定　　價　360元

國家圖書館出版品預行編目(CIP)資料

卑鄙的聖人 ：曹操. 3：起兵征討董卓，雄心暗起 /
王曉磊著. -- 初版 --新北市： INK印刻文學，2018. 06
面；　17 × 23公分. --（從前；31）
ISBN 978-986-387-208-5（平裝）

1.（三國）曹操 2.傳記 3.三國史

782.824　　106021330